ALEXIS

DU MÊME AUTEUR

Les Cheminots : génération TGV, Critérion, 1991

Les Nouveaux Condottieres : dix capitalistes des années Mitterrand, Calmann-Lévy, 1992

Les Chroniques de l'ingénieur Norton : confidences d'un Américain à Paris, Belfond, 1997

Le Prix de l'incompétence : histoire des grandes erreurs de management, Denoël, 2000

Dix minutes après l'amour, Flammarion, 2002

Les Enfants-puce : comment Internet et les jeux vidéo fabriquent les adultes de demain (avec Gabriel Grésillon), Denoël, 2003

Le Plus Beau Métier du monde (avec Éric Meyer), Flammarion, 2004

Les Ressuscités (avec Éric Meyer), Flammarion, 2004

La Porte dérobée (avec Éric Meyer), Robert Laffont, 2007

Dix minutes avant l'amour, Robert Laffont, 2008

Les Fils de Ramsès (avec Éric Meyer), JC Lattès, 2010

J'ai bien aimé le soir aussi (avec Pierre Maurienne), Denoël, 2013

CHRISTINE KERDELLANT

ALEXIS

ou
la vie aventureuse du comte
de Tocqueville

Roman

ROBERT LAFFONT

ISBN 978-2-221-14473-2

À Pierre-Alexandre

Avertissement

Cette fiction met en scène des personnages, des lieux, des événements qui ont existé. La chronologie a été scrupuleusement respectée ainsi que la vérité historique. Les dialogues ont été construits essentiellement à partir de la correspondance d'Alexis de Tocqueville, de ses discours, de ses livres et des témoignages écrits de ses amis.

Première partie

UNE JEUNESSE EXALTÉE

1

Le duel

Février 1823

Dans un instant, le fiacre va surgir au coin de la rue.

« Sept heures trente. Ils sont ponctuels. »

Plus question de reculer. L'attelage s'arrête, la porte s'ouvre.

« Allez, grimpe », lance Eugène.

Alexis ne saisit pas la main tendue ; il rate le marchepied et perd l'équilibre. Aussitôt, l'histoire de son arrière-grand-père Malesherbes lui revient en mémoire. Sa mère la lui a racontée cent fois. Dans la cour de la Conciergerie, au moment de monter dans la charrette qui le conduit à l'échafaud, l'héroïque défenseur de Louis XVI trébuche sur une pierre. Sous l'œil de son bourreau, il ne résiste pas à un dernier trait d'humour :

« Voilà qui s'appelle un mauvais présage ; un Romain, à ma place, serait rentré chez lui. »

Comme son bisaïeul, Alexis ne peut pas rebrousser chemin. Mais l'humour lui manque.

Dans la voiture, un inconnu le salue. Un petit homme rondouillard d'âge incertain, avec un pince-nez, est installé en face des frères Stoffels, une mallette sur les genoux. Eugène fait les présentations.

« Le docteur Coussement. Notre ami Alexis de Tocqueville. »

Le fiacre redémarre. Un silence. Les quatre hommes se toisent. Le médecin examine le jeune homme, puis hoche la tête :

« Vous êtes bien jeune pour vous battre.

— J'aurai dix-huit ans dans cinq mois. Je ne savais pas qu'il y avait un âge légal pour défendre son honneur. »

Le ton cassant prévient tout commentaire.

« Tu as mangé avant de partir ? s'alarme Eugène qui trouve Alexis bien pâle.

— Oui, ment Alexis. Ne t'inquiète pas, tout va bien se passer. »

Il pose ses mains à plat sur ses genoux pour que personne ne voie le tremblement qui trahit le trouble de son âme.

« Tu sais, il n'y aurait aucune honte à renoncer maintenant, insiste Eugène. Tout le monde pense que tu vas trop loin. »

Il ajoute, l'air faussement détaché :

« Ceux qui ont assisté à la scène estiment que tu as mal interprété les paroles de ce pauvre militaire. »

Assis sur le bord extrême du siège de velours, engoncé dans sa redingote trop large aux épaules pour son grand corps maigre, l'aîné des Stoffels se penche vers Alexis et pose la main sur son avant-bras :

« Imagine un peu dans quelle situation tu mets Rosalie, s'il t'arrive malheur. Elle ne se le pardonnera jamais ! La pauvre fille n'aura d'autre choix que d'entrer au couvent. »

Alexis hausse les épaules et se dégage de l'étreinte de son ami.

« D'ailleurs, c'est bien simple, elle pleure depuis deux jours. Et sa sœur aussi », ajoute Charles Stoffels, adolescent au visage ingrat, très occupé apparemment à lustrer sa veste du plat de la main.

Alexis de Tocqueville donne un coup de poing sur le siège. Ses joues rosissent de colère, et il secoue ses boucles noires qui accentuent son air juvénile.

« Si je renonce, c'est moi qui ne me le pardonnerai jamais. Maintenant, ce n'est plus l'honneur de Rosalie qui est en jeu, c'est le mien ! »

Le médecin et Charles Stoffels échangent un regard entendu. Eugène fronce les sourcils. Tout lui semble alarmant : le visage fermé de son ami, ses poings serrés, son regard fiévreux, sa tenue même – ce pantalon bien repassé, cette redingote et cette chemise neuves, trop élégantes pour le genre de sport qui l'attend. Trois mois plus tôt, Alexis en est déjà venu aux mains avec leur camarade Mathieu Henrion, un proche de sa famille, pour une indiscrétion certes impardonnable : Henrion était allé dénoncer au comte de Tocqueville la liaison d'Alexis avec Rosalie Malye. Cette fois, l'affaire est plus grave : Alexis va se battre en duel, au pistolet, contre un jeune nobliau de Metz, lieutenant de cavalerie dans le régiment voisin. Un duel à outrance, et non au premier sang : Eugène réprouve ce combat qui ne s'arrêtera pas en cas de blessure, pour peu que l'un des deux veuille aller jusqu'au bout.

Il serait mortifié s'il savait ce que pense son ami : Alexis est convaincu qu'il ne peut pas comprendre. Pourtant, s'il manque parfois de subtilité dans l'expression de ses sentiments, Stoffels est un garçon intelligent, doublé d'un ami fidèle et discret. Il vénère Tocqueville, dont il reconnaît la supériorité intellectuelle, bien qu'il figure lui-même parmi les meilleurs élèves du collège royal de Metz. Il a compris que son ami était un idéaliste, fidèle à ses idées, doté d'une personnalité assez forte pour pouvoir les imposer et capable de les défendre au péril de sa vie.

Les deux garçons se sont trouvés dans la même classe de rhétorique et Charles les suit d'un an. Les frères Stoffels sont devenus les meilleurs camarades du jeune Parisien qui les tutoie, familiarité qu'il avait jusque-là réservée à son cousin – confident et alter ego – Louis de Kergorlay. Alexis apprécie les raisonnements carrés d'Eugène, quand lui-même manque de rationalité dans le domaine affectif et il lui a confié les affres de sa vie sentimentale. Pourtant, il estime que les origines modestes de son ami l'empêchent de prendre la mesure de l'opprobre auquel un aristocrate s'expose, même à dix-sept ans, lorsqu'il hésite à se battre pour réparer un outrage.

Tocqueville, qui a été éduqué par un précepteur sans sortir de chez lui, a découvert au lycée qu'il pouvait se lier d'amitié avec des jeunes gens d'un autre milieu, et même les estimer ; de là à croire qu'ils puissent partager sa conception de l'honneur...

Les deux témoins ont utilisé, depuis l'avant-veille, tous les arguments imaginables pour fléchir leur camarade, sans jamais entamer sa détermination.

« Et ton père ? risque encore Eugène. Tu as pensé à lui ?

— Tu sais bien que je ne pouvais pas lui en parler. D'ailleurs, sur le fond, il serait d'accord avec moi. »

Eugène en doute. Personne n'a prévenu le préfet que son fils allait se battre. Même si les duels ne sont plus illégaux depuis la Révolution – l'Assemblée législative a publié un décret d'amnistie générale –, il est difficile de croire qu'Hervé de Tocqueville, s'il était au courant, laisserait son fils risquer la mort pour un motif futile. Stoffels imagine déjà la colère qu'il devra affronter si les choses tournent mal. Le préfet nommé par Louis XVIII n'a pas la réputation d'un homme commode, bien qu'il soit chaleureux en société et qu'il laisse à son fils une grande liberté. La rumeur prétend même qu'il a couvert les frasques d'Alexis lorsque ce dernier a engrossé – à seize ans – une couturière de vingt-deux ans qui travaillait pour la préfecture.

« Vous faites de jolis témoins, tous les deux, persifle Alexis. Vous êtes convaincus que je serai battu. Votre confiance m'honore. »

Eugène et Charles protestent avec une véhémence exagérée. La voiture a quitté le centre de Metz et roule sur un chemin de campagne. Tocqueville s'absorbe dans le spectacle du soleil rouge vif posé sur l'horizon dans lequel il veut voir un signe galvanisant. Le disque lumineux et parfaitement circulaire se détache sur le ciel laiteux de ce mois de février glacial. Alexis espère que son adversaire, qui vient de l'est de la ville, ne jouira pas du même spectacle.

La voiture s'engage sur une route cahoteuse qui mène vers la forêt de Châtel-Saint-Germain. Tocqueville jette un nouveau coup d'œil sur la montre en or que sa mère lui a offerte à la fin de sa première année à Metz pour le récompenser de sa moisson de prix d'excellence. Encore cinq minutes et ils seront au rendez-vous. Le combat doit avoir lieu à huit heures moins le quart.

Il n'a pas dormi de la nuit. Par instants, tout lui semble cotonneux, comme s'il n'avait pas prise sur la réalité. Pourtant, il n'a pas peur. Il méprise son adversaire qu'il a rencontré plusieurs fois rue du Chanoine-Collin, chez Amélie et Rosalie Malye ; il le juge sans intérêt et mal éduqué. Peu habile au maniement de l'épée, ce dernier a choisi le pistolet.

Alexis a été entraîné au maniement des deux, néanmoins il aurait préféré l'arme blanche : sa myopie constitue un handicap pour le tir, même s'il se montre plutôt adroit lorsqu'il accompagne son père à la chasse, et l'épée lui paraissait plus noble. Mais le choix revient à celui qui a été souffleté.

Son cousin Louis de Kergorlay est le seul, dans sa famille, qu'il ait mis au courant du duel. Encore l'a-t-il fait au détour d'une phrase dans la lettre qu'il lui a écrite la veille : *Je vais peut-être avoir à me battre.* Quand Louis la recevra, demain, il sera trop tard pour qu'il le dénonce.

Tocqueville n'a jamais été doté d'une très grande force physique, mais il est vif et a de bons réflexes. Il va l'emporter, cela ne fait aucun doute. Et même s'il mourait, ne vaut-il mieux pas perdre la vie que l'honneur? Tient-il, d'ailleurs, tant que ça à la vie?

Quelques mois auparavant, il aurait répondu par la négative mais aujourd'hui, il en est moins sûr, même si ses angoisses reviennent parfois. Ses idées noires. Cette nuit encore. À ce souvenir, il serre les dents, s'applique à respirer lentement, les yeux fermés. Il ne se laissera pas envahir par le doute, pas maintenant.

Il sait cependant que rien ne sera jamais plus comme autrefois. Que l'enfance insouciante est terminée pour lui, qu'il ne retournera pas à Verneuil, que Bébé se fait vieux et qu'il n'osera jamais lui confesser ses errements. Cet été funeste a eu lieu, cet été où le monde s'est écroulé, où le doute l'a assailli, atroce, pire que la souffrance et le déshonneur. Pire que la mort.

Trois ans plus tôt, son père l'avait appelé auprès de lui à Metz, le privant déjà des repères qui étaient les siens depuis toujours. C'était le but recherché : le comte craignait, s'il restait à Paris, qu'il peine à s'aguerrir au contact de sa mère et de l'abbé Lesueur – Bébé –, son vieux précepteur, qui lui apprenait à vivre dans la nostalgie d'une époque révolue, un monde confiné et protégé.

À Metz, il a découvert la solitude. Sans eux et sans ses frères Édouard et Hippolyte, plus âgés et partis à l'armée, il est resté, un été durant, livré à lui-même dans l'hôtel particulier de la préfecture. La rentrée au collège royal n'était prévue qu'à l'automne et son père était souvent absent. Le désœuvrement et la curiosité l'ont conduit dans la bibliothèque. Il a d'abord lu les pièces de Corneille, Racine, Shakespeare. Il n'a pas tout compris, mais l'expérience était grisante. Il a lu des livres d'histoire, des traités de médecine, ou d'histoire naturelle, comme l'*Histoire naturelle des oiseaux* de Buffon. Il n'a pas tout saisi des «Mémoires pour servir à l'histoire du droit public en France en matière d'impôts», de son arrière-grand-père, Chrétien Guillaume de Lamoignon de Malesherbes, mais il a tourné les pages avec recueillement. Il a découvert Mme de Sévigné, et en a tiré hâtivement la conclusion qu'il n'aimait pas les femmes qui écrivent. *La République* de Platon l'a passionné, et plus encore les *Vies des hommes illustres* de Plutarque. Il a été fasciné par Socrate, condamné à boire la ciguë. Les *Pensées* de Pascal ont élargi son champ de vision. Et puis, un matin de pluie, les ouvrages des écrivains des Lumières lui sont tombés entre les mains.

Jusqu'alors, son monde était bâti sur la foi et les certitudes. Alexis ne s'était pas posé de questions. Si d'aventure il s'en était posé, l'abbé Lesueur et ses parents lui avaient répondu. Tout était simple : il y avait Dieu, le maître de l'univers, puis le roi, investi de pouvoirs divins. Juste en dessous du roi, les grands du royaume, qui tenaient du roi, donc de Dieu, leurs privilèges et leurs biens. L'aristocratie, à laquelle sa famille appartenait, dominait le peuple dans l'ordre naturel et immuable voulu par le Créateur.

Mais lorsque dans sa solitude messine, il s'est mis à lire Diderot, d'Alembert, Descartes, et tout ce qu'il a pu trouver, il a eu le sentiment que la terre se dérobait sous ses pieds. Au début, il a considéré avec curiosité les haines recuites de Voltaire et les tentations masochistes de Rousseau, puis il a tout dévoré avec passion. Descartes croit en Dieu, il entend même en démontrer l'existence, mais il est l'homme du doute méthodique. Quant à Rousseau, quel sens donner à son contrat social et à son discours sur l'origine de l'inégalité ? Alexis s'est plongé avec une ardeur frénétique dans la pensée des grands philosophes et toutes ses certitudes ont été balayées.

Et si l'homme était seul dans l'univers ? Et si Dieu n'existait pas ? Et si le pouvoir du roi était illégitime ? Et si l'aristocratie s'était attribué des droits illicites ? Il a entrevu l'anachronisme de la caste de nantis qui était la sienne et la haine qu'elle pouvait susciter. Il s'est senti accablé et terrifié à la perspective du chemin qui lui restait à parcourir dans un monde où l'existence de tout ce en quoi il croyait était remise en cause.

Ce vertige a duré plusieurs semaines. Il ignorait vers qui chercher de l'aide. Il aurait pu demander à son père d'aller à Paris retrouver son précepteur et sa mère, mais comment avouer à l'abbé, qui avait consacré sa vie à les éduquer selon la morale chrétienne, qu'il avait perdu la foi ? Impossible aussi de s'en ouvrir à sa mère, toujours malade et neurasthénique. Quant à son père, avec qui il ne partageait guère que le repas du soir – lorsqu'il était présent – il ne le prendrait pas au sérieux.

Il est allé passer quinze jours au château de Fosseuse chez les Kergorlay et a tout raconté à Louis. Son cousin n'a pas compris la profondeur de son désarroi. Lui ne connaît pas le doute, même s'il a lu Pascal, Montesquieu, et Rousseau.

« Contrairement à toi, Alexis, ce que pensent les autres, même s'ils sont très nombreux à partager la même opinion, ne m'impressionne pas. J'ai appris à me méfier des "sots incrédules" et à ne pas les écouter. »

Louis n'a pas d'état d'âme quant à la voie toute tracée qui l'attend. Il sera militaire, et ensuite il gèrera la propriété de ses parents. Il assurera la prospérité de ses proches et de tous ceux qui vivent du domaine.

Pendant tout le temps qu'ils ont passé ensemble, Tocqueville s'est efforcé de faire bonne figure à son cousin : ils ont chassé, nagé, monté à cheval, ce qui a fini par lui changer les idées. Mais de retour à Metz, il a reçu le coup de grâce.

Dans la bibliothèque où il continuait de chercher des réponses à ses interrogations, il est tombé par hasard sur le livre du comte de Boissy d'Anglas. Une forme d'hommage à Malesherbes de la part d'un de ses contemporains : *L'essai sur la vie, les écrits et les opinions de M. de Malesherbes adressé à mes enfants*.

Alexis s'est plongé avec ferveur dans la lecture de l'ouvrage. Il a alors découvert que le bisaïeul dont il vénère le souvenir, l'homme qu'il admire le plus au monde sans l'avoir connu puisqu'il a été guillotiné onze ans avant sa naissance, n'a pas seulement été le défenseur du roi, le martyr qui a tenté d'arracher Louis XVI à l'échafaud au prix de sa propre vie. Le magistrat qui a servi Louis XV et Louis XVI, et dont il se voudrait l'héritier spirituel, a été le protecteur des philosophes des Lumières qui ont inspiré la Révolution. Malesherbes, directeur de la Librairie en charge de la censure royale, a protégé Rousseau ! Il a sauvé l'*Encyclopédie* de Diderot et d'Alembert qu'il était chargé d'interdire, en dissimulant dans son propre bureau les épreuves qu'il devait faire saisir ! Malesherbes, cet homme hors du commun, a accordé son amitié à ceux que ses parents considèrent comme une engeance diabolique, ceux que l'abbé aurait voulu voir chargés dans un bateau, coulés et dévorés par des requins : pour son bisaïeul, les Lumières étaient des hommes éclairés !

Cette révélation a provoqué une vraie crise existentielle chez Alexis. Il s'est senti trahi, sans savoir par qui. Son monde, ses évidences, ses dogmes, sa foi, tout s'est brutalement effondré. Un véritable tremblement de terre. Il a été saisi d'un dégoût extrême pour cette vie dont il ne connaissait rien encore. Les doutes l'ont submergé et il a sombré dans une mélancolie profonde.

C'est à ce moment-là que Rosalie a fait irruption dans son existence. Il est tombé amoureux. La passion intense qu'elle lui a inspirée a fait diversion, elle l'a arraché à son désespoir. Sa vie, celle qui lui a été rendue, celle qu'il lui doit, il peut donc la sacrifier pour elle. Rosalie a bien essayé de l'empêcher de se battre, elle a même prétendu qu'elle n'avait pas été insultée et que c'était une simple plaisanterie sur une inclination connue de tous. Mais Alexis sait qu'on a cherché à salir la réputation de sa bien-aimée.

Lors de la soirée chez les Lefebvre de Ladonchamps, une grande famille de Metz, Rosalie a refusé à deux reprises de danser avec ce lieutenant qui semblait un peu ivre. La troisième fois, le galant éconduit s'est vexé. Il a lancé à la jeune fille d'une voix assez forte pour être entendu de tous :

« Je me suis laissé dire que vous faisiez moins la mijaurée avec d'autres, mademoiselle. »

Le ton lourd d'insinuations et le rictus méprisant ne laissaient pas de doute sur ses intentions. Puisque cet homme a accusé Rosalie de légèreté, Alexis doit laver son honneur. Elle est sa joie de vivre, elle donne un sens à son existence. Seul un duel peut effacer l'affront. Quitte à en mourir.

La voix du cocher et le hennissement des chevaux font tressaillir les passagers. Le fiacre est arrivé à destination. La nature est gelée, on entend des craquements étranges et de timides pépiements d'oiseaux. Un petit brouillard s'élève du sol, comme la fumée d'un feu léger.

Alexis aperçoit un landau arrêté au bout de la clairière, près des grands chênes. À quelques mètres se tient un groupe de quatre hommes : l'offensé, ses deux témoins et, probablement, le médecin. Le témoin arpente le champ à la recherche du meilleur endroit pour se battre. Le soleil un peu plus pâle, un peu plus haut sur l'horizon, lance des rayons froids.

C'est un matin de gloire – ou une belle aube pour mourir. Le jeune aristocrate n'est pas le premier à prendre le risque d'une mort stupide pour un mot. Comme la plupart des hommes qui se livrent à ce combat barbare et pourtant policé, il est assez mature pour condamner, au fond de lui, cette misérable coutume. Mais il a beau s'en blâmer, il préfère y laisser sa vie que de la vivre en poltron. Il ne sera pas un homme dont la réputation sera perdue avant d'avoir été gagnée.

Charles Stoffels se précipite pour descendre. Alexis le retient par la manche. Il ne laissera personne sortir du fiacre avant lui. Il aborde le marchepied avec précaution, puis, très droit pour faire oublier sa petite taille, il s'avance vers le groupe. Il salue les trois hommes d'un mouvement du menton, et ignore son adversaire. À son approche, ce dernier s'est écarté. Il semble nerveux : il n'ose pas regarder dans sa direction. Il garde ses mains dans ses poches, pour cacher son agitation. Alexis lui jette un regard de défi. Mais ses oreilles bourdonnent.

Les témoins se serrent la main et tiennent conciliabule. Tocqueville s'est un peu éloigné ; il n'entend plus ce qu'ils disent. Les palabres s'éternisent. Il a froid. Qu'ont-ils de si important à régler encore ? Ils se sont déjà vus la veille pour discuter des détails.

« Messieurs ! »

Alexis et son adversaire s'approchent. Deux pistolets à percussion sont déposés dans un coffret de duel, avec leurs accessoires en buis. Alexis saisit une arme, puis l'autre. Il constate qu'elles sont rigoureusement identiques. Il indique aux témoins qu'il gardera la seconde.

Eugène a été tiré au sort pour rappeler les règles du duel.

« Il s'agit d'un duel de pied ferme. Les duellistes sont placés face à face à quinze pas l'un de l'autre et n'ont pas le droit d'avance. La place de chaque combattant est tirée au sort. »

Alexis écoute distraitement son ami. Il connaît cela par cœur, même s'il n'a jamais combattu. Il se balance d'un pied sur l'autre pour avoir moins froid.

« Tout coup de feu raté compte pour un coup tiré. Si un duelliste ne veut pas se soumettre à la fouille, cela équivaut à un "refus de duel", et il est déclaré perdant sans même avoir combattu. »

Alexis n'entend plus. Il gèle. Il a hâte d'en finir.

Quelqu'un lui demande d'ôter sa redingote. Il s'exécute et le jeune lieutenant en fait autant. L'un des témoins adverses s'approche de lui. Il tâte sa poitrine sous la chemise blanche, au cas où il dissimulerait une plaque métallique ou tout autre dispositif destiné à se protéger. Alexis se laisse faire, secoué de frissons.

Il aimerait avoir une cuirasse, moins pour se protéger des balles que pour ne pas sentir le froid. L'air est saturé d'humidité. Dans sa chemise de cérémonie, il grelotte. Si Bébé était là, il dirait qu'il « va encore lui attraper un rhume ». Un rhume, quelle blague !

Les témoins ont mesuré la distance réglementaire. Chacun a chargé le pistolet de son duelliste, sous le contrôle d'un témoin adverse. Puis tous se sont rangés du même côté, et la voix d'Eugène, un peu tremblante, lance : « Armez ! »

Alexis actionne le chien de son pistolet et ajuste sa visée de son bras droit tendu. Les contours de son adversaire sont flous, mais il sait où il doit tirer : au centre de la masse verticale qui lui fait face. Au cœur.

Il pense à Rosalie qui lui sera attachée à jamais puisqu'il aura risqué sa vie pour elle.

Il comprend confusément qu'il est passé trop vite de l'enfance à l'âge adulte.

Il plisse les yeux pour mieux viser. Eugène hurle, comme s'il craignait que son ami ne l'entende pas : « Tirez ! »

Alexis appuie sur la gâchette. Au même moment, il ressent une douleur aiguë du côté droit. Il porte la main à sa poitrine et lâche le pistolet. Il ne sent plus le froid. Il voit, d'un bloc, l'horizon et la silhouette de son adversaire basculer, et il s'effondre, inconscient, sur la terre durcie par le gel.

2

Père à seize ans

Mai 1823

« Monsieur Alexis, voilà de quoi vous occuper ! Une lettre pour vous ! »

Le blessé sursaute. La femme de chambre est entrée dans le salon sans bruit. Elle se dandine jusqu'au sofa et dépose le plateau sur les genoux du convalescent.

« Et monsieur Eugène a déposé un mot aussi. Le voilà. Il paraît que c'est urgent.

— Merci, Marianne, marmonne le jeune homme. Vous avez pensé à me rapporter *Le Moniteur*?

— Oui, monsieur Alexis. Enfin, non. J'y suis allée, mais il n'était pas arrivé.

— Avez-vous vu mon père ?

— Oui, il a dit qu'il serait là ce soir.

— Il ne vous a pas dit quand exactement? Vous savez que j'attends une visite vers deux heures et demie...

— Ne vous en faites pas, je surveillerai. Tenez, mangez un peu de riz au lait.

— Je n'ai pas faim. Avec ce que mon père m'a annoncé hier, je n'aurai plus jamais faim. »

Marianne secoue la tête avec indulgence. Elle redresse délicatement le coussin épais qui maintient le dos d'Alexis. Avec sa charlotte lorraine mal ajustée sur son gros chignon gris, elle rappelle au jeune homme sa bonne, ou plutôt la bonne de sa mère à Paris, une fille de ferme normande qui l'a vu naître et dont il est le chouchou. Marianne est au moins quadragénaire : le comte ne veut plus qu'on mette de jeunes soubrettes au service de cet adolescent au sang bouillonnant. Les femmes lui plaisent et il leur plaît, avec son visage doux, ses boucles soyeuses, sa voix caressante et ses compliments bien tournés.

En dépit de son embonpoint et de rhumatismes douloureux, Marianne est une domestique zélée. Lorsque le garçon a été ramené par les frères Stoffels à la préfecture de Metz, à moitié évanoui et baignant dans son sang, son père était parti visiter la garnison voisine ; Marianne lui a fait parvenir un message, et elle a couru chercher deux médecins. Elle les a secondés lorsqu'ils ont nettoyé la blessure. La balle avait cassé une côte avant de perforer le poumon droit. Son extraction a été compliquée, et le blessé est resté sous surveillance pendant une vingtaine de jours. La fièvre a fini par retomber, mais la convalescence dure depuis quatre mois. Assis dans son sofa, incapable d'écrire longtemps – il est trop maladroit de la main gauche, et soulever le bras droit tire sur sa plaie –, le malade n'a qu'une occupation : la lecture. Marianne lui apporte des journaux et des livres de la bibliothèque ; au début, elle lui tournait les pages.

« Enfin, vous n'avez rien mangé aujourd'hui ! insiste la femme de chambre.

— Bien sûr que si, voyons, j'ai mangé du pain et des olives.

— Et c'est comme ça que vous comptez vous rétablir ? Les forces, ça ne revient pas d'un claquement de doigts ! Allez, lisez donc votre courrier. Je vous ai ouvert les deux enveloppes. »

La femme de chambre s'éloigne tandis qu'Alexis saisit la carte écrite par Eugène. À la vue des trois lignes écrites à la hâte, il pâlit : « Rosalie est au courant de la rumeur. Elle est enragée. Elle veut rompre avec toi. »

Tocqueville ferme les yeux. Il a le vertige. Il ne manquait plus que cela. La mauvaise nouvelle qu'il doit lui annoncer lui faisait déjà craindre le pire mais désormais, c'est certain, elle va lui rendre sa parole.

Il attend que son cœur se calme. Il déplie machinalement l'autre lettre, qui vient de Paris. En apercevant l'écriture

– cette calligraphie si droite, si régulière, si appliquée –, Alexis devine le nom de l'expéditeur : Bébé. D'ordinaire, les lettres de l'abbé Lesueur lui procurent une joie enfantine. Le vieil abbé, qui va avoir soixante-douze ans et n'a plus qu'un bras, a d'abord été le précepteur de son père, qui l'a sauvé des révolutionnaires en 1790. Il a ensuite assuré l'éducation de ses trois rejetons et Alexis a toujours été son préféré. Le petit dernier, très doué, a donné de très grandes satisfactions à cet homme entièrement dévoué à la famille Tocqueville.

Aujourd'hui, l'abbé Lesueur suit à distance les succès scolaires de celui qui a été son élève pendant quinze ans et qui se retrouve confronté pour la première fois à des garçons de son âge. Alexis collectionne les prix d'honneur. Le vieux précepteur, qui voit en lui un jeune prodige, voudrait le convaincre d'embrasser une carrière politique ; afin de contrer l'influence de Louis de Kergorlay qui pousse son cousin à choisir, comme lui, la carrière militaire, le saint homme tente depuis des mois de convaincre le comte et la comtesse qu'il serait dommage « d'étouffer sous un casque un talent qui s'annonce avec tant de distinction ». Le choix d'un état, dans son milieu, est limité : l'épée ou la robe. Ses deux aînés, Hippolyte et Édouard, n'ont pas eu le choix : Restauration oblige, ils ont opté pour la première. Alexis n'est pas hostile à la carrière militaire, mais il préfère le droit.

La carrière politique quant à elle n'est qu'une alternative lointaine : il faut avoir quarante ans pour se présenter à la députation. Peu de professions sont envisageables pour un aristocrate. Le jeune Tocqueville a pourtant un rêve, qu'il n'a jamais confié à personne, pas même à Bébé ni à Louis : devenir écrivain. Mais à peine s'autorise-t-il à y penser. Car il souffre d'une référence familiale écrasante. Son oncle par alliance s'appelle François-René de Chateaubriand.

Mon petit Pierrot..., lit Alexis sous la plume de l'abbé. Ce Pierrot-là n'a rien à voir avec le diminutif de Pierre : le pierrot est le moineau de la fable de La Fontaine, *Le Chat et les Deux Moineaux.* Le moineau compense sa petite taille par sa malice et son endurance. Alexis a toujours été plus frêle que ses frères, mais il est plus doué. L'abbé, qui n'a pas eu vent de sa crise existentielle, l'imagine toujours « gai comme un pierrot ».

Ton Papa nous a mandé que tu t'es blessé assez grièvement pour ne pouvoir quitter la chambre. Nous espérons que ta plaie est cicatrisée... L'abbé Lesueur croit qu'Alexis est tombé en jouant dans les arbres, puis qu'une seconde chute malencontreuse a rouvert sa blessure. Personne ne lui a dit que son protégé s'était battu en duel. Pauvre Bébé, s'il savait ! Il y a tant de choses qu'Alexis ne peut plus lui dire. Comme elle est loin, l'époque où il suffisait de lui confier ses peines pour qu'il les fasse disparaître en soufflant dans sa main. Ensuite, l'abbé l'endormait en lui passant la main dans les cheveux et en lui massant le crâne, du front à la nuque, inlassablement.

Le clocher de la cathédrale Saint-Étienne de Metz sonne un coup, un seul. Dehors, le ciel est gris. Alexis jette un coup d'œil sur la pile de livres posés sur le guéridon ; ils dissimulent les dernières lettres de Rosalie. Certaines ont transité par Stoffels : pas question de les confier au service des postes, le préfet aurait pu les intercepter. Contrairement à ce qu'il craignait, Eugène n'a pas été réprimandé pour son rôle lors du duel ; Hervé de Tocqueville connaît le tempérament de son fils, sa volonté farouche, il sait que personne n'aurait pu le dissuader de se battre.

L'angoisse lui noue le ventre. Il ne cesse de penser à ce que va dire Rosalie. Avant, ils se voyaient presque chaque jour. Ils se retrouvaient chez elle, entourés de leurs amis ou avec sa sœur. Quelquefois ils allaient marcher seuls autour de la cathédrale, ou dans un jardin voisin. Il revoit le petit banc, le treillage, et la porte cochère au bas de son escalier, où ils se sont embrassés furtivement. Un jour, Alexis lui a demandé de passer devant le collège royal à l'heure de la sortie des cours, simplement pour la voir, « avoir une preuve matérielle de son existence ». Il y a dix-sept mois exactement qu'il a aperçu pour la première fois la fille de l'archiviste, et il n'imagine plus sa vie sans elle.

Des pas dans l'escalier. Non, ils sont trop lourds, ce n'est pas Rosalie. La porte s'ouvre. Marianne tient *Le Moniteur* à la main :

« Voilà de la lecture, monsieur Alexis ! »

Mais Alexis ne peut plus lire, les colonnes dansent devant ses yeux. Il renverse la tête en arrière et fixe sans les voir les lambris jaune paille, encadrés de baguettes d'or un peu écaillées par endroits. Dans quelques minutes, Rosalie s'assoira dans ce fauteuil en vieille tapisserie de Beauvais qui représente une fable de La Fontaine, sa silhouette se découpera sur les rideaux roses qui encadrent les fenêtres. Pour la dernière fois peut-être.

Rosalie. Il n'aurait jamais imaginé qu'il existait au monde une jeune femme dont la sensibilité corresponde autant à la sienne. Ils peuvent parler des heures, sans un silence, sans une équivoque. Sa dernière lettre – cinq pages manuscrites, et, entre deux feuilles, la mèche de cheveux promise – est cachée dans le volume de Platon posé sur le guéridon. Il regarde ces « a » et ces « o » si ronds, ces « l » et ces « r » si parfaitement déliés; ses « i » et ses « s » pleins de retenue. Il croit voir son sourire, son regard, sa manière de baisser les yeux. D'un an son aînée, elle n'est pas seulement belle et gracieuse : elle est vive, intelligente, cultivée. Elle s'intéresse à l'histoire et à la politique.

La première fois qu'il l'a rencontrée, elle venait chercher son père, Joseph Malye, officier à la retraite et archiviste de la préfecture dont l'assiduité n'a d'égal que son désespoir depuis que sa femme est décédée.

Alexis aperçut Rosalie dans le grand hall d'entrée. Il descendait l'escalier d'honneur, en proie à des pensées sinistres, ses pas étouffés par le tapis rouge. L'apparition le stoppa dans son élan. C'était la fin de l'été mais il pleuvait, la jeune femme arrivait du dehors, elle était vêtue d'une grande pèlerine dont elle venait d'ôter la capuche. Il vit d'abord ses cheveux d'or, mousseux, attachés sur le haut de sa tête et l'ovale parfait de son visage. Puis elle leva sur lui son regard bleu, lumineux, et elle sourit. Il n'y avait pas de coquetterie dans ce sourire, plutôt une gaieté juvénile. Plus tard, elle lui avoua qu'elle l'avait déjà remarqué en ville. Elle savait que ce bel adolescent pâle était le fils du préfet de Moselle.

Encouragé par son sourire, Alexis tenta un « Bonjour mademoiselle » auquel Rosalie répondit d'un signe de tête. Puis elle marcha droit vers le bureau de son père et frappa trois coups sur la porte – trois coups de théâtre. Sans attendre la réponse, elle se glissa dans la vaste pièce aux murs couverts d'étagères où s'entassaient documents, boîtes de carton et actes officiels.

Alexis remonta comme un automate dans les appartements privés. Pour la première fois depuis des semaines, ses doutes existentiels étaient oubliés. Au petit matin, sous prétexte de recherches généalogiques, il alla trouver le bibliothécaire et Joseph Malye ne se fit pas prier pour parler de sa fille. Ou plutôt de ses filles.

« Amélie a vingt et un ans et Rosalie dix-neuf.

— Vous avez de la chance de les avoir auprès de vous !

— Elles n'habitent plus avec moi. Voyez-vous, Amélie est modiste et Rosalie aide sa sœur. Toutes deux veulent travailler pour rester indépendantes.

— Tout le temps qu'elles n'auront pas rencontré un mari, je suppose ?

— Bien sûr. Elles ont raison de ne pas se presser. Vous savez, elles ne vivent pas en recluses. Elles tiennent un salon, rue de l'Abbé-Collin. Il est devenu le point de ralliement de tous les jeunes gens de bonne famille de la ville ! »

L'archiviste était très fier d'elles, elles étaient sa consolation depuis son veuvage... Il ne proposa pas au fils du préfet de les lui présenter. Mais, au cours de la conversation il évoqua le nom d'une connaissance commune aux jeunes gens, un camarade de lycée d'Alexis.

Le convalescent, allongé sur son sofa, sent en lui une détresse sourde. Comment pourra-t-il se passer de Rosalie ? Dans une de ses lettres, la jeune fille lui reproche les tourments qu'il lui a fait endurer, elle le supplie de ne plus jamais se battre pour elle... mais ce duel suscite en même temps des serments éternels de sa part. Elle compare leur histoire à celle des amants du lac Oneida.

Elle lui a fait découvrir *Voyage au lac Oneida*, un roman de Campe et Bligh, dixième volume des *Récits géographiques et pédagogiques pour les jeunes gens*. Rosalie avait remarqué que dans la liste des souscripteurs de la collection, indiquée à la fin de l'ouvrage, figurait Hippolyte de Tocqueville ; elle a demandé à Alexis s'il le connaissait. Lorsque le roman a été publié, en 1803, son frère n'avait que cinq ans : sans doute leur père avait-il souscrit en son nom. Mais, au-delà de cette coïncidence, c'est la trame du roman – une construction romanesque à partir d'éléments réels – qui a bouleversé Alexis : l'histoire d'un gentilhomme français et de sa fiancée, chassés par la Révolution, qui vont chercher asile en Amérique. Après quelques mésaventures, les jeunes gens trouvent leur jardin d'Éden sur une île du lac Oneida. Cette histoire vraie a laissé dans l'âme d'Alexis une trace profonde. Il ne sait pas si elle est due au talent de l'auteur, au charme des événements ou à ses propres peurs – cette crainte d'être un jour contraint à l'exil du fait de sa naissance.

Il adore également le dernier roman de Walter Scott que Rosalie lui a fait porter : *Kenilworth.* Il entame le troisième volume. L'histoire lui plaît tellement qu'il ne lit pas plus de trente pages par jour pour faire durer le plaisir. Il avait déjà adoré *Ivanhoé.*

Comme lui, Rosalie est une lectrice acharnée. Elle passe une heure par jour chez un libraire de Metz, un vieil érudit dont le fils s'est épris d'elle et qu'elle assiste dans ses inventaires. Il lui donne les clés de son local à l'étage, elle s'installe dans un fauteuil avachi et armée d'un coupe-papier, elle lit toutes les nouveautés. C'est ainsi qu'elle a découvert *Kenilworth.* Rosalie venait de le terminer le soir du fameux bal. Dans sa robe vert d'eau dégageant ses épaules, elle avait les joues roses et les yeux étincelants.

« Je sais bien que vous n'aimez pas trop les romans, Alexis, mais je suis sûre que celui-là vous plairait !

— D'accord, je le lirai, mais venez donc vous asseoir à côté de moi... Dites-moi d'abord, ce Kenilworth, c'est un village écossais ?

— C'est le nom du château de Robert Dudley. L'intrigue tourne autour de son mariage secret avec Amy Robsart, la fille de Sir Robsart.

— Une mésalliance ? »

Alexis s'est mordu les lèvres. Rosalie n'a pas relevé.

« Non, il est comte, mais c'est une union impossible. Car le père d'Amy la destine au fils d'un de ses vieux amis.

— Et alors ?

— Comme elle est amoureuse de Dudley, et qu'il l'aime follement, ils s'enfuient ensemble.

— Où est le problème alors ?

— Dudley est dévoré d'ambition. Ce mariage, même s'il l'a voulu, contrecarre son projet. Il veut obtenir la main de la reine Élisabeth pour partager le trône avec elle !

— Et ensuite ?

— Vous lirez !

— C'est une histoire vraie ?

— En tout cas, les personnages ont existé. »

C'est seulement après le duel qu'Alexis s'est plongé dans *Kenilworth.* À chaque page, il s'interroge sur la véracité historique : le château existe, les héros aussi, mais l'empoisonnement d'Amy est-il réalité ou liberté d'auteur ?

L'ambition ou l'amour. Le pouvoir ou la passion. La réussite ou le bonheur. Sera-t-il un jour obligé de choisir ? Il ne peut pas envisager l'existence sans Rosalie. C'est elle qui lui a redonné l'envie de vivre, elle sait tout de lui.

Il lui a raconté l'histoire de sa famille, des siècles de mariages judicieux qui dessinent un arbre généalogique parfaitement maîtrisé. Il est vite passé sur ses aïeux prestigieux, le seigneur de Clérel, qui batailla aux côtés de Guillaume le Conquérant à la bataille de Hastings, ou le maréchal de Vauban, qui servit Louis XIV pendant un demi-siècle et construisit les plus belles places fortes de France. Il lui a expliqué comment son père Hervé avait vu, à vingt ans, ses cheveux blanchir en une nuit alors qu'il attendait de monter sur l'échafaud, dans les geôles de Port-Royal.

Issu de la vieille noblesse féodale normande, le comte Hervé de Tocqueville épousa, sous la Terreur, Louise de Rosanbo, petite-fille de Malesherbes dont il habita le château dans le Loiret ; deux des sœurs de Louise ainsi que leurs époux, Jean-Baptiste Chateaubriand – frère aîné de François-René – et Félix Le Peletier d'Aunay y séjournaient également. Mais tous furent arrêtés, accusés de comploter contre l'État parce que d'autres membres de la famille avaient fui à l'étranger. Le 22 avril 1794, Chrétien Guillaume de Lamoignon de Malesherbes fut guillotiné après un procès expéditif, suivi de près par sa sœur Mme de Sénozan, les beaux-parents d'Hervé, sa sœur et son beau-frère Chateaubriand.

Le jugement des Tocqueville et du reste de la famille devait avoir lieu le 30 juillet. Ce fut l'arrestation de Robespierre le 27 et son exécution le lendemain – le 10 thermidor an II – qui les sauva in extremis. Pendant ces dix mois de captivité, Hervé de Tocqueville vieillit de vingt ans. Sa femme Louise ne s'en remit jamais. Rescapée de la «justice prompte, sévère, inflexible» du dictateur sanguinaire, elle demeura neurasthénique. La naissance de ses enfants – Hippolyte en 1797, Édouard en 1800, et Alexis le 29 juillet 1805, quatre mois avant la bataille d'Austerlitz – suscita une embellie de plusieurs années mais la comtesse rechuta au moment où les aînés quittèrent la maison et où son mari eut à nouveau une charge, lors de la Restauration.

Alexis est profondément attaché à sa mère, mais il est impuissant à l'aider et ses rapports avec elle lui procurent plus de chagrin que de plaisir. Il recherche sans en avoir conscience la compagnie de jeunes filles qui sont l'exact opposé de Louise de Tocqueville : énergiques, optimistes, opiniâtres. Des femmes qui ont envie de découvrir le monde. Rosalie, volontaire et curieuse de tout, ferait une compagne de voyage prodigieuse. Un jour, ils parcourront ensemble des contrées inconnues ; il en rêve, cloué sur son sofa.

L'an passé, en août, il a visité la Suisse avec Eugène Stoffels. Il doit y retourner cette année avec des amis de la famille. Mais il voudrait aller beaucoup plus loin. Il connaît par cœur les récits des explorateurs et adore les livres qui racontent des voyages lointains : il ne lisait que cela avant de découvrir les philosophes. Enfant, lorsqu'il habitait au château de Verneuil-sur-Seine, il vit François-René de Chateaubriand plongé dans l'écriture de ses souvenirs de voyages. Parti en Amérique en 1791 et revenu en 1800 après plusieurs années d'exil, l'écrivain séjourna souvent dans cette ancienne propriété de Mme de Sénozan dont héritèrent les Tocqueville : un «héritage d'échafaud», comme on disait alors. Louise et Hervé «héritèrent» également de leurs neveux, Louis et Christian : ils avaient promis à leurs parents, Jean-Baptiste de Chateaubriand et sa femme, tous deux exécutés, de s'occuper de leurs enfants. François-René, leur oncle, leur rendait fréquemment visite. Il s'installa même à Verneuil pendant un an, en 1810, pour écrire quelques chapitres de *Moïse.* Au dîner, il racontait souvent les péripéties de son voyage en Amérique, avec l'emphase qui le caractérisait. Le petit Alexis, l'enfant le plus gâté de la maison, le petit génie, n'appréciait guère les visites de Chateaubriand : lorsqu'il séjournait chez eux, il n'y en avait plus que pour l'« Enchanteur ». Le gamin était aussi fasciné que jaloux.

« Mademoiselle Rosalie est arrivée, annonce Marianne.

— Mais faites-la entrer, voyons !

Alexis ne la voit pas encore, mais il entend sa robe glisser sur le plancher. Il ferme les yeux. Quand il les rouvrira, elle sera là.

Rosalie refuse d'enlever sa pèlerine :

« Je ne fais que passer », dit-elle d'une voix sinistre.

Il insiste. Elle finit par poser son manteau sur un fauteuil.

Marianne s'est retirée, elle les surveille de loin. Si le comte arrive, elle le saluera d'une voix forte, pour que Rosalie ait le temps de sortir.

La jeune fille ne tend pas la main à son soupirant. Le visage fermé, les narines pincées, elle le regarde fixement, de toute sa hauteur.

« Asseyez-vous, implore-t-il. Soyez gentille. »

Mais Rosalie ne veut pas être gentille, elle reste debout, à bonne distance. Alexis fait mine de vouloir se lever, ce qui lui arrache une grimace.

« Vous n'allez pas mieux ? demande-t-elle, un peu radoucie, en sortant un mouchoir de son petit sac en forme de bourse.

— Si », grimace Alexis avec l'air d'endurer le martyre.

Un silence. Rosalie regarde ses pieds. Puis soudain, elle lève le menton d'un air accusateur.

« On m'a dit que vous aviez eu un enfant illégitime avec une femme de chambre de la préfecture. »

Cette fois, elle sait. Inutile de nier. Il aurait dû lui en parler depuis le début.

« Ce n'était pas une femme de chambre, elle n'était pas de la préfecture.

— Mais c'est vrai ?

— Une femme prétend avoir eu un enfant dont je suis le père.

— Mais qui ? Comment ?

— Elle avait cinq ans de plus que moi. C'était à elle de faire attention. Elle ne m'avait rien dit. Je ne connaissais rien à l'amour. C'était... c'était avant de vous rencontrer. »

Rosalie explose.

« Mais vous veniez d'avoir seize ans quand nous nous sommes rencontrés ! Qui est cette femme ?

— Elle s'appelle Marguerite Meyer. Elle est couturière, employée à la préfecture, répond Alexis à voix basse, en regardant vers la fenêtre. À l'époque, elle habitait à deux cents mètres d'ici, rue de Pontiffroi.

— Comment l'aviez-vous rencontrée ?

— Elle cousait mes chemises et mes pantalons. Nous avons sympathisé. Elle est la première que j'ai emmenée dans ma cabane... »

Il en a trop dit. Rosalie a toujours refusé d'entrer dans la fameuse maisonnette qu'il avait construite avec les jardiniers dans le parc de la préfecture. Son père, les premiers mois, désespéré de voir son fils s'étioler et errer dans les couloirs interminables de la préfecture lui avait trouvé cette occupation. Sans deviner que son fils était passé de l'âge des cabanes à celui des garçonnières.

« Ah ! Parce qu'il y en a eu d'autres ?

— Mais non... Je voulais dire la première avec qui j'aie... enfin, vous savez bien. »

Il a emmené deux autres filles dans la maisonnette, mais elles n'ont eu aucune importance dans sa vie, il n'a pas envie d'en parler. Marguerite elle-même était-elle si importante ? Il l'a cru, sur le moment. Elle faisait diversion à sa mélancolie, à chaque fois qu'il faisait l'amour avec elle. Avant Rosalie, il ne connaissait que la sensualité, la jouissance. Il confondait le désir et l'amour.

Rosalie fait un pas vers la porte. Mais avant qu'Alexis n'ait le temps de protester, elle s'arrête.

« Pourquoi ne me l'avez-vous jamais dit ?

— Ce n'est pas le genre de choses qu'on raconte lorsqu'on tombe amoureux.

— Qu'est-elle devenue ? Vous la voyez encore ?

— Non, je ne l'ai jamais revue... Je ne sais pas où elle se trouve. Ses parents ont une ferme près de Sarreguemines, je crois que mon père voulait l'envoyer là-bas après l'accouchement. »

Marguerite lui avait annoncé la nouvelle un peu avant Noël. Il avait rencontré Rosalie en septembre. Ses relations, platoniques, avec la jeune Malye n'avaient pas fait cesser sa liaison avec la couturière, même s'il avait essayé de rompre ; il avait trahi l'une et l'autre en se sentant coupable.

En rentrant du collège royal, il avait trouvé un jour Marguerite agitée, décoiffée, les yeux rougis. Elle avait eu des malaises.

« J'ai vu le docteur.

— Que vous a-t-il dit ?

— Il a dit... – La jeune couturière s'était mise à sangloter dans son tablier, en se tordant les mains. – Je vais avoir un bébé. »

Alexis avait été pris de panique. Il lui avait dit qu'il se marierait avec elle, qu'il arrangerait tout. Puis il avait couru chez son père, très inquiet à l'idée de la réaction de cet homme sévère. À sa grande surprise, le comte de Tocqueville l'avait sermonné comme s'il avait eu un zéro de conduite. Plus étonnant encore, quand Alexis avait parlé d'épouser Marguerite pour assumer les conséquences de son acte, il avait haussé les épaules.

« Tu ne vas pas gâcher ta vie. Cette fille avait l'âge de savoir à quoi elle s'exposait. – Il a balayé les protestations d'Alexis, prêt à se sacrifier par loyauté. – Je vais arranger l'affaire. Mais que cela te serve de leçon. »

Alexis se veut honnête, il raconte tout à Rosalie, mais sans préciser les dates. Il n'a qu'une crainte : qu'elle se rende compte que, pendant quelques semaines, il les a aimées en même temps. Il aurait du mal à le lui expliquer.

« Et le bébé ? Vous l'avez vu ?

— Non, jamais.

— C'est un garçon ?

— C'est une fille.

— Et comment s'appelle-t-elle ? »

Le jeune homme est au supplice. Il murmure :

« Louise.

— Comme votre mère ? »

Son père aussi a été étonné en apprenant que Marguerite avait choisi de donner à son enfant le prénom de sa femme. Alexis, lui, savait sa maîtresse sincèrement attachée à lui. Mais ils ne faisaient pas partie du même monde et elle l'avait compris.

« Ce... ce n'est pas moi qui le lui ai demandé.

— Je la plains, soupire Rosalie. Aujourd'hui, c'est une fille mère.

— Détrompez-vous. Mon père a pris soin d'elle. Un soldat a accepté d'endosser la paternité, un chasseur au premier régiment de la Meuse, il s'appelle Jean Davion. Mon père lui a donné de l'argent, et aux parents de Marguerite aussi. »

Rosalie ne dit plus rien. Elle hésite encore sur l'attitude à adopter.

« Vous auriez dû me le dire.

— Je vous répète que je n'en étais pas fier ! C'était une erreur de jeunesse.

— La jeunesse a bon dos !

— J'avais peur de vous perdre. »

Alexis tend à nouveau sa main valide.

« Nous n'avons plus que quelques minutes, donnez-moi votre main. Moi aussi j'ai quelque chose à vous dire.

— Attendez. Quel jour l'enfant est-il né ? C'était l'année dernière, n'est-ce pas ? »

Cette fois, Rosalie va comprendre. Alexis devine déjà sa colère, la fuite, la rupture. Il lui attrape le bras et laisse tomber :

« Le 9 août.

— Le 9 août... donc ce bébé a été conçu... en novembre 1821. »

Il agrippe son avant-bras.

« Rosalie ! Je sais ce que vous pensez. Je vous aimais déjà en novembre, et en octobre, et en septembre. Pourtant je n'avais pas encore rompu avec Marguerite. Ce n'est pas faute d'avoir essayé. Je la voyais de moins en moins, j'essayais de la quitter, mais lui dire que je ne l'aimais pas me paraissait si cruel que je n'y arrivais pas... Avec elle, je n'avais que la satisfaction du corps, avec vous, j'ai découvert le bonheur de l'âme ! »

Rosalie se laisse troubler par cette voix, cette douceur. Alexis baisse encore le ton, il murmure :

« Et dire que mon père veut m'arracher ce bonheur maintenant, mais moi...

— De quoi parlez-vous ?

— ... Je ne sais plus vivre sans vous !

— De quoi parlez-vous ? répète Rosalie.

— Mon père a été nommé préfet de la Somme. Nous partons dans deux mois. J'irai faire mon droit à Paris. »

3

Le mariage impossible

Automne 1825

Rosalie s'approche de la lucarne sur la pointe des pieds et appuie son front contre la vitre. Ses cheveux dorés tombent en cascade sur le châle jeté sur ses épaules. Pendant quelques secondes, elle demeure immobile, en équilibre. Alexis admire la cambrure de la taille, l'évasement des hanches, la finesse des jambes. Les épaules douces, parfumées, appétissantes. Il vient de faire l'amour avec cette femme qu'il aime depuis quatre ans. Elle est arrivée à Paris treize jours auparavant et le rejoint tous les après-midi dans sa mansarde de la rue Saint-Dominique. Quelques femmes y sont venues avant elle, mais elles n'avaient ni sa beauté ni son intelligence et ce n'étaient que des passades.

Rosalie et Amélie sont pour deux semaines dans la capitale afin d'aider leur tante, qui a accouché de son troisième enfant. Du moins est-ce la raison officielle. Les deux jeunes femmes logent chez leur tante mais jouissent d'une grande liberté, que la cadette met à profit en venant retrouver son amoureux une ou deux heures par jour. Leur passion n'a été entamée ni par la séparation ni par la distance.

« Je peux ouvrir un peu la fenêtre ? J'ai besoin de respirer. »

Le jeune homme évalue les chances que l'abbé Lesueur, la bonne ou un voisin puisse apercevoir son amie, mais la fenêtre du dernier étage se situe un peu en retrait de la façade. Ils se penchent, joue contre joue, par la minuscule ouverture.

L'averse est terminée, les toits de Paris sont luisants et gouttent sur les trottoirs.

« On ne voit pas le Champ-de-Mars d'ici ?

— Non, le Champ-de-Mars est à l'autre extrémité.

— C'est tout ce dont je me souviens à Paris ! La première fois que je suis venue ici, j'avais douze ou treize ans, mon père nous avait emmenées au Champ-de-Mars, je crois qu'il y avait une parade militaire...

— Cela n'a pas toujours été un lieu de parade. La guillotine y a été installée pendant les troubles et en 1791, il y a eu la fusillade du Champ-de-Mars : une foule s'était rassemblée pour signer une pétition sur les droits du roi, et les choses ont mal tourné. La Fayette a essayé en vain de disperser les manifestants. Le maire de Paris a donné l'ordre de tirer sur le peuple. Il y a eu cinquante morts et des centaines de blessés. Les Parisiens ont été dispersés par une charge de cavalerie. »

Le visage d'Alexis s'est rembruni. Il serre les poings sans même se rendre compte que ses ongles un peu longs labourent la chair de ses paumes.

« Si je ne t'emmène que dans les lieux où le sang n'a pas coulé, tu ne verras pas grand-chose de Paris. »

Il s'assoit sur le bord du bureau Louis XV qui forme, avec la chaise et le canapé, tout l'ameublement de son « cabinet de travail », comme l'appellent pompeusement ses parents. Ils lui ont affecté cette chambre sous les toits juste à côté du 77, où ils logent, afin qu'il puisse préparer ses examens tranquillement – en réalité pour qu'à vingt ans, il jouisse d'un semblant d'indépendance. Encore un des non-dits de cette « liberté aristocratique » à laquelle son père tient tant, ce mélange entre une fière affirmation de l'indépendance personnelle, un sens aigu de l'honneur et une forme de virilité. C'est au nom de cette sacro-sainte liberté que le père a caché au reste de la famille les frasques d'Alexis, la grossesse de la jeune Marguerite Meyer et le duel au pistolet.

Rosalie referme la fenêtre et se tourne vers lui.

« Tu n'aimes pas parler de cela, n'est-ce pas ?

— "Cela" a eu lieu, c'est un fait. Plus rien ne sera comme avant. Ma mère ne le comprend pas : elle sait qu'elle ne reverra jamais sa famille, elle en souffre, elle conçoit que l'ordre ancien n'est plus, mais l'évolution de la société lui échappe totalement. Mon père, lui, en est conscient, mais il feint de ne pas en tirer les leçons. »

Le comte de Tocqueville, toujours préfet de la Somme – Charles X, qui a remplacé Louis XVIII l'année précédente, l'a confirmé dans ses fonctions –, répète que la distinction entre nobles et roturiers appartient au passé, mais il vit comme s'il n'en croyait pas un mot. Alexis raconte souvent à Rosalie les discussions qu'il a avec son père et ses frères. Elle connaît ses interrogations, et ce qu'il ne dit pas, elle le devine. Depuis qu'il a commencé à étudier le droit et qu'il participe à des sociétés de débats entre élèves, il se sent décalé par rapport à son milieu familial. Au début, dans ces conférences où les jeunes gens s'entraînent à prendre la parole sur l'abolition de la peine de mort ou la responsabilité des ministres – débats où il excelle grâce à ses raisonnements pertinents et son sens de la repartie –, il avait tendance à ne se mêler qu'aux rejetons de la noblesse conformiste. Mais de plus en plus souvent, il débat avec des étudiants de la bourgeoisie libérale.

« Tu te dis que tu n'es pas né au bon endroit et au bon moment ? demande Rosalie. Moi aussi, j'ai souvent cette impression. Pourquoi la vie ne ressemble-t-elle pas aux histoires des livres ? »

Les amoureux ont échangé des centaines de lettres depuis quatre ans. Rosalie connaît son mal-être, ses frustrations, ses croyances intimes. La jeune femme exceptée, il ne confie ses interrogations qu'à son cousin Louis. Lequel y répond sur le mode cartésien, sans grande sensibilité, ni capacité de voir loin. Rosalie, dont le vécu est si différent du sien, comprend mieux ses contradictions. Même si elle n'en parle pas, elle a conscience que jamais le comte et la comtesse de Tocqueville ne consentiront à leur mariage. L'union est trop déséquilibrée en termes de fortune et de naissance. Or en France, personne ne peut se marier sans l'accord parental avant l'âge de trente ans. Alexis les aura le 29 juillet 1835. Dans dix ans.

Le jeune homme se laisse tomber sur le divan. Rosalie le rejoint et s'allonge, la tête sur les genoux du garçon. Il lui sait gré de ne pas aborder le sujet qui envahit ses pensées après ces moments d'intimité. Il caresse son front avec ses pouces, lisse une mèche blonde entre ses doigts. Il n'a pas envie de penser à demain, et encore moins à après-demain, le jour du départ de Rosalie. *Carpe diem quam minimum credula postero.* Cueille le jour et sois le moins crédule possible face à l'avenir.

« Lorsque j'étais petite fille et que j'étais malade, ma mère s'asseyait sur mon lit et passait sa main dans mes cheveux. C'est mon plus vieux souvenir.

— Bébé aussi me caressait la tête pour que je m'endorme... Mais mon plus vieux souvenir est moins doux que le tien. C'était à Verneuil, la maison de mon enfance, je devais avoir trois ans. Ma mère était encore active à cette époque, elle visitait les pauvres du village avec notre médecin. Un soir, toute la famille s'était réunie autour du feu, nous recevions des parents, les domestiques n'étaient pas là. Ma mère s'est mise à chanter un air qui avait été fameux pendant les troubles. Il racontait les malheurs du roi Louis XVI et sa triste fin. Elle avait une voix douce et pénétrante... Je ne comprenais pas tout, mais je me souviens bien que lorsqu'elle s'est arrêtée, tout le monde pleurait.

— Cela leur rappelait leurs propres souffrances ?

— Non, ils ne pleuraient pas sur les misères qu'ils avaient endurées, ni même sur les êtres qu'ils avaient perdus sur l'échafaud. Je crois qu'ils pleuraient sur le sort de cet homme qui était mort plus de quinze ans auparavant.

— Et qu'ils avaient connu ?

— La plupart d'entre eux ne l'avaient jamais vu. Simplement, cet homme avait été le roi. »

Rosalie sourit pensivement. Puis elle attire le visage d'Alexis contre le sien. Elle veut chasser l'ombre qui a obscurci ses yeux.

« Regarde, le soleil est revenu. Il faut que j'y aille. Et toi, que tu travailles.

— Nous aurons plus de temps demain dimanche, je te le promets. Ce sera ta dernière journée, je me consacrerai entièrement à toi. Veux-tu que je t'accompagne en ville maintenant ? On y va à pied, si tu en es capable.

— Je marche aussi vite que toi, réplique Rosalie d'un air crâne.

— Aussi vite, je sais bien, mais aussi longtemps, tu crois ? »

Alexis aime les femmes qui savent presser le pas et ne craignent pas de salir leurs robes dans la poussière. Il aide son amie à resserrer son corset.

« Où veux-tu aller ?

— Au Palais-Royal ! J'ai lu qu'il y avait quatorze libraires là-bas ! Et aussi toute une galerie de modistes...

— Tu ne veux pas garder le Palais-Royal pour demain ? J'irai avec toi. On verra le Café de Foy, le Véfour, les marionnettes... On y restera le soir. C'est la nuit que tout s'anime sous les arcades. Si tu n'as pas peur de te mêler aux filles de petite vertu, aux soldats en goguette et aux ivrognes !

— Je n'ai peur de rien !

— Ensuite, nous irons au théâtre. »

La jeune femme applaudit. Ils y sont déjà allés une fois et ont aussi assisté à un spectacle à l'Opéra, dans la salle provisoire de la rue Le Peletier. Le gaz vient d'y être utilisé – c'est une première – pour le ballet *Aladin et la lampe merveilleuse.*

« Je voulais te faire la surprise... On joue *La Clémence de David*, à la Comédie-Française. Tu vas voir Talma ! »

Rosalie embrasse avec fougue son amoureux. Lequel sent le désir lui oppresser le ventre. Il attire à nouveau sur le divan la jeune fille qui s'était levée et commençait à passer sa robe. Rosalie bat des paupières et il voit avec une mâle fierté le bonheur noyer ses yeux, et l'amour lui rosir les joues.

Une heure plus tard, ils s'apprêtent de nouveau à sortir.

« D'abord, on passe chez Debauve et Gallais. Je dois donner la commande de chocolats de ma mère. C'est toujours moi qui m'en charge. Ensuite, je vais jusqu'au Louvre avec toi, cela te convient ? »

Rosalie acquiesce avec un soupir de satisfaction. Le bonheur la rend belle. Elle prend son petit parapluie blanc orné de dentelles – un cadeau d'Alexis –, l'appuie sur son épaule comme un fusil, et fait semblant de mettre son ami en joue. Alexis lève les mains.

« Soldat, ne tirez pas, je vous aime !

— Alors avancez, vous êtes mon prisonnier.

— D'accord... mais on fait comme hier. Je descends le premier. Si tu n'entends pas de bruit, c'est que tu peux me suivre. Mais si je croise quelqu'un, j'éternue. »

Alexis craint de rencontrer un domestique de ses parents, ou l'abbé Lesueur, même si le risque que la jeune femme soit identifiée est limité. Personne ne lui reproche de recevoir des filles dans sa mansarde – à son âge, il est naturel qu'il papillonne –, mais il faut sauvegarder les apparences : il se présente chaque soir chez sa mère pour le dîner. S'il ressort ensuite, il revient finir ses nuits dans sa chambre officielle.

Alexis et Rosalie avancent dans la rue Saint-Dominique à une vingtaine de mètres l'un de l'autre. Debauve et Gallais se trouve au 30, rue des Saints-Pères.

« Tu vas voir, a-t-il dit avant de partir, le magasin ressemble à une bonbonnière. Quant à l'odeur... »

La boutique se repère de loin avec sa devanture vert foncé et ses inscriptions en lettres dorées, ses fenêtres cintrées et leur imposte en éventail.

Rosalie entre à pas circonspects, à bonne distance de son guide, en faisant signe à la vendeuse qu'elle ne fait que jeter un coup d'œil. Un parfum entêtant et sucré lui chatouille les narines. Les comptoirs sont couverts de boules, de palets et de plaques de chocolat. Certains sont garnis de morceaux de fruits, d'autres affichent des vertus médicinales. Le fond du magasin est concave, comme un petit temple. Alexis commande des palets de ganache, des truffes, des pistoles et des chocolats pralinés.

Les deux jeunes gens reviennent sur leurs pas en feignant toujours de s'ignorer, avant de s'engager dans la rue du Bac. Dès qu'ils ne sont plus en vue de l'hôtel particulier de ses parents, elle lui prend le bras d'autorité.

« Et si nous rencontrons une connaissance ? Je ne dis pas cela pour moi, je pense à ta réputation.

— Mais je ne connais personne ici ! Et toi, tu as bien le droit de te promener au bras d'une cousine de Metz, non ?

— Si j'avais des cousines aussi charmantes, je me promènerais plus souvent ! »

Rosalie feint de le frapper du bout de son parapluie blanc.

« Que dois-je voir d'important, au palais du Louvre ?

— Le musée, bien sûr ! C'est peut-être la seule bonne idée qu'aient eu les révolutionnaires : restaurer ce palais pour en faire un musée !

— Tu y vas souvent ?

— Non. Mais je sais que le roi Charles X vient d'inaugurer un département de la sculpture moderne. Il y a paraît-il une sculpture grecque de toute beauté, qui date d'un siècle avant Jésus-Christ.

— La Vénus qui a été trouvée sur l'île de Milo ? Celle qui n'a pas de bras ? J'en ai entendu parler ! Elle a été offerte à Louis XVIII lorsqu'il est rentré d'exil.

— Un ami de mes parents a supervisé sa restauration. Il paraît qu'après des mois de tentatives loufoques, l'atelier a renoncé à reconstituer les bras. Il craignait de la dénaturer. »

Soudain, un jeune homme en habit surgit à l'angle de la rue de l'Université. Il marche sur le même trottoir qu'eux, dans leur direction.

« Ce n'est pas ton cousin Louis ? » chuchote Rosalie.

Louis de Kergorlay lève sa canne en signe de reconnaissance. Alexis répond de la même façon avec son parapluie, après une seconde d'hésitation. Il est myope, il doit se trouver à deux mètres des gens pour les reconnaître. Des connaissances lui reprochent souvent de ne pas les saluer dans la rue, certains se sont même plaints de son impolitesse à ses parents.

Louis baise la main de Rosalie avant de serrer celle d'Alexis d'un air penaud. Quinze jours plus tôt, il a accompagné son cousin chez l'oncle et la tante de la jeune fille, rue de Grenelle, pour la première visite. Pendant l'entrevue, il s'est montré froid avec leurs hôtes, et Alexis le lui a reproché sur le chemin du retour.

« Je sais que tu n'approuves pas ma relation avec Rosalie, mais je t'ai fait confiance en te demandant de m'accompagner. Ton comportement m'a déçu. »

Le soir même, Louis a répondu par une lettre où il s'expliquait : *Si tu as cru que je n'étais pas tout le temps extrêmement embarrassé, tu t'es trompé de beaucoup. Les gens dont toute la jeunesse a été comme la mienne arrachée à ses émotions naturelles ont pour ces sortes de choses un manque de tact...* Et de conclure : *Tu sais bien que nous nous disons mille choses par écrit dont nous n'accoucherions jamais l'un en face de l'autre.*

Pour se rattraper, Louis fait assaut d'amabilité. Mais Rosalie est pressée de mettre fin à la conversation. Appuyée au bras de son fiancé, elle défie Kergorlay du regard. Il lit sur son visage un air de possession tranquille. Le sort d'Alexis paraît enviable à son cousin : ce bonheur-là ne lui a jamais été accordé, lui qui n'a jamais éprouvé de passion pour une femme. Ils sont allés deux fois, ensemble, dans une maison de tolérance des bas-quartiers; la première fois, Alexis en est sorti plein de dégoût pour lui-même, mais cela ne l'a pas empêché d'y retourner, et il a fini par s'y amuser, tandis que Louis a toujours été déçu, convaincu de ne pas savoir se divertir si le cœur n'était pas de la partie.

Alexis et Rosalie reprennent leur marche vers la Seine; peu avant d'arriver au numéro 42 de la rue, ils croisent un sexagénaire, de belle prestance, qui monte dans un fiacre. Il a le front légèrement dégarni, des cheveux bouclés, un nez aquilin et une figure aristocratique. Alexis ralentit pour adresser un salut sans chaleur à l'homme, qui répond en soulevant son chapeau mais sans sourire ni interrompre son mouvement.

« J'ai l'impression de le connaître, souffle Rosalie.

— C'est François-René de Chateaubriand, mon oncle par alliance, répond Alexis sur un ton un peu pincé. Enfin, le frère de mon oncle assassiné, et le tuteur de mes cousins.

— Chateaubriand ! »

Elle est impressionnée.

« Il ressemble à ce qu'il écrit ! C'est son hôtel particulier, ici ?

— Non, il habitait il y a quelques années rue Saint-Dominique, de l'autre côté, mais depuis qu'il a été congédié du ministère des Affaires étrangères, il s'est installé à l'hôtel de Beaune, rue du Regard. Il devait être en visite. Il connaît tout Paris, même s'il affecte de recevoir très peu.

— Tu ne sembles pas beaucoup aimer ton oncle !

— Je ne le vois pas très souvent, depuis que mes cousins ne vivent plus chez nous. Il est si... »

Tocqueville hésite à exprimer le fond de sa pensée.

« ... si imbu de lui-même. »

Rosalie lève sur lui un regard interrogateur.

« Avant la Restauration, lorsqu'il venait à Verneuil, nous faisions souvent du théâtre. Parfois, il se déguisait en vieille femme; il avait une manière de déclamer impressionnante. Mais les autres acteurs ne trouvaient jamais grâce à ses yeux.

Il morigénait ceux qui oubliaient leurs répliques. Même mon père ! Céleste, sa femme, le laissait faire : elle était si fière de son grand homme ! Pourtant, il n'a jamais cessé de la tromper, et ses liaisons sont publiques. Maintenant, il fréquente assidûment Mme Récamier. »

Alexis n'a guère d'estime pour celui qu'il a perçu, déjà avec ses yeux d'enfant, comme un adulte égoïste et prétentieux. Mais il a lu ses livres et s'il n'aime pas son style, il envie sa gloire.

Juste avant l'arrivée de Rosalie à Paris, il a écrit pour le *Journal des débats* un projet d'article, en réponse à un point de vue sur les États-Unis publié par Chateaubriand dans le même hebdomadaire. Sans avoir jamais traversé l'Atlantique ni même la Manche, Alexis attaque d'entrée de jeu – à vingt ans on n'a peur de rien, même pas du plus grand écrivain de l'époque, pair de France de surcroît : « De tous les spectacles que nous présentent sans cesse l'inconséquence et la faiblesse humaines, le plus déplorable, c'est celui du génie égaré dans de fausses voies et faisant servir à la ruine de ses concitoyens et de sa patrie cette haute raison que le ciel lui avait donnée pour un autre but. » Le grand génie se trompe, estime le jeune Tocqueville, s'il pense que la France a beaucoup à apprendre des « Républiques américaines ». D'abord, parce qu'il n'y a « en Amérique qu'une république, celle des États-Unis » ensuite parce que « la seule tâche digne du génie eût été de nous montrer la différence qui existe entre elle et nous, et non de nous abuser par une ressemblance mensongère ».

Alexis n'a pas soumis son article à son père, ni même à Louis. Il sait qu'ils l'empêcheraient de l'envoyer, par crainte du scandale. Pas de querelles de famille ! Pourtant, il est convaincu d'avoir raison : pourquoi vouloir que la France apprenne des États-Unis, cette république si lointaine et à peine civilisée ? La patrie de Shakespeare est bien plus comparable à celle de Molière. L'Angleterre, cette monarchie où les hommes sont libres, à défaut d'être égaux.

Depuis la crise existentielle de ses seize ans, Alexis n'a cessé de réfléchir à l'évolution politique des sociétés. Il a lu des livres d'histoire. Il devine, même si ses idées sont encore confuses, que la marche vers la démocratie est inéluctable.

Toutefois son cœur saigne à l'idée que Rosalie et lui ne vivront pas assez vieux, l'un et l'autre, pour connaître ce monde égalitaire qu'il redoute autant qu'il le souhaite, mais dans lequel ils auraient eu le droit d'être heureux.

Au moment d'arriver au bord de la Seine, Rosalie desserre son étreinte et traverse la rue avec précipitation pour s'engager sur le pont Royal. Elle manque de se faire renverser par un fiacre, mais fait signe à son amant de la rejoindre. Une pluie d'oiseaux tombe sur le fleuve inondé de soleil. Rosalie est jolie. Paris est la plus belle ville du monde. Elle croit qu'un jour Alexis se libérera du joug de ses parents. Elle attendra le temps qu'il faudra. Hier, elle lui a promis que s'il venait la rejoindre à Metz, pour une semaine ou deux, ils feraient l'amour comme ils l'ont fait à Paris. Ils s'étaient déjà revus l'année précédente ; il avait raconté à ses parents qu'il allait rendre visite à son ami Stoffels, tombé malade. Un aller-retour, plus de quatre-vingts lieues, juste pour la voir, lui parler, dérober un baiser, réimprimer son visage dans sa mémoire. Mais Metz n'est pas Paris et si Alexis revient en Lorraine en tant qu'amant, Rosalie risque d'y perdre sa réputation. Quelle confiance elle lui accorde pour lui faire une telle proposition !

Les deux jeunes gens s'accoudent au parapet et admirent le panorama. En face, le pavillon de Flore du palais du Louvre. En aval de la Seine, au loin, l'île de la Cité, et la puissance de Notre-Dame. En amont, le pont Louis-XVI, qui relie le Palais-Bourbon à l'immense place Louis-XVI. Alexis a prévenu Rosalie qu'elle irait les voir sans lui. C'est au centre de cette place, alors baptisée place de la Révolution, qu'officiait la guillotine qui a assassiné son grand-père.

Le temps s'accélère. Alexis s'arrache à grand-peine à la compagnie de Rosalie. Il leur reste demain. Une grande journée. Elle s'éloigne en lui envoyant un baiser du bout des doigts. Il retourne à ses livres.

Le droit ne l'enthousiasme pas. Il entame sa troisième année sans se passionner pour la matière. Les cours le déçoivent. Il faut tout apprendre par cœur. Les professeurs répètent le contenu des manuels, et les étudiants prennent des notes. La plupart des enseignants sont ennuyeux, ils ne font rien pour rendre leur matière intéressante. Un de ses camarades, dont les cousins ont émigré en Amérique, prétend que dans les pays anglo-saxons, personne n'étudie le droit de cette façon : les élèves lisent les livres avant de venir en cours et ils en débattent en classe avec le professeur. La méthode socratique, en somme. De plus, là-bas, les professeurs publient des articles dans des revues pour faire avancer la doctrine. Ce sont souvent des professionnels, pas des enseignants à plein temps.

Alexis ne s'intéresse pas assez au droit pour sortir du lot. Il lui tarde d'en avoir fini avec la théorie pour passer à la pratique. Dans sa mansarde, il rêve à Rosalie et aux deux journées extraordinaires qu'ils viennent de vivre.

Le dernier jour, Alexis accompagne les deux sœurs à Longchamp, le point de départ de la malle-poste pour Strasbourg. Louis est venu aussi assister au départ : Alexis sera moins tenté de se laisser aller aux effusions. Les deux sœurs portent des tenues de voyage trop chaudes pour la saison. Amélie est gaie, Rosalie cache son désarroi.

Au moment où le postillon, assis sur l'un des trois chevaux de l'attelage, leur demande de monter dans la voiture, elle glisse dans la main d'Alexis son mouchoir blanc qui dissimule une feuille de papier pliée en quatre. Le jeune homme s'éclaircit la gorge pour lui dire au revoir et masque avec peine son émotion. Louis serre son bras à lui faire mal, tout en soulevant son chapeau de la main gauche.

« Tu as vu comme tu as tiré la manche de ma redingote ? grogne Alexis une fois la voiture partie. J'ai cru que tu allais la déchirer.

— Je ne voulais pas que tu te tournes en ridicule. »

Sans se concerter, ils décident de rentrer à pied ; la distance ne les effraie pas. Alexis devine que son cousin va en profiter pour lui faire la leçon et lui en veut déjà. Il voudrait profiter de ces derniers instants où le parfum de Rosalie flotte encore autour de lui et où il continue d'entendre le timbre clair de son rire. Mais Louis ne peut s'empêcher de jouer les oiseaux de mauvais augure.

« Alexis, imagine ce que penseraient tes parents. Ne crois-tu pas que tu passes les bornes ? Tu n'as pas le droit d'agir comme tu le fais. Tu ne penses pas à elle.

— Nous sommes fiancés, répond-il d'un air enfantin et buté.

— Tu es fiancé dans ton rêve ! Tes parents empêcheront ce mariage.

— Quand j'aurai trente ans, je...

— Mais tu en as vingt ! Pense à elle ! As-tu le droit de la laisser espérer, et de gâcher ses chances, d'ici là, de faire un beau mariage ?

— C'est avec moi qu'elle se mariera.

— Et en attendant ?

— Elle m'attendra. Elle n'est pas comme les autres. Les jeunes filles que mes parents me font rencontrer sont trop coquettes ou trop pieuses. Je m'ennuie avec elles ! Rosalie est différente. Elle lit plus que moi, elle s'intéresse à tout, elle est intelligente. Tu ne peux pas comprendre.

— Je comprends bien que vous vous aimez. Si tu avais vu son regard lorsque je vous ai croisés avant-hier ! Il signifiait : “Il est à moi maintenant.” Oh, je savais ce que cela voulait dire.

— J'irai passer une semaine à Metz, au printemps. Elle m'a promis que même là-bas, elle ne me refuserait plus rien.

— Alexis, si vous vous conduisez à Metz comme vous venez de le faire à Paris, tu consommeras sa perte. »

4

Un serment italien

Printemps 1827

A muntagna dort. En ce début de printemps, aucune fumerolle ne s'échappe du cône bleuté du Vésuve. Alexis, les yeux plissés, scrute l'horizon de son regard myope. Il aime les grandes perspectives, les paysages qui s'étirent à l'infini, même avec des couleurs adoucies et des contours floutés. À ses pieds s'étend la plus belle ville du monde, son golfe et ses dômes, tant célébrés par les écrivains et les globetrotteurs. Naples, ville-musée grouillante de jeunesse et d'énergie, est le voyage initiatique des jeunes gens du siècle. Goethe, quarante ans plus tôt, n'en a-t-il pas rapporté ces vers qu'Alexis connaît par cœur :

Connais-tu le pays où fleurit l'oranger ?
Le pays des fruits d'or et des roses vermeilles
Où la brise est plus douce et l'oiseau plus léger
Où en toute saison butinent les abeilles.

Avec ses ruelles bruyantes et son mouvement perpétuel, son goût du danger et sa sagesse populaire, Naples déroute les esprits cartésiens.

« Tu te rends compte, Édouard ? Chaque soir, ces gens s'endorment au pied du volcan. Et ils ne sont pas vingt mille, comme à Pompéi en l'an 79, ils sont un demi-million ! C'est la deuxième ville la plus peuplée du monde, à égalité avec Paris ! »

Édouard ne répond pas. Depuis trois mois, il entend son frère se pâmer devant les paysages et disserter sur la fragilité des civilisations. Lui, il ronchonne, depuis qu'ils se sont levés à l'aube pour profiter de la fraîcheur. Pourtant, il ne s'est pas fait prier pour accompagner Alexis dans son voyage de fin d'études. Édouard était lieutenant des gardes de Charles X ; des rhumatismes articulaires l'ont obligé à se faire réformer. Depuis, il cherche sa voie.

Trois ans plus tôt, à dix-neuf ans, Alexis avait projeté de partir avec Louis de Kergorlay en Angleterre – le pays qu'il admire le plus, le plus prospère et le plus puissant du monde. Comme il n'avait ni passeport ni accord parental, il voulait se faire passer pour le valet de Louis.

« On ne te prendra jamais pour un domestique », avait tranché Louis.

Il a donc fallu attendre 1827 pour qu'il élargisse son horizon, mais ses parents ont choisi pour lui l'Italie de préférence à l'Angleterre, afin qu'il profite du soleil du Sud. Le voyage de fin d'études est une tradition dans la famille Tocqueville. Le périple doit durer neuf mois. Malgré leurs cinq années d'écart, les deux frères partagent une vraie proximité intellectuelle.

Alexis a obtenu avant de partir sa licence de droit, en présentant deux thèses, l'une en latin et l'autre en français ; ces travaux fastidieux l'ont laissé sur sa faim, ses notes médiocres en témoignent. Le droit ne sera jamais sa passion. Il espère malgré tout obtenir un poste de juge-auditeur dans un grand tribunal. Car c'est ainsi que les garçons de bonne famille commencent une carrière qui peut servir de tremplin vers la politique s'ils ont de l'ambition et du talent oratoire. Alexis veut marcher sur les traces de son bisaïeul Malesherbes.

En janvier, les deux voyageurs ont visité Rome, ses galeries et ses ruines, mais depuis qu'ils parcourent la botte italienne, ils découvrent que l'histoire des peuples se lit encore mieux dans la nature que dans les musées. Ils ont vu des châteaux normands et des squelettes de temples grecs, des abbayes médiévales et des maisons troglodytes, ils ont rêvé devant la beauté décadente qu'abritent les portes des palais. Ils ont imaginé leurs ancêtres normands, et retrouvé les Bourbons : l'un d'eux, François Ier des Deux-Siciles, règne sur le royaume depuis le 4 janvier 1825.

La visite de Pompéi a constitué l'un des moments les plus poignants du voyage. Lorsqu'ils sont entrés dans la cité pétrifiée, que les fouilles commencent à peine à mettre au jour, ils ont été accueillis par des chiens errants. Seuls, ils ont parcouru la ville silencieuse. L'émotion leur serrait la gorge. Ils se sont immobilisés devant une inscription intacte sur les murs d'une villa : *Hic locus felix est.* Oui, on était heureux ici, dans la « Colonie cornélienne de Pompéi sous la protection divine de Vénus » : Pompéi était une ville d'abondance. On buvait, on chantait, on se divertissait – on aimait. On passait du cirque au théâtre, de l'opéra au lupanar. Pompéi, alors seconde ville d'Italie après Rome, était un lieu de plaisirs avant que la vie ne se fût figée sous un manteau de cendres, en ce funeste 24 août 79. Au milieu des gravats que les archéologues abandonnent sur le site, les frères Tocqueville ont eu des visions de fin du monde : des enfants piégés dans leur sommeil, des amants s'agrippant l'un à l'autre, des chiens tirant sur leur laisse, toutes ces existences saisies par les nuées ardentes.

Et ce jour-là, ils montent jusqu'à Pausilippe pour y contempler le panorama sur Naples : ce quartier au sommet de la colline fut le lieu de villégiature des riches Romains de l'Antiquité. Son nom signifie « le lieu où finissent les chagrins »...

Que fait Rosalie en cet instant ? se demande Alexis, pour la vingtième fois de la journée. Il jure, en son for intérieur, qu'il ne mourra pas sans revenir dans cette ville. Il n'ose ajouter, par une sorte de superstition : avec elle. Ce soir, sur la petite table de sa chambre d'hôtel, il lui racontera les ruelles de Naples. Il lui parlera sur le ton de l'amitié, sans lui dire qu'à chaque pas, il a rêvé de sa présence. Puis il enverra sa lettre à l'adresse de son cousin Louis.

Car le destin est facétieux : Louis de Kergorlay vit tout près de Rosalie depuis la fin de l'année 1826. Le polytechnicien passe deux ans à l'école d'artillerie de Metz. À peine est-il arrivé qu'il a commencé à servir de boîte aux lettres aux amants tout en essayant parallèlement de persuader Rosalie que l'idylle avec Alexis sera sans suite. Il agit en accord avec l'intéressé qui s'est laissé peu à peu convaincre que la séparation était inéluctable. Mais Alexis n'est pas pressé et n'a accepté qu'à contrecœur.

Il s'est rendu à Metz à deux reprises depuis le fameux séjour de Rosalie à Paris, et il n'y est resté qu'une journée, le temps d'une promenade exaltée et de quelques effusions sous l'éternelle porte cochère. Avant de reprendre la route, il a passé la nuit chez son ami Stoffels afin de ne pas compromettre celle qui se considère, envers et contre tout, comme sa fiancée.

Le charme de la jeune femme agit toujours aussi violemment. Leurs échanges de lettres, les heures d'intimité partagée à Paris, cette complicité intellectuelle qui dure depuis plus de six ans, la « magie Rosalie » fait partie de son être, de son quotidien, de sa vie. Il sait que son renoncement, un jour, bientôt, devra être total, dans l'intérêt de la jeune fille plus que pour lui-même. Il va souffrir, mais il n'a pas le choix. Louis le lui répète : Rosalie va avoir vingt-cinq ans, et malgré sa beauté rayonnante, elle doit vite choisir un époux. Elle a refusé tous les partis qui se sont présentés. Elle s'obstine à trouver dans les lettres de son amoureux des signes d'espoir.

Alexis n'a pas parlé d'elle à son frère, sa réaction serait trop prévisible. Mais ce silence lui pèse ; même s'il entretient sans mal l'illusion du jeune homme sans attaches, il aimerait pouvoir s'épancher. Édouard apprécie moins qu'Alexis les jolies femmes. Devant celles qu'on lui présente, il se sent désemparé. Il a peur de se faire piéger. Il craint, s'il épouse une jeune fille riche pour satisfaire ses parents, de ne pas être choisi pour lui-même, mais pour son titre et sa famille.

« Dépêche-toi, nous allons être en retard », lance Alexis.

Les frères Tocqueville redescendent vers la ville à grandes enjambées. Ils ont rendez-vous avec le conservateur de la bibliothèque des Girolamini. « La » Girolamini, ainsi que la surnomment les Napolitains pour rendre hommage à sa beauté, trône au cœur de Naples depuis deux siècles et demi. Sur ses étagères, les visiteurs découvrent des incunables et des éditions rares, les tragédies de Sénèque et *La Divine Comédie* de Dante.

Le vieil homme les accueille avec empressement. Il a reçu leurs lettres de recommandation. Hervé de Tocqueville, qui vient d'être nommé pair de France par Charles X, a sollicité ses relations. Le conservateur dialogue avec Alexis en italien :

l'abbé Lesueur le lui a enseigné. Il les conduit dans la salle Giambattista Vico, le joyau de la bibliothèque. Les Tocqueville s'extasient devant ses proportions vertigineuses, ses rayonnages colossaux, et le silence religieux qui règne autour des tables. Alexis s'enivre de l'odeur des ouvrages anciens, il touche les reliures, il invoque leurs auteurs. Tous ces noms que l'Histoire a retenus parce qu'ils ont su stimuler la pensée, exalter la beauté, imaginer le futur.

Depuis le début du voyage, le benjamin des Tocqueville écrit. Édouard avait montré l'exemple quatre ans plus tôt en rédigeant ses « Voyages en Suisse » et Alexis avait été piqué au vif de lire sous la plume de l'abbé Lesueur que le bon curé se réjouissait qu'il y ait « un auteur dans la famille ». Le benjamin veut supplanter son frère. Il raconte par le menu les épisodes de leur périple dans des lettres adressées à Bébé et à ses parents, et il confie le reste à ses carnets, pour ses futurs livres. Mais son style n'est pas abouti, il sent que ses descriptions de Rome ressemblent trop à celles de Chateaubriand. Il a noirci une centaine de pages de paysages, de tableaux, de médailles, tout ce qu'il admire. L'exercice de description se révélant trop stérile, il fait aussi œuvre d'invention. Il a imaginé qu'il s'était endormi dans le Forum, puis réveillé dans la Rome antique, qu'il avait côtoyé ses héros, sa puissance, et surtout, sa liberté. Les grands hommes de l'Antiquité, Auguste, Brutus, paradaient devant lui. Puis un bruit de clochettes l'a réveillé : des moines aux pieds nus gravissaient les marches du Capitole. Il a médité sur le devenir de l'humanité.

Les deux frères ont hâte de découvrir la Sicile, le refuge d'Ulysse à son retour d'Ithaque, le royaume de Vulcain et de Dédale, le cadre des légendes qui ont nourri leur imagination. C'est un voyage original et plutôt risqué, mais ils ont déjà programmé de visiter, en treize jours, les vestiges grecs, du théâtre de Taormine au temple d'Agrigente, sans oublier la Sicile byzantine, la Sicile musulmane et, bien sûr, la Sicile normande.

« Tout commence au XIe siècle avec Roger de Hauteville, a expliqué Alexis à son frère tandis qu'ils grimpaient, la veille, les pentes du Vésuve.

— Encore un dont tu as appris l'histoire par cœur ? »

Alexis préfère ignorer la remarque de son frère, qui se moque volontiers de sa passion pour les grands hommes.

« Ce gentilhomme normand a été chargé par le pape d'envahir la Sicile pour la convertir au catholicisme. Comme il a réussi, il est devenu le souverain de l'île.

— En récompense ?

— Sans doute. Mais le pape a fait un bon choix. La Sicile n'a jamais été aussi libre ni prospère qu'à l'époque des rois normands !

— Pourquoi cela ?

— Parce qu'ils exerçaient une gouvernance éclairée. Ils faisaient travailler ensemble les Grecs, les Lombards, les Anglais et les Arabes, ils permettaient à tous de s'enrichir. Ils avaient une grande hauteur de vues et une bonne dose d'habileté. »

Alexis admire ces nobles altruistes, qui administraient l'île en se préoccupant du bien-être de ceux qui vivaient sous leur dépendance.

Lorsque Édouard et Alexis descendent au port avec leurs malles le lendemain matin pour embarquer sur le brigantin qu'ils ont réservé, le capitaine palabre avec un homme d'une trentaine d'années, accompagné de sa femme et de quatre enfants en bas âge. En les voyant s'approcher, le capitaine s'interrompt et se tourne vers les jeunes Français, embarrassé.

« *Signore,* ce n'est pas une bonne journée pour prendre la mer !

— Pourquoi ? demande Alexis.

— Une tempête se prépare.

— Une tempête ? Mais le temps est au beau fixe depuis huit jours ! »

Le ciel est d'un bleu limpide et seule une légère brise empêche la canicule de les accabler depuis le matin.

« Le temps peut changer en quelques heures. Il va y avoir une grosse bourrasque, aujourd'hui, ou demain, j'en mettrais ma tête à couper. Je suis né ici et je connais bien !

— Une grosse bourrasque, vous êtes sûr ?

— Aussi sûr que je vous vois ! De plus, le bateau n'est pas plein.

— Écoutez, nous devons être à Palerme au plus vite. Nous vous payons quatre traversées au lieu de deux. Et si vous ne voulez pas nous emmener, nous trouverons un autre bateau.

— Qu'en pensez-vous, les gars ? » demande le capitaine aux deux hommes d'équipage un peu en retrait, qui ne perdent pas un mot de la conversation.

Alexis se tourne vers les matelots avec l'air engageant de celui qui saura se montrer reconnaissant. Le père de famille n'intervient pas. À en juger par les pauvres paquets maintenus par des ficelles, il n'est pas assez riche pour proposer les mêmes primes. Mais il désire apparemment aussi quitter Naples.

« D'accord, cède le capitaine. Allez, les gars, assez perdu de temps. »

Les premières heures de la traversée se déroulent sans incident. Les Tocqueville sont ravis d'avoir forcé la main du marin et s'amusent de sa couardise. Pourtant, en fin d'après-midi, des nuages menaçants assombrissent l'horizon.

« La tempête se lève, avertit le capitaine. Tous les passagers dans la cabine ! »

Quelques minutes plus tard, d'énormes vagues secouent le bateau et les embruns balaient le pont. Le tonnerre gronde. Le ciel s'est couvert, comme si la nuit tombait en plein après-midi. Puis des éclairs trouent l'obscurité. Alexis a toujours trouvé sublimes les tempêtes nocturnes ; enfant, il se pelotonnait dans son lit, remontait la couverture sur son menton et se délectait des grondements de l'ouragan. Il découvre qu'une tempête n'est pas un divertissement pour âmes en quête d'émotions mais le spectacle le plus terrible que la nature puisse offrir.

Les vagues bouillonnent autour d'eux et secouent l'embarcation avec une énergie féroce. Le mari et la femme, leurs enfants dans les bras, chantent des psaumes avec des voix discordantes. Édouard prie, terrorisé. Alexis, en proie à des doutes métaphysiques, griffonne tant bien que mal sur son carnet : *Quel philosophe fut jamais assez sûr de son système pour refuser de le remettre en cause lorsqu'il est confronté à une telle manifestation d'omnipotence ?* Il a envie de prier, comme son frère. Est-ce croire en Dieu que de l'appeler au secours pour que le bateau tienne bon ?

L'eau s'engouffre dans les coursives et les passagers poussent des cris stridents. Mais le bateau tient le choc. Il pleut des cordes. La nuit semble interminable. Quand l'aube paraît, la tempête se calme. Édouard s'endort, épuisé d'angoisse. Alexis grimpe sur le pont.

« Quelle nuit, messieurs ! » dit-il joyeusement en s'approchant du groupe de marins, regroupés à l'arrière du bateau. Mais sa gaieté tombe à plat. Le vent est à nouveau en train de se lever. Les marins tournent vers l'ouest des regards inquiets.

« Une nouvelle tempête arrive, explique l'un d'eux.

— Et celle-là, renchérit son compagnon, elle risque de nous emmener là-bas nous écraser sur les rochers. »

Le vent se remet à souffler avec violence et le ciel s'assombrit. Tocqueville s'agrippe au bastingage et progresse, courbé en deux, jusqu'à l'extrémité du bateau ; s'il ne se tient pas des deux mains, il passe par-dessus bord.

« Capitaine, sommes-nous vraiment en danger ?

— *Credo che si,* éructe le capitaine. Retournez dans la cabine ! »

Avant que le jeune passager ne parvienne à la coursive, une main l'agrippe par la manche de sa redingote. C'est un vieux marin qui a arrimé, par sécurité, un morceau de corde autour de sa taille. Ses vêtements sont trempés. Il exhibe sa gencive supérieure et ses dents noircies comme un bouledogue prêt à mordre.

« C'est vous qui nous avez obligés à quitter le port. Nous allons mourir par votre faute !

— Vous êtes injuste. On nous avait parlé d'une grosse bourrasque. »

Alexis, accablé, va retrouver son frère dans la cabine et lui annonce qu'ils doivent se préparer au naufrage. Alexis est une nouvelle fois rappelé à ses convictions religieuses. Spontanément, il s'agenouille près d'Édouard et prie avec lui. Puis il s'assoit sur le sol et attend le choc final en essayant de faire le bilan des années qu'il a vécues.

Au moment de comparaître devant le juge suprême, en ce 12 mars 1827, le but de l'existence humaine lui apparaît fort différent. Certaines expériences lui semblent soudain futiles. Alexis n'a pas vingt-deux ans et il pense à ceux qu'il va laisser derrière lui, son père, sa mère, l'abbé. Il imagine Rosalie, apprenant sa mort par la rumeur publique et les larmes lui montent aux yeux. Il aimerait lui demander pardon. Il se fait une promesse solennelle : s'il en réchappe, il ne pensera plus qu'à son bonheur à elle, il se sacrifiera en lui rendant sa liberté.

Pendant plusieurs heures, le bateau, balloté sur le flanc, balayé de trombes d'eau gigantesques, semble plusieurs fois perdu, prêt à passer par le fond. Pourtant, imperceptiblement, les vagues se calment sans que les passagers osent croire à un apaisement définitif de la tempête. Quand, enfin, ils peuvent s'aventurer sur le pont, tout ahuris d'être encore de ce monde, le capitaine leur explique qu'ils ont dérivé très loin : les vents contraires ne les ont pas conduits à Palerme mais à Oliveri, à plus de quarante lieues à l'est de la capitale.

Le retour sur la terre ferme les enchante : ils ont laissé l'hiver à Naples, c'est le printemps en Sicile, l'herbe est verte et les arbres en fleurs. Le ciel, l'aube claire, le chant de l'oiseau, tout ce qu'ils ont cru perdre leur est redonné.

Ils déchantent vite. Le village d'Oliveri est si pauvre que les habitations n'ont pas de vitres. Les passagers vont rejoindre Palerme à dos de mule, avec leurs bagages, escortés par un soldat armé, à cheval, et quelques jeunes paysans aux pieds nus qui font office de muletiers. Ils traversent des campagnes sèches et dépouillées. L'île ne compte que quelques grandes villes et quasiment pas de villages. Les champs sont désertés, comme si la Sicile se vidait peu à peu de son sang. Alexis observe ce qui l'entoure et s'efforce de ne pas penser au serment qu'il s'est fait sur le bateau.

Il pose des questions aux Siciliens qu'il rencontre et finit par comprendre les raisons de cette pauvreté : les propriétaires de la terre, les aristocrates locaux, gaspillent leurs revenus à Palerme ou à Naples, et ne s'intéressent à leurs domaines qu'au moment d'en percevoir les rentes. Certains n'y sont jamais venus. Les paysans, qui n'ont pas grand-chose à gagner et ne trouvent pas de débouchés pour leurs récoltes, s'exilent peu à peu.

« Tu vois, Édouard, si j'étais roi d'Angleterre, je favoriserais les grands domaines, ils correspondent bien aux mentalités du

Nord. Mais si j'étais maître de la Sicile, je ferais tout ce qui est en mon pouvoir pour multiplier les petites propriétés qui appartiendraient aux paysans. Il est évident que ce type de fonctionnement est mieux adapté aux gens du Sud. »

Tocqueville a trouvé son sujet. Il excelle dans les explications économiques et politiques. Il lit à son frère le dialogue qu'il vient d'écrire entre un aristocrate napolitain, don Carlo, et un noble sicilien, don Ambrosio. Le premier, l'occupant, se moque du second qui ne supporte pas le joug italien ; mais ce dernier est incapable de s'en délivrer parce que les Siciliens détestent le commerce des armes, ne veulent pas s'enrôler dans une armée et sont incapables, pour l'heure, de fomenter une révolte.

En revanche, les descriptions de l'Etna que brosse Alexis sont moins originales. Louis les qualifierait d'« effusions chateaubrianesques ».

Au retour, à la poste de Naples, une lettre d'Hervé de Tocqueville leur annonce qu'Alexis a été nommé, par ordonnance du 5 avril 1827, juge-auditeur au tribunal de Versailles.

« Voilà qui se fête ! propose Édouard.

— Pas si sûr. J'ai l'impression que ma vie se termine plutôt qu'elle ne commence. »

Le lendemain, sur le bateau qui remonte le long de la botte italienne, Alexis écrit à Rosalie. Il lui apportera la lettre lui-même, il se rendra à Metz dès leur arrivée en France. La jeune femme épousera un de ses prétendants, elle ne gâchera pas sa vie pour lui. Il ne pense qu'à cette entrevue pendant le voyage. Il réécrit, à plusieurs reprises, des pages entières. Il martèle des évidences : le rôle unique que Rosalie a joué dans sa vie, leur proximité miraculeuse, l'incapacité qu'il aura de l'oublier, l'impossibilité de leur union. Il n'accuse ni ses parents, ni la société, il proteste contre l'inéluctable, la fatalité de leur destin. Il aimerait promettre à la jeune fille que dans dix ou vingt ans, lorsqu'il sera établi et autonome, ils se retrouveront, mais il sait que ce n'est pas vrai. Il n'écrit pas non plus, même s'il le pense, que lorsqu'elle sera mariée, il pourra plus honnêtement lui faire la cour. La société est ainsi faite : marivauder avec une femme mariée n'a rien de répréhensible, alors que la pureté de la jeune fille ne souffre pas d'équivoque.

Lorsqu'il arrive rue de l'Abbé-Collin, au tout début du mois de mai, il trouve Rosalie et Amélie en grande conversation avec Louis de Kergorlay. Depuis qu'il vit à Metz, Louis se rend souvent chez les sœurs Malye. Au début, il n'avait pas d'autre objectif que de convaincre Rosalie de renoncer à son cousin. Mais peu à peu, il a pris plaisir à la compagnie de ces jeunes femmes intelligentes et cultivées, qui vivent seules mais sont toujours entourées. Il est tombé amoureux d'Amélie sans se l'avouer. La sœur de Rosalie le devine, mais ne l'encourage pas.

« Alexis ! Nous ne pensions pas vous voir si tôt », lance Rosalie, rouge de confusion.

Elle s'est levée d'un bond en lâchant le livre qu'elle feuilletait distraitement.

« Je ne resterai pas longtemps », répond Alexis d'un air sombre.

Après les politesses d'usage, Alexis lui demande de sortir avec lui dans le parc. Il lui remet sa lettre, en lui faisant promettre de ne la lire que le lendemain.

« Dois-je vraiment la lire ? demande la jeune fille, alarmée par la mine défaite de son visiteur.

— Rosalie, je ne l'ai écrite que pour que tu puisses la relire. Ma vie va changer. Je vais devenir juge à Versailles. Je vais m'établir. Je n'ai pas le droit de te faire attendre huit ans de plus...

— Mais moi je veux t'attendre !

— ... et pour rien peut-être ! Je ne sais même pas si je gagnerai de quoi vivre un jour, et si mes parents me déshéritent... »

La jeune femme ne veut pas pleurer devant lui, il est aussi déchiré qu'elle. Comment, après tant d'années de constance, son destin peut-il être scellé, en quelques minutes, en cette fin d'après-midi joyeuse ?

« Tes parents t'ont trouvé une riche épouse, j'imagine.

— Pas encore.

— Tu es amoureux d'une autre femme alors ?

— Je te jure que non.

— Mais tu ne m'aimes plus assez pour être sûr de l'avenir. »

Alexis espérait se sentir soulagé par sa bonne action ; il est submergé de douleur. Pis, sa conscience le torture plus que jamais. Comme s'il renonçait à la meilleure part de lui-même.

« J'arrive d'Italie, je ne suis pas passé par Paris, je ne peux pas te rendre tes lettres. Mais je les brûlerai, je te le promets. Peux-tu me rendre les miennes ? »

La jeune fille retourne dans sa chambre, hébétée. Elle a l'impression d'assister à une scène de théâtre. Sa sœur et Louis discutent toujours au salon. Elle ouvre son armoire. Les lettres sont là, six piles épaisses, une par année. Rosalie sait que les plus belles, celles qu'elle a lues et relues, se trouvent sur le dessus. Elle en prend une du haut de chaque paquet et les cache dans le tiroir de sa commode. Puis elle apporte le reste à son amoureux. Il les tasse dans une sacoche. Elle regrette qu'il ait pensé à tout.

Il voudrait pouvoir lui dire qu'il ne l'a jamais autant aimée que dans cet instant où il la quitte pour toujours. Qu'elle est, à jamais, celle dont l'amour lui a sauvé la vie.

« Adieu, Rosalie. Je te souhaite d'être heureuse.

— Et toi de devenir un grand homme. »

5

Les cours de Guizot

Septembre 1828

« Voyez-vous, Gustave, nous n'avons pas le choix : c'est l'homme politique en nous que nous devons former. »

Gustave de Beaumont, jeune substitut du procureur au tribunal de Versailles, écoute Alexis avec l'air sérieux qui sied à la circonstance. Les deux amis reviennent de Paris d'un bon pas. Quand ils ne trouvent pas de coucou à deux roues pour les ramener à Versailles le soir, après une sortie entre amis, il leur arrive de parcourir à pied les trois ou quatre lieues qui séparent les deux villes. Gustave, grand gaillard carré et solide, suit avec peine son compagnon, petit et fluet, mais aussi nerveux qu'énergique.

« Puisqu'il faut avoir quarante ans pour se faire élire à la Chambre des députés, reprend Tocqueville, cela nous laisse, pour moi dix-sept années à attendre, pour vous quatorze. Cela paraît long, mais c'est très court. Une telle carrière ne s'improvise pas. Si nous voulons être utiles un jour à notre pays, il faut nous y préparer dès maintenant.

— Je sais bien que dans votre esprit la magistrature est un état provisoire, répond Gustave, mais que faire que nous ne fassions déjà ? Nous sommes déjà abonnés à une revue, nous fréquentons les cabinets de lecture, nous sommes inscrits à toutes sortes de cycles de conférences... »

Avec son front haut et ses bonnes joues, Beaumont dégage une impression de bonhomie autant que de force.

« Nous devons comprendre les grandes questions susceptibles de guider l'action d'un homme d'État, reprend Alexis. Pour cela, il faut étudier l'histoire des hommes qui nous ont immédiatement précédés. C'est ainsi que nous nous forgerons une vision du monde.

— Mais nous avons étudié l'histoire des grandes civilisations ! Que vous faut-il de plus ? »

Tocqueville accélère encore le pas. S'ils veulent être couchés à dix heures trente, il ne faut pas traîner.

« La grande histoire est une chose – une chose vitale pour comprendre l'homme. Mais ce que nous devons comprendre aujourd'hui, c'est l'histoire des révolutions. Pourquoi elles surviennent, à quel moment, dans quel état elles trouvent les peuples et dans quel état elles les laissent. »

Le jeune homme trace des moulinets dans l'air avec sa canne. Ses yeux sombres s'enflamment.

« Et j'ai eu une idée. »

Tocqueville trébuche sur une pierre et manque de s'affaler dans le fossé. Il est près de neuf heures du soir. C'est la mauvaise heure pour un myope : entre chien et loup, il ne distingue pas la pointe de ses pieds.

Beaumont lui tend la main pour l'aider à se redresser. Les deux hommes ont sympathisé d'emblée quand Tocqueville est arrivé au tribunal de Versailles. Beaumont, qui était son supérieur hiérarchique, a vite repéré l'intelligence de ce stagiaire de luxe – autant que son intérêt limité pour le droit. Quelque chose dans le visage d'Alexis lui a plu, cette acuité du regard, cette honnêteté farouche. Il a compris que le jeune Tocqueville était moins sûr de lui qu'il n'y paraissait et qu'il avait besoin d'être rassuré sur ses propres capacités. Il l'a aidé à se faire des amis, ce qui n'était pas gagné d'avance, car le débutant garde une réserve qui peut passer pour du dédain, il a le mépris facile, et sa franchise confine souvent à la maladresse. Gustave de Beaumont, lui, est un garçon chaleureux qui se lie aisément.

Entre eux, l'amitié est « née toute vieille », comme dit Tocqueville. Elle a été spontanée et quasi inconditionnelle, chose rare chez Alexis qui n'accorde guère sa confiance aux gens bavards. Il est vrai que Beaumont lui a proposé d'emblée un marché avantageux : le partage pur et simple des dossiers et de la préparation des procès, sans hiérarchie ni préséance.

Leurs caractères sont plus complémentaires que semblables, mais les deux hommes ont toutes les raisons de s'entendre. D'abord, ils ont les mêmes origines : les La Bonninière de Beaumont sont une grande famille de Touraine qui s'est fixée dans l'un de ses berceaux, Beaumont-la-Chartre, après avoir essaimé dans le bocage normand et le Maine. Les deux familles sont légitimistes : sous l'Empire, elles sont restées attachées aux Bourbons. Un des oncles de Gustave est préfet, comme Hervé de Tocqueville, et le marquis de la Fayette est l'un de ses cousins, mais ses parents ne le fréquentent guère. Ils sont en outre, l'un et l'autre, le troisième garçon de la famille, et le problème qui se pose à un aristocrate, quand il n'est pas l'aîné de la fratrie, est de trouver un état. Ils n'ont pas choisi l'uniforme et la carrière politique aurait leur préférence. Mais ils sont idéalistes, ils ne veulent pas être parlementaires à n'importe quel prix : ils veulent garder leur âme.

Au tribunal de Versailles, Beaumont, qui a de la verve et de l'éloquence, semble promis à un bel avenir, tandis que Tocqueville s'inscrit en retrait, comme un « homme de dossiers ». En réalité, Tocqueville s'ennuie, il végète dans un poste médiocre où son intelligence ne peut s'exprimer. Mais l'aîné reconnaît la supériorité intellectuelle du cadet, et se laisse aisément guider par lui. Il est fasciné par ce garçon entier, doté d'une si forte personnalité qu'il a été capable, dès son plus jeune âge, de mettre sa vie en danger pour défendre sa conception de l'honneur.

Leur amitié est aussi une association. Le salaire de Gustave lui permet à peine de vivre décemment ; quant à Alexis, qui n'est pas rémunéré, ses parents lui allouent une somme mensuelle qu'il dépense avec parcimonie. Cette mise en commun des moyens est d'autant plus facile que les deux hommes habitent le même appartement.

Lorsque Alexis était rentré d'Italie en juin 1827, il avait d'abord vécu avec son père à la préfecture de Versailles. Après Metz et Amiens, Hervé de Tocqueville avait été nommé préfet de Seine-et-Oise par Charles X. Cette nouvelle affectation exauçait l'un de ses plus vieux souhaits. En 1815 déjà, Chateaubriand qui se voyait Premier ministre lui avait promis ce poste de premier préfet de France. Louis XVIII en jugea autrement. Hervé de Tocqueville attendit finalement onze ans pour obtenir la place tant convoitée – et sans l'aide de Chateaubriand, qui ne se montra jamais reconnaissant envers le tuteur de ses neveux. Le comte, une fois promu, rattrapa le temps perdu : il donna à la préfecture des fêtes brillantes, où toutes les élégantes de la ville se bousculaient.

Une nouvelle promotion le priva de cette vie rêvée : en novembre 1827, Charles X le nomma pair de France, quand il ne l'espérait plus. Cet honneur étant incompatible avec la fonction de préfet, il quitta son poste, et le logement versaillais qui lui était attaché. Alexis dut donc trouver un nouveau domicile non loin du tribunal. Gustave de Beaumont, qui vivait dans un minuscule meublé, accepta de prendre avec lui un appartement plus spacieux. Depuis février 1828, ils habitent donc ensemble au 66, rue d'Anjou.

Alexis a abandonné le luxe de la préfecture, mais il a gagné au change. Son père avait fait venir deux femmes dans son logement de fonction, la mère et la fille, dont la première au moins était sa maîtresse. Ne sachant comment se partager entre elles et Alexis, il se sentait dans une position fausse, et son trouble accentuait celui de son fils. Pendant toute cette période, le jeune homme avait souffert de douleurs à l'estomac.

« Alors, quelle est cette idée ? Vous me faites languir, Alexis.

— Cela va vous plaire, je vous le jure.

— Un aller-retour pour le lac Oneida ? »

Beaumont a lu lui aussi le *Voyage au lac Oneida* de Campe et Bligh, et l'histoire des amants a enflammé son imagination d'adolescent. Ils en ont tiré une maxime : « Il n'est de bonheur en ce monde que sur les rives du lac Oneida. »

« Là, vous placez la barre un peu haut ! Non, mais j'ai trouvé l'homme qu'il nous faut. Avez-vous déjà entendu parler de François Guizot ?

— L'ancien homme politique ? La grande figure des libéraux ?

— Vous savez que Guizot est d'abord un historien. Il était professeur à la Sorbonne, mais le gouvernement l'a interdit de cours il y a six ou sept ans.

— Je vois : la chute du ministère Villèle change tout !

— Exactement. Son interdiction d'enseigner vient d'être levée. Guizot donne à nouveau des conférences sur l'histoire de la civilisation en France.

— C'est alléchant.

— Il est très bon orateur, paraît-il. Et il balaye douze siècles en vingt-quatre cours.

— Comment avez-vous eu cette idée ?

— Un ancien camarade de faculté que j'ai croisé hier à la sortie du tribunal m'en a parlé. Le prochain cours a lieu demain. Nous irons ensemble ! »

Il est plus de dix heures lorsque les deux hommes arrivent à Versailles. À l'entrée de la rue d'Anjou, deux femmes vêtues de sombre descendent d'un fiacre, l'une s'appuyant au bras de l'autre. Les deux hommes s'approchent et malgré l'heure tardive, Gustave de Beaumont fait les présentations :

« Alexis, voici les voisines dont je vous ai parlé : Mrs. Belam et sa nièce, Mary Mottley. Mon ami, collègue et colocataire, Alexis de Tocqueville.

— C'est un honneur de vous connaître », répond la plus jeune, avec une pointe d'accent anglais.

La plus âgée se contente d'un signe de tête.

« Gustave m'a parlé de vous. Vous êtes anglaises ! J'admire beaucoup l'Angleterre ! » s'exclame Alexis en essayant de distinguer leurs visages dans la pénombre.

Mrs. Belam paraît avoir une cinquantaine d'années, Mary entre vingt-cinq et trente. Elle n'est pas très grande, mais elle est fine et plutôt jolie, dans la lumière tremblante des becs de gaz.

« Il est un peu tard pour faire connaissance, reprend Mary Mottley avec un sourire, mais nous nous reverrons sans doute. »

Les deux femmes rentrent dans leur immeuble, les deux hommes dans le leur.

« Elles ont l'air aimable, vos Anglaises. J'ai oublié d'où vous les connaissez.

— Je vous ai raconté ce dîner chez le notaire Benoît, il y a un mois environ ? J'étais assis à côté de Mary. Elle est charmante et étonnamment cultivée. Je vous assure qu'elle tient une vraie conversation. »

Plusieurs lettres sont posées devant leur porte. Alexis les ramasse pendant que Gustave se bat avec la serrure. Il les trie, en donne trois à Beaumont et en garde deux. Son rythme cardiaque s'accélère : l'une des deux enveloppes porte le cachet de la poste de Bitche. Enfin ! Il n'osait plus y croire.

Sur la seconde, il reconnaît l'écriture familière de l'abbé Lesueur. Les traditionnelles nouvelles de la semaine. Alexis entre dans le vestibule, pose sa canne, son chapeau et son manteau, et brise le cachet de celle du prêtre. Il conserve l'autre dans sa poche pour la lire dans la solitude de sa chambre.

Mon cher Alexis, écrit l'abbé, *encore des maux d'estomac ! Que tu me tourmentes, méchant petit garçon ! Ne sais-tu pas que je ne vis que pour vous et que je suis malade quand vous souffrez ? As-tu pris ton opiat ? As-tu été fidèle à ton régime ?*

Alexis ne peut s'empêcher de sourire tant les remontrances de celui qu'il continue d'appeler Bébé lui sont familières. Il croit entendre sa voix bienveillante le traiter de « petit garçon » malgré ses vingt-trois ans. Mais son vieux précepteur a raison, il est souvent malade ces temps-ci. Son esprit est plus mal en point encore que son corps. Depuis le mariage de Rosalie.

Son amoureuse a lutté près d'un an contre l'idée d'épouser un homme qu'elle n'aimait pas. Finalement, elle a choisi François Bégin, un des meilleurs partis qu'elle pouvait trouver. Ce jeune rentier à peine plus âgé qu'elle a accepté de lui reconnaître une dot fictive, sans laquelle le mariage aurait été impossible.

Bégin est plutôt joli garçon, intelligent et il semble sincèrement épris. Rosalie l'avait pourtant jugé ridicule lors de leur première rencontre. La veille de son mariage, elle a écrit à Alexis que l'amour, chez elle, était un sentiment définitif, et qu'il resterait à jamais l'homme de sa vie. Elle n'éprouve pour Bégin que respect et reconnaissance.

Alexis a mal réagi à ce mariage qu'il avait souhaité. Louis est venu le voir à Versailles, et ils sont allés ensemble s'enivrer au café Amaury.

« Mais enfin, tu ne vas pas te plaindre ! répétait Louis. Votre situation était sans issue, ce mariage est une chance pour toi.

— Je ne rencontrerai jamais une autre Rosalie. Ma vie a perdu tout intérêt.

— Réfléchis un peu. Rosalie t'aimera d'autant plus qu'elle et son mari ne sont pas assortis.

— Piètre consolation ! Je ne la verrai plus ! »

Un mois plus tard, il apprit que le jeune marié avait emmené sa femme vivre dans son manoir à Bitche, la ville dont les Malye étaient originaires, une place forte à vingt-cinq lieues au nord-est de Metz, célèbre pour sa citadelle de Vauban. Louis et Eugène y étaient interdits de visite, et Amélie n'avait guère d'occasions de s'y rendre.

Alexis se trouva alors confronté à un problème qui tourna vite à l'obsession : comment faire passer ses lettres à Rosalie ?

Impossible de les envoyer par la poste : le risque était trop grand que François Bégin, dont le caractère jaloux se découvrait peu à peu, les ouvre le premier. Quelques semaines passèrent sans qu'Alexis puisse correspondre avec Rosalie. Amélie, qui s'inquiétait de voir sa sœur dépérir, eut l'idée de faire transiter les lettres par une de leurs tantes, qui habitait Bitche et imagina un stratagème qu'elle expliqua à Louis de Kergorlay.

« Alexis doit écrire ses lettres en trempant sa plume dans du jus de citron.

— Comment cela ?

— Quand on écrit avec du citron, les feuilles de papier sont vierges en apparence. Mais il suffit de les passer au-dessus de la flamme d'une bougie pour que le texte réapparaisse. Si mon beau-frère s'empare de la lettre, il trouvera un papier blanc et ne pourra rien deviner ! »

Alexis s'empressa d'utiliser le procédé et se remit à écrire à tout va. Ses lettres témoignaient de sa constance et de ses regrets. Il reprocha avec une absolue mauvaise foi à Rosalie de ne pas l'avoir attendu. Mais les réponses de la jeune mariée se firent plus courtes, et Alexis en souffrit d'autant plus que son amie lui avait confié que Bégin était très assidu et qu'il espérait un héritier.

Avec Louis, il tenta d'obtenir pour Rosalie la place de receveur des postes de Bitche, qui lui aurait donné un peu d'autonomie. Hervé de Tocqueville intercéda, mais en faveur du mari, François Bégin. Sans succès.

Un soir, en désespoir de cause, Alexis envoya à Rosalie une lettre au citron dans laquelle il évoquait les amants du lac Oneida et lui proposait de partir de l'autre côté de l'Atlantique. Était-il sérieux ou était-ce le rêve éveillé d'une nuit troublée ? Rosalie ne s'y était pas trompée : elle avait pris son temps pour répondre.

La lettre qu'il tient entre ses mains est la première réaction à cette idée saugrenue.

Beaumont part se coucher, Tocqueville se réfugie à son tour dans sa chambre. Il prend son coupe-papier, s'installe sur le lit, et ouvre la lettre de Rosalie. Il remarque aussitôt qu'elle ne l'a pas commencée par « Mon cher Alexis », pas plus qu'elle n'a employé le tutoiement pourtant de rigueur entre eux depuis le fameux séjour à Paris.

Monsieur, cher Alexis,

Il est préférable que vous ne m'écriviez plus. Mon mari François Bégin a ouvert votre dernière lettre et il a été très surpris en découvrant les feuilles blanches. Il m'a interrogée pour essayer de comprendre. Je ne lui ai pas dit la vérité, il ne sait donc rien des liens qui nous ont unis avant mon mariage, mais je ne souhaite pas que cette équivoque puisse se renouveler et mettre en péril une union que vous m'avez vous-même conduite à contracter et qui me donne toutes les satisfactions que je pouvais en attendre.

Je vous prie donc de ne plus m'écrire, sinon des lettres de courtoisie qui puissent être montrées à mon époux.

Alexis ferme les yeux. Les mots dansent sur le papier. Cela devait arriver, puisqu'il n'a pas eu le courage de lutter contre ses parents, contre les convenances, contre le destin. Mais comment vivre sans elle, loin d'elle, sans la perspective, même lointaine, même improbable, de la revoir ? Il se sent misérable.

Et pourtant, quelque part, inconsciemment, il est soulagé. Sa peine est immense, elle le submerge, mais elle n'est plus un ennemi flou et instable, il va pouvoir la prendre à bras-le-corps.

Le lendemain matin, il se réveille avec une douleur à l'épaule. Il a dormi tout habillé, sa lettre à la main.

Il n'a pas faim. Il achève sa toilette lorsque Beaumont s'éveille à son tour. Ils échangent quelques mots sur le programme de leur soirée : le cours de Guizot a lieu à six heures, ils prendront un fiacre pour arriver à temps.

Alexis part au tribunal avant son confrère; c'est une habitude. Il est plus ponctuel et plus matinal, mais Gustave reste travailler plus tard. Dans la rue, il croise leur voisine anglaise, seule cette fois. Il la salue, elle lui répond par un signe de tête et un sourire fugace, puis tourne au coin de la rue. Mais il a eu le temps de la regarder. Mary Mottley est dotée d'un fin visage, de grands yeux gris profonds qui respirent l'intelligence, et son sourire illumine ses traits. Elle est brune et ses cheveux bouclés sont retenus en arrière par un peigne en forme de couronne. Une nouvelle fois, Alexis se demande si la jeune Anglaise est jolie ou simplement commune. Peu importe, il préfère les blondes aux charmes plus manifestes. Comme Rosalie.

Rosalie, qui a trouvé le bonheur, ou du moins « les satisfactions qu'elle pouvait espérer ». Il repense à son malaise de la veille. Il a passé une heure à regarder sa lettre, hébété, à imaginer les intentions derrière la raideur des mots, à caresser du regard cette écriture douce et régulière qui ressemblait tant à celle qui la traçait et qu'il ne reverra plus. Il ne connaîtra plus d'amour semblable, aussi entier, aussi inconditionnel. Il doit s'endurcir et faire son deuil.

Au fond, il a déjà commencé. Depuis leur dernière entrevue à Metz, seize mois plus tôt, il s'est dispersé. Seul ou avec ses amis versaillais, Ernest de Chabrol et Ernest de Blosseville, deux jeunes aristocrates de son âge, il a fréquenté des femmes « de mauvaise vie ». Cette pratique entraîne toujours chez lui un léger écœurement a posteriori, mais une activité sexuelle régulière lui est indispensable. Il a poursuivi de ses assiduités deux femmes mariées de la bonne société, avec un certain succès. Pourquoi en serait-il autrement? Il est beau, jeune, bien né et bien éduqué. Une tête bien faite et bien pleine.

À son grand dépit, même ses liaisons suivies ne lui ont procuré que des satisfactions physiques. Il a besoin, pour être amoureux, d'une connivence intellectuelle. Il s'étonne toujours de constater à quel point les hommes acceptent de se contenter de peu, au moment de choisir la personne qui partagera leur vie. Comme s'il s'agissait d'une donnée à peine plus importante que l'emplacement de leur appartement ou la qualité de leur tailleur.

Les deux Ernest constituent avec Beaumont et Tocqueville une « bande des quatre » versaillaise dont il est l'un des moteurs intellectuels, à défaut d'en être le boute-en-train. Ensemble, ils fréquentent les salons bourgeois et aristocratiques, puisque les rejetons de la noblesse ont la chance d'être invités dans les deux. Versailles, avec ses trente mille habitants, ne manque pas de centres d'attraction.

Au moment où il gravit, distrait, les marches du tribunal, Alexis manque de percuter le président, Jacques Brunet. C'est un personnage falot mais incontrôlable que son père, qui le connaît depuis longtemps, surnomme « Jacquot ». Alexis a l'impression que « Jacquot » ne l'aime pas, et il n'a pas envie de faire sa cour, ceci expliquant peut-être cela. Brunet se retourne :

« Ah, monsieur de Tocqueville !

— Bonjour, monsieur le président.

— Mon substitut s'est-il chargé de la commission ?

— Je ne vois pas à quoi vous faites allusion.

— Ah, vous ne voyez pas ? C'est fâcheux. Suivez-moi dans mon bureau. »

Brunet charge Alexis du pensum que l'on inflige au dernier arrivé : préparer le discours de rentrée du tribunal. Par chance, cette année-là, le thème imposé est le duel et sa législation. La question est d'actualité, car la Chambre des pairs doit voter une loi au début de l'année suivante ; quelques récents duels au pistolet, qui ont abouti à des blessures mortelles, alimentent la chronique. Les textes existants sont insuffisants pour rendre des jugements, Napoléon ayant soigneusement évité de s'attaquer au sujet. Faut-il considérer le duel mortel comme un homicide volontaire, voire un meurtre avec préméditation ? Dans ce cas, les deux duellistes sont coupables de crime prémédité et les témoins sont leurs complices : comment punir le duelliste survivant et ses acolytes ? Et surtout, est-il possible d'interdire par la loi une pratique aussi profondément ancrée dans les mœurs ? Cela fait trente ans que le législateur ferme les yeux sur cette coutume anachronique.

Alexis se demande si le président savait, en lui confiant cette mission, qu'il s'était lui-même battu en duel. Beaumont lui en aurait-il parlé ? Peu importe : ce sujet le passionne davantage que toutes les tâches qu'on lui a confiées jusqu'alors, même si, grâce à son ami, il a échappé à un quotidien trop insipide. Lors de ses études, l'apprentissage des lois ne l'a guère captivé, mais la mise en pratique des connaissances n'a pas constitué un enjeu plus palpitant. Il se sent le moins compétent de l'équipe, ce qui met sa vanité au supplice. De plus, il a du mal à parler devant un large public, comme si sa voix, que les femmes trouvent si plaisante dans les dîners – et plus encore en tête à tête –, peinait quand il s'exprime devant plus de vingt personnes.

La journée se passe dans l'attente de la conférence du soir. Le premier cours de Guizot est une révélation pour Tocqueville : l'homme est un orateur exceptionnel. Il est doté pour sa part d'un organe puissant et ses yeux sombres découragent toute turbulence dans la salle. Sa tenue en impose : avec ses grands bas noirs, qu'il porte été comme hiver apparemment, il incarne l'intégrité et la rigueur calvinistes. Ses étudiants sont fascinés par le personnage autant que par les propos. Il ne dévie jamais de son raisonnement et ne s'autorise ni plaisanterie ni approximation. Il n'a qu'un objectif : que son propos soit entendu et retenu. Car, il le martèle, « un peuple sans mémoire de son passé est comme un adulte qui aurait perdu tout souvenir de son enfance ».

L'histoire de la civilisation, telle qu'il la professe, embrasse tous les domaines de la vie collective : les mœurs, les opinions, les lois, le travail intellectuel et les productions artistiques. Elle observe l'homme dans toutes les postures de son existence sociale et recherche les influences étrangères à son milieu. Plus encore que les autres élèves, Tocqueville est fasciné. Ces discours éclairent d'un jour nouveau les questions qu'il se pose depuis plusieurs années. Lui qui a grandi dans le mythe du Moyen Âge, celui que véhiculent les ultraroyalistes, cet âge d'or, pas si lointain, pendant lequel le roi, la noblesse et les paysans vivaient en harmonie sous la houlette d'une Église juste et bonne, entend soudain une autre version des faits qui bat en brèche cette image d'Épinal. Alexis prend scrupuleusement en note les propos de Guizot :

« Le Moyen Âge, pour simplifier, était, d'une part, l'époque héroïque de la France, l'âge de la poésie et du romantisme, le triomphe de la fantaisie. D'un autre côté, messieurs, la haine que le Moyen Âge a engendrée est facile à comprendre : le peuple était tellement malheureux pendant cette période, il en a émergé tellement abîmé... La Révolution française n'est rien d'autre qu'une explosion de haine contre les idées, les mœurs, et les lois qui nous ont été léguées par le Moyen Âge. »

Tocqueville sort de la séance galvanisé.

« Vous savez, Beaumont, ce que j'aime dans ce cours ? C'est qu'il élargit ma conception de l'histoire. J'y trouve des idées fondatrices et l'inspiration qui me manquait pour réaliser de grandes choses !

— Comme vous y allez ! En tout cas, ce ne sont pas des chroniques narratives, comme tout ce que nous avons lu jusqu'ici.

— Et pour cause, il s'agit moins d'histoire que de développement de l'intelligence humaine ! Le mouvement des idées et celui des événements sont explorés en parallèle.

— Ce n'est pas de l'histoire amorale comme dans les bouquins de Thiers : chez lui, tout acte se vaut.

— Guizot montre que même soumis aux circonstances extérieures, l'homme est bien le bâtisseur de l'Histoire. Donc qu'il peut faire l'objet d'un jugement moral. »

Beaumont acquiesce. Lui aussi sort de ces cours avec le sentiment d'être plus intelligent.

« Au fait, Beaumont, je vous laisse rentrer seul à Versailles ce soir.

— Un rendez-vous galant à Paris ?

— Je soupe chez mes parents avec mes frères.

— Vous voulez que je vous dépose chez eux ? C'est sur mon chemin.

— Ne vous dérangez pas pour moi, je vais y aller à pied. Ce n'est pas si loin. »

Il s'éloigne à grands pas vers la rue Saint-Dominique, en redressant le menton ; les femmes le regardent, il se sent sûr de lui. Quand il pénètre dans l'hôtel particulier de ses parents, ses frères sont déjà arrivés, ils discutent politique avec leur père. Hippolyte est en uniforme : entré dans les gardes de corps du roi dès les premiers jours de la Restauration, il poursuit sa carrière militaire ; c'est un ardent légitimiste. Il a épousé quelques mois plus tôt Émilie Évrard de Belisle de Saint-Rémy. Cette blonde potelée plutôt appétissante est issue d'une grande famille normande, ce qui permet à Hippolyte de jouir d'une belle propriété dans le Cotentin, le château de Nacqueville, qui nécessite des travaux importants mais promet de devenir un domaine merveilleux.

Édouard devrait se marier également sans tarder : des tractations ont été entamées avec le baron Ollivier, ancien gouverneur de la banque de France, député et pair de France. Si Édouard épouse sa fille Alexandrine, il deviendra un jour l'un des deux cents actionnaires de la banque de France et le gestionnaire de Baugy, un château de l'Oise doté d'un parc de cent hectares.

Alexis quant à lui fuit toutes les conversations concernant un éventuel mariage. Il répète à ses parents qu'il est encore très jeune et qu'il a tout le temps. Il n'a pas renoncé à Rosalie pour se retrouver encombré d'une femme sotte, coquette ou dévote. Or toutes les jeunes filles de son milieu possèdent l'une des trois tares – au moins.

Alexis baise la main que sa belle-sœur lui tend en minaudant, et serre brièvement ses frères dans ses bras. Au moment où il embrasse son père, Louise de Tocqueville fait son apparition, appuyée sur le seul bras valide de l'abbé Lesueur, qui souffre à soixante-dix-huit ans de tremblements chroniques.

« Quel plaisir de vous voir tous réunis, mes enfants ! chevrote le vieux prêtre. C'est si rare désormais. Quel plaisir vous faites à votre mère, mes enfants ! Et à moi donc ! »

Alexis se précipite vers les nouveaux arrivants avec un sourire ému. La comtesse, robe bleu foncé et collier de perles, ses cheveux gris encore épais coiffés en sages bandeaux, a le visage marqué et son teint olivâtre trahit son état de santé. Elle dissimule ses mains que la chaleur du feu a fait rougir et gonfler. Le jeune homme embrasse sa mère et son précepteur le prend à part.

« Tu sais, mon petit Alexis, ta maman a des migraines terribles. Parfois elle n'a même plus la force de se lever pour les repas.

— La neurasthénie progresse, c'est cela ?

— J'en ai peur. Pourquoi ne viens-tu pas nous voir plus souvent ? Elle aime tant tes visites et Versailles n'est pas si loin ! »

Alexis se sent coupable ; il vient une ou deux fois par semaine à Paris pour des futilités. Il n'ose pas avouer qu'en dépit de l'affection réelle qu'il porte à celle qui l'a mis au monde, il appréhende ces visites. La dernière fois, sa mère ne pouvait pas se lever et il l'a écoutée décrire ses maux dans la pénombre de sa chambre.

Pour la première fois, il comprend son père. Il est difficile de vivre avec une femme toujours souffrante et toujours prostrée.

La famille passe dans la salle à manger. Alexis est assis à la droite de sa belle-sœur. Il connaît peu Émilie, il ne l'a vue que deux fois depuis le mariage, mais sa première impression l'a inquiété. La jeune héritière, issue d'une famille alençonnaise anoblie au XVIIe siècle, lui paraît frivole et extravagante, alors qu'Hippolyte aurait grand besoin à ses côtés d'une épouse capable de tempérer son caractère fantasque. La jeune femme risque d'encourager ses coups de tête et ses incartades.

Présence féminine oblige, la conversation a quitté le terrain politique pour aborder des questions ménagères : Émilie veut redécorer de fond en comble le château de Nacqueville.

« Nous allons nous y installer cet automne, annonce-t-elle. Mais auparavant, nous devons régler une double succession assez compliquée à Saint-Rémy-des-Landes, dans le sud de la Manche. Alexis, vous qui êtes un spécialiste du droit, voudriez-vous nous accompagner ?

— Mon Dieu non ! C'est le travail des notaires, non ?

— Nous avons un notaire, rassurez-vous. Et notre agent d'affaires, M. Gisles, a tout préparé. En fait, je vous proposais de venir passer quinze jours avec nous dans le Cotentin. Votre père me disait tout à l'heure que vous n'y étiez jamais allé. C'est pourtant le fief de votre famille !

— Si tu entres en politique un jour, rappelle Hervé de Tocqueville, c'est là-bas que tu devras te faire élire. »

Découvrir la terre de ses ancêtres, le château de sa grand-mère ! Pourquoi n'y a-t-il pas pensé plus tôt ? Son regard s'éclaire :

« C'est une très bonne idée, vous avez raison. J'avais l'intention de prendre quelques jours de liberté ce mois-ci. La semaine prochaine, c'est parfait.

— Je suis ravi que tu nous accompagnes, salue Hippolyte.

— D'ailleurs, vous ne serez pas seul, poursuit Émilie. Une jeune femme est du voyage. Une Anglaise qui a rendu service à mon père en rétablissant le contact avec un de ses compatriotes, un homme d'affaires de Poole. Père m'a demandé de la recevoir à Nacqueville pour la remercier. Elle habite Versailles, comme toi. »

Alexis pense aussitôt à la jeune étrangère au regard vif que Gustave lui a présentée un soir et qu'il a croisée, depuis, à deux reprises, sans échanger davantage qu'une salutation polie. Il y a beaucoup d'Anglais à Versailles, il ne peut s'agir de la même personne. Pourtant, pendant quelques secondes, il se prend à l'espérer.

« Comment s'appelle-t-elle ? »

Émilie avait déjà changé de sujet de conversation.

« Qui ça, l'Anglaise ? Mary Mottley. »

6

Une idylle en Normandie

Automne 1828

Dans la berline tirée par deux chevaux qui les emmène au château de Saint-Blaise à Bricquebec, sur la presqu'île du Cotentin, Alexis et Mary sont plongés dans une conversation sans fin. Tout comme ils l'étaient la veille sur d'autres routes semblables, et l'avant-veille aussi, depuis qu'Alexis est venu retrouver son frère et sa belle-sœur et qu'ils sillonnent ensemble la campagne normande pour visiter des propriétés et rencontrer des notaires. Émilie et Hippolyte ont renoncé à participer aux débats entre les jeunes gens et ils somnolent doucement, au rythme des chevaux.

Tocqueville a commencé à raconter ce voyage à Beaumont dans une lettre, la veille au soir. Il est conquis.

Vous avouerez qu'il ne s'agit pas d'amour, celui-là ne vient pas avec le temps, on le trouve tout fait, mais d'une véritable amitié. M., car son nom commence aussi par un M., a le caractère le plus franc, le plus ouvert et le plus exempt de petites passions que j'aie jamais vu à une femme. Il y a chez elle une vivacité des premiers mouvements et une bonté de cœur qui vous attachent malgré vous. C'est un être unique dans son espèce. Ajoutez à cela qu'elle est fort jolie, ce dont je n'étais pas bien sûr il n'y a pas longtemps, mais dont je suis certain depuis que mon frère Hippolyte me l'a dit...

Alexis presse Mary de questions : que pense-t-elle de la France, de ses mœurs ou de sa littérature ? Quelles différences note-t-elle avec l'Angleterre ? Ses réponses l'impressionnent par leur profondeur. Il finit par s'aventurer sur le terrain politique :

« Et que pensez-vous, alors, de notre nouveau gouvernement dirigé depuis le début de l'année par M. Martignac ?

— Je ne me permettrais pas de juger un gouvernement que je ne connais pas, se défend-elle. Le précédent avait commis trop d'erreurs, il faut espérer que celui-ci en a tiré les leçons. *As far as I'm concerned*, j'ai toujours pensé que *la* projet de censure que M. Villèle voulait faire adopter serait *sa* coup de grâce... C'est ainsi que l'on dit, n'est-ce pas ? Limiter la liberté d'expression est toujours *un* erreur. Cela ne profite ni à celui qui décide, ni à ceux que l'on juge trop *enfantiles* pour se faire *un* opinion eux-mêmes. »

Mary s'arrête, étonnée de sa propre franchise. La jeune femme s'exprime avec une pointe d'accent anglais délicieuse. Elle commet quelques fautes de grammaire mineures mais cela ne fait qu'ajouter à son charme : ainsi, elle ne paraît ni trop intellectuelle, ni pédante. Alexis se réjouit à l'idée de passer une semaine avec elle, en ne la quittant qu'à l'heure du coucher. Une sorte de vie maritale – « à l'activité physique près », comme il l'a précisé à Gustave. Alexis n'a jamais eu de sœur, sa mère est trop lointaine, et aucun de ses frères n'était marié jusqu'à une date récente : les femmes qu'il a côtoyées étaient soit ses amoureuses, soit ses « bonnes » – parfois les deux à la fois. Cela induit un rapport particulier aux femmes.

« Mais j'ai été étonnée, s'enhardit Mary, que votre roi Charles X n'appelle pas pour *le* présidence du conseil le chef de l'opposition le plus en vue, votre grand écrivain, M. de Chateaubriand ? »

Alexis se rembrunit. Lui n'a pas été étonné que Chateaubriand ait dû passer son tour. L'écrivain est un polémiste talentueux, donc une bombe. Martignac a eu la bonne idée de l'envoyer à Rome comme ambassadeur de France. L'éloigner tout en le gardant dans son camp, c'est la meilleure manière de désamorcer un explosif. Et c'est aussi une habile façon de consoler l'amour-propre du grand homme – qu'il a toujours eu surdimensionné.

Émilie a ouvert les yeux au nom de Chateaubriand. Sans se l'avouer, elle est vaguement jalouse de Mary : jusque-là, Alexis marivaudait avec elle.

« Savez-vous, Mary, que François-René de Chateaubriand est l'oncle d'Alexis et d'Hippolyte ? »

Mary se demande si elle a commis un impair. Alexis rabroue gentiment sa belle-sœur :

« Pour être exact, c'est son frère, Jean-Baptiste de Chateaubriand, qui était notre oncle. Mais il est vrai qu'après sa mort, François-René est devenu une sorte d'oncle de substitution : il est le tuteur officiel de nos cousins germains, qui ont été élevés avec nous. »

Il rassure une Mary apparemment gênée :

« Vous n'avez rien dit de mal, mademoiselle. Après les élections remportées par ses amis, M. de Chateaubriand paraissait le mieux placé pour le poste. Cependant on peut comprendre que le roi n'ait pas fait ce choix : notre génie de la littérature est un peu encombrant. »

Il se retient de dire ce qu'il pense vraiment : que Chateaubriand aurait été ingérable comme président du conseil et même comme ministre.

La route est sèche, le temps clément pour un mois de septembre, et la calèche roule bon train. Émilie laisse son beau-frère et miss Mottley reprendre leur discussion. Quelle coïncidence qu'ils habitent la même rue à Versailles ! Une chance, pour ce voyage, qu'ils soient aussi bien accordés. Trop bien, peut-être. Ces deux-là discutent du matin au soir, c'en est fatigant. Mary a des avis sur tout : la politique, l'histoire, la littérature... Et Alexis lui donne toujours raison.

Du regard, elle cherche à prendre son mari à témoin, mais Hippolyte s'est endormi, lassé de voir défiler le bocage normand.

La veille, Émilie a confié son inquiétude à son mari. Ne craint-il pas que l'affaire ne tourne mal – en clair, qu'elle se termine en idylle ? Ne devrait-on pas les séparer dès maintenant ? Son mari l'a rassurée d'un rire qu'elle a jugé déplacé. Alexis est adulte, il a vingt-trois ans ! Mary est jolie, certes, mais elle en a vingt-neuf et, de surcroît, ils sont parfaitement conscients de ce qui les sépare. Son frère n'est pas stupide! Il est aristocrate, elle est roturière; il est riche, elle est pauvre; il est catholique, elle est protestante; il est français, elle est anglaise... et si cela ne suffisait pas, les six années d'écart rendraient toute romance ridicule.

« Pensez, Émilie, qu'elle est plus âgée que vous ! »

Une aventure sans lendemain n'est pas non plus imaginable : Alexis, certes, collectionne les bonnes fortunes – c'est de son âge – mais Mary, contrairement à beaucoup d'Anglaises, jouit d'une excellente réputation, elle ne s'en laisserait pas conter.

« Au fond, vous avez raison, a reconnu Émilie rassérénée. Mary n'a rien d'une intrigante : elle partage sa vie entre sa tante et les bonnes œuvres ! C'est d'ailleurs Mrs. Belam qui l'a poussée à faire ce voyage avec nous en Normandie.

— Vous voyez bien...

— En outre, elle ne pouvait pas savoir que votre frère serait du voyage : nous l'avons convié à la dernière minute. »

Cette absence d'enjeu est sans doute ce qui rend les deux célibataires aussi sereins. Émilie cherche des traces de coquetterie dans les attitudes de Mary et n'en trouve pas. La conversation des deux jeunes gens est animée, mais l'on dirait des hommes qui parlent au fumoir après dîner.

« Comment avez-vous fait, en Angleterre, pour construire un régime aussi stable ? Je suis convaincu que c'est ce dont la France aurait besoin : une monarchie constitutionnelle.

— Je ne sais pas si je peux répondre sans vous offenser... Et d'ailleurs j'ai quitté l'Angleterre depuis si longtemps, mon avis n'a *aucun* valeur.

— Je vous en prie, vous m'obligeriez en livrant le fond de votre pensée. Je veux comprendre l'Angleterre : elle est la première puissance du monde, son régime politique compte forcément !

— Je crois que notre aristocratie est beaucoup plus ouverte que *le* vôtre. Plus progressiste peut-être ? Je ne parle pas de vous et de votre famille, *of course.*

— Plus ouverte ? Que voulez-vous dire ?

— En Angleterre, un petit livreur de journaux peut devenir un lord. À condition qu'il rende de grands services au pays, qu'il fonde *une grande* groupe de presse peut-être... Chaque année, le roi crée de nouveaux lords. La réussite dans les affaires est une bonne façon de devenir lord. Chez nous, voyez-vous, le destin d'un individu n'est pas uniquement conditionné par *son* naissance. C'est vrai du moins pour les hommes. »

Alexis de Tocqueville apprécie la pertinence des propos de Mary. En France, les espoirs de réussir sont minces pour qui n'est pas bien né. Le paysage est figé, la « caste » aristocratique fermée sur elle-même. La Révolution a évidemment décimé des familles entières et Napoléon a passablement chamboulé les hiérarchies pendant ses années de règne ; il a créé une noblesse d'Empire, mais les inégalités se sont accrues au lieu de se combler, la liberté d'expression s'est réduite, et après la Restauration, le corps s'est refermé, il s'est cicatrisé, comme une vieille blessure. Les pauvres sont restés pauvres. Les libertés ont régressé. 1789 a raté son but, la Révolution n'a engendré que la Terreur. Et une nouvelle instabilité.

« En France, il me semble que monarchie et démocratie ne sont pas – *I mean...* – compatibles ? » ajoute Mary.

Alexis sourit. Cette femme est étonnante et combien intéressante ! Son français est très correct, et elle parle aussi l'italien et l'allemand ! Il préfère converser avec elle qu'avec son frère, fanfaron et primaire dans ses réactions, ou avec sa belle-sœur, avec qui il aime badiner, mais qui ne s'intéresse qu'à son intérieur et sa vie mondaine. Il a l'impression que Mary peut apporter un certain nombre de réponses à ses questions : comment passe-t-on de la monarchie à la française à cette quasi-démocratie que constitue la monarchie anglaise ? La France devra-t-elle vivre une nouvelle république pour connaître la démocratie ? Va-t-on vers une révolution, une de plus ? Car la poussée démocratique – il n'en doute plus – est inéluctable.

Émilie interrompt leur débat en attirant leur attention sur le crachin qui se met à tomber. La campagne du Cotentin mélange les saisons, les chaleurs de l'été et les odeurs de l'automne ; la belle saison n'est ni poussiéreuse ni languide, et les automnes sont des étés indiens ou des débuts d'hiver pluvieux.

Tocqueville avait presque oublié la présence de sa belle-sœur et de son beau-frère, tant Mary occupe l'espace. Pourquoi trouve-t-on si peu de jeunes filles de l'aristocratie qui aient, comme elle, appris à réfléchir, se demande-t-il à nouveau.

La veille, Mary lui a avoué pourquoi elle s'intéressait à tout, et même aux sujets les plus graves. En arrivant à Saint-Rémy-des-Landes, ils avaient tous deux besoin de se dégourdir les jambes et, au lieu d'accompagner Émilie et Hippolyte à leur rendez-vous, ils sont allés visiter le village, suivis par la femme de chambre d'Émilie en guise de chaperon. La conversation a pris alors un tour plus personnel et Mary lui a fait une confidence.

« Vous ne le répéterez à personne, n'est-ce pas, Alexis ? »

Elle était charmante, dans ce soleil, droite et souriante, les yeux plus hardis que dans la calèche.

« Bien sûr ! Vous pouvez compter sur moi. »

La jeune Anglaise ne saurait expliquer pourquoi elle s'est sentie, d'emblée, en confiance avec ce garçon de vingt-trois ans aux allures de dandy. Peut-être à cause de son visage qui respire la franchise et l'intelligence, ou de ses grands yeux bruns, empreints de sensibilité. Ou de sa gravité naturelle. Elle l'a deviné audacieux, obstiné, indépendant d'esprit. Entre eux, la parole est facile et le silence jamais embarrassant.

« J'ai un cousin par alliance qui est éditeur à Southampton. Pour lui, de temps en temps, je traduis des manuscrits... *de* français *à* anglais. Et quelquefois, mais beaucoup plus rarement, *de* anglais *à* français, pour son associé, un éditeur parisien.

— C'est une excellente idée, puisque vous parlez les deux langues *fluently* !

— Les Mottley ont toujours travaillé dans le monde de l'édition : mon grand-père était imprimeur, et nous avons, dans *le* famille de mon père, des libraires, des éditeurs et même un écrivain.

— Ce sont de beaux métiers.

— Pour moi, ce n'est pas *une* vrai travail bien sûr, même si je reçois un peu d'argent pour mes traductions, ce qui me permet d'aider *Aunty*. Je fais cela chez moi, *in my spare time*, aux heures...

— À vos heures perdues.

— *Exactly.* Voilà pourquoi je lis beaucoup *des* livres d'actualité, des manuels d'histoire ou même des *phamp...*

— Des pamphlets ?

— Oui, des pamphlets politiques, les Français aiment beaucoup cela, *I know.* D'ailleurs c'est à cause de *ce* éditeur français qui m'avait donné un pamphlet à traduire que j'ai rencontré le père d'Émilie. Je lui ai servi de *go-between* avec un de mes compatriotes – d'intermédiaire, c'est cela ? Enfin voilà, vous connaissez mes *petites* secrets !

— Votre père travaille aussi dans l'édition ?

— *My Godness,* non ! Mon père George Mottley travaille comme intendant à l'hôpital Royal Haslar, à Gosport.

— Gosport ? C'est près de Londres ?

— Pas du tout, c'est *un petit* ville du sud de l'Angleterre, à côté de Portsmouth. Portsmouth est le berceau de notre famille. Mes parents ont eu treize enfants, voyez-vous. Dix sont encore vivants. J'ai trois frères officiers de marine, et un oncle *admiral.* Chez moi tout le monde ne passe pas *son* journée dans *le* encre et *la* papier !

— Ce sont les livres qui vous ont donné une telle culture ?

— Les livres ont toujours été mes amis. Mon oncle et ma tante m'ont donné *le* chance d'étudier aussi. »

Tout en discutant, Mary marchait d'un pas souple, sans s'essouffler. La femme de chambre d'Émilie peinait à les suivre, et de temps en temps, elle était obligée de courir pour les rattraper. Alexis, lui, était ravi : pour la première fois, une femme était capable de le suivre.

Tandis qu'ils approchent de Bricquebec, la conversation se poursuit et Mary ne cesse de surprendre Tocqueville. Son visage accroche la lumière dès qu'il s'anime. On est touché par sa grâce. Impossible de s'ennuyer avec elle tant elle est distrayante ; ses fautes de français sont aussi charmantes que bénignes, car elle n'a, au vrai, qu'une difficulté : les articles de genre.

« J'ai longtemps cherché *un* règle, avoue la jeune Anglaise, mais j'ai fini par comprendre...

— Qu'il n'y en avait pas ! Il n'y a aucune logique à dire "le" piano plutôt que "la" piano, ou "la" calèche plutôt que "le" calèche, répond Alexis d'un air espiègle.

— Je dirais même que c'est le contraire.

— Comment cela ?

— Le piano est surtout utilisé par des femmes, et la calèche seulement conduite par des hommes ! Admettez que votre grammaire *français* est cruelle ! »

La voiture entre dans la cour de Saint-Blaise au moment où le ciel se dégage à nouveau. Les chevaux s'arrêtent brutalement et Hippolyte se réveille en sursaut. Émilie explique à ses invités que ce château a été construit vers 1770, par la famille Traysnel de Saint-Blaise, qui a fait carrière depuis la Renaissance au service de la baronnie de Bricquebec et a connu une brillante ascension sociale. Le château est paraît-il très confortable. Quant à son jardin d'hiver, il est très réputé.

« Nous irons le voir tout à l'heure, coupe Alexis. Regardez, le soleil brille maintenant ! Je commencerais bien par visiter le parc, qui semble superbe lui aussi.

— Il est très bien entretenu, approuve Émilie. Il est planté d'arbres exotiques, et, chose rare, le plan d'eau n'est pas insalubre.

— Mary, qu'en pensez-vous ? Plutôt que d'aller nous enfermer au moment où le soleil réussit à percer...

— Oui, le temps change vite ici ; cela me rappelle l'Angleterre. »

Émilie descend de la voiture ; son mari ne suit pas.

« Hippolyte, mon ami, que faites-vous donc ? Je sais que vous n'êtes pas directement concerné par ces histoires de succession si embrouillées mais vous êtes mon époux et...

— Je vous suis, ma chère. Nous n'en avons pas pour longtemps, n'est-ce pas ? »

Alexis craint un instant qu'Émilie ne demande à Mary de l'accompagner. Mais elle se contente de leur jeter un coup d'œil en coin. En entrant dans le château, elle glisse à l'oreille de son mari :

« Et la femme de chambre qui n'est même pas là pour leur servir de chaperon !

— Ne recommencez pas, Émilie. Vous êtes désobligeante pour mon frère ! »

Alexis aide l'Anglaise à descendre, et lui propose de porter son ombrelle. Il n'attend pas d'avoir atteint le plan d'eau pour reprendre la conversation de la veille.

« Quelle chance, je vais pouvoir poursuivre mon interrogatoire ! Je ne vous ennuie pas ? »

Mary sourit.

« Vraiment pas.

— Je n'ai pas osé vous poser la question hier, mais puis-je savoir pourquoi vous habitez avec votre tante ? Auriez-vous eu la douleur de perdre vos parents ?

— Pas du tout ! se défend Marie avec un froncement de sourcils. Je leur écris régulièrement.

— Pardonnez-moi, je viens d'être très impoli. »

Il a envie de lui dire : à quinze ans j'ai appris l'ennui, à seize l'amour, à dix-sept l'honneur et j'ai frôlé la mort ; je n'ai pas eu le temps d'apprendre la délicatesse.

« Non, c'est *mon* faute, insiste Mary. Je ne voulais pas être blessante. J'avais dix ans lorsque mes parents ont décidé que j'irais habiter avec *Aunty*. L'école me réussissait bien, bien mieux *que* mes frères, mais j'étais une fille, *then*... pas de moyens pour moi. Ma tante Élisabeth, elle, n'avait pas d'enfants. Son mari fabriquait *une* élixir pharmaceutique, *la* baume de Gilead, un remède à tous les *petites* maux. C'est pour me donner *un* chance que les Belam m'ont prise avec eux.

— Comme Fanny Price dans *Mansfield Park* ?

— *Exactly ! My Godness !* Vous connaissez Jane Austen ?

— J'avais une amie qui lisait toutes les nouveautés, elle ne jurait que par votre miss Austen. »

La voix d'Alexis s'est troublée à l'évocation de Rosalie. Il reprend d'un ton plus assuré :

« J'ai lu *Pride and Prejudice, Northanger Abbey* et *Mansfield Park*.

— Vraiment ? C'est si surprenant pour un Français !

— Voyons, nous connaissons bien la littérature anglaise, que croyez-vous ?

— Dans votre milieu, peut-être ! »

Alexis se demande si la remarque de la jeune femme contient une critique sous-jacente. Une condamnation indirecte de l'aristocratie oisive qui court les bals et lit les romans à la mode. Mais non, Mary constate un état de fait.

« Et pourquoi habitez-vous à Versailles, avec votre tante ?

— Mon oncle Thomas est mort quand j'avais seize ans. Il en avait trente-neuf et sur *sa* certificat de décès, ils ont écrit :

“Corps usé”... Pourtant il n’avait travaillé qu’avec *son* tête ! Son héritage a permis à mes parents d’effacer *tous* leurs dettes, et il nous a laissé une rente, pour *Aunty* et moi.

— Et vous êtes venues vous installer en France ?

— La vie en Angleterre était trop chère pour nous, alors nous avons débarqué à Paris à *le* fin de 1815... Ensuite *Aunty* a choisi Versailles, où beaucoup d’Anglais *du* région de Portsmouth s’étaient installés. La vie y était encore moins chère qu’à Paris. »

Derrière eux, une voix les rappelle, en provenance du château. Le tête-à-tête n’aura pas été long. Le rendez-vous d’Émilie n’a pas pu avoir lieu, le notaire est tombé malade dans la nuit. Émilie semble agacée. Hippolyte indique au cocher qu’ils retournent à Valognes.

Bercé de nouveau par les cahots, Alexis se demande pourquoi, jolie et intelligente comme elle est, Mary n’est pas mariée. Il posera la question à Émilie. La conversation roule sur les mérites comparés des animaux domestiques – Alexis et Mary adorent les chiens mais n’aiment pas les chats, leur nonchalance et leur ingratitude – lorsque la calèche entre dans Valognes. Le cœur historique de la presqu’île bat dans cette bourgade noble et cléricale, cernée de bois et de prairies.

« Vous savez que Valognes est surnommée “le Versailles normand” ? lance Alexis. Vous ne serez pas dépaysée !

— Quelle jolie petite ville ! s’exclame Mary.

— Elle est célèbre : on la dit fertile en beaux esprits. Connaissez-vous *Turcaret*, la pièce de Lesage ?

— *No, I don’t.*

— C’est l’histoire d’un ancien domestique qui s’est enrichi grâce à la finance et, surtout, à son absence de scrupules. Dans une scène du début, Mme de Turcaret déclare : “Savez-vous bien qu’il faut trois mois de Valognes pour achever un homme de cour ?” Cela se passait à l’époque du Roi-Soleil.

— Mais c’est toujours la vérité, complète Émilie avec une pointe de fierté. On vient parfaire son éducation ici. On trouve dans cette ville une cinquantaine d’hôtels particuliers pour six mille habitants !

— *Really ?* »

La voiture s'arrête sur la place centrale, près de l'église Saint-Malo. Construite après la guerre de Cent Ans dans un style gothique flamboyant, elle est imposante. Alexis aimerait la visiter mais n'ose pas proposer à Mary de l'accompagner dans une église catholique. L'Anglaise devine son hésitation :

« On peut être protestant et admirer les belles choses ! J'aime la paix de vos cathédrales. »

Alexis se retient de lui dire que ce n'est pas non plus par piété qu'il veut entrer dans ce lieu de culte. Il ne peut pas confier à une inconnue qu'il a perdu la foi mais demeure impressionné par les églises, leur silence et le cérémonial des offices. Ou qu'une société a besoin de la morale chrétienne pour vivre en harmonie – bref, que même lorsqu'on n'y croit plus, on doit faire comme si. Pourtant, Mary lui a fait de son côté des confidences et il a l'impression, en se taisant, de lui mentir.

En descendant de la berline, les jeunes gens reçoivent le soleil en plein visage. Mary sourit, ses dents sont régulières et très blanches, ses yeux pétillent, elle protège son visage avec sa main en visière avant se réfugier sous le porche de l'église.

Alexis aperçoit ses chaussures sous sa robe qui vole : ce sont presque des ballerines avec un talon plus épais. Elles semblent légères et confortables.

« Voilà pourquoi elle marche si bien », se dit-il.

Ils entrent dans l'église par la nef. Mary se faufile derrière son compagnon au moment où il met un genou en terre pour se signer. Ils longent le chœur par les allées latérales. La jeune femme lui fait remarquer une grande peinture accrochée dans la chapelle méridionale. Une descente de croix.

« On dirait un tableau du Greco, dit-elle en s'approchant, mais ce n'est pas possible, n'est-ce pas, il n'est pas venu jusqu'ici... »

Alexis est impressionné : un artiste local a effectivement exécuté une descente de croix digne du maître espagnol. Le visage du Christ martyr et celui de sa mère sont sublimes : le soleil n'est pas représenté sur la toile, mais les personnages semblent éclairés de l'intérieur. Alexis et Mary s'arrêtent pour l'admirer et pendant quelques minutes, le sentiment d'une communion mystérieuse de leurs âmes les envahit. Puis ils reprennent, silencieux, leur chemin. Leurs pas résonnent dans l'église, et le froissement de la robe de Mary sur le pavé trouble Alexis qui se sent exalté.

Il s'oblige à reprendre ses esprits. Est-ce de l'amitié amoureuse, cette impression d'être avec quelqu'un que l'on connaît depuis toujours, qui devine vos pensées et les partage instantanément ? Mary est jolie à regarder, elle a des étoiles dans les yeux, et elle dit exactement ce qu'il faut au bon moment. Il aime ses fous rires rentrés, lorsqu'il émet une plaisanterie qu'ils sont les seuls à comprendre, ou lorsque Émilie pince la fesse de son mari pour l'empêcher de ronfler en espérant qu'ils ne s'en apercevront pas. Mary possède de la présence et de la personnalité, elle est la camarade de voyage idéale et il règne entre eux cette délicieuse ambiguïté qui existe entre un homme et une femme qui se plaisent. Un mot en anglais exprime cette idée : *to fit. She fits me,* pense-t-il. Ou devrait-il dire plutôt *She fits to me*? Ou *We fit together*? Il n'osera pas le lui demander.

Sur la place, Émilie se précipite à leur rencontre :

« Vous en avez mis du temps ! Je commençais à m'inquiéter. Enfin, pas réellement, Julie était avec vous mais... »

Ils ont été suivis, une nouvelle fois, par la femme de chambre mais ne s'en sont pas aperçus.

« Je ne suis pas certain que Julie était indispensable », rétorque Alexis froidement.

Sa belle-sœur accuse le coup, et Mary baisse la tête. Il regrette déjà sa réplique. Quelle maladresse ! Mary risque de croire qu'Alexis la juge trop peu séduisante pour justifier une surveillance. Alors qu'il voulait simplement dire que leur relation se situe sur un autre plan, moins trivial. Mais insister risquerait d'accroître le malaise.

« Dépêchons-nous maintenant, enjoint Émilie. N'arrivons pas trop tard chez le comte de Bricqueville. »

Dans la calèche, Mary interroge Alexis sur ses activités de juge-auditeur. Il répond qu'il a joué le rôle de procureur dans une soixantaine d'affaires au civil et s'anime un peu en lui annonçant qu'il va prononcer le discours de rentrée du tribunal, en novembre, sur le thème du duel. Mary soupçonne que sa carrière de magistrat ne le passionne pas. Elle change de sujet.

« Et votre père ? Il ne regrette pas *le* préfecture de Versailles ? Il doit être heureux d'être pair de France.

— Je doute que la pairie l'enthousiasme. Il trouvait le métier de préfet plus utile. Encore qu'il ait connu quelques moments difficiles à Versailles. »

Alexis a envie d'amuser Mary, au risque d'ennuyer son frère et sa belle-sœur qui connaissent déjà ses anecdotes.

« Par exemple, comme préfet de Seine-et-Oise, notre père était obligé d'aller à Saint-Cloud quand le roi Charles X passait l'été dans son château. Il faisait partie de la cour : il devait accompagner le roi à la messe, écouter ses discours et même les répétitions de ses discours...

— Il devait aussi assister *à* lever et *à* coucher, comme le Roi-Soleil ? »

Alexis fait semblant de protester :

« Nous ne sommes plus au XVIIe siècle ! Le pire pour mon père, c'était la partie de whist, de huit heures à dix heures et demie du soir. Le roi Charles X adore jouer au whist. Mais c'est plus fort que lui, il ne peut s'empêcher de gronder ses partenaires, et même ses adversaires quand leur jeu ne lui convient pas. Il traumatise tout le monde. Lors de ces soirées, le dauphin faisait une partie d'échecs, la dauphine travaillait sur une tapisserie, et les autres jouaient à l'écarté... dans une atmosphère glaciale ! »

Alexis mime les attitudes des uns et des autres. Mary s'étrangle de rire. Émilie est étonnée de voir son beau-frère dépenser une telle énergie pour être drôle.

À Valognes, ils logent chez la sœur aînée d'Émilie, Coralie de Belisle. Elle a épousé le comte Armand de Bricqueville, colonel bonapartiste, un de ces « libéraux » encore aveuglés par l'intermède impérial. Même s'il ne partage pas ses idées, Tocqueville sympathise avec ce vieux soldat criblé de blessures. Au cours des trois journées qu'il va passer au château, il consacre la moitié de son temps à discuter avec le comte, qui voudrait faire de lui son successeur politique dans sa circonscription, et l'autre moitié à se promener sous les frondaisons avec Mary. À table, quand il croise son regard, il ressent une étrange douceur. Celui qui pourra contempler ce visage serein lors de chaque repas, sa vie durant, sera un homme heureux, pense-t-il.

Il a écrit à Beaumont qu'il ne s'agissait pas d'amour parce que, de prime abord, il n'a pas désiré Mary, lui qui prend feu si rapidement. Mais à Valognes, après ces trois jours de proximité dans la calèche, lorsqu'il aperçoit sa cheville, son cou, la naissance de sa gorge, il sent que ce corps, qu'il effleure parfois de manière un peu appuyée sans que la jeune femme ne proteste, ne lui est pas non plus indifférent. Le sourire de Mary suffit à déclencher chez lui un désir fusionnel. Il continue pourtant de se persuader qu'il ne s'agit que d'une forme d'amitié inédite et s'efforce de ne pas lui faire la cour.

Alexis quitte ses hôtes le 3 octobre, tôt le matin. Il doit aller visiter le château de Tocqueville avant de retourner à Paris. Mary, qui est en train de lire dans la bibliothèque, se lève pour lui dire au revoir. Il lui prend la main et la garde entre les siennes, trop longtemps. La jeune femme lui sourit sans la retirer. Il ressent un déchirement inattendu. Et s'ils ne se revoyaient jamais ? Si cet intermède de vie « maritale » n'avait été qu'une parenthèse, une rêverie hors du temps ?

« Nous nous reverrons à Versailles, n'est-ce pas ? » demande-t-il, soudain intimidé.

Ce n'est pas une formule de politesse. Son estomac se noue. S'il ne revoit pas vite la jeune femme, sa vie perdra tout son sens.

7

Une passion anglaise

Novembre 1828

Alexis lance son cheval au galop en quittant Bricqueville. Il a besoin de se dépenser. Il atteint sa destination en fin de matinée : le village de Tocqueville est une minuscule bourgade à mi-chemin entre Saint-Pierre-Église et Barfleur, dans le Val-de-Saire. C'est la première fois qu'Alexis se rend dans ce château que sa grand-mère Damas-Cruz a laissé à son père et qui n'a pas été habité depuis la mort de l'aïeule, cinquante ans auparavant. On raconte que la famille était tellement aimée dans la région que, pendant les événements, le château fut épargné. Les révolutionnaires ne s'attaquèrent qu'au symbole : le pigeonnier. Et encore, les villageois demandèrent simplement que le toit soit enlevé.

Alexis s'avance dans l'allée boueuse avec émotion. Son père l'a prévenu de l'état de délabrement du château, mais il ne s'attendait pas à une telle désolation. Le régisseur, prévenu de son arrivée, lui ouvre le domaine. Il passe la grande porte du corps principal, un peu anxieux à l'idée de ce qu'il va trouver : l'entrée, sombre et humide, n'est guère engageante. Contrairement au château de Bricqueville qu'il vient de quitter, celui de ses aïeux est tout sauf confortable. Il voudrait confier ses impressions à Mary, mais c'est à Beaumont qu'il va écrire ce soir. Il va terminer la plus longue lettre qu'il lui ait jamais écrite, où il se lamente un peu sur la « vieille masure » de sa famille, mais témoigne aussi de sa fierté à découvrir ses racines.

Lui, l'obsédé de la fuite du temps, demeure longtemps à observer le fronton triangulaire sur lequel figurent les armoiries accolées des Clérel et des Damas.

Il imagine ce grand-père qu'il n'a pas connu, le « chevalier de Tocqueville », Bernard-Bonaventure Clérel, épousant Catherine-Antoinette de Damas-Cruz, descendante d'une vieille famille du Forez : dans ses veines coule le sang de Saint Louis et de César Borgia. Les Damaz-Cruz sont l'une des plus anciennes lignées du royaume.

Lorsqu'il revient à Versailles, le 8 octobre, sa première visite est pour Mary, qui lui a manqué, et sa tante. Elles sont absentes. Il est déçu, il se contente de laisser sa carte. Il y retourne le lendemain, en sortant du tribunal. Cette fois, Mary est chez elle. Mais la tante Belam aussi, et l'échange entre les deux jeunes gens demeure guindé. Alexis est dépité. Non que Mary soit différente de son souvenir ou que leur communion de vues soit moins intense. Mais ils ne bénéficient plus de la même intimité. Désormais, les marges sont étroites, les conversations encadrées et les silences interdits : il est en « visite ». Cet entretien fortifie néanmoins la conviction d'Alexis : il sait qu'il ne s'est pas trompé, Mary est une perle rare. Ses qualités de cœur et sa hauteur de vue en font une jeune femme d'exception. Elle est dotée comme lui d'une sensibilité exacerbée ; ils se comprennent à demi-mot.

Cependant Mrs. Belam ne verra pas d'un bon œil des visites trop fréquentes. Les jeunes gens ont beau être accordés, la tante Élisabeth connaît la vie : les contes de fées n'existent pas dans la France de 1828 et un tel écart de rang, de revenu et de religion ne se surmonte pas.

Les jours suivants, Tocqueville se torture l'esprit pour trouver un moyen de voir Mary en dehors de ces visites de courtoisie. Il ne peut même pas la croiser à la messe du dimanche, cette solution si souvent (et si hypocritement) utilisée pour faire des rencontres « par hasard ». Une idée lui vient : une société littéraire ouverte aux femmes vient d'être créée, la première du genre à Versailles. Il faut que Mary en devienne membre. Être une pionnière ne l'effraiera pas, et ses activités de traductrice légitimeront sa candidature. Tocqueville expose son idée à Beaumont, qui le décourage de poursuivre l'aventure.

« Je ne doute pas que Mary soit une femme bien sous tous rapports, mais vous ne pouvez pas l'épouser. Alors le meilleur service que vous puissiez lui rendre, c'est de briser là !

— Ce serait stupide. Je ne suis pas amoureux, et même si je l'étais...

— Imaginez qu'elle le soit de vous.

— Impossible. Cette femme a les pieds sur terre. Elle ne joue pas les coquettes avec moi, je vous assure. Sincèrement, c'est une amitié très agréable à cultiver. D'autant qu'elle parle fort bien de la politique anglaise, et dans le cadre de nos études il me semble que...

— Alexis, vous êtes pathétique ! Faites ce que vous voulez, je vous aurai prévenu. Si vous veniez plutôt avec moi ce soir chez les sœurs d'Aumont ? Cela vous changera les idées. »

Tocqueville et Beaumont ont noué des liens intimes avec deux sœurs plutôt émancipées, Sidonie et Amélie d'Aumont, qui logent au château de Versailles. Si le corps central du bâtiment, assez délabré, est réservé au roi – qui y vient rarement et n'y loge jamais –, les autres bâtiments habitables sont loués à des particuliers.

« Pourquoi pas ? Elles sont de bonne compagnie... »

Tocqueville a beau n'avoir qu'une idée en tête – comment parvenir à voir Mary –, il ne laisse pas échapper les bonnes fortunes. Une heure plus tard, tout en poussant son avantage auprès de Sidonie d'Aumont, il décide qu'il rendra visite le lendemain à Mary et, si sa tante est présente, qu'il lui glissera dans la main une carte sur laquelle il aura griffonné quelques mots à propos de la société littéraire. Il n'est pas sûr que le procédé lui plaise, mais il doit tenter sa chance.

La tante est absente et Mary trouve l'idée excellente. Début novembre, ils se retrouvent dans un des grands salons de la ville pour leur première conférence au sein de la société mixte dont ils sont désormais membres. Cette session est consacrée à « La vision de l'Europe dans l'œuvre de Mme de Staël ». Germaine de Staël s'est éteinte depuis plus de vingt ans mais ses œuvres demeurent d'actualité. Alexis avoue à son amie qu'il ne goûte guère cet auteur :

« Je n'aime pas les femmes qui écrivent, assène-t-il, péremptoire. Mme de Sévigné, Mme d'Épinay, Mme de Lespinasse...

— Vous n'aimez pas les femmes qui écrivent, mais vous aimez les femmes qui tiennent des salons littéraires parce qu'elles défendent les auteurs français, c'est vous qui me l'avez dit ! Vous reconnaissez *la* influence des salons féminins dans le rayonnement *de le* culture française... Les auteurs anglais aimeraient avoir la même chance ! »

Tocqueville bat en retraite.

« D'accord, ce ne sont pas les femmes qui écrivent que je n'apprécie pas. C'est le genre "mémoriel". Les incontinentes de la plume. Les souvenirs égocentriques n'ont aucun intérêt pour moi. Je préfère les livres de voyages et les récits historiques.

— Moi j'aime tout ! Lorsque c'est bien écrit... »

Après la causerie, Alexis et Mary bavardent dans la salle désertée. Puis il la raccompagne chez elle. C'est un de ces soirs d'automne d'une douceur inespérée ; ils traversent lentement les rues de Versailles afin de retarder le moment de l'adieu. Au cours de leur conversation, Mary en vient soudain à parler, sans raison apparente, d'un sujet que le jeune homme n'aurait pas osé aborder.

« Alexis, il faut que je vous dise... J'ai rencontré un homme il y a presque quatre ans. Nous nous sommes fiancés. Il s'appelait John Burton Whishead. Il était écossais, il avait connu mon oncle Belam. Il avait quinze ans de plus que moi, mais c'était un homme bon, *clever*, honnête aussi. Sa femme était morte en couches. Il avait émigré en France pour changer de vie. »

Mary parle plus lentement qu'à l'ordinaire ; la blessure semble toujours à vif.

« Il avait fait *son* demande à ma tante. Elle avait accepté et moi aussi. Le mariage devait avoir lieu le 25 juin 1826. Nous avions déjà trouvé *la petite* appartement où ma tante pourrait loger à côté de nous, à Saint-Germain-en-Laye. Et puis, le 17 juin, une semaine avant le mariage... Il a été jeté à bas de sa voiture par les chevaux emballés et il... il est tombé sur *le* nuque. Il est mort quinze jours plus tard sans se réveiller.

— Et... vous n'avez plus jamais envisagé de vous marier ?

— Non. J'ai eu deux demandes, l'an dernier. Des hommes que je connaissais très peu. Mais le souvenir de John rendait *tout* comparaison impossible. Sincèrement, je ne veux pas. Je n'ai pas envie de quitter ma tante. »

Alexis connaît désormais la réponse à une question qu'il se pose depuis le premier jour. Il ne sait comment témoigner sa compassion et se sent à la fois triste et heureux. Heureux, parce que la jeune femme n'a pas de liaison, elle pourra rester son amie longtemps. Triste aussi, de voir une personnalité aussi étonnante que Mary se condamner à une vie solitaire.

Le lendemain, il lui envoie une lettre par l'entremise d'Ernest de Chabrol. Ernest habite dans le même immeuble que Mary, à l'étage au-dessous. C'est lui qui servira désormais de boîte aux lettres. Alexis demande à la jeune femme de prévenir sa tante que les séances de la société littéraire deviennent hebdomadaires.

Pendant tout le mois de novembre, Alexis ne vit plus que pour ces soirées particulières. Il consigne sur un petit carnet les idées à soumettre à Mary, les anecdotes à lui raconter, les questions à lui poser. Il se demande si l'amour, au fond, ne se résume pas à cela : l'envie de tout confier à une seule personne. De son côté, elle note les titres des livres qu'il devra lire avant de se lancer en politique. Ils se retrouvent dans un café de Marly-le-Roi ou de Saint-Cloud, au milieu des paysans et des voyageurs de commerce ; personne ne peut les reconnaître.

Un jour, alors qu'ils marchent à la lisière de la forêt pour profiter du beau temps, elle raconte un roman qu'elle est en train de traduire, fait un geste de la main et Alexis attrape son poignet au vol. Elle dégage son bras avec douceur et lui sourit de façon énigmatique ; tout est allé si vite qu'il ne sait plus quoi penser. Son cœur bat la chamade. Mary a repris sa marche comme s'il ne s'était rien passé et il doit faire un effort pour revenir à sa hauteur. La jeune femme sourit toujours, mais ses joues ont rosi. Entre eux désormais, la flamme du désir brûle, et Alexis doit faire comme s'il ne le savait pas.

Le deuxième mardi de décembre, dans le fiacre qui les ramène à Versailles, Alexis tombe brusquement aux pieds de Mary et enfouit la tête dans sa robe :

« Mary, pourquoi êtes-vous si supérieure aux autres ? »

La jeune femme se recule. Alexis lui avoue tout : il ne voulait pas tomber amoureux d'elle, il a cru qu'il s'agissait d'amitié, mais il n'arrive plus à s'en convaincre lui-même.

« Depuis trois mois, vous rendez fades toutes les autres femmes. »

Mary lui demande de se relever. Elle se mord les lèvres et ne répond rien jusqu'à l'arrivée rue d'Anjou. Devant sa porte, Alexis a un pressentiment : elle va lui dire qu'ils ne doivent plus se revoir. Il devance le verdict :

« Oubliez tout ce que... »

Mary lui tend la main, elle murmure en baissant les yeux :

« À mardi prochain !

— Mardi ? Mais c'est le 24 décembre, la veille de Noël !

— Ma tante ne sera pas chez elle, elle se rend chez une amie. Elle ne rentrera que dans la matinée du 25. Je lui ai dit que je ne l'accompagnais pas parce que j'ai *une épaisse* manuscrit à rendre le 26. Pouvez-vous venir me chercher dans la soirée à sept heures ? »

Alexis avait imaginé lui écrire pour s'excuser de sa conduite, mais la réaction de Mary ne rend plus la chose nécessaire. Il prend tout de même la plume : il a besoin de lui exposer ses sentiments, d'expliquer l'inexplicable. Mais il se rend compte au fur et à mesure qu'il noircit la page que s'il va au bout de sa lettre, c'est une demande en mariage qu'il va faire, idée qu'il écarte avant même de la formuler. Il froisse son papier et le jette au feu.

La veille de Noël, à six heures et demie, il va chercher Mary. Surprise : elle n'est pas habillée pour sortir. Elle propose qu'ils passent la soirée chez elle, elle a donné congé à la cuisinière.

« Nous serons plus à l'aise pour parler », dit-elle.

Il comprend qu'elle a décidé de se donner à lui. Pourquoi brûle-t-elle ainsi ses vaisseaux ? Il tergiverse un instant, il ne veut pas la meurtrir, ils ne jouent pas avec les mêmes règles. Pour la première fois, il a peur de blesser une femme en profitant de son émoi.

Il entre dans le salon. Qu'importe pourquoi elle le fait et ce qu'elle attend de lui ensuite. Mary tend la main et effleure ses cheveux. Il la suit dans sa chambre.

Sur sa table de chevet, près du bougeoir, il aperçoit le livre de Jane Austen, *Raison et Sentiments.* Il y a aussi un petit carnet de notes en peau de chagrin havane.

« Aimez-vous les livres neufs, Mary ? » dit-il à voix basse, comme s'il posait une question intime.

Elle acquiesce de la tête.

« Faites-vous partie de ceux qui coupent toutes les pages d'abord ou de ceux qui lisent le coupe-papier à la main ?

— *You mean...* quand on ouvre les pages *un* à *un*, pour les déguster comme du bon vin ? »

Il tremble un peu quand leurs mains se rapprochent. Il hésite au moment de la prendre dans ses bras. Il l'embrasse à pleine bouche, mais elle garde les yeux grands ouverts, et il sent le désir monter en lui. Il modère ses ardeurs et l'embrasse lentement, au bord des lèvres, sur les tempes, les joues, puis les yeux pour l'obliger à les fermer.

Lorsqu'ils font l'amour, il sait qu'elle l'a déjà fait avec son fiancé. Mary le laisse la déshabiller, mais c'est elle qui lui enlève sa chemise, d'un mouvement plein de douceur. Elle est sensuelle, libre de manières et confondante d'aisance. Une Vénus de Botticelli à la chevelure sombre.

« Qu'est-ce que c'est cette cicatrice, là ? demande-t-elle en effleurant le vilain sceau qui souligne le sein droit d'Alexis.

— Un coup de pistolet », répond-il.

Ils passent la nuit à faire l'amour et boire du vin léger. Mary émerge du plaisir très lentement, comme d'un évanouissement, et il la taquine pour cette lenteur, avec un sentiment de fierté incoercible. Il voit la vie revenir en elle. Mary, qui n'entendait que les pulsations de son propre sang, retrouve la conscience des sons, du décor, des odeurs. Elle ouvre les yeux, brièvement d'abord, puis elle s'habitue à la lumière, si faible pourtant, de la bougie. Elle le regarde fixement, avec une sorte de reconnaissance inquiète.

« As-tu eu avec ton fiancé le même plaisir qu'avec moi ?

— Bien sûr », répond-elle avec un rien d'étonnement.

Son naturel est tel qu'Alexis en est irrité.

Il lui raconte son enfance à Verneuil-sur-Seine et son adolescence à Metz ; elle lui décrit sa vie d'autrefois dans le sud de l'Angleterre. Mary était une rebelle, issue d'une famille assez peu conformiste, mais dans sa classe sociale, hormis le mariage et la tenue d'une maison modeste, il n'y avait pas grande perspective pour une femme ; son absence de dot limitait encore ses espérances.

« La féminité était mal vue dans *mon* famille, alors j'ai essayé de développer des vertus... *well*... viriles, une sorte d'indépendance affective, *le* combativité et *le* capacité à ne pas se reposer sur les autres. »

Alexis déborde de tendresse ; Mary est irrésistible dans ses tentatives pour cacher ses seins, avec sa tête bouclée qui dépasse du drap. À nouveau, ils font l'amour.

Au petit matin, le corps engourdi, Mary assoupie contre son épaule, Alexis comprend qu'il n'avait jamais connu une telle plénitude. Il aime tout de cette femme, et tout en elle déclenche son désir. Il devinait qu'elle incarnait une forme d'absolu depuis ce fameux voyage, mais il ne pouvait en être certain tant qu'il n'avait pas fait l'amour avec elle.

« Tu me permets de t'appeler Marie, à la française ? murmure-t-il au moment où elle ouvre les yeux. »

Elle se met à rire :

« *Oh, yes, please !* Mon nom est plus doux en français. »

À six heures et demie du matin, elle quitte la chambre quelques minutes et revient avec deux tasses de thé. Sa nervosité est palpable. Alexis comprend qu'il doit partir discrètement. Il a souvent quitté ses maîtresses au petit matin, mais, pour la première fois, il se sent déchiré. Pendant qu'il enfile sa redingote en se demandant ce qu'il va raconter à Gustave pour justifier d'avoir découché, Marie s'approche et lui prend les mains. Elle pose ses pieds nus sur les pieds chaussés d'Alexis pour arriver à sa hauteur et l'embrasse au bord des lèvres avant de planter son regard dans le sien comme si elle cherchait à atteindre son âme.

« Il y a *un* chose que je dois te dire. »

Mais elle se tait et le jeune homme ressent, au fond de lui, un pressentiment dont il ne parvient pas à qualifier la nature.

« Je t'aime, Marie, dit-il, exténué d'amour, la tête vide.

— Laisse-moi parler d'abord.

— Mais je t'aime d'abord ! hurle-t-il.

— Alexis, je ne veux pas d'*un* liaison, ni clandestin ni officiel.

— Pourquoi alors as-tu accepté de... »

Elle lui met un doigt sur la bouche pour l'empêcher de terminer.

« Ce qui est arrivé cette nuit, c'est *un* chose *particulier.* Je l'ai voulue unique. »

Alexis ne comprend pas.

« Il n'y aura pas de deuxième fois, *you understand*? »

Il se dégage de l'étreinte de la jeune femme. Elle l'a floué.

« Pourquoi ne m'avez-vous pas prévenu alors ? s'emporte-t-il, revenant spontanément au vouvoiement.

— Cela aurait-il changé quelque chose ? Ne dites pas que vous auriez refusé de passer *le* nuit avec moi !

— Non, mais j'aurais su à quoi m'en tenir. »

Elle lui demande pardon sans grande conviction. La voix d'Alexis se brise :

« Marie, vous m'avez fait un immense cadeau : vous m'avez redonné le goût d'aimer. »

Marie lui reprend la main, caresse ses doigts fins et lui parle doucement, en détachant les syllabes, comme pour mieux imprimer en lui chacun de ses mots.

« Vous savez comme moi que notre relation est une *dead end.* Une voie sans issue, un *nonsense.* Ma réputation à moi n'a pas *grand* importance, mais je ne veux pas que ma tante souffre à cause de moi. Et vous savez bien que nous ne pourrions pas nous marier même si nous le voulions *à toutes forces.*

— Mais...

— *Don't even think about it !* Nous ne vivons pas sur une île déserte. Nous ne sommes pas *Paul and Virginia.* Plutôt *Romeo and Juliet* ! Je suis anglaise. Je suis protestante. Je suis pauvre. Je n'ai *aucune* titre de noblesse. Et j'ai six ans de plus que vous. C'est pire que *le* haine des Montagut et des Capulet. Ni vous ni moi n'y pouvons rien : nous ne serons jamais du même monde.

— Alors, Marie, c'est ce monde qu'il faut changer. »

8

La chute d'un roi

Juillet 1830

Depuis quarante-huit heures, Alexis de Tocqueville fait partie de la garde nationale. Il s'est enrôlé le jour de son anniversaire, le 29 juillet, se portant volontaire afin de défendre Charles X, pour lequel il n'éprouve pourtant qu'un reste d'affection héréditaire. Les ordonnances promulguées le 25 juillet par le roi ont provoqué des émeutes puis une véritable insurrection à Paris. Avec de vrais militaires et quelques soldats d'opérette comme lui, il monte la garde, son fusil en bandoulière, sur le boulevard extérieur de Versailles, au poste barrière de Saint-Cloud.

Le jour se lève. Alexis n'a dormi que quatre heures, mais il est prêt à en découdre. Une servante vient vers eux sur le chemin. Elle est blonde et potelée, et tient un pot de lait dans chaque main.

« Il va faire chaud, aujourd'hui ! lance-t-elle d'un air engageant, en s'arrêtant à sa hauteur.

— Moins qu'hier, j'espère, répond le jeune homme. Dites-moi, mademoiselle, voudriez-vous me donner une gorgée de lait ? Je n'ai encore rien mangé ce matin ! »

La fille ne se fait pas prier. Au moment où elle s'approche de lui, Alexis aperçoit un convoi qui s'avance au loin : une longue file de voitures, entourée de gardes du corps à cheval, progresse dans sa direction. Alexis et la servante écarquillent les yeux, incrédules, devant le tableau qui s'offre à eux dans la lumière matinale.

Cette caravane est celle de la monarchie en fuite : le roi, les enfants de France, les ministres, tous quittent Saint-Cloud. Quand les véhicules passent à sa hauteur, Alexis constate, effaré, que les écussons des voitures ont été dissimulés sous des plaques de boue. Le cortège royal, en file indienne, se déplace avec lenteur, tel un convoi funèbre. Alexis a honte pour eux, et pour lui-même. Ces princes qui fuient choquent profondément son sentiment de l'honneur. Ils ne lui sont rien, mais il lui semble que sa propre cause est perdue. Il détourne la tête pour cacher à la jeune servante les larmes qui lui montent aux yeux.

Déjà, la veille, il a avoué à Marie son mépris pour la famille royale dans un des billets qu'il continue de lui faire porter : *Ce sang de Paris, ces cris de tocsin, tout cela me poursuit sans cesse. Quant aux Bourbons, ils se sont conduits comme des lâches et ne méritent point la millième partie du sang qui vient de couler pour leur querelle.*

Un roi ne doit pas fuir : il perd sa raison de vivre en sauvant sa vie. Après avoir vu s'enfuir les poltrons pour lesquels il se battait, Tocqueville, désabusé, se précipite au quartier général de la garde nationale et rend son fusil :

« Ils sont partis. Tout est fini. »

Depuis des mois, Alexis critique l'attitude de Charles X et, au fond, il ne le plaint pas. Il se doutait que le roi serait précipité du trône s'il s'obstinait à gouverner de manière autoritaire. *Le roi ne parle que de force, les ministres de fermeté, les royalistes sages sont inquiets de l'avenir; les fous, et c'est le plus grand nombre, sont aux anges. On ne parle parmi eux que de coup d'État...* écrit-il à son frère Édouard, parti pour un voyage de noces en Italie. Au moment où les ordonnances ont été publiées dans *Le Moniteur,* Alexis, fidèle à ses convictions, a laissé parler sa fougue et les a dénoncées publiquement. Devant le parquet, il a déclaré les ordonnances illégales et appelé les juges à ne pas les appliquer. Il sait que cela n'arrangera pas les relations avec sa hiérarchie, mais qu'importe. Son père a eu vent de son intervention et lui a envoyé un mot pour lui conseiller « la prudence, quelles que soient tes opinions » : le comte ne croit pas à la chute des Bourbons. Alexis lui a répondu qu'il était partisan de l'avènement du jeune duc de Bordeaux, l'héritier légitime du trône, sous la régence du duc d'Orléans.

Charles X a été lâché par la plupart des notables : banquiers, industriels, journalistes, tous ces gens qu'il s'est aliénés en supprimant la liberté de la presse, en dissolvant la Chambre des députés et en rétablissant un système d'élections où seuls les grands propriétaires terriens ont voix au chapitre. Devant la France électrisée, le roi s'est raidi, déclarant qu'il préférait « monter à cheval qu'en charrette ». C'est en carrosse camouflé qu'il s'enfuit.

Le mois précédant ces événements de juillet, Alexis a accompagné son père en Normandie pour les élections ; le comte de Tocqueville s'y rendait comme votant et comme président du collège électoral de la Manche. Ils ont battu la campagne pour rencontrer des électeurs et dormi au château de Nacqueville, chez Hippolyte et Émilie. Ils ont constaté le mécontentement grandissant des paysans dans l'Ouest. L'hiver 1829-1830 a été rigoureux, des miséreux erraient dans les campagnes, la Normandie avait peur : de mystérieux incendies se déclenchaient un peu partout, dont les ultras et les libéraux se rejetaient mutuellement la faute. Le vieux curé de Tocqueville gardait un fusil dans son confessionnal.

Alexis n'a pas hésité à s'absenter du tribunal pour accompagner son père, car sa carrière est au point mort, tout comme sa relation avec Marie. Il espérait être nommé substitut à Versailles à la fin de l'année précédente et ne l'a pas été, malgré son excellent rapport sur le duel. Le président du tribunal n'a pas daigné le porter sur la liste des gens à promouvoir, condition *sine qua non* pour bénéficier ensuite d'un coup de pouce. Son ami Ernest de Chabrol a obtenu la place. Il a succédé à Gustave de Beaumont nommé, lui, substitut au parquet de la Seine. Alexis s'est réjoui pour Gustave, mais il craint de le voir moins souvent maintenant qu'il habite Paris. Chabrol partage désormais avec lui l'appartement de la rue d'Anjou. Et Alexis, déçu par le tribunal et ses intrigues, s'est mis à détester « les âmes circonspectes et racornies cachées sous les robes noires ».

Finalement, ce 31 juillet, après qu'Alexis a assisté, au petit matin, au départ de Charles X de Saint-Cloud, le général

La Fayette donne l'accolade au duc d'Orléans sur le balcon de l'hôtel de ville de Paris, intronisant ainsi le futur Louis-Philippe, roi des Français. Alexis est effondré. Ces journées de juillet où Paris s'est couverte de barricades, qui ont fait huit cents morts chez les insurgés et deux cents chez les soldats, ont redonné aux Parisiens le goût de la révolution. Il y en aura d'autres, car les attentes sont si fortes que la nouvelle monarchie les décevra forcément. Il s'inquiète aussi pour son avenir et celui de sa famille. En proie à ses idées noires, il ne sort de sa chambre que pour aller au tribunal. Depuis les événements, il n'a écrit à Marie qu'une seule lettre, languissante.

Pourtant, depuis leur nuit de Noël, dix-huit mois plus tôt, il n'a pas renoncé à elle. La fameuse nuit est restée, comme elle l'avait annoncé, unique, mais Alexis y a vu un point de départ plutôt qu'une fin. Ce qui a eu lieu une fois peut avoir lieu encore. Il lui fait désormais une cour discrète, sans allusion au passé, comme s'ils avaient tout repris à zéro. Elle est devenue son amie, sa confidente, son âme sœur. Les jours où il ne peut la voir, il lui écrit. Lorsqu'il fait l'amour à une autre femme, c'est à elle qu'il pense. Les inoffensifs baisers qu'il lui vole lui rappellent son adolescence à Metz. Jusqu'à ce que la révolution éclate, il voulait croire en leur avenir commun et même si Marie haussait les épaules, il répétait qu'il l'épouserait un jour.

L'avènement de Louis-Philippe sonne le glas de ses hypothétiques ambitions. Sa vie commence à peine, elle est déjà finie. C'est Marie elle-même, rongée d'inquiétude, qui finit par reprendre contact avec lui, au milieu du mois d'août. Un soir, elle guette sa sortie du tribunal. En l'apercevant au pied des marches, Alexis a un mouvement de recul. Elle monte vers lui d'un air décidé et lui prend le bras.

« Marchons jusqu'au château, voulez-vous ? Il fait si beau ce soir. »

Alexis est plus pâle que jamais. Il paraît souffrant. D'habitude, il vient vers elle quand il a besoin de réconfort. Pourquoi, aujourd'hui, refuse-t-il de la regarder ? À côté d'elle, il avance comme un automate.

« Que se passe-t-il, Alexis ? Je n'ai pas eu de vos nouvelles depuis un siècle ! »

Tocqueville garde obstinément la tête baissée. Marie l'emmène vers le parc du château, du côté de la pièce d'eau des Suisses. Soudain, il brise le silence :

« Marie, il n'y a plus d'espoir. Je ne serai jamais digne de vous. »

Il a honte, il transpire malgré le vent, une brise qui vient de loin, qui sent les bois et les rivières. D'un geste rageur, il desserre son col. Autour de lui, les arbres, les champs, le ciel, le chemin de terre se brouillent. Marie soupçonne une part d'enfantillage dans son attitude. Elle l'oblige à s'asseoir dans l'herbe :

« Mais enfin, Alexis, pouvez-vous m'expliquer où est *la* drame ? Je sais que vous auriez préféré voir le duc de Bordeaux sur le trône, mais l'ordre est revenu, il n'y a pas eu la république ni l'anarchie, c'est l'essentiel, *isn't it* ? Seriez-vous comme votre oncle Chateaubriand, qui refuse d'affronter *le* réalité et appelle le nouveau roi "Philippe" pour bien faire remarquer que ce n'est pas un "Louis" ? »

Tocqueville sourit à contrecœur. Marie sait trouver les arguments qui font mouche. Quel dommage qu'elle n'aime pas aller dans le monde, elle aurait fait une salonnière digne de Mme Récamier.

« Vous savez bien que j'accepte le changement de dynastie, contrairement à mon oncle.

— M. de Chateaubriand a eu *un* jolie formule : "Républicain par nature, monarchiste par raison, et bourbonniste par honneur".

— Mon oncle a surtout le sens des formules. Moi, j'ai fait mon deuil de Charles X et de sa clique. Ce roi tombe pour avoir violé des droits qui m'étaient chers.

— Alors pourquoi êtes-vous si... *upset* ? Si abattu ?

— Ne voyez-vous pas que mon destin et celui de ma famille vont être profondément bouleversés ?

— Votre père a laissé *son* place de pair de France...

— Oui, de toute façon la Chambre a voté l'abrogation des nominations faites par Charles X. Mon père a décidé que sa carrière politique était terminée. Il a cinquante-huit ans, il a toujours soutenu la branche aînée des Bourbons, il en a été récompensé, il ne se ralliera pas à ceux qui les ont supplantés. Pour lui, c'est une question de respect de soi. Il a vécu tellement de révolutions, tellement de retournements, de Robespierre à ce Philippe-Égalité...

— Je comprends que *le* retraite de votre père vous fasse *du* peine, mais votre père a l'âge de se reposer, et il n'est pas du tout ruiné, ni obligé d'émigrer... Vos frères non plus, je me trompe ?

— Édouard est le seul qui n'ait pas de souci à se faire : il mène une vie de riche propriétaire terrien, il gère ses domaines, il ne sera pas trop affecté. Hippolyte, en revanche, hésite à démissionner de l'armée : il se dit que cette révolution va provoquer de nouvelles guerres européennes et qu'il veut en être.

— Et vous, vous ne pouvez plus être magistrat ?

— Oh si ! J'ai prêté serment à Louis-Philippe hier. »

Marie secoue la tête avec indulgence :

« Vous avez prêté serment, voilà *la* drame ! Pourquoi ne l'avez vous pas dit tout de suite ? Vous avez eu raison de le faire de toute façon. Vous avez été courageux. Vous le regrettez ?

— Marie, je suis en guerre avec moi-même ! Ce 16 août a été le jour le plus horrible de ma vie. Si vous saviez comme ma voix a changé au moment où j'ai prononcé les mots fatidiques ! »

Marie le laisse parler. Elle sait que la question de la fidélité dynastique agite la famille Tocqueville. Que l'abbé Lesueur, aussi affectueux soit-il, diabolise les libéraux comme une race maudite. Que son père et ses frères sont des légitimistes ardents. Ce jeune homme idéaliste a d'autant plus de mérite à vouloir penser et exister par lui-même qu'il relève d'un milieu, d'une lignée, d'une famille qui le vouent au conformisme nobiliaire, au culte de la tradition et à la haine de la révolution.

« Depuis que je suis au monde, c'est la première fois que l'on m'accuse d'être un traître ! Cette idée me déchire. Mon père me soutient, mais une partie de ma famille et mes amis chez les "ultras" me critiquent. À commencer par mon cousin Louis, qui, lui, aura le courage de démissionner de l'armée.

— *As far as I'm concerned*, je crois que vous avez tort de penser cela. Vous avez été courageux, au contraire.

— Marie, j'ai prêté serment en pleine conscience. C'était mon devoir. Il n'y a pas d'alternative au régime politique actuel. Notre pays ne peut trouver son salut que dans ce roi qui nous sauve de l'anarchie.

— Alors, pourquoi êtes-vous si malheureux ?

— Je n'ai rien à attendre de ce régime. Je ne ferai pas carrière dans la magistrature comme mon grand-père Malesherbes.

— En êtes-vous si sûr ?

— Marie, si je suis trop zélé, j'aurai l'impression de manquer à mon propre nom. Si je ne le suis pas assez, je serai soupçonné d'être resté carliste. Rien ne prouve de surcroît que ce régime ait des chances de durer... Nous sommes une génération molle et vaincue, qui arrive aux lendemains de l'Histoire. Nous ne sommes capables que de spasmes politiques désespérés. »

Alexis se laisse tomber en arrière et s'allonge dans l'herbe haute. Marie lui soulève la tête et la pose sur ses genoux. Elle plonge sa main dans les boucles du jeune homme et, spontanément, lui masse le crâne, de la racine des cheveux jusqu'à l'occiput. Alexis éprouve une sensation d'apaisement. Sans le savoir, Marie a retrouvé le geste de l'abbé Lesueur, lorsqu'il calmait ses peines de petit garçon. Ce jeune homme doté d'une si forte personnalité, capable de prendre tous les risques pour aller jusqu'au bout de ses idées, se laisse bercer comme un enfant. Il lève les yeux vers elle. Elle est la seule femme au monde qui comprenne son âme, ses certitudes et ses doutes.

« Marie, je crois qu'il faut que je quitte la France. »

Il s'attend à des protestations. Pourtant, Marie ne dit mot. Il croit même voir son visage s'éclairer. Elle continue de lui caresser la tête.

« *You're right.* Puisque vous ne pouvez pas compter sur les autres, ne comptez que sur vous-même. Mais où irez-vous, Alexis ? *And what to do ?*

— Je ne sais pas encore. »

En lui, une voix hurle : on ne veut pas de moi ici, je dois fuir la France, je voudrais vous emmener sur l'île du lac Oneida, là où l'on peut aimer à sa guise... Mais il se contente de soupirer. Il n'a plus l'âge de rêver. D'ailleurs, existe-t-elle vraiment, cette île américaine, existe-t-il un monde où l'on puisse mener sa vie comme on l'entend ?

Tocqueville raccompagne Marie jusqu'à la rue d'Anjou. En chemin, il lui parle de l'Algérie, où Louis aimerait qu'ils aillent ensemble participer à la colonisation. Même si elle ne sait pas à quel point l'affection que Kergorlay porte à son cousin est ambiguë, presque amoureuse, elle devine qu'il cherche surtout à l'éloigner d'elle. Quoi qu'il en soit, le jeune Tocqueville est bien conscient que la vie de fermier colonial ne correspond guère à son idéal.

« Les hommes veulent toujours donner corps aux rêves de leur adolescence, dit pensivement Marie. Ils veulent se bâtir des royaumes au-delà des mers... »

Alexis donnerait tout ce qu'il possède pour serrer encore une fois la jeune femme dans ses bras. Il la laisse devant sa porte avec un sentiment d'arrachement. Mais à peine a-t-il tourné les talons qu'il voit venir à sa rencontre ses amis Ernest de Blosseville et Ernest de Chabrol. Ils ne se sont pas vus depuis les événements. Eux aussi s'inquiètent pour lui.

« Si nous allions boire un verre au café Amaury? propose Blosseville.

— Vous voulez vous encanailler? »

Blosseville sourit. Il y a longtemps que le café emblématique où se réunissaient les députés de Bretagne, le noyau des Jacobins, est redevenu un établissement comme les autres, où l'on vient boire et jouer aux échecs.

Les trois hommes s'assoient au bar, sur des tabourets hauts, et commandent des cafés. Blosseville est le plus bavard, comme toujours. Il a été le collaborateur du comte de Tocqueville à la préfecture ; son successeur l'a nommé secrétaire général. C'est un garçon curieux de tout, qui se passionne pour l'archéologie. Quant à Chabrol, il est silencieux, comme à son habitude. Alexis l'a connu enfant et apprécie son caractère facile et sa franchise, à défaut de lui reconnaître une intelligence supérieure. Tous les deux sont, comme Tocqueville, des parents de Félix Le Peletier d'Aunay, le chef de l'opposition libérale au conseil général. Le monde de l'aristocratie est petit.

À côté d'eux, accoudés au bastringue, un groupe d'ouvriers qui terminent leur journée parlent politique. Tocqueville n'attend pas que le garçon les ait servis pour évoquer ses soucis.

« Il faut que je parte. Loin. Je veux quitter ce pays. »

Blosseville n'est pas seulement un garçon brillant et cultivé : il sait écouter. Il a de l'affection pour Tocqueville qu'il a su, comme Beaumont, apprivoiser.

« Vous ne voulez pas prêter serment à Louis-Philippe ?

— Si, je l'ai fait.

— Contre l'avis de votre famille, j'imagine ?

— Peu importe, je l'ai fait. Je commence à avoir l'habitude d'être critiqué. D'ailleurs, mon père m'a soutenu.

— Alors, pourquoi voulez-vous partir ?

— Je ne ferai pas carrière au tribunal, vous le savez bien ! N'est-ce pas, Chabrol ? »

Le plus jeune des trois lève les yeux au ciel d'un air fataliste.

« Disons que le nouveau régime n'arrangera pas les choses pour vous.

— Soyez honnête, Chabrol, dites plutôt qu'on va me jeter aux oubliettes, et pour longtemps ! De toute façon, je ne sais pas si j'étais fait pour ce rôle. Si je reste en France, je vais rater ma vie.

— Là, vous exagérez. Il n'y a pas que le tribunal...

— Oui, je sais, je peux faire un beau mariage, comme mes frères, et gérer mes domaines, mais vous connaissez mon avis là-dessus. »

Blosseville, qui n'est pas encore marié mais va s'y résoudre, hoche la tête.

« Il faut que je parte, répète Alexis, mais, je ne sais ni où ni pour quoi faire. »

Deux ouvriers qui semblent avoir abusé des liqueurs, se prennent à parti bruyamment. L'un d'eux, en reculant brusquement, bouscule Alexis qui retient un mouvement d'humeur et déplace son tabouret. Blosseville se penche vers lui.

« J'ai peut-être une idée pour vous. Vous allez me dire que je poursuis toujours la même marotte, mais...

— Dites toujours.

— C'est une idée que j'ai eue il y a quelques mois, et que je ne réaliserai jamais moi-même. Nos gouvernements sont confrontés depuis des décennies à un problème répétitif : l'état des centres de détention. Les prisons sont des usines à récidive. La France ne parvient pas à trouver un système capable à la fois de punir et de réformer les prévenus. Or leur nombre augmente sans cesse.

— Et alors ? relance Alexis.

— J'ai entendu dire qu'aux États-Unis, des expériences intéressantes sont menées avec les condamnés. Si elles sont efficaces, elles pourraient nous intéresser. Pourquoi n'allez-vous pas étudier le système pénitentiaire américain ?

— Moi ? Aller voir les prisons américaines ? Elles sont si novatrices ?

— En tout cas, plusieurs écoles s'affrontent. Les Américains ont bâti des prisons expérimentales, et certaines fonctionnent bien, à ce qu'on dit. Je suis sûr que le ministère serait ravi si vous proposiez d'aller voir ce qu'il en est. Et puis, cette expédition vous changerait les idées... »

Le visage de Tocqueville s'éclaire. L'idée lui plaît. Il y a longtemps qu'il a envie d'aller visiter le Nouveau Monde. Il est probable que le ministère ne verra pas d'inconvénient à son départ, surtout s'il autofinance son voyage. Le rapport sur les prisons ne sera qu'un prétexte, mais un excellent prétexte.

Déjà, il sait qu'il va élargir le sujet. C'est tout le système politique américain qui l'intéresse. Cette démocratie naissante, la seule république des temps modernes, qui sera peut-être un jour un grand pays – elle ne possède pour l'heure que treize millions d'habitants, contre trente-six millions en France –, c'est un sujet d'étude original. L'Angleterre commerce davantage avec son ancienne colonie depuis que cette dernière s'est émancipée : loin d'y perdre, les Anglais y ont gagné ! La France, que les Américains aimaient tant et qui les a aidés à prendre leur indépendance, n'a pas su profiter de cet atout : elle ne croit pas aux perspectives de cette contrée encore à moitié sauvage.

Alexis s'est intéressé au sujet. Il a lu des livres de voyage sur les États-Unis – Chastellux, Brissot, Volney, La Rochefoucault-Liancourt, et même les *Mémoires* de Talleyrand –, et tous les textes de Chateaubriand. Son imagination est encore agitée par *Atala*, et surtout par le *Voyage en Amérique*, paru trois ans plus tôt... Il a lu et relu *Le Dernier des Mohicans*, de Fenimore Cooper. Sans parler du *Voyage au lac Oneida*... qui peut-être, inconsciemment, a fait germer dans son esprit l'idée que les

États-Unis étaient un refuge idéal pour les jeunes gens en fuite.

Excité, il salue ses amis et rentre rue d'Anjou au pas de course. Les idées se bousculent dans sa tête. Il se précipite vers ses étagères, il a ouvert un dossier « Amérique » quelque part. Sans doute moins en vue que le dossier « Angleterre », moins épais aussi, mais après tout, cela montre qu'il y a beaucoup à apprendre et à écrire sur le sujet. D'autant que personne n'a étudié l'évolution historique et politique des États-Unis à la manière dont Guizot l'a fait pour la France.

« Amérique ». Le voilà. Alexis ouvre le dossier et le feuillette avec fébrilité. Des coupures de journaux, un texte recopié, quelques lettres... et même un livre de Basil Hall particulièrement méchant pour les États-Uniens. Soudain, il retrouve avec surprise l'article qu'il avait écrit lui-même quelques années plus tôt, lorsqu'il était encore étudiant en droit, contre son oncle. Comme il était présomptueux, ce ver de terre qui osait s'attaquer à l'étoile Chateaubriand ! Était-il réellement convaincu qu'il n'y avait rien à apprendre de l'Amérique ?

L'article était mauvais. D'ailleurs, il a écrit lui-même comme commentaire : « Très médiocre ». Il aurait dû le déchirer depuis longtemps. Mais il ne déchire jamais. Assumer ses erreurs est une règle de vie. Alexis range le document en songeant qu'il n'est pas plus convaincu qu'hier par la réussite américaine. Il admet cependant que les États-Unis sont la seule république qui ait adopté l'égalité tout en préservant la liberté. Si l'on veut changer le vieux monde figé dans ses contradictions, oscillant entre autoritarisme et révolutions, ne faut-il pas aller chercher là-bas des idées nouvelles ?

9

Kairos

Août 1830

Alexis n'a pas fermé l'œil de la nuit. Au fil des heures, l'idée de ce voyage en Amérique s'est imposée à lui comme la solution à tous ses problèmes.

Au tribunal, il ne pense qu'aux moyens de réaliser son projet. Il doit en parler à Marie au plus vite. Le soir, il sort de bonne heure et se précipite chez elle. Elle le reçoit en présence de sa tante, mais Élisabeth Belam peut entendre ce qu'il a à lui dire. D'ailleurs, la tante s'éclipse après quelques minutes pour aller rendre visite à sa voisine.

Marie, qui, la veille, a laissé son amoureux au désespoir, constate que son humeur a changé. Alexis s'empresse de lui décrire son idée. La jeune Anglaise s'enthousiasme :

« Quelle *tremendous idea*, Alexis ! Le moment est idéal pour faire cela. Vous vous rappelez, M. de Chateaubriand lui aussi est parti dans des conditions à peu près... »

Marie se mord les lèvres. Elle a parlé trop vite : Alexis n'appréciera pas le parallèle. Mieux vaut ne pas lui rappeler à quel point leurs deux situations sont similaires, à presque quarante ans d'intervalle : pris entre son libéralisme et son légitimisme aux premiers jours de la Révolution, n'ayant aucune perspective de carrière, le jeune Chateaubriand a résolu son dilemme en partant pour l'Amérique. La France de 1791 n'était pas la sienne, il avait vu avec terreur des têtes au bout des piques, et Malesherbes lui avait parlé du passage du Nord-Ouest qui relierait l'Atlantique au Pacifique, lui soufflant que son découvreur laisserait son nom dans l'Histoire. Cela avait suffi à motiver son départ. François-René est parti avec l'ambition de se faire remarquer : il y est parvenu. Ce voyage initiatique a marqué toute son œuvre et sa vision du monde. D'ailleurs, c'est sa perception de l'Amérique qui domine, en France. L'Amérique lui a apporté l'inspiration et lui a porté chance.

« Ce sera *un* très *bon* expérience pour vous, Alexis », insiste la jeune femme, qui devine chez le jeune homme l'exaltation propre aux grandes ambitions.

Devant le sourire ravi de Marie, Alexis se dit qu'elle est décidément différente des autres. Les héritières que ses parents lui proposent sans succès comme épouse ne verraient dans cette aventure que les risques éventuels qu'elle comporte. L'abandon. La longue absence. Les dangers. Marie, elle, voit plus loin. Elle sait que Tocqueville doit forcer le destin.

« Vous ne devriez pas partir seul. Vous devriez convaincre un de vos *friends* ou quelqu'un de votre famille de partir avec vous.

— Vous êtes toujours de bon conseil, Marie ! Ce sera un long voyage, sûrement dangereux... Mais mes frères sont mariés. Quant à Louis, il ne pourra jamais s'absenter pendant un an ! Et il faut partir vite, en janvier au plus tard.

— Pourquoi pas votre ami Gustave ? Lui aussi est concerné par ce sujet, et le ministère pourrait lui donner *la* congé également ? »

Marie a raison. La carrière de son ami, jusqu'alors en meilleure voie que la sienne, va peut-être souffrir des relations que la famille Beaumont, légitimiste affichée, entretient avec le nouveau pouvoir. La Fayette, qui a « légitimé » Louis-Philippe, est un cousin de son père, mais ils sont en froid et en outre, le nouveau gouvernement s'est empressé d'enlever au trop célèbre général le commandement de la garde nationale, donc il ne serait d'aucun secours.

« Ce voyage pourrait arranger Beaumont aussi, vous avez raison. Il nous permettra de nous faire oublier un moment. Et puis, son père sera sûrement d'accord pour financer son voyage, comme mon père financera le mien.

— Et quand vous reviendrez, le paysage politique sera éclairci. Vous pourrez mieux choisir votre parti, le camp le plus compatible avec *le* paix et *le* grandeur de la France.

— Vous qui croyez si fort en Dieu, Marie, vous prierez pour moi, n'est-ce pas ? »

Alexis est impatient de voir Beaumont. Heureusement, il vient presque tous les soirs à Versailles chez sa maîtresse, Amélie d'Aumont. Le premier moment de surprise passé, Gustave accueille l'idée favorablement. Lui aussi juge préférable de disparaître pour quelque temps, et cette mission peut constituer un tremplin pour leur future carrière politique. Car la monarchie de Juillet a ses bons côtés : les députés ont voté le 7 août l'abaissement de l'âge minimum pour être élu à la Chambre des députés de quarante à trente ans.

« Nous irons vérifier qu'il n'est de bonheur en ce monde que sur les rives du lac Oneida !

— Ne plaisantez pas, Gustave. Ce voyage peut être la solution à tous nos problèmes. Notre Kairos. Il faut saisir la touffe de cheveux sur sa tête ! »

Il reste pourtant une condition de taille à remplir : obtenir l'aval du ministère de l'Intérieur sur le principe de la mission.

« Ne croyez-vous pas qu'il vaut mieux attendre d'avoir prêté le deuxième serment, en octobre, pour le solliciter ?

— Assurément. Il sera toujours temps ensuite de se mettre en quête des lettres de recommandation.

— D'ici là, préparons un mémoire pour le ministre Montalivet. Ernest m'a parlé du rapport de Charles Lucas sur le système pénitentiaire en Europe et aux États-Unis qui a fait un peu de bruit en 1827 ; il y a aussi des travaux anglais, paraît-il.

— Devenons des experts du sujet.

— Et rassemblons les statistiques qui montrent que la France prend du retard ! »

Tocqueville ne pense plus qu'à son voyage. Le 20 août, pourtant, il se lève à l'aube pour écrire à Marie.

Versailles, ce 20 août 1830
Six heures du matin

Savez-vous la première chose à laquelle j'ai songé ce matin, Marie ? J'ai pensé que c'était aujourd'hui un heureux jour pour moi puisque c'était l'anniversaire de votre naissance... Oh, je n'oublierai jamais le 20 août. Je me souviendrai toujours qu'en ce jour est né l'être qui devait me faire passer dans ce monde les heures les plus heureuses et me donner de ces moments de bonheur dont l'âme ne peut perdre la mémoire. Je me souviendrai toujours, Marie, qu'en ce jour naissait celle qui devait se montrer une amie si tendre, une si douce consolation de tous les chagrins et de toutes les contrariétés qui viennent toujours tourmenter la vie de l'homme. Oh, je remercierai toujours Dieu au moins d'une chose, j'en suis sûr, c'est de vous avoir fait naître.

Alexis a même l'idée d'un cadeau d'anniversaire pour Marie : il va commander au dessinateur Candide Blaize un portrait au crayon de son amoureuse, et un de lui. Ainsi, lorsqu'ils seront séparés, pendant la longue année que durera le voyage, ils auront chacun une image l'un de l'autre.

Lorsqu'il arrive chez le dessinateur, rue Jean-Goujon, Blaize vient de terminer un portrait de femme au pastel, qui trône encore sur son chevalet. C'est une jeune femme de vingt-cinq ans environ, à la douceur triste, qui ressemble un peu à Marie. Il est vrai que, depuis quelques années, toutes les femmes adoptent la même coiffure de soirée : de multiples boucles sur les côtés masquent les oreilles, le reste de la chevelure est ramené sur le sommet de la tête et maintenu par un grand peigne à l'espagnole. La jeune femme du portrait porte une robe rose-violet dotée d'énormes manches ballon qui font paraître sa taille très fine ; un foulard est noué autour du cou.

« Qui est cette jeune personne ? demande Alexis.

— Elle s'appelle Aurore Dupin, répond l'artiste, mais son nom d'auteur est George Sand. Elle habite juste à côté. Elle écrit des articles et doit publier bientôt un livre.

— Pourquoi prend-elle un nom masculin pour signer ? Quelle idée saugrenue !

— C'est ce que je lui ai dit. Vous savez ce qu'elle m'a répondu ? "Si vous saviez le nombre d'hommes qui détestent les femmes qui écrivent"... »

Alexis sourit benoîtement : il est de ceux-là ! Il l'a encore affirmé l'autre jour devant Marie, qui, encouragée par l'exemple de Jane Austen, avait envie d'écrire une nouvelle.

Marie ne s'est pas laissé faire : elle a gentiment ironisé sur ses préventions.

« En tout cas, cette demoiselle Dupin est charmante. C'est exactement le genre de portrait que je voudrais que vous fassiez pour ma fiancée. Mais au crayon seulement, sans les couleurs. Cela est-il possible ?

— Bien sûr. Si vous n'êtes pas trop pressé, car j'ai beaucoup de demandes.

— Il faudrait qu'il soit prêt d'ici la fin de l'année. Je vais partir en Amérique pour longtemps, je voudrais pouvoir l'emporter avec moi !

— Dans ce cas, je vous ferai une miniature aussi. »

Lorsqu'il sort de l'atelier, Tocqueville a le cœur gonflé d'espoir. Il est optimiste, son avenir prend sens, enfin. Il ne sera plus cet individu écrasé par la brutalité de l'Histoire. Il va découvrir l'Amérique et en rapporter le livre qui marquera son époque. Le rapport sur les prisons ne sera qu'un prétexte. Il se rendra aux frontières de la civilisation, là où le monde nouveau rencontre celui qui meurt. Il ne sait pas encore sur quel sujet il écrira, mais il montrera de quoi il est capable. L'Amérique est un pays si vaste ! Il réussira, il conquerra son autonomie, sa liberté, et ses parents cesseront de gouverner sa vie ; il épousera la femme qu'il aime. Il a abandonné Rosalie à un autre et cette trahison a ouvert en lui une déchirure profonde. Cette fois, il ne renoncera pas, étouffé par les convenances, la désapprobation paternelle, les remontrances de ses amis, ou sa propre peur d'affronter la réalité. Il n'écrira pas pour être connu ou être riche, mais pour être libre.

Deuxième partie

L'AVENTURE AMÉRICAINE

10

La traversée

Avril 1831

C'est une nuit de grand vent et de pleine lune, au milieu de l'Atlantique. Au mépris de toute prudence, Tocqueville est grimpé, à califourchon, sur le beaupré. Quelques passagers observent avec inquiétude, à la proue du navire, ce jeune homme à cheval sur le mât comme une sorcière sur son balai, les cheveux qui volent, le visage offert aux embruns. Il leur tourne le dos, et ils distinguent mal sa physionomie dans l'obscurité, mais ils entendent par instants les échos de son rire et ils devinent sa jubilation enfantine. La mer, tel du métal incandescent, scintille sous la lune, le brick fend les flots et une écume d'étincelles semble jaillir de l'étrave. Alexis a vingt-cinq ans, le monde lui appartient. Il vole vers l'Amérique, et à l'avant du voilier, il est à sa place : il voit loin. Il jouit déjà au cœur de cette nuit éclairée par les étoiles filantes de cette liberté qu'il va chercher en Amérique.

Il y a plus de deux semaines que *Le Havre,* un superbe brick de cinq cents tonneaux battant pavillon américain, a quitté la ville du même nom. Le comte Hervé, Hippolyte et Édouard ont accompagné Alexis jusqu'au port. Au moment des adieux, son père lui a remis une lourde enveloppe de la part de l'abbé Lesueur, à n'ouvrir qu'à l'arrivée. Le père et le fils dissimulaient soigneusement leur émotion. Les Parisiens sont repartis avant le départ du navire, tandis que Gustave et Alexis descendaient dans leur cabine, découvrant son décor rudimentaire et son espace limité : à côté des couchettes, il restait tout juste la place pour leurs bagages à main.

« Cette minuscule table nous servira de bureau commun quand nous aurons besoin d'écrire, décréta Alexis, qui pensait déjà à ses lettres à Marie.

— ... ou si nous voulons travailler, acquiesça Gustave, puisque nous devons lire ce gros volume sur l'histoire de l'Amérique et le cours d'économie politique de Jean-Baptiste Say.

— Nous devons aussi traduire le livre sur le système pénitentiaire anglais, pour l'envoyer au ministère ! »

Ils se promirent de commencer dès le lendemain, et s'endormirent rapidement, épuisés par le voyage en diligence et l'émotion des adieux.

À minuit et demi, Tocqueville se réveilla en sursaut. Il avait entendu du bruit sur le pont et avait un peu mal au cœur. Il manquait d'air. Beaumont était assoupi sur la couchette voisine. Il sortit sans bruit de la cabine exiguë et grimpa sur le pont. Le bateau naviguait en pleine mer, les voiles déployées. Des côtes françaises il ne devinait plus, loin, très loin, que la lanterne de la jetée. C'était peut-être la dernière vision qu'il aurait de la terre avant un mois. Il s'accouda au bastingage, et admira la longue traîne de feu que *Le Havre* laissait derrière lui. Mais la journée avait été rude. Il retourna se coucher en se cramponnant aux parois, nauséeux, et s'endormit avec un début de mal de mer.

Las ! Il ne put émerger de la cabine que quatre jours plus tard, tandis que Beaumont, doté d'un estomac indifférent au roulis, au tangage et aux odeurs marines, jouait les gardes-malade avec sa gentillesse coutumière, lisant même à Tocqueville des passages de *Notre-Dame de Paris,* le roman de Victor Hugo paru quelques jours avant leur départ. Puis ils apprirent ensemble les noms des vingt-quatre États qui formaient les États-Unis, dans l'ordre de leur entrée dans l'Union : les treize États initiaux, arrachés à l'Angleterre, puis ceux qui les avaient rejoints : Illinois, Missouri, Alabama... Sur la carte, cet ensemble représentait un petit tiers du gigantesque territoire qui allait jusqu'au Pacifique.

À peine fut-il remis sur pied, au matin du quatrième jour, qu'Alexis se précipita pour visiter le navire. Il repéra le mât de beaupré, et se promit d'y grimper le soir-même.

Le Havre est un trois-mâts flambant neuf, doublé, cloué et chevillé de cuivre. C'est aussi une arche de Noé qui, outre ses cent soixante-trois passagers, ses dix-huit hommes d'équipage et sa cargaison de produits de l'industrie lyonnaise, transporte aussi tous les animaux destinés à nourrir tout ce petit monde pendant quatre semaines : canards, poulets, oies, moutons, chèvres, cochons, et même une ânesse et une vache, les seules qui auront la chance de voir New York. Un enclos est réservé à la nourriture sur pattes, mais la basse-cour s'en est échappée dès le premier jour pour venir agresser les passagers des cabines. Les oies sont des animaux beaucoup plus dangereux qu'il n'y paraît.

« *Le Havre* est une diligence gigantesque, si vous restez à hauteur du pont, remarque Beaumont, après avoir convaincu son camarade de descendre de son poste d'observation. Avez-vous remarqué comme c'est un mélange d'humanité étonnant? On y retrouve la hiérarchie des classes sociales de la terre ferme : d'un côté l'aristocratie du bateau, c'est-à-dire les trente passagers des cabines privatives; de l'autre le peuple, soit environ cent vingt personnes installées à la proue. Entre les deux, à l'entrepont, une sorte de bourgeoisie... assez limitée, à vrai dire : treize personnes.

— Le mal de mer, en revanche, n'a pas fait de distinction, soupire Alexis en s'accoudant au bastingage : il a frappé presque tout le monde! Mais je suis l'un des premiers à en être venu à bout... »

Les nationalités des passagers des cabines sont assez variées alors que les hommes d'équipage sont tous américains : deux jolies Yankees aux joues roses, un Espagnol hâlé, des Anglais livides, une famille française, une dame suisse gonflée comme une brioche, le fils d'un général de la Révolution, Barthélemy Scherer, et un représentant en vins de Bourgogne de Saint-Malo, dont tout le monde se moque. Il ne peut parler de la France qu'en disant « ma patrie » (« Je vais en Amérique vendre les vins de ma patrie ») et entonne à tout bout de champ *La Marseillaise*... Personne ne proteste, la tolérance est grande sur le bateau, elle est la seule manière de vivre en société dans un espace aussi restreint.

« Vous noterez, continue Beaumont, que la plupart des passagers ne parlent que la langue de Shakespeare.

— Tant mieux, le voyage va nous tenir lieu de cours d'anglais intensif. Marie m'a testé avant de partir, elle m'a dit que j'étais doué pour un garçon qui n'avait jamais mis les pieds en Angleterre... mais à sa mine j'ai compris que je pouvais progresser !

— J'ai une bonne nouvelle pour vous. Vous avez vu cette jeune personne qui nous a salués tout à l'heure ?

— Elle est un peu jeune... mais assez jolie.

— Elle s'appelle miss Edwards, elle est américaine. Elle m'a proposé de nous donner des cours d'anglais gracieux sous la forme de conversations quotidiennes.

— Vous avez accepté, j'espère ?

— Évidemment. Nous commençons demain matin. Mais ne vous emballez pas : miss Edwards voyage avec ses parents. »

Adeline Edwards est souriante, attentive, et elle dispense ses leçons avec une parfaite maîtrise. Les thèmes sont généralement insignifiants, mais elle corrige les erreurs de ses élèves avec une patience angélique.

« Elle a un joli grain de peau, vous ne trouvez pas ? taquine Alexis qui a remarqué les prodigieux efforts de Gustave pour parler foulards, robes et chapeaux dans la langue de Shakespeare.

— C'est bon, Alexis ! Miss Edwards est une sœur pour moi.

— Gardez ce discours pour les lettres à vos parents ! »

Alexis a beau jeu de se moquer, lui qui papillonne volontiers avec des femmes légères. Mais il ne peut s'éprendre vraiment que d'une femme assez cultivée et expérimentée pour lui parler d'égal à égal, une femme qui lui apporte davantage qu'un *sexual intercourse.* Il a découvert l'expression grâce à miss Edwards : avec un esprit pratique déroutant chez une jeune fille de dix-huit ans, elle ne veut pas les laisser dans l'ignorance d'« éléments de vocabulaire utiles ». Les Américaines sont plus pragmatiques que les Françaises.

Marie et lui ne se sont pas « juré fidélité » : Alexis a tout fait pour persuader la jeune femme qu'elle devait l'attendre, que tout serait différent à son retour avec la publication de son livre. Marie continue de répéter à Tocqueville que leur histoire est sans avenir. Pour autant, elle ne refuse pas sa cour empressée et a écarté le dernier prétendant présenté par une amie de Mrs. Belam : elle n'est pas à une contradiction près. C'est Chabrol qui recevra les lettres destinées à la « voisine » et les lui remettra, à la barbe de la tante Élisabeth.

Au moment de l'adieu, Alexis a senti que Marie était plus émue qu'elle le laissait paraître. Sans doute mesurait-elle enfin les risques de cette séparation d'un an et demi. L'éloignement, les rencontres, les sollicitations, sans parler des dangers du voyage en mer ou des contrées sauvages, tout cela pouvait concourir à rendre improbable leurs retrouvailles dans un an, inchangés. Les yeux gris de Marie semblaient immenses.

« Comment dites-vous en français ? "Loin des yeux, loin du cœur..."

— Vous le dites aussi en anglais, non ? *Long absent, soon forgotten* ?

— Je crois que la traduction exacte serait plutôt : *Out of sight, out of mind.* Vous croyez à ces vieux dictons ?

— Non. Ce n'est pas une mer qui nous séparera. »

Marie a détourné le regard, elle a pensé à la même chose que lui. Ce n'est pas une « mer » qui les séparera, mais une « mère »... Et un père.

À bord du *Havre*, les journées des jeunes gens se suivent et se ressemblent. Ils ont adopté un emploi du temps qui reproduit peu ou prou leur vie sur la terre ferme. Chaque matin, ils se lèvent à cinq heures trente, avant le soleil, grâce au bruit (infernal) du réveille-matin que leur a prêté Jules, le frère de Gustave. C'est un objet auquel ils étaient peu habitués, eux qui ont toujours été réveillés par un domestique ou une logeuse. Ils ont écrit à Jules pour le remercier de cet « inestimable trésor ».

La cabine est si étroite qu'ils doivent faire leur toilette à tour de rôle puis sortir dans la coursive pour s'habiller.

« J'ai comparé ce bateau à une diligence, mais au fond c'est un forum, corrige un matin Beaumont en se démenant pour enfiler sa redingote. On y fait tout devant les autres !

— Oui, on vit sur la place publique, comme les Anciens. »

Au moment où Tocqueville termine sa phrase en se contorsionnant pour passer sa chemise, un brusque mouvement de houle le pousse contre la paroi.

« Aïe ! grimace-t-il en se frottant le crâne.

— Ne vous blessez pas ! Il n'y a pas de docteur à bord... Si vous vous cassez la jambe, c'est le charpentier qui vous remettra les os en place.

— Vous êtes sérieux ?

— Évidemment. Ma source est le capitaine en second.

— Cela fait froid dans le dos. »

Chaque matin, les deux amis travaillent jusqu'à neuf heures dans la cabine ou sur le pont, quand la mer le permet. Car malgré leur imposante voilure, les bricks sont des coques de noix qui épousent les humeurs de l'océan, et la traversée est parfois agitée. À neuf heures précises, la cloche du déjeuner les interrompt avec bonheur, après trois heures de travail le ventre vide. Ils retrouvent autour de la table les autres passagers aux paupières encore gonflées. C'est le repas le plus copieux de la journée. Ils reprennent leurs études vers onze heures, avant de s'interrompre à nouveau à trois heures pour le dîner. Ce repas est l'occasion de discussions collectives qui durent pour les autres passagers jusqu'à sept heures du soir, heure du souper, auquel Tocqueville se soustrait en prétextant des maux d'estomac chroniques. Beaumont l'imite par solidarité – ou pour ne pas aggraver son début d'embonpoint. Afin de ne pas se coucher le ventre vide, ils prennent du thé : il paraît que c'est une coutume chez les Américains de la haute société comme chez les Anglais. À neuf heures, ils s'endorment malgré le bruit d'assiettes et de couverts.

La plupart des passagers s'ennuient ferme, au point qu'ils se préoccupent sans cesse de la santé de la vache : dès que le temps est lourd, le bovidé ne produit pas assez de lait pour tout le monde. *Ils distillent leur ennui goutte à goutte comme un alambic,* écrit Alexis à Marie. *Moi, je ne peux pas m'ennuyer, même quand je suis las de travailler : je pense à vous.* Auréolés de leur mission officielle, les deux jeunes gens sont au centre de l'attention générale : ils divertissent les plus blasés et donnent à ceux qu'ils interrogent le sentiment de leur importance.

« Quelle serait, selon vous, la principale différence entre les Américains et les Français ? demande un jour Tocqueville à leurs deux principales victimes consentantes, Charles Palmer, un grand propriétaire anglais, ancien membre du Parlement, très instruit et plein de bonté, et Peter Schermerhorn, un riche commerçant new-yorkais, bourré de tics, qui revient dans sa ville après deux années passées en Europe.

— Rien de plus simple, répond Schermerhorn. Nous n'avons pas le même but dans la vie : nous, nous voulons faire fortune. Vous... je n'ai jamais compris quel était votre moteur.

— Je confirme, renchérit Palmer. Pour les Américains, les concepts de "bonheur" ou de "pouvoir" – au sens politique du terme – passent au second plan. Leur principal souci est économique. »

Tocqueville prend des notes sur son carnet noir, en les classant par thèmes : « l'esprit de parti en Amérique », « le caractère national des Américains », « l'éclatement possible de l'empire »... Gustave, moins systématique et moins assidu, admire l'ardeur de son ami. *Plus je connais Tocqueville et plus je l'apprécie,* écrit-il à son père. *Nos vies et nos destins sont désormais indissolublement liés, ce seront les mêmes, cela décontracte les relations.* Alexis, de son côté, estime que Beaumont est le seul homme au monde dont les jugements lui inspirent une confiance absolue.

Au bout de trois semaines, le mal du pays commence à se faire sentir. Marie lui manque, il lui écrit tous les jours et sort sans arrêt le médaillon de sa poche. La mer est belle, mais sa monotonie l'accable et un sentiment d'abandon l'oppresse par moments. Quelques distractions égaient heureusement sa morosité. Un soir particulièrement doux où tout le monde flâne sur le pont avant le souper, entraîné par l'air de flûte que joue Beaumont, il invite miss Edwards à danser le quadrille. Bientôt, tout le bateau les imite. Le carnet de bal de Tocqueville déborde : toutes les femmes veulent parader au bras du jeune dandy. Beaumont est jaloux : pour esquisser quelques figures avec miss Edwards, il convainc la dame suisse de le remplacer à la flûte. Avec son obésité, elle est incapable de danser, de toute façon, et tant pis si elle ne joue que sur trois notes.

Si vous voulez savoir où était la salle de danse, cherchez sur la carte le point de section que forme le 42e degré de latitude avec le 34e de longitude, écrit le lendemain Tocqueville à sa mère. *Il faut que l'homme soit un animal bien insouciant du lendemain pour pouvoir cabrioler ainsi, avec un abîme sans fond sous les pieds, la mort à droite, à gauche, en arrière et en avant, et rien que la calotte du ciel sur la tête. Mais après tout, n'en est-il pas de même dans le salon le mieux bâti du faubourg Saint-Germain ?*

Un autre soir, un jeune garçon remarque un tonneau qui flotte sur les vagues. Aussitôt s'engage un concours de tir au pistolet. Une dizaine d'hommes y participent. Les dames choisissent leur champion et lui donnent leur mouchoir.

L'exercice n'est pas facile : le fût apparaît et disparaît au gré des vagues. Les hommes tirent tour à tour. Au premier essai, personne ne l'atteint. Mais au second, Tocqueville est le premier à toucher la cible. Les dames poussent des cris de joie, ses concurrents le congratulent, les applaudissements fusent parmi les passagers de l'avant. Dans cette ambiance bon enfant, Alexis est fier de lui et se sent ridicule de l'être, mais pourquoi se refuser cette joie inoffensive ?

« Comment faites-vous pour être aussi précis, Alexis ? demande Beaumont une fois l'excitation retombée. Vous êtes myope comme une taupe ! En ville, vous êtes incapable de lire une enseigne à dix mètres !

— C'est vrai que je n'aurais pas pu lire des inscriptions sur le tonneau... Mais je voyais bien ses contours, dans ma brume. Quand vous êtes habitué à vivre avec un léger flou autour des choses, vous vous concentrez davantage afin de les fixer. Et vous visez bien au centre de la tache de couleur. Vous savez, j'ai payé pour le savoir : à dix-sept ans, j'ai failli mourir dans un duel stupide ! »

Un autre jour, l'attraction vient d'un petit oiseau d'Amérique, bleu comme la mer, porté dans les cordages par une rafale, et à demi mort. Les enfants veulent l'attraper et l'apprivoiser. Un gamin le met en cage. Les Européens admirent ce petit animal exotique qui leur parle d'une côte qui n'est toujours pas en vue.

Le soir du 8 mai, un long cri trouble enfin la tranquillité du navire :

« Terre ! »

Tout le monde se précipite sur le pont. Les passagers se donnent des *hugs*. Pourtant, ils ne voient encore rien à l'horizon.

« New York n'est plus qu'à deux jours de navigation, confirme le capitaine Pearce.

— Heureusement, rajoute dans son dos le capitaine en second, car il ne reste que cinq jours de vivres et je ne suis pas certain que l'eau soit encore bonne.

— Le sucre et la farine sont déjà rationnés ! » glisse la dame suisse.

Le lendemain matin, le soleil révèle au loin Long Island, à condition de s'aider d'une lunette.

« Nous l'avons échappé belle, remarque Tocqueville. Il n'y a plus de viande fraîche, or il paraît que nous avons été très rapides : la traversée peut durer jusqu'à deux mois !

— Le capitaine Pearce s'est montré terriblement imprévoyant. »

Une heure plus tard, catastrophe : le vent tombe. Ou plutôt, il tourne peu à peu. Les hommes d'équipage s'inquiètent car à cet endroit, il peut rester contraire pendant une semaine. Auquel cas, même en rationnant de manière drastique, les vivres ne suffiront pas. Cette fois, les passagers sont furieux contre le capitaine. Pour rendre la situation encore plus dramatique, plusieurs ont la fièvre, sans doute à cause de l'eau qui a cessé d'être potable. Le vent d'ouest s'est installé. Le soir, l'angoisse est à son comble.

C'est le moment que choisit Tocqueville pour ouvrir le cadeau d'adieu que son père lui a remis de la part de son vieux précepteur. Il descend dans la cabine pour y prendre l'enveloppe dont il a deviné, au poids, qu'elle contenait un livre : sûrement une ruse de l'abbé pour l'obliger à se lester d'un bréviaire. Quand Alexis a annoncé sa décision de partir pour un an et demi, l'octogénaire a pensé qu'il ne vivrait pas assez longtemps pour assister à son retour. Alors il a écrit sa lettre d'adieu sur la page de garde de son propre livre de prières.

Mon cher Alexis,

Nous sommes tout proches, mon ami, du moment de ton départ. Les tristes circonstances dans lesquelles nous nous trouvons rendent nécessaire cette séparation douloureuse, qui nous coûtera des larmes, d'autant que je ne peux espérer vivre encore longtemps. Je serais inconsolable si, en te disant au revoir, je me disais : c'est pour toujours. Mais non, cher ami, tu me suivras là où, si Dieu le veut, j'espère aller...

Le ciel est le but suprême vers lequel nous tendons tous. J'ai bien étudié la route ; et puisque nous ne pouvons pas la faire ensemble, et que j'arriverai bien avant toi au rendez-vous, je vais rapidement te montrer le chemin. Je t'indiquerai aussi les provisions à prendre pour le voyage, et les rencontres que tu devras éviter...

Et il décrit longuement les bagages que le voyageur doit emporter – la foi, l'espérance, la charité, l'honnêteté, la patience – et les choses dont il ne doit pas s'encombrer – l'orgueil, la débauche, les philosophes... Avant de conclure :

Adieu une fois encore. Je te confie, ainsi que ton compagnon, aux bons soins de la divine providence. Mes vœux, mes prières et ma bénédiction t'accompagnent.

Alexis est bouleversé. Il ne veut pas croire qu'il ne reverra jamais ce vieil homme qui fut plus proche de lui que ses propres parents. Il se souvient de sa sollicitude quand il était malade, de sa douceur quand il était triste. Non, ce ne peut pas être un adieu définitif, Bébé n'était pas si mal en point lorsqu'ils ont quitté Paris.

Mais s'il ne le revoyait pas ? Si c'était lui qui mourait le premier, de faim, à deux jours de mer de New York ? Alexis se console en pensant qu'entre eux, tout est en ordre : il lui a dit combien il avait compté dans sa vie. Puis il remonte sur le pont, accablé.

« N'y a-t-il rien à faire, vraiment ? demande-t-il à ses compagnons.

— M. Palmer disait à l'instant qu'il avait déjà connu ce cas, il va en parler au capitaine. En utilisant habilement le vent d'ouest, il est possible d'aller accoster du côté de Newport, à soixante milles au nord de New York.

— Allons voir le capitaine Pearce tous ensemble et imposons-lui cela ! Qu'a-t-on à perdre ? Dans deux jours, nous aurons tous la fièvre, et ceux qui en réchapperont mourront de faim un peu plus tard ! »

Pearce, qui s'est réfugié dans sa cabine, reçoit les passagers à contrecœur. Il se montre peu convaincu par l'idée, mais finit par céder sous la pression. Il remonte sur le pont pour commander la manœuvre.

« Pourquoi n'y a-t-il pas pensé spontanément ? s'indigne Tocqueville dès que le capitaine s'est éloigné.

— Bientôt, si l'on réussit, il prétendra que l'idée venait de lui », raille Beaumont.

Les deux Français et leurs compagnons d'infortune retiennent leur souffle tandis que les marins procèdent au changement de cap. Au bout de trois quarts d'heure d'efforts, le navire poussif se remet en mouvement et, doucement, tirant des bords, met le cap sur le nord, salué par les cris de joie des passagers.

Dans l'après-midi, la côte semble se rapprocher. L'angoisse laisse place à l'espoir, puis bientôt, à l'allégresse.

« Regardez ! De l'herbe, des arbres en fleurs ! »

À huit heures du soir, ils accostent à Newport. Par chance, un bateau à vapeur, *Le Président*, un navire qui vient de Providence et se rend à New York, y fera escale vers une heure de l'après-midi le lendemain. À midi et demi, ils sont prêts, et attendent sur le quai avec leurs malles. Le mastodonte arrive une heure plus tard. C'est une si grosse machine, avec ses cent vingt-cinq mètres de long, ses roues à aubes gigantesques, sa cheminée et le bruit sourd de ses chaudières, que Beaumont hésite à embarquer. Mais Tocqueville ne tergiverse pas et ils grimpent à grands pas sur le steamer, effrayés et ravis de l'aventure. Ils passent une heure à visiter le bâtiment, ébahis par sa taille : le bateau possède trois grands salons – deux pour les hommes, un pour les femmes – où huit cents personnes peuvent manger et dormir confortablement ! Sa puissance est impressionnante, il défie la mer et le vent contraires : il va parcourir en dix-huit heures les soixante milles nautiques qui les séparent de New York.

Tout l'après-midi et toute la nuit, ils restent éveillés sur le pont à contempler les paysages qu'ils traversent. Un peu déçus d'abord, car ils s'attendaient à des forêts profondes habitées par des Peaux-Rouges. Toute la côte leur paraît banale. De ce pays couvert de futaies il y a deux siècles, il ne reste plus un arbre des deux côtés du bateau, alors qu'il navigue entre Long Island et les rives du Connecticut.

Au lever du soleil, l'arrivée aux abords de New York leur arrache pourtant des exclamations admiratives. Les rivages sont magnifiques, avec leurs pentes couvertes de gazon et d'arbres en fleurs. Ils s'émerveillent du charme tranquille des églises en bois et des maisons de campagne couleur pastel, qu'ils comparent sans cesse à des bonbonnières, tant elles sont soignées et coquettes. L'entrée dans New York est une apothéose : au pied de l'île de Manhattan, la mer est couverte de barques et de voiles. Partout, ce ne sont que vaisseaux, bricks, trois-mâts, gondoles, embarcations bigarrées voguant dans toutes les directions.

En ce matin du 11 mai 1831, trente-huit jours se sont écoulés depuis leur départ de France. Ils n'ont pas fermé l'œil depuis trois jours. À peine le bateau accosté, ils se précipitent vers la pension que Charles Palmer leur a recommandée, au 66 de l'avenue de Broadway, la grande artère à la mode qui fend l'île en diagonale du nord au sud. Ils s'écroulent tout habillés sur leur lit à quatre heures de l'après-midi.

11

Le choc du Nouveau Monde

Mai 1831

« Alexis, réveillez-vous ! Regardez ! C'est incroyable !

— Que se passe-t-il ? Qu'y a-t-il ? »

Beaumont s'assoit sur le bord du lit de son compagnon. Il est huit heures du matin à New York et Tocqueville vient de dormir seize heures d'affilée. Gustave secoue sous les yeux hébétés du dormeur un journal local, le *Mercantile Advertiser.*

« *Nous apprenons,* traduit Beaumont sur un ton exagérément appliqué, *que deux magistrats, messieurs de Beaumont et de Tonqueville...*

— Ils ont écrit "Tonqueville" ? Vraiment ? »

Alexis, cette fois, est bien réveillé. Il se penche pour regarder l'entrefilet que Beaumont lui désigne du doigt.

« Cela commence bien !

— Ne soyez pas si négatif, nous sommes annoncés en page deux, tout de même ! Bon je continue : ... *sont arrivés sur le navire* Le Havre, *envoyés par le ministre de l'Intérieur, pour étudier les différentes prisons de notre pays, et rédiger un rapport à leur retour en France.*

— C'est tout ?

— Non, mais après, ça se gâte. *Une commission a aussi été envoyée dans d'autres pays en Europe car le gouvernement français souhaite améliorer son système pénitentiaire, et entend récolter l'ensemble des informations nécessaires.* Où ont-ils été pêcher cela ?

— Cela ne vient ni de vous ni de moi, n'est-ce pas ?

— Évidemment non. *Dans notre pays, nous ne doutons pas que tout sera fait pour faciliter la tâche des deux gentlemen qui sont arrivés.*

— C'est inouï, cet article ! répète Tocqueville en se levant. Où avez-vous trouvé cela ?

— Notre logeur. Il me l'a donné. Il paraît que c'est le plus diffusé des journaux du matin.

— Comment les journalistes ont-ils pu savoir ? »

Beaumont hausse les épaules.

« Charles Palmer, qui était sur le bateau avec nous, loge dans la chambre d'à côté, il a dû les renseigner hier soir. En attendant, habillez-vous vite. Nous sommes déjà en retard pour le dîner. »

Lorsqu'ils sortent dans la rue, trois quarts d'heure plus tard, ils sont ébahis par ce qu'ils découvrent en remontant Broadway et que la fatigue, la veille, les avait rendus incapables de percevoir. L'étrangeté de la ville est frappante. Mais pas à cause des New-Yorkais : la mode américaine diffère peu de la mode française.

« Les femmes ne portent plus de chapeaux aussi larges à Paris !

— Et leurs chaussures me semblent nettement plus épaisses.

— Pourtant, regardez cette vitrine ! Ils vendent des "robes de France" ! C'est bien notre mode... de la saison dernière. Ils ont juste quelques mois de retard. »

En revanche, la configuration de la ville n'a rien d'européen. Le centre a des allures de faubourg. On n'y aperçoit ni dômes, ni clochers, ni édifices prestigieux ; les plus grands bâtiments sont cubiques, ils comportent trois ou quatre étages. Des drapeaux américains flottent sur les toits. La brique rousse domine et tout le monde semble logé à la même enseigne : pas de palais ni d'humbles demeures. En approchant du cœur de la cité, ou de ce qui en fait office, quelques immeubles sont peints en rose ou en ocre. Les deux aristocrates cherchent du regard des hôtels particuliers, des corniches, des balustrades, des portes cochères. En vain. Les maisons sont banales, quoique très propres. Les rues sont mal pavées, mais comportent toutes des trottoirs.

« Ils font passer le pratique avant l'esthétique », conclut Tocqueville.

Une longue voiture couverte à roues basses et grandes fenêtres, tirée par deux chevaux, remonte l'avenue, chargée d'une vingtaine de passagers assis et autant debout, envahissant jusqu'aux marchepieds ; sur ses flancs figure la mention « South Ferry », et à l'avant « Broadway Line ». À l'intérieur, les passagers, certains richement habillés, d'autres plus pauvrement, semblent parler ensemble sans autre forme de préséance. Ils croisent aussi des omnibus, qui ressemblent à des diligences allongées pouvant transporter une quinzaine de personnes : lorsque des gens veulent monter, ils lui font un signe de la main, et le conducteur, assis sur un banc surélevé à l'avant, arrête ses chevaux.

« C'est assez pratique, vous ne trouvez pas ?

— Des lignes d'omnibus ont été ouvertes, il y a trois ans à Paris... mais j'imagine que chez les Tocqueville, on ne va pas souvent s'encanailler dans les omnibus avec les classes laborieuses ! »

Les New-Yorkais croisés sur les trottoirs ne connaissent pas les bonnes manières : ils fument, crachent, bousculent les autres passants et leur marchent sur les pieds sans même s'excuser.

« Je comprends le dégoût des Anglais quand ils arrivent ici, grimace Beaumont.

— Il y a quand même quelque chose qui me frappe, tempère Tocqueville : regardez comme ces gens tiennent haut le menton ! Ils ont le port de tête fier et indépendant de ceux qui ignorent comment on regarde un supérieur. On dirait qu'ils n'en ont jamais eu !

— C'est vrai... Et ils sourient quand ils se saluent.

— Mais les femmes sont assez quelconques.

— Franchement laides, vous voulez dire !

— Le plus étonnant, c'est que les habitants n'ont l'air de penser qu'au commerce. Depuis que nous avons quitté la pension, j'ai compté : nous avons vu au moins quatre banques ! »

Quelques mètres plus loin, les deux Français croisent une rue qui part vers l'est. Le panneau indique : Wall Street.

« Et si nous prenions celle-là ? propose Alexis. Il faut que je trouve un chapelier. Schermerhorn a dit qu'il donnerait une réception en notre honneur, et je n'ai pas de gants de bal, j'ai oublié les miens à Paris. »

Tocqueville arrête un passant, un jeune homme élégant, en habit et en haut-de-forme, et lui demande où il pourrait acheter des bas et des gants.

« Ce n'est pas le lieu, monsieur ! Retournez plutôt sur Broadway ! Ici on vient pour le platane !

— Quel platane ?

— Vous ne le connaissez pas ? L'histoire est fameuse pourtant ! Il y a quarante ans, vingt-quatre courtiers, qui échangeaient des actions de banques et de chemins de fer sous un platane, dans cette rue même, se sont mis d'accord pour créer une place boursière. Ils ont appelé leur arrangement "les accords de Buttonwood". »

Les deux compères remercient le jeune homme pour son cours d'histoire et partent à la recherche du platane. Après tout, ils sont là pour comprendre le pays. Tocqueville hèle un petit homme aux allures de professeur qui remonte la rue. Il porte un monocle et il est habillé exactement comme eux : haut-de-forme, bottes, redingote et gilet. Au début, il ne comprend pas leur question. Puis il leur fait un grand sourire qui découvre ses dents très blanches :

« Vous ne risquez pas de le trouver, ce platane-là ! La Bourse ne se fait plus sous un arbre depuis longtemps... On a ouvert une salle ! Là-bas, vers le numéro 68.

— Et le mur ? Il doit y avoir un mur fameux dans cette rue puisqu'elle s'appelle Wall Street ? Où se trouve-t-il ? »

L'homme pouffe de rire :

« Il n'y a plus de mur ici non plus ! Ou peut-être juste un morceau, là-bas...

— Mais il y a eu un grand mur ?

— Oui, cette rue a été faite à l'emplacement d'un ancien mur en bois, mais ce n'est pas pour cela qu'elle s'appelle Wall Street. C'est à cause de gens comme vous.

— De gens comme nous ? Que voulez-vous dire ?

— Oh, ne faites pas l'innocent, j'ai bien reconnu votre accent français ! Les langues, c'est mon rayon. Cette rue s'appelait à l'origine *De Waal Straat* c'est-à-dire la rue des Wallons. Eh oui ! Des francophones venus de Wallonie ont participé ici même à la création de La Nouvelle-Amsterdam, il y a deux siècles ! »

Le bonhomme est intarissable, mais il comprend au coup d'œil de Tocqueville sur sa montre qu'il lui faut abréger. Il quitte les deux jeunes gens étourdis par son discours.

« Les New-Yorkais sont très accueillants, mais ils ont l'air de croire que nous sommes en visite, s'étonne Tocqueville. Pourtant, s'il y a un livre que je ne veux pas écrire, c'est un récit de voyage. Il y en a eu des dizaines, certains sont très bons, on ne pourrait pas faire mieux.

— Vous ne pensez qu'à notre livre ! Mais si nous nous préoccupions d'abord de notre mission ? Nous disposons de soixante-dix lettres de recommandation, toutes signées par des ministres ou des personnalités de premier plan. Qu'en fait-on ?

— Nous en avons une grande quantité, c'est vrai, mais je me demande si nous n'aurions pas dû...

— Ne recommencez pas. Vous allez dire : demander des lettres au marquis de La Fayette et au vicomte de Chateaubriand ?

— Qu'on le veuille ou non, ce sont les deux Français les plus connus des Américains.

— On se débrouillera sans eux, marmonne Beaumont. Je ne regrette rien. Il a beau être le héros des deux mondes, mon cousin La Fayette a trahi les Bourbons pour les Orléans.

— Je ne regrette rien non plus », renchérit Tocqueville.

Il aurait pu aller trouver François-René de Chateaubriand, qui n'aurait pas pu lui refuser son aide. Mais il ne veut pas du parrainage de son parent.

« Par où commencer ? relance Beaumont.

— Avant toute chose, prévenons l'ambassadeur de France, Sérurier, et le consul à New York, Durant-Saint-André, de notre arrivée. Ensuite, nous déposerons nos cartes chez quelques notables new-yorkais auprès desquels nous sommes introduits.

— Reste à savoir lesquels, et dans quel ordre !

— Arrêtez de vous inquiéter : l'article paru ce matin devrait faciliter nos contacts avec le ministère de la Justice et l'administration pénitentiaire. »

Lorsqu'ils reviennent à la pension, vers midi, après avoir distribué une demi-douzaine de cartes, ils sont rassurés : l'entrefilet paru dans le *Merchandiser* a eu un effet immédiat. Trois visiteurs ont déjà déposé leurs coordonnées. Et un homme d'une quarantaine d'années, habillé avec recherche et le visage avenant, les attend.

« Bonjour ! Je suis le juge James Otis Morse. J'habite à Cherry Valley, Montgomery Street. J'ai appris que vous veniez étudier notre système pénitentiaire. Je vous ai préparé une petite liste des établissements à visiter dans l'État de New York, et un résumé des grandes évolutions de la doctrine pénitentiaire ces dernières années. »

Tocqueville saisit l'épais document que Morse leur tend. Son titre, écrit à la main en grosses lettres rondes, s'étale sur deux lignes : « Mémo pour nos amis français. » Les deux commissaires se confondent en remerciements.

« Ce n'est rien ! Si vous le souhaitez, je vous ferai rencontrer toutes les personnalités importantes de cet État, à New York ou dans la capitale, Albany. Je reviens vous voir demain. »

Tocqueville et Beaumont sont assaillis de sollicitations avant même d'avoir eu le temps de défaire leurs malles. Dans la soirée, c'est un jeune avocat, William Campbell, auteur d'une étude sur le système pénitentiaire de Pennsylvanie, qui se propose de leur fournir tous les articles et les statistiques souhaitées, et se met à leur disposition pour leur faire visiter les pénitenciers de la région. D'autres avocats, des procureurs, des avoués et toutes sortes de représentants de la justice offrent spontanément leur aide. Enfin, lorsqu'ils vont présenter leur lettre de crédit auprès de Prime, Ward & King, la plus grande banque de la ville, son directeur, Nathaniel Prime, qui passe pour être l'homme le plus riche de New York, vient en personne faire leur connaissance et se propose de devenir leur principal appui : il organise un grand souper en leur honneur afin de leur faire rencontrer le Tout-New York.

L'ambassadeur Sérurier est moins accueillant. Les prisons sont du ressort des États particuliers et non de l'État fédéral, donc il n'est pas concerné. En réalité, son appui ne leur manquera pas : ils ont déjà quinze visites au programme des trois prochains jours ! L'article du *Merchandiser* a fait des petits : le

New York Evening Press a aussi annoncé l'arrivée des deux commissaires, tout comme les journaux de Newport, Boston, Philadelphie, Baltimore et Annapolis.

Dès le troisième jour, ils rencontrent le maire de la ville, cordial et empressé, qui leur fait toutes sortes de promesses. Le gouverneur de l'État de New York, Enos T. Throop, les recevra le lendemain, dans l'après-midi. Même si Albany est la capitale officielle, Throop passe beaucoup de temps à New York. L'adresse du rendez-vous se trouve à cinq cents mètres à peine de leur pension !

Les Français n'ont nul besoin de solliciter des autorisations officielles pour visiter les prisons : les responsables viennent les inviter un à un dans leurs établissements. Tous les lieux publics de la ville leur sont ouverts, et tous les documents accessibles dans les deux bibliothèques où ils passent leurs matinées. Pour des gens habitués aux complications bureaucratiques, une telle simplicité tient du miracle.

« Vous souvenez-nous des difficultés que nous avons eues pour visiter la centrale de Poissy avant de partir ?

— Pour être franc, Gustave, je me demande si cette réception inespérée ne repose pas sur un malentendu : les Américains surestiment notre importance.

— Je ne suis pas de votre avis. Les habitants de ce pays ont le sens de l'accueil. Et pas de lourde administration ! »

Le quatrième jour, en se rendant à l'Athénée, la bibliothèque publique où ils lisent les journaux étrangers, les deux Français passent devant une église dont la porte est ouverte. Une poignée de fidèles y sont agenouillés et prient en silence. La porte du clocher est entrebâillée. La curiosité est la plus forte : ils empruntent l'escalier, étroit et raide, jusqu'au sommet. La récompense est à la hauteur des efforts consentis : du clocher, la vue est superbe sur cette ville bâtie sur une île, enserrée par d'immenses rivières couvertes de barques et de navires.

Mais Alexis a le cœur gros en admirant le panorama. Il s'imagine déjà le décrivant à Marie. En arrivant, il a posté toutes les pages écrites pour elle sur le bateau, mais n'a trouvé aucune lettre de France. Six semaines sans nouvelles ! Ce qui lui manque le plus, ce sont les réactions de la jeune femme à ses idées. Si seulement elle avait pu les accompagner ! Leur tâche aurait été facilitée par sa connaissance de l'anglais : Marie aurait perçu la moindre subtilité dans les discours de ses interlocuteurs, et non, comme lui, les grandes lignes ; même si son anglais progresse à grande vitesse.

Un jour, il reviendra dans ce pays avec elle. Ce jour-là, ils vivront ensemble. Mais le rêve ne deviendra réalité que s'il réussit. Il se le répète sans cesse : sa situation de magistrat est en tout point mauvaise, il doit envisager la carrière politique, et ce voyage, ou plutôt le livre qui en résultera, quel qu'en soit le sujet, sera sa seule occasion de sortir du rang. Ce voyage, il doit le réussir sans elle. Mais pour elle. Il doit trouver une idée.

Beaumont attend aussi le courrier de France avec impatience. Leur famille et leurs amis avaient eu pour consigne de commencer à écrire dès le jour de leur départ, afin qu'ils reçoivent des lettres juste après leur arrivée, pourtant ils n'ont rien reçu ni l'un ni l'autre. La première fois qu'ils sont allés se renseigner, le navire qui arrivait était parti du Havre quelques jours avant le leur ; la seconde, le bateau ne transportait aucun courrier. Comme l'avoue Alexis dans une lettre à l'abbé Lesueur, après ce mois et demi coupés du monde, avec pour seul horizon la mer, ils ne rêvent plus que de lettres, cela devient une idée fixe. Heureusement qu'ils n'ont pas le temps de s'ennuyer !

« Comment vous habillez-vous pour rencontrer le gouverneur ? demande Alexis à son compagnon avant de partir au rendez-vous avec Enos Throop.

— Je mets ma meilleure redingote, et vous ?

— Moi aussi, et, dessous, la chemise et le foulard que je gardais pour les grandes occasions. »

Lorsqu'ils parviennent à l'adresse que leur avait indiquée le juge Morse, ils croient d'abord s'être trompés : il s'agit d'une pension de famille en tout point semblable à la leur. Les deux Français sont habitués aux surprises, mais celle-là les laisse sans voix. Le gouverneur, l'équivalent pour cet État sinon du roi de France, du moins d'un président du Conseil qui aurait été élu par le peuple, descend dans une pension de famille et reçoit ses visiteurs au salon !

Ils ne sont pas au bout de leurs surprises. L'ancien avocat se lève de son fauteuil pour s'avancer vers eux. Il les reçoit seul, sans garde du corps, chef de cabinet ni même traducteur !

« Messieurs, je suis très heureux de vous rencontrer ! » lance Throop avec une cordialité déconcertante.

L'homme mince qui leur serre la main est vêtu d'une longue redingote marron, boutonnée sur le devant; la chose la plus remarquable de sa personne est la mèche blanche qui part du haut de son front pour séparer en deux sa tignasse de cheveux noirs coiffés en arrière. Il leur demande comment s'est passé le voyage en mer, qui ils ont rencontré à New York, et s'ils sont bien installés dans leur pension.

« Nous y sommes parfaitement bien installés, répond Tocqueville, mais vous-même, vous... n'avez pas de bureau à New York ?

— Je n'en ai pas les moyens ! » répond le gouverneur dans un rire.

Et il ajoute sur le ton de la confidence :

« J'ai un bureau qui fait aussi office de logement à Albany, mais je n'ai pas de pied-à-terre à New York. Pour tout vous dire, le job de gouverneur est si mal payé que je suis obligé de travailler dans ma ferme la moitié de l'année ! »

Le premier personnage de l'État poursuit, devant les deux Français interloqués :

« D'ailleurs, pourquoi ne viendriez-vous pas me rendre visite là-bas lorsque vous irez visiter le pénitencier d'Auburn ? Ma ferme se trouve juste à côté ! »

Le personnage semble doté d'une bonne humeur à toute épreuve et d'une énergie rabelaisienne. Il doit être plus habile qu'il n'y paraît, mais son apparent manque d'envergure déroute.

« C'est étonnant, cette manière qu'ont les Américains de serrer la main de tout le monde, remarque Gustave de Beaumont à la sortie du rendez-vous, trois quarts d'heure plus tard. Et il nous invite à passer le voir dans sa ferme !

— Ce qui me surprend, renchérit Tocqueville, c'est moins sa simplicité que l'absence totale de déférence des citoyens à son égard. Vous avez vu comment l'hôtelier lui parlait ? C'est peut-être cela, la démocratie : une forme de nivellement. Plus de peuple, plus de nobles : juste une classe moyenne.

— Cela me rappelle cette lettre imprimée dans le journal hier : un commerçant écrit au président des États-Unis Andrew Jackson, pour lui proposer de lui envoyer des échantillons de ses produits et il commence sa lettre par : "Cher Monsieur" ! »

Tout en retournant vers leur hôtel, les deux hommes en concluent qu'il n'y a pas de réel gouvernement des États américains. Les hommes en charge des arbitrages n'ont qu'une mission : créer les conditions favorables au développement des « affaires ». Lesquelles assureront tout naturellement le bien-être de leurs concitoyens.

Cette attitude fournit une amorce de réponse à leur autre grande question, fondamentale : l'expérience démocratique américaine est-elle pérenne ou non ? En France, on juge souvent qu'elle est contraire à la nature et qu'un tel gouvernement ne se maintiendra pas éternellement. Mais si son but ultime est d'assurer les conditions de la prospérité, l'expérience peut durer aussi longtemps que la richesse se développera. Le territoire à conquérir est si vaste que le rêve américain pourra se poursuivre quelques siècles encore.

12

Les héros de New York

Mai 1831

« À la France ! À l'Amérique ! À l'amitié franco-américaine ! »

Alexis avale d'une traite son quatrième verre de vin rouge, avant de se laisser retomber sur sa chaise, étourdi. Au-delà de deux verres, il éprouve de l'indulgence pour le monde entier. L'un après l'autre, tous les hommes de l'assemblée portent des toasts. À la liberté, à l'indépendance, à Benjamin Franklin, à George Washington... Le jeune Français se demande s'il pourra soutenir longtemps ce mélange d'alcool et de patriotisme.

« Pourvu qu'ils ne portent pas un toast à La Fayette ! murmure Beaumont, qui, lui, supporte mieux l'alcool grâce à sa constitution, mais se méfie de la politique. Je ne peux pas leur dire que je considère mon illustre parent comme un dangereux révolutionnaire !

— Moi, je ne porterai pas de toast à Louis-Philippe, même sous la torture, répond Tocqueville d'une voix fébrile.

— Nous n'aurons pas le choix, vous savez.

— Gustave, nous sommes vingt-sept ! Si je dois vider mon verre à chaque fois qu'un convive lève le sien, je serai ivre bien avant le plat de viande. »

Les envoyés de l'État français vivent une journée éprouvante : ils visitent les grands établissements sociaux de New York avec le maire et les officiels. À dix heures précises, un cortège de six voitures remplies de notables est venu les chercher à Broadway pour une longue tournée des prisons, asiles de fous, et autres maisons de charité pour sourds-muets, aveugles ou enfants abandonnés. Les deux Français ont appris en chemin qu'il y aurait ensuite un banquet en leur honneur, et du vin à profusion. Cette perspective les a d'abord réjouis, car les Américains ont banni l'alcool de leurs repas quotidiens, et ce plaisir leur a manqué. Mais maintenant, ils se sentent pris au piège.

« Vous voulez un conseil ? souffle Beaumont. Trempez vos lèvres dans votre verre, sans le boire. Personne ne s'en apercevra.

— Bonne idée. Je peux aussi le renverser discrètement sous la table.

— N'allez pas jusque-là ! Vous avez les pommettes bien rouges, dites-moi.

— Vous avez vu ce qu'ils nous font manger ? Les légumes et le poisson avant la viande, les huîtres après...

— La barbarie complète ! »

Cet artifice leur permet de tenir jusqu'à la fin du festin. Mais à peine ont-ils vidé la dernière assiette qu'on leur apporte des bougies et des cigares sur un plateau. Le deuxième acte commence.

« Vous savez, Beaumont, ce qui me manque le plus ce soir ?

— Nous n'avons toujours pas reçu de courrier.

— C'est vrai, je donnerais cher pour une lettre de Marie. Mais pour une fois, je ne pensais pas à cela : je parlais du repas.

— Je ne sais pas alors. Le fromage ? La moutarde ? L'eau-de-vie ?

— Les femmes ! Je préfèrerais plonger mon regard dans un joli décolleté que sur le plastron taché de vin rouge de mon voisin.

— Quelle galanterie ! »

Alexis tente de se lever de table en bafouillant :

« La renommée a des effets pervers...

— À qui le dites-vous ! renchérit Gustave dans un hoquet. On nous impose des repas sans femmes !

— Le pire, c'est que, lorsqu'il y en a, elles se sentent obligées de nous parler de prisons, de pendaisons et de réparation des offenses !

— Et pas question de plaisanter sur le sujet. Vous avez remarqué comme les Américaines manquent d'humour ? »

Bientôt, tous les convives disparaissent dans une brume de fumée grise. Certains se laissent aller à la gaieté la plus lourde, pendant que d'autres s'assoupissent. Alexis s'ennuie et imagine déjà ce qu'il va écrire à Marie sur le risque qu'encourent les Américains de devenir un peuple obèse : *Vous ne pouvez concevoir la multitude de choses qu'on parvient à se fourrer ici dans l'estomac. Vous savez qu'indépendamment du déjeuner, du dîner, et du thé avec lequel ils mangent du jambon, ils font encore un souper très copieux et souvent un goûter ? Et moi qui ne rêve que de jeûner dans vos bras.*

Depuis le début de la journée, les commissaires ont fait l'objet de toutes les attentions. Alexis a pu philosopher à loisir sur « la différence que quinze cents lieues de mer peuvent créer dans la position des hommes ». En France, il y a quelques semaines encore, il jouait, dans l'anonymat, un rôle subalterne ; aujourd'hui, de l'autre côté de l'Atlantique, il est un homme de grand mérite, chargé d'une importante mission. Si leur portrait était diffusé dans les journaux, on les reconnaîtrait dans la rue... Et tout cela pour un bras de mer.

Car les jours passent et, loin de retomber, l'intérêt que suscitent les envoyés de l'État français ne cesse de grandir. New York se passionne pour les jeunes gens. Les portes de la bonne société s'ouvrent comme par magie et ils sont présentés à de grandes figures du monde politique, comme Edward Livingston. Premier secrétaire d'État du gouvernement Jackson, il est le frère de Robert Livingston qui a négocié avec Bonaparte la vente de la Louisiane aux États-Unis. Les Français sympathisent aussi avec le neveu d'Edward, John Livingston Jr. Ils font la connaissance de James Gore King, le troisième fils de Rufus King, l'un des fondateurs des États-Unis, signataire de la Constitution ; James semble déjà suivre les traces de son père. Ils rencontrent également un professeur de médecine éminent, David Hosack, qui vient de fonder la New York Historical Society. Ses réceptions du samedi soir sont l'équivalent américain du salon de Mme Récamier : elles rassemblent l'élite intellectuelle du pays, et il faut « en être ».

Outre les dîners et les soupers officiels, les commissaires sont invités tous les jours à des bals ou des thés dansants.

« Nous sommes devenus la coqueluche de New York ! s'émerveille encore Tocqueville à la fin de la deuxième semaine. Alors que nous sommes d'obscurs envoyés du ministère de la Justice... D'ailleurs, vous avez remarqué ? Ici, notre jeunesse ne choque personne.

— On peut réussir à vingt ans en Amérique, et vous en avez bientôt vingt-six. Quant à moi, je suis un vieillard de presque trente ans !

— Je n'ose pas imaginer la réception dont votre parent La Fayette a bénéficié il y a six ans quand il est revenu. Ce devait être phénoménal !

— Il s'agissait de La Fayette, tout de même : le retour d'un vieux général dans un pays dont il a aidé à obtenir l'indépendance.

— Au fond, peu importe que nous le méritions ou non : ces repas et ces bals sont une bonne manière de connaître la société de l'intérieur.

— Mais nous le méritons, Alexis. Les prisons sont un sujet de première importance pour eux, et nous sommes arrivés en plein débat public sur les régimes pénitentiaires.

— Ce débat dure depuis des années ici, avouez-le !

— Mais il y a ces mouvements philanthropiques qui le remettent au premier plan. Rappelez-vous ce que le juge Morse nous a dit l'autre jour.

— Je crois surtout que les journaux n'ont rien de plus passionnant que notre présence à se mettre sous la dent. Et pour cause : ils ne font pas de politique ici, ils ne parlent que de commerce. Leur obsession, c'est le prix du coton ! »

Au fil des jours, les Français comprennent que l'intérêt qu'ils suscitent s'explique logiquement : les Américains n'ont pas l'habitude que des Européens les prennent pour modèle. En général, les gouvernements du Vieux Continent les ignorent ou les prennent de haut. Et ils sont bien souvent l'objet de moqueries de la part des intellectuels : les écrivains-voyageurs anglais ont la manie de rapporter des États-Unis des récits de voyages dans lesquels ils se gaussent de ces « rustres d'Américains ».

« Les Anglais nous en veulent », assure la nièce de Nathaniel Prime, Jane, une jolie blonde avec un chignon de danseuse, assise près d'Alexis lors d'un souper chez le milliardaire.

La jeune femme accompagne son propos d'une moue charmante.

« Je crois que ces méchancetés sont une manière de se venger des anciennes colonies qui se sont révoltées et s'en portent mieux.

— Sans doute, approuve distraitement Alexis, qui admire la gorge de sa voisine et la carnation de sa peau.

— Prenez le livre de ce capitaine Basil Hall, par exemple. Vous l'avez lu, bien sûr ?

— Oui, il est paru en France il y a un an.

— J'espère que vous n'en avez pas cru un mot : c'est un ramassis de préjugés infondés ! Ce capitaine se sent supérieur : il prétend que nous avons abâtardi la langue anglaise.

— Et il dit que nous sommes grossiers ! » renchérit l'épouse de Nathaniel Prime, une forte femme couverte de bijoux, assise à gauche de Tocqueville et qui cherche par tous les moyens à s'immiscer dans la conversation.

Tocqueville s'abstient de tout commentaire, car, comme tout Européen, il ne peut s'empêcher de penser que les Américains qui chiquent ou se curent les dents au milieu d'une conversation ne sont guère raffinés.

« Il prétend que les Américaines sont frivoles et se tiennent mal ! dénonce encore la jolie nièce.

— Mais les Anglaises sont beaucoup plus frivoles que vous, n'est-ce pas ? taquine Alexis.

— Oui, c'est ce qu'on dit, répond la jeune fille en rougissant. Ce Basil Hall est un traître, ajoute-t-elle à mi-voix.

— Pourquoi donc ?

— Lui, sa femme, ses domestiques, et son enfant très mal élevé ont été reçus ici avec beaucoup de gentillesse. Il l'avoue dans son livre d'ailleurs ! Ce qui ne l'a pas empêché d'écrire toutes ces horreurs. »

Au fond, comprend Tocqueville, si Beaumont et lui ont été aussi bien accueillis, c'est parce qu'ils sont Français. Les

Américains n'ignorent rien de la vieille haine héréditaire entre Français et Anglais. Puisque les Anglais les méprisent, les Américains se tournent vers leurs ennemis. L'accueil serait le même quelle que soit la nature de leur mission ; son principe même flatte la fierté d'une jeune nation. Les Français ne viennent pas se moquer de leurs hôtes, mais s'inspirer de leur réussite. Une démarche rarissime.

En rentrant à la pension, Tocqueville et Beaumont commentent leur soirée. Ils n'ont pas voulu qu'on les raccompagne en calèche. Dans la ville silencieuse et chaude malgré la nuit tombée, remonter quelques avenues après un souper copieux fait office de balade digestive.

« Les Américains sont incapables d'accepter les critiques, note Alexis, et en même temps ils se sous-estiment étrangement.

— C'est votre charmante voisine qui vous a convaincu de cela ? Il est vrai que vous n'avez cessé de parler avec elle... Et que vous ne sembliez pas insensible à ses charmes...

— Elle en avait quelques-uns, je vous l'accorde. Mais j'ai gardé toute ma lucidité. Je m'en suis tenu aux compliments de bon ton... hélas.

— J'ai eu peur un instant que vos bonnes résolutions du départ fassent long feu. »

Tocqueville s'arrête net et agrippe le bras de son ami :

« Mais pas le moins du monde ! Je suis toujours convaincu que se laisser perturber par le beau sexe serait dangereux. Cela fait sept semaines que nous sommes de bons moines. Ce n'est pas le moment de craquer ! D'ailleurs, c'est plutôt vous qui flirtiez avec la fille de Robert Fulton ! Puisque vous doutez de ma détermination, signons un pacte d'honneur. »

Beaumont s'amuse de voir son ami prendre la mouche.

« D'accord pour le pacte. En rentrant, vous écrirez sur votre carnet portatif : "Nous, Alexis Clérel de Tocqueville et Gustave de La Bonninière de Beaumont, nous engageons à ne pas retarder le voyage d'études en tombant stupidement amoureux ni à..." »

Le rire de Tocqueville l'interrompt :

« D'accord, mais nous rédigerons nos engagements sur du beau papier. De toute façon, nous voudrions nous dissiper que nous ne le pourrions pas : les femmes d'ici sont vertueuses.

— Elles n'ont pas le choix : il n'y a pas d'hommes ! Ils passent leur temps à travailler !

— C'est vrai : il n'y a pas de militaires en garnison, pas de rentiers oisifs, pas de jeunes gens riches et désœuvrés, comme en France. Les gentlemen occupent leurs journées à gagner de l'argent. Ce n'est pas qu'ils soient vertueux, eux non plus, mais ils sont trop occupés pour penser au péché. »

Avant de s'endormir, les deux jeunes gens rédigent leur pacte à la lueur de la chandelle : ils s'engagent solennellement à rester chastes pendant toute la durée du voyage. Les raisons sentimentales n'entrent pas en ligne de compte : l'attachement d'Alexis à Marie lui paraît indépendant de ses besoins physiologiques. Il s'agit de raisons pratiques : il ne faut pas que l'un des deux hommes retarde l'autre au nom d'une urgence physique ou d'une histoire sentimentale sans avenir. Cette chasteté forcée n'est évidente ni pour l'un ni pour l'autre, et ils auraient sûrement moins cherché à jouer les « bons moines » s'ils avaient compris le message de leur logeur à leur arrivée. En cherchant un peu, ils auraient pu trouver dans certains quartiers de New York des femmes de petite vertu très semblables à celles qu'ils fréquentaient au Palais-Royal.

« Toutes nos soirées sont remplies jusqu'à notre départ pour Sing Sing, fait remarquer Tocqueville.

— De quoi vous plaignez-vous ? Connaissez-vous une meilleure manière de les occuper ?

— Non, bien sûr. Mais nous n'avons pas pris les tenues nécessaires. On ne pourra pas tenir ce régime pendant un an...

— Il faut surtout que cela ne nous monte pas à la tête ! Cela biaiserait notre capacité d'observation. »

Avant d'éteindre la bougie, Alexis écrit encore à son frère Édouard en lui demandant d'envoyer de toute urgence, aux frais de leur père, deux douzaines de gants glacés jaunes et une demi-douzaine de gants de castor, ainsi qu'une paire de bas de soie à jour pour le soir et une ou deux cravates de soie noire. Les bas et les gants américains sont, lui explique-t-il, de mauvaise qualité et hors de prix, comme tout ce qui est fabriqué par l'homme. La main-d'œuvre est en effet très chère aux États-Unis, car elle fait défaut. Tous ceux qui sont des exécutants préfèrent partir à l'Ouest pour faire fortune.

« Pensez ! dit Alexis à voix haute, alors que son compère s'assoupit dans le lit voisin. La paire de gants coûte six francs, quand elle ne coûte que quarante-cinq sous à Paris !

— La nourriture en revanche, n'est pas plus chère qu'en France... » murmure Gustave, à moitié endormi, en se tournant ostensiblement vers le mur.

Le 20 mai dans l'après-midi, un paquebot arrive du Havre, enfin. Le *Charles Carroll*, qu'on leur avait signalé la veille, vient d'accoster. Mais le capitaine les fait languir : s'il apporte bien du courrier de France, il doit le délivrer à l'administration de la poste, non aux destinataires. Puis la poste le remet à l'adresse indiquée sur les enveloppes, celle de la banque Prime. Une heure plus tard, cette dernière leur fait parvenir leurs lettres – une dizaine chacun.

« Je n'ai pas envie de les lire ici, dans la chambre, annonce Alexis. Je veux me mettre dans les conditions les plus favorables possibles.

— Quelle est votre idée ? sourit Gustave qui partage l'esprit romanesque de son ami à défaut d'être aussi sentimental.

— Renonçons à la soirée que nous avions prévue. Allons dans quelque joli endroit de la campagne. Après les dernières maisons, là-bas... »

Serrant dans leurs mains leur précieux paquet et un coupe-papier, ils traversent la rivière de l'Est et passent sur Long Island. Là, ils découvrent un ravissant vallon qui donne sur le port de New York.

« Mettons-nous à l'ombre ! » implore Beaumont que la promenade fait transpirer.

Les deux jeunes gens posent chapeau et foulard sur l'herbe et s'installent au pied d'un arbre.

« Une vraie scène d'épicuriens ! » s'amuse Alexis.

Il défait la ficelle qui enserre les lettres et les observe, recto verso. Il identifie chaque écriture. Deux lettres proviennent de Marie, deux de l'abbé, et une de chaque membre de sa famille. Il saisit le coupe-papier et les ouvre, une à une, délicieux moment d'excitation. Pour porter son plaisir à son paroxysme, il ne lit que le début de chacune, sans l'achever. Ensuite, il les reprend une à une, lentement, pour faire durer cet instant de bonheur. Il a commencé par la première lettre de Marie et garde la seconde pour la fin.

Pendant plus d'une heure, les jeunes gens demeurent immobiles au pied de leur sycomore, transportés à Paris en imagination. Lorsqu'ils remontent Broadway, il fait nuit.

« C'est la soirée la plus agréable que nous ayons passée depuis que nous sommes arrivés ! » s'exclame Gustave.

Il a reçu trois lettres d'Amélie d'Aumont. Mais contrairement à Tocqueville, s'il est très amoureux de la jeune femme, il est plus résigné : il ne se mariera jamais sans l'accord de ses parents, et il choisira sa future épouse au sein d'un cercle restreint dont cette « demi-mondaine » ne fait pas partie.

« C'est vrai, c'était une merveilleuse soirée, s'attendrit son compagnon.

— En même temps... ces courriers ressemblent à un dialogue de sourds, non ? Nous avons déjà envoyé des lettres qu'ils n'ont pas reçues, ils nous ont déjà envoyé les suivantes. Et si l'on répond dans le détail aux questions qu'ils nous posent ici, ils les auront sûrement oubliées quand ils recevront nos lettres !

— C'est exactement ce que j'allais écrire à Marie, soupire Tocqueville. Si loin l'un de l'autre, on peut encore parler, mais on ne peut plus causer. »

Il a pourtant retrouvé son amoureuse, entre les lignes, fidèle à elle-même. Elle évoque le manque engendré par son absence, mais approuve son voyage. Elle se languit de recevoir de ses nouvelles, mais commente avec précision les derniers événements politiques. Contrairement à ses frères ou à l'abbé, elle ne pose pas de questions à longueur de lettre, mais répond à celles qu'Alexis serait susceptible de se poser. Ce n'est pas un dialogue, loin s'en faut, mais c'est ce qui s'en rapproche le plus. Son résumé des polémiques qui agitent la vie politique – elle évoque en particulier les gages de liberté que Louis-Philippe doit offrir aux citoyens, sur la presse ou le droit d'association... – le plonge dans un abîme de réflexion. Il se jure que, quoi qu'ils écrivent sur les États-Unis, leur œuvre devra nourrir le débat, qui a grand besoin d'idées neuves. Mais Gustave interrompt ses pensées.

« Nous n'avons toujours pas décidé quel genre de livre nous allions écrire, après le rapport sur les prisons.

— En tout cas, nous savons ce que nous n'écrirons pas : des carnets de voyage ou des récits poétiques sur les hommes et la nature. »

Beaumont devine ce que dissimule la véhémence de son ami : on ne se mesure pas à Chateaubriand. Il faut aller sur un autre terrain, celui où l'Enchanteur ne s'est pas aventuré, tout en frappant un aussi grand coup que lui.

« Nous devons brasser large pour commencer, et c'est ce que nous faisons : nous nous intéressons à tous les domaines liés à la politique ou à la société. En travaillant sur le système pénitentiaire, nous allons voir le pays et discuter avec ses habitants, nous parcourrons les villes, nous étudierons les institutions, nous saisirons les rouages de ce gouvernement que personne ne comprend en France.

— Il faudra tout de même choisir un angle de vue...

— Attendons encore quelques semaines d'avant d'arrêter notre choix : nous devons observer en détail et aussi scientifiquement que possible tous les ressorts de cette société avant de décider. Vous comprenez, Gustave, nous devons faire la vivisection d'un corps... La dissection à vif d'une société étrangère.

— Il faut aussi que nous fassions ce que nous nous sommes promis : aller aux confins de la civilisation, rencontrer les Indiens, ces peuples qui vivent comme aux premiers moments du monde, avant le temps des frontières et de l'argent...

— Bien sûr ! Nous mènerons les deux de front, je vous l'assure : nous irons là où le Nouveau Monde est encore à naître. Nous disposons d'une grande année de liberté ! »

13

Des vacances à Sing Sing

Mai 1831

Alexis et Gustave n'en croient pas leurs yeux. Trente gardiens surveillent plus de neuf cents prisonniers, lesquels ne sont entravés par aucune chaîne ni aucun boulet. Ils sont tous vêtus de pyjamas rayés, ils ont le crâne tondu et sont rasés de près. Certains sont de véritables forces de la nature, et leurs mines patibulaires reflètent les crimes qu'ils ont commis, le plus souvent des meurtres ou des tentatives d'homicide. Pour extraire les blocs de marbre de la carrière, les condamnés disposent de pics et de pioches qui pourraient facilement devenir des armes. Les gardiens, eux, ne disposent que d'un fouet. Mais ils sont en alerte permanente, leurs yeux ne cessent de bouger, allant d'un prisonnier à l'autre pour prévenir toute parole ou tout geste suspect.

« Vous avez remarqué comme les surveillants sont aux aguets, Beaumont ?

— Difficile de faire autrement ! Mais vous avez vu aussi comme ils ont le fouet rapide !

— Ils n'ont pas le choix : s'ils ne tuent pas dans l'œuf toute tentative de rébellion, ils sont morts. »

Le secret de cette incroyable discipline réside dans l'obligation pour les condamnés de travailler dans un silence absolu. Autre règle essentielle, lorsqu'ils se déplacent, ils doivent marcher en *lockstep*, c'est-à-dire les uns derrière les autres, en rang serré, les bras de chaque prisonnier coincés sous les bras de celui qui les précède. Cette marche au pas des hommes entrelacés facilite le contrôle de leurs mouvements.

Ce système dit d'« Auburn », qui a été mis au point par Elam Lynds, un ancien directeur de prison qu'ils espèrent rencontrer lorsqu'ils iront plus au nord, est l'une des deux innovations carcérales expérimentées aux États-Unis. Ce système est en concurrence avec celui de Pennsylvanie. Le résultat du premier est en tout cas impressionnant : aucun incident n'a été déploré depuis la création du pénitencier, cinq ans plus tôt. Mais après les premiers entretiens avec des prisonniers et des gardiens, Tocqueville doute de la pérennité de ce succès, qu'il juge à la merci d'un grain de sable.

« Cette méthode me fait penser aux bateaux à vapeur qui descendent les rivières. Tout semble sous contrôle... jusqu'à ce qu'il y en ait un qui explose, tous les deux ou trois mois. »

Les statistiques qu'ils épluchent ne sont pas concluantes : rien n'indique que le séjour au pénitencier ramène durablement les prisonniers dans le droit chemin. Les deux Français réservent donc leur jugement tant qu'ils n'ont pas étudié le système de Pennsylvanie, qu'ils doivent découvrir à l'automne. D'ici là, ils auront inspecté la prison qui a servi de modèle à celle de Sing Sing, le pénitencier d'Auburn.

Ils sont arrivés à Sing Sing, à une dizaine de lieues au nord de New York, sur un bateau à vapeur qui a remonté l'Hudson. La largeur du fleuve, la richesse de la rive septentrionale et les montagnes escarpées qui bordent les rives orientales les ont éblouis. Mais la zone est encore trop civilisée. Ils ont hâte de découvrir la *wilderness*, le monde sauvage et les forêts vierges, ce qu'on appelle en France le « désert » même s'il ne ressemble guère aux étendues arides du Sahara. Sing Sing, avant d'être une prison, est un bourg d'un millier d'âmes, qui tient son nom d'un chef indien. Mais il n'y a plus le moindre Indien dans la région. Ils sont « partis ailleurs », disent tranquillement les habitants à qui ils posent la question. C'est une ville pimpante et fleurie, remplie de petits bâtiments bas et coquets, d'une propreté inconnue en France. Ils avaient vu les mêmes maisonnettes à Newport, le bourg où ils avaient accosté après la traversée de l'Atlantique. Les deux jeunes gens sont logés dans la maison d'une famille d' « honnêtes Américains », ravis de les accueillir pour une semaine.

« Vous savez à quoi me font penser ces maisons ? note Beaumont, qui a pris son carnet de dessins et déjà crayonné le clocher de l'église. À nos cuisines de Beaumont-la-Chartre. Elles sont si propres et si bien peintes qu'on dirait des décors d'opéra ! »

Outre l'enquête qu'ils mènent au pénitencier, les deux jeunes gens poursuivent leurs interrogatoires systématiques auprès de la population.

« Il n'y a pas d'homme, à quelque échelon qu'il se trouve dans la société, qui ne puisse nous apprendre quelque chose, professe Tocqueville, quel que soit son âge, son sexe ou sa position sociale.

— C'est vrai, acquiesce Gustave, les idées entrent par les pores de notre peau, en toute occasion de la vie quotidienne : chaque homme apporte un élément nouveau ou nous permet de recouper nos informations. »

Les jeunes Français effectuent, avant l'heure, un travail de sociologues.

La halte de Sing Sing leur permet de clarifier leurs idées. Ils ont noirci des dizaines de pages depuis le début de la traversée, ils en recopient même des extraits dans leurs lettres. Souvent, c'est en écrivant à leurs proches qu'ils formulent le mieux leur pensée. Ils leur demandent donc de conserver les lettres, qui serviront de matériau au futur livre.

Le courrier d'Alexis est le plus organisé, car il adapte ses lettres aux centres d'intérêt de chacun. À la comtesse de Tocqueville, il raconte les menus détails de leur quotidien, ou leur dégoût en assistant à un service divin halluciné dans une communauté de « dansars », les quakers-shakers : *Ils se placèrent deux à deux et en rond, de manière que les hommes et les femmes ne fissent plus qu'un même cercle. Ils rapprochèrent les coudes du corps, allongèrent les avant-bras et laissèrent pendre les mains ; ce qui leur donnait l'air de ces chiens savants qu'on force de marcher sur leurs pattes de derrière. Puis ils entonnèrent un air plus lamentable que tous les autres et commencèrent à tourner autour de la pièce...*

Avec l'abbé Lesueur, Alexis prend de la hauteur. Il lui explique que les régimes démocratiques ne sont pas antireligieux par nature; bien au contraire, la religion est leur ciment : *La nécessité d'une doctrine religieuse est si bien sentie de ce côté de l'Atlantique, que les protestants en veulent aux catholiques qui paraissent négliger leur culte,* explique-t-il à son vieux précepteur. Les catholiques ne sont pour l'heure que vingt mille, autour de cinq églises de New York, mais ce n'est que le début : *Je ne serais pas étonné que la religion catholique, tant attaquée en Europe, ne fît dans ce pays-ci de grands progrès,* prophétise-t-il.

Pour sa belle-sœur Émilie, qui aménage sa propriété de Nacqueville, il décrit les maisons américaines et lui propose d'en bâtir une sur ce modèle derrière son château; il accompagne sa lettre d'un dessin de Beaumont. À son père, il parle du système politique; la pauvreté des statistiques sur les récidives à la sortie du pénitencier le conduit même à évoquer l'absence de centralisation : *Concernant l'administration, ce pays-ci me paraît tombé dans l'excès opposé à la France. Chez nous, le gouvernement se mêle de tout; ici, il n'apparaît point de gouvernement. Aucune idée centrale ne paraît régler le mouvement de la machine.*

La société de Sing Sing est moins prestigieuse que celle de New York, mais les jeunes gens sont invités tous les soirs à des soupers ou des réceptions en plein air. En rentrant d'une de ces *parties,* Beaumont annonce à Tocqueville qu'il va lui décerner un diplôme « d'amélioration des manières ».

« Que voulez-vous dire ? Vous trouvez que je manque de savoir-vivre ? Je parais toujours un peu distant au premier abord, mais...

— Non, ce n'est pas cela. Au contraire. En société, avec les jeunes femmes, vous êtes tout à fait bien éduqué, vous l'avez toujours été. Mais depuis que vous vivez en Amérique, vous avez appris à l'être aussi avec les vieilles !

— Vous voulez parler de notre concertiste d'hier soir, chez le directeur de la prison ?

— Quel concert ? Cette femme de quarante-cinq ans nous a gratifiés de deux heures de cris infâmes et de hurlements comme si elle était possédée du diable !

— Vous exagérez...

— Je m'ennuyais à mourir dans un coin, moi qui suis l'être le plus sociable du monde, mais vous, vous étiez assis à côté du piano, tout sourires, et vous applaudissiez. Alors que cette femme était vieille, laide, sans grâce ni talent, vous la combliez de joie !

— C'est vrai, je progresse. À moins que... Je vous voir venir : seriez-vous, une nouvelle fois, en train de moquer ma préférence pour les femmes mûres ? »

Gustave de Beaumont lève le bras pour se protéger des représailles. Mais Tocqueville fait amende honorable :

« Vous avez raison, cette musique miaulante est une insulte à Mozart.

— Les Américaines ne savent pas chanter !

— Tous les sons qui sortent de leur bouche sont heurtés et discordants. »

Beaumont griffonne quelques phrases illisibles sur un morceau de papier, et le remet solennellement à son compagnon. Il ajoute au dernier moment en bas de page : « Puisque je décerne des diplômes, je dois également attester que le dénommé Alexis de Tocqueville est le meilleur ami que la terre puisse porter. » Il a une nouvelle raison de témoigner sa reconnaissance à Alexis qui, la veille, lui a appris à nager. Il l'a obligé à se mettre à moitié nu dans l'Hudson, et lui a enseigné la brasse.

« Il faut que vous connaissiez ces mouvements, Gustave. Imaginez qu'un steamboat explose, et que nous tombions dans la rivière : vous ne pourrez en réchapper que si vous êtes capable de nager jusqu'à la rive. Je n'ai pas envie de finir le voyage seul, figurez-vous. »

Après deux heures d'efforts et de patience inhabituels de la part d'Alexis, l'élève et le professeur sont sortis du fleuve, hilares et contents d'eux. Le contraste entre Beaumont, le torse massif couvert d'une toison brune, et Tocqueville, mince et presque imberbe était encore plus saisissant que d'ordinaire.

« Mission accomplie ! Les steamboats n'ont plus qu'à bien se tenir ! »

À Sing Sing comme à New York, Tocqueville trouve dans la nature un écrin propice à la lecture de son courrier, sur la colline qui domine l'Hudson. Il s'installe un jour sur les branches d'un énorme platane, Beaumont restant au pied de l'arbre avec sa boîte à crayons pour dessiner : *Je me prends pour Maître*

Corbeau, écrit-il à Marie. À ses pieds coule le fleuve couvert de voiles. Au nord, l'Hudson disparaît au milieu de montagnes bleutées. Alexis ressent une immense impression de bien-être. Il a reçu un nouveau paquet de lettres, dont deux de la main de Marie. Marie sait raconter la vie de manière piquante. Pas seulement la sienne : celle de ses voisins, des commerçants du marché versaillais, des personnages publics. Elle donne également des conseils à Alexis dont elle n'a encore reçu aucun courrier. Elle l'exhorte à faire abstraction de ses préjugés sur l'Amérique afin d'être mentalement disponible pour profiter de son voyage. Elle demande à son amoureux de comparer la liberté de la presse en Amérique à celle à laquelle il est habitué en France. Elle se souvient pour sa part qu'arrivant d'Angleterre, elle avait été ébahie par l'autocensure que pratiquaient les journalistes français. Elle aimerait savoir si les sociétés futures seront capables de préserver la liberté de l'Homme.

Alexis referme la lettre et la pose sur sa poitrine, là où se trouve le médaillon. Il est heureux. Mais il n'écrira pas à Marie qu'il est heureux, il sait que cet état est passager et que la nuit prochaine, son cœur se serrera en pensant à elle. Il a encore écrit à Ernest de Chabrol la veille que l'absence exacerbait son amour : *Je ne m'étais pas rendu compte à quel point j'étais attaché à Marie. Semble-t-elle parfois se souvenir de moi ? Dites-lui bien que ses lettres sont mon premier bonheur en Amérique.* N'était ce manque, il serait parfaitement serein. Car ce monde nouveau défile sous ses yeux comme une lanterne magique.

L'Amérique a déjà eu raison de ses préventions. Ce pays si différent du sien le subjugue et lui donne de l'énergie, presque de l'espoir pour le devenir de l'univers. Cette société est cent fois plus heureuse que celle d'où il vient. Le pays est si vaste qu'il donne ses chances à tous de faire fortune : l'intérêt particulier s'y confond avec l'intérêt général. Et comme les États-Unis n'ont pas d'ennemis, ils n'ont pas besoin d'armée... Ni de lever des impôts. Le pouvoir exécutif ne donnant ni argent ni puissance, les hommes ne se déchirent pas pour s'en emparer. Cette république ne pourrait donc être reproduite dans une vieille nation d'Europe, un pays figé. Et pourtant...

Tocqueville redescend de son arbre, surexcité.

« Gustave !

— Qu'avez-vous, Alexis ? Vous êtes tout rouge. Le soleil vous a tapé sur le crâne ?

— Eurêka ! Je sais sur quoi doit porter notre livre. En fait, je l'ai toujours su, mais je n'avais pas mis d'ordre dans mes idées.

— Dites-moi ! »

Alexis s'assoit au pied du platane et regarde les dessins que son ami a réalisés.

« Cette aquarelle est très réussie, Gustave.

— Ne me faites pas languir ! »

Le jeune aristocrate se redresse, et se met à marcher de long en large dans l'herbe, comme s'il avait besoin, pour convaincre, d'oxygéner son corps.

« Il faut que nous fassions un livre sur les institutions américaines et la démocratie. »

Gustave est déçu. L'idée n'est pas neuve. Depuis le début de leur voyage, Tocqueville est obsédé par la politique. La république et la démocratie. Même l'évolution des mœurs, la société, la beauté des paysages, tout pour lui se rapporte à la politique. Mais en quoi est-ce un angle d'approche universel ?

« Nous sommes entraînés vers la démocratie par une force irrésistible, s'enflamme Alexis. Depuis que l'humanité existe, elle tend vers une plus grande égalité entre les hommes ; c'est ainsi. Je le sais depuis que j'ai vingt ans, mais je n'osais pas me l'avouer : le surgissement démocratique est inéluctable. Pas seulement pour la France : toute l'Europe, tous les États du monde tendent vers la démocratie. La Révolution n'a été qu'un instant au sein d'un processus à l'œuvre depuis des siècles, et dont nous ignorons la durée. C'est le sens de l'Histoire ! Certains pays mettront seulement plus de temps que d'autres à y parvenir.

— Mais c'est vous qui disiez hier qu'une république ne conviendrait pas à la France ! Que les conditions initiales étaient trop différentes !

— Je le crois toujours. Mais hier je parlais de république, aujourd'hui je vous parle de démocratie ! La république est un régime parfaitement adapté à une société encore brute comme le sont les États-Unis. Ce n'est pas pour autant, pas nécessairement, le régime universel du devenir des nations...

Prenez l'Angleterre, elle se passe très bien de république ! C'est pourtant une démocratie, ou ce qui y ressemble le plus en Europe.

— Et ce livre, donc ?

— Je n'en connais pas encore les contours ; je sais seulement qu'il ne doit pas se contenter de descriptions, qu'il doit chercher les fondements et les causes. Peut-être parlera-t-il de la société, des lois, du commerce, qu'importe, il devra expliquer comment fonctionne une grande démocratie. Ce qui la rend possible aussi : la liberté. Pourquoi ces gens semblent en être aussi heureux. Il faudra montrer ses forces, ses faiblesses et indiquer par des comparaisons ce qui est applicable à la France.

— Pourquoi vouloir à tout prix établir des parallèles ?

— Ce livre doit être utile aux Français, il doit accompagner le processus de changement et nous éviter les fausses pistes. Notre éloignement actuel change notre perception de la France, il nous aide à mieux comprendre ses maux et à trouver les remèdes. Notre livre doit alimenter le débat d'idées. Je crois même qu'il peut fédérer tous les citoyens sur une valeur commune : la liberté ! Car la démocratie, Gustave, c'est la liberté. Et au fond, c'est bien la seule chose qui m'importe, à moi : la liberté. »

Beaumont ne répond pas. Il n'est pas certain d'avoir envie d'un livre aussi intellectuel. Trop ambitieux, peut-être : montrer comment la démocratie fonctionne en Amérique pour faire progresser la liberté en France, mazette ! Mais il n'argumente pas, à quoi bon. Tocqueville est si sûr de son fait. D'ailleurs, ils ne commenceront pas à écrire de sitôt. Il sera toujours temps, s'il trouve une autre idée avant la fin du voyage, d'en convaincre Alexis.

Tocqueville tend sa main à Beaumont pour l'aider à se relever. En son for intérieur, il bénit Marie : c'est elle qui, en lui demandant de comparer les libertés françaises à celles des États-Unis, lui a inspiré cette idée fondatrice.

14

Un monde d'hommes libres

Juin 1831

Le calvaire va commencer. Les cent cinquante invités se pressent dans le grand salon des Prime. Mathilda, la fille de la maison, va interpréter quelques airs célèbres, accompagnée au piano par sa cousine Jane. Tocqueville et Beaumont ont laissé aux dames leurs chaises du premier rang. Debout dans un coin de la pièce, ils ont le profil des jeunes femmes en ligne de mire et échangent des regards entendus.

« Ce qui me fait le plus mal, c'est qu'elles sont ravissantes, chuchote Beaumont.

— Oui, Jane en particulier, approuve son compagnon. Elle est rayonnante. Regardez sa chevelure ! Et ses épaules, rondes à souhait !

— Ouvrons grand nos yeux et fermons nos oreilles ! Seules les Anglaises parviennent à faire pire que les Américaines et sortir de leurs gosiers des sons encore plus horribles. »

Au mouvement de protestation qu'esquisse Tocqueville, Gustave comprend son erreur.

« Il y a des exceptions, bien sûr : Marie chante tout à fait juste. Elle a même une jolie voix. Mais Marie a toutes les qualités, non ? »

Beaumont se protège le visage comme s'il anticipait un soufflet de son ami.

« Pistolet ou arme blanche ? » plaisante Alexis à mi-voix.

Mathilda Prime annonce la liste des airs qu'elle va chanter. Elle souffre d'un léger problème d'élocution, et les Français ne comprennent rien. Sinon qu'elle a choisi, en accord avec sa cousine, des morceaux difficiles, en vieil anglais, et qu'elle sollicite l'indulgence de son auditoire.

« Voilà bien le problème, glisse Gustave. Elles chantent mal et s'obstinent à choisir des mélodies ardues !

— En plus, on n'est jamais sûr qu'un morceau soit terminé ; le chant s'achève toujours comme un livre dont on a arraché la dernière page ! »

Cette fois, la chance semble leur sourire : Mathilda a entamé un air populaire aux paroles sans doute très drôles, puisque tout le monde rit. Après le premier couplet, Beaumont et Tocqueville participent donc à l'hilarité générale qui tient lieu d'applaudissements. À la fin du deuxième couplet, les rires redoublent. Les Français imitent leurs voisins sans avoir rien compris. Quand la troisième strophe commence, Alexis se perd dans sa rêverie. Il revoit Marie au piano, quelques jours avant son départ. La courbe de sa nuque, son profil délicat, le mouvement gracieux de ses mains... Cette évocation le ramène, comme souvent, à leur nuit de Noël, deux ans plus tôt. Deux ans déjà ! Il ne s'en remettra jamais. Ou plutôt, il ne s'en remettra que s'il partage de nouveau ces émotions-là avec Marie. C'est avec elle qu'il veut vivre. L'image de la jeune femme l'accapare si profondément qu'il en devient étranger à ce qui l'entoure.

Égaré dans ses pensées, il entend vaguement le chant s'arrêter sur un dernier accord de piano plus appuyé. Il se souvient alors qu'il faut rire au lieu d'applaudir et il rit, le plus fort possible. Silence. Tout le monde le regarde. Personne ne rit. Il est rouge de confusion. Gustave chuchote :

« La chanson bouffonne est finie depuis cinq minutes. Celle qui vient de vous mettre en joie était la romance la plus larmoyante de tout le répertoire américain. »

Depuis qu'ils sont de retour à New York, les deux jeunes gens ont retrouvé leur rythme du premier mois : ils vont de bal en réception et de pique-nique en party. Ce soir, Mathilda Prime fête en quelque sorte son enterrement de vie de jeune fille, même si cet événement est célébré dans ce pays non pas avant mais après la noce. Peu de temps après la cérémonie, la mariée fait dire à ses connaissances qu'elle sera chez elle ou chez ses parents à une date donnée. Ainsi toutes les visites de remerciements à ceux qui ont offert des cadeaux se trouvent faites d'un seul coup. C'est leur logeur de Broadway qui a expliqué la coutume à Beaumont, le jour où ils ont reçu l'invitation.

« Étrange, non ?

— Insolite, à tout le moins. Je reconnais bien là le côté pratique des Américains. L'utile est prépondérant ici, même dans le domaine des sentiments.

— Oui, c'est sans doute pour cette raison que leurs amis sont souvent leurs relations d'affaires.

— En tout cas, je comprends votre mine réjouie, Gustave : vous allez revoir la fille de Robert Fulton ! Oh, j'ai bien vu votre manège chez Prime. Vous m'avez accusé de trop m'intéresser à Jane mais c'était vous qui flirtiez... D'ailleurs, si vous souhaitez rompre le pacte, dites-le.

— Cela tourne à l'obsession ! »

Le dernier morceau de chant se termine, au grand soulagement des invités qui ont hâte de se dégourdir les jambes. La soirée se poursuit dans le parc. La résidence secondaire de Nathaniel Prime, en bord de mer, à trois ou quatre lieues de New York, est une splendide villa à colonnades, entourée de grandes pelouses bordées de massifs de fleurs et plantées d'arbres en quantité.

« Quel site extraordinaire ! » s'extasie Tocqueville, en descendant les marches avec leur hôte.

Il apprécie de plus de plus la compagnie de Nathaniel Prime. Grand, élancé, avec un visage fin et impassible, ce n'est pas seulement un banquier qui, à soixante-trois ans, a plus que réussi, c'est un homme à l'intelligence acérée et la sensibilité à fleur de peau. Malgré ses origines modestes, il est plus cultivé et plus curieux que bien des aristocrates de sa connaissance.

« Et vous n'auriez pas pu choisir une plus belle soirée pour votre réception ! » poursuit le jeune Français en regardant le ciel, un ciel bleu dur d'avant la nuit, presque marine.

Il fait beau et chaud, mais une petite brise de mer rafraîchit l'atmosphère. La pelouse qui entoure la maison descend jusqu'au rivage. Au milieu des jardins éclairés, une nuée d'insectes, mi-mouches mi-vers luisants, ornent les branches des arbres et voltigent dans l'air en millions d'étincelles. Un carrousel féerique dont on peine à croire qu'il n'ait pas été commandé pour l'occasion.

« Ces mouches lumineuses sont surnaturelles ! On dirait des vers luisants qui se mettraient à voler ! s'émerveille Alexis.

— Vous ne connaissez pas cela en France ? répond Jane qui a rejoint son oncle. Ce sont des *fire-flies* !

— Comment dites-vous ?

— Des *fire-flies* ! »

Un homme d'une quarantaine d'années, à qui sa calvitie en forme de tonsure donne des allures de moine, s'approche du trio :

« En français, ce sont des lucioles.

— Oh, mais vous parlez parfaitement français, s'étonne Tocqueville.

— Je suis le fils de Robert Fulton. Vous connaissez déjà ma sœur, je crois ?

— Tout à fait. Nous l'avons déjà rencontrée chez notre hôte à New York...

— Oui, je n'avais pas pu y venir, j'étais à l'étranger. Le français m'est très utile lorsque je voyage. Je connais bien votre pays, j'y ai passé quelques années étant jeune. Avant d'ouvrir les premières lignes commerciales entre New York et Albany, mon père a vécu une partie de sa vie en Europe, et notamment à Paris, pour vendre ses inventions.

— Votre père était bien l'inventeur du bateau à vapeur ?

— Il n'a pas inventé le steamboat proprement dit mais le bateau de Fitch à propulsion par hélice. Cependant c'est lui qui l'a développé. Saviez-vous que le premier bateau à vapeur, le Clermont, il l'a fait circuler sur la Seine ? C'était en 1803... Vous n'étiez pas né et moi non plus, mais mon père avait proposé en 1799 au Directoire, alors en guerre contre l'Angleterre, un sous-marin baptisé *Nautilus...* »

Le reste de ses explications se perd dans le brouhaha. Les trombones de l'orchestre jouent un peu fort dans le jardin. Tocqueville se dit que les Français, en refusant l'invention de

Fulton, ont perdu une occasion de prendre de l'avance sur les Américains, et qu'un jour, ils se feront doubler. L'Amérique rapide et fonceuse, la France décadente et subtile : le poids de mille ans d'histoire.

Tocqueville cherche Beaumont du regard. Il ne l'a pas vu depuis la fin du concert. Sans doute se trouve-t-il, comme lui, au centre d'un groupe de gens qui le questionnent. Sa popularité, quoique imméritée, a un effet désinhibant : elle lui évite de prendre l'initiative pour aborder des inconnus.

En observant la propriété qui l'entoure, il s'étonne qu'un milliardaire comme Prime ne se soit pas fait construire un château plutôt que cette belle résidence de campagne. Mais les nouveaux riches américains, tellement mobiles dans leur manière de vivre, ne bâtissent pas des demeures grandioses et durables. Quant à ceux dont la fortune est plus ancienne, ils n'ont pas bénéficié, comme en France avant la Révolution, de la primogéniture, cette priorité donnée lors de l'héritage à l'aîné des garçons, qui recevait tout le domaine, pour le garder intact. Ce principe, aboli depuis 1789 en France y a provoqué le début du morcèlement des domaines. Aux États-Unis, les lois égalitaires de succession existent depuis bien plus longtemps. Ce qui contribue à expliquer l'absence de châteaux.

Alexis et Gustave ont eu une longue discussion à ce sujet avec Edward Livingston, le ministre.

« Même si le milliardaire et le petit artisan se serrent la main dans la rue, il existe quand même une forme d'aristocratie chez nous : celle de l'argent.

— Vous voulez dire que le poids social d'un individu est proportionnel à son poids financier ?

— Exactement. En pays protestant, la réussite est à la fois une reconnaissance et une bénédiction divine.

— En même temps, une aristocratie qui change en fonction du poids économique du moment n'en est pas une !

— C'est vrai, l'Amérique est une gigantesque classe moyenne. L'abolition de la primogéniture a une autre conséquence bénéfique, a fait remarquer Livingston. Les Américains savent que s'ils veulent être riches, ils doivent bâtir leur propre fortune et non compter sur leur héritage. »

En repensant à cette discussion avec Livingston, Tocqueville comprend mieux les choix de Nathaniel Prime. Il voudrait en faire part à Gustave mais celui-ci se promène sous les frondaisons avec Isabella, la fille de Robert Fulton. Alexis les observe, mal à l'aise. Et si Beaumont rompait le pacte ? Ou plutôt – car ce pacte est idiot, il ne s'agit pas de chasteté mais de disponibilité – s'il décidait de rester à New York pour faire sa cour ? La jeune fille est belle, son père est riche et connu en Europe, les parents de Gustave ne s'opposeraient pas au mariage.

Tocqueville suit de loin le manège de son ami : les jeunes gens se sont arrêtés, Gustave a pris la main d'Isabella. De toute évidence, ses affaires avancent. Au fond, son compagnon a déjà rompu le pacte : alors que lui-même évite de trop approcher Jane, et privilégie les conversations qui peuvent lui être utiles dans sa compréhension du pays, Gustave n'a rien fait pour leur œuvre commune de toute la soirée. À moins de considérer qu'il prépare une étude sur les mœurs des femmes du Nouveau Monde.

Il est vrai que les Américaines sont étonnantes. Elles ont des habitudes très masculines. Elles s'habillent de pied en cap dès le déjeuner, à sept heures du matin, et gardent la même tenue toute la journée. Pas question, comme les Françaises, de changer trois fois de toilette selon la circonstance ou de rester en déshabillé jusqu'à midi.

Quant aux conventions qui règlent leur vie en fonction de leur âge, elles sont aussi très différentes. En France, on cherche avant tout à protéger la virginité : tant qu'elles sont célibataires, les jeunes filles sont très surveillées. Mais le mariage leur rend la liberté... et la compagnie des hommes. Les entorses à la vertu ne sont pas rédhibitoires. Aux États-Unis, c'est l'inverse. Alexis a déjà fait part de son étonnement dans une lettre à sa belle-sœur Émilie : *On voit les jeunes personnes, lestes et élégantes, dès une heure de l'après-midi, trottant menu dans toutes les rues de New York, parcourant les boutiques, montant à cheval, sans père ni mère, oncle ni tante, pas même un domestique. Pis, si un jeune homme de leur connaissance croise une de ces voyageuses, on s'arrête, on cause tout amicalement pendant un quart d'heure, au coin d'une borne, et à la fin de la conversation, la jeune personne vous invite à venir la voir et vous indique l'heure à laquelle on la trouvera chez elle; à l'heure dite, en effet, on va demander mademoiselle Une Telle, on la trouve souvent seule dans le salon de son père, dont elle vous fait les honneurs. Tout le monde nous dit que cet ordre de choses n'a aucun des inconvénients qu'on pourrait prévoir.* Sans doute parce que les Américains possèdent un sens très aigu de la moralité et de la droiture.

Tocqueville se tourne vers le petit groupe le plus proche de lui, en se disant qu'il a bien des choses encore à apprendre sur la gent féminine locale.

« Dites-moi, que fait une femme mariée de ses journées en Amérique ? »

Personne ne semble trouver la question saugrenue. La plus âgée des épouses répond avec une conviction exemplaire :

« Elle admire son mari. »

Alexis retient un rire : sa gaffe précédente l'a rendu circonspect. Avec son petit chapeau sur la tête et sa bourse à la main, engoncée dans une robe à pois surchargée de dentelles, la dame semble tout à fait sérieuse, et ses compagnons n'ont pas l'air de trouver sa réplique drôle. Non, ce n'est pas un trait d'humour. Et il n'y a pas d'erreur de traduction possible, pas de faux ami : *admire*, c'est bien « admirer ». Alexis se dit qu'il va pouvoir envoyer à Émilie un complément à sa description : *Ensuite, quand une femme se marie, c'est comme si elle entrait au couvent, excepté, cependant, qu'on ne trouve pas mauvais qu'elle ait des enfants, et même beaucoup. Du reste, c'est une vie de nonne; plus de bals, presque plus de société; un mari, à la vérité très estimable, pour toute compagnie, et cela jusqu'à la vie éternelle.*

Toutefois, ces recluses se sont placées librement sous ce joug : elles ont choisi leur mari ! Ici, personne ne verrait d'inconvénient à ce qu'Alexis épouse miss Mottley. La comparaison aboutit à un constat négatif pour la société française qui n'est pas un monde d'hommes et de femmes libres : avec ses castes et ses préjugés, elle est archaïque. Tocqueville sait déjà qu'il ne pourra pas s'empêcher de glisser cette idée dans la lettre à sa belle-sœur et quelques arguments en faveur des mariages « entre accordés », car ses lettres seront lues aussi par ses parents, et il doit les habituer à l'idée qu'il se mariera avec la femme qu'il aime, avec ou sans leur consentement.

Comme il envie les Américains de son âge ! Personne ne leur impose un conjoint avec qui ils n'ont pas échangé trois mots. Même lorsqu'on croit connaître l'autre, le mariage est un coup de dés, et la probabilité de tirer un « six » très réduite. Alors si vous ne lancez même pas le dé vous-même, que pouvez-vous espérer ? Pas de doute, les Américains sont encore dans le vrai.

« Vous savez, nous n'avons rien inventé, ironise le fils de Fulton, qui semble décidément connaître l'Europe aussi bien que son père. Votre Bonaparte, par exemple, il était moderne : il voyait le mariage comme l'aboutissement de la passion. C'est sa Joséphine qui faisait la distinction entre conjugalité et amour ! »

Deux heures plus tard, les deux Français quittent la soirée, mélancoliques. Gustave parce qu'il est amoureux, mais que son histoire n'a pas d'avenir – il n'a pas envie de changer de monde et Isabella non plus – et Alexis, parce qu'il est découragé devant l'ampleur du travail qui l'attend. Vues d'Amérique, les coutumes françaises sont arriérées, presque barbares. Il doit les faire évoluer. Il n'attendra pas l'avènement naturel de la démocratie pour secouer son joug.

15

Les secrets de la réussite américaine

2 juillet 1831

«Vous avez vu à quelle vitesse nous filons? hurle Alexis, en montrant du doigt les gerbes d'eau évacuées par l'étrave du bateau.

— Oui, les bateaux à vapeur sont de plus en plus rapides», répond Gustave en élevant la voix à son tour, pour couvrir le bruit de l'eau et de la machine.

Les deux aristocrates sont accoudés au bastingage d'un énorme navire qui les emmène à West Point. Ils veulent y faire une halte avant de reprendre, le lendemain, le bateau pour Albany, la capitale de l'État de New York. West Point est un lieu fameux de la guerre d'Amérique et l'un des endroits les plus pittoresques du pays.

«Vous avez remarqué comme ils ont été rapides à nous faire embarquer? Ils ont failli laisser sur le quai cette petite famille qui ne se pressait pas assez! Pourtant le bateau était en avance sur l'horaire. Quand je pense aux retards des diligences en France...»

Un Américain d'une cinquantaine d'années, crâne dégarni et cigare aux lèvres, vêtu d'un pantalon à carreaux et d'une redingote trop longue, les observe depuis quelques minutes, goguenard. Ils sont jeunes, charmants, européens de toute évidence : il finit par s'immiscer dans leur conversation.

«Vous voulez savoir pourquoi ce bateau va aussi vite? dit-il en aspirant une grosse bouffée de son cigare.

— Nous nous interrogions justement.

— Et vous ne connaissez pas la réponse ?

— Non. C'est un nouveau modèle ?

— Vous y êtes presque. »

Il fait durer le suspense en exhalant tranquillement la fumée.

« Messieurs, nous sommes en train de faire une course ! »

Les deux Français écarquillent les yeux.

« Comment cela ?

— Ce steamboat a été équipé d'un nouveau moteur et le capitaine est en train de le pousser un peu. Il défie celui de la compagnie concurrente, parti en même temps que nous. L'un et l'autre veulent battre le record de la remontée du fleuve. »

La fin de sa phrase se perd dans une quinte de toux provoquée par le tabac.

« Vous voulez dire que notre bateau est en compétition ? s'exclame Beaumont, choqué.

— Exactement. Et pour l'instant, nous sommes en tête. Regardez ! »

L'homme indique, loin derrière eux, la silhouette d'un bâtiment blanc.

Tocqueville et Beaumont se jettent mutuellement un regard inquiet. Ils ont trop souvent entendu parler des explosions de moteurs de bateau pour trouver palpitant ce match improvisé.

« Ce qui me surprend, reprend Beaumont, c'est qu'à cette vitesse nous ne soyons pas encore arrivés à West Point.

— Effectivement, constate à son tour Alexis, nous devrions y être depuis un quart d'heure.

— Ils ne vous l'ont pas dit ? lance l'Américain. Pour gagner du temps, le capitaine a supprimé l'escale de West Point.

— Comment cela ? Il n'a pas le droit !

— Nous avons acheté un billet pour West Point !

— Il n'a pas le droit, sans doute. Et après ? Il lui suffit de dire que des conditions exceptionnelles ont empêché cette escale. »

Les deux Français manquent de s'étrangler.

« Des conditions exceptionnelles ?

— Oui, les conditions de navigation, la météo... Comment prouverez-vous le contraire ?

— Mais ce petit jeu lui fait perdre des recettes ! Nous allons demander à être remboursés. Sans compter qu'ils ont sûrement raté des passagers à West Point.

— Vous voulez rire ? Cela va faire une telle publicité à la compagnie gagnante qu'elle engrangera des milliers de dollars de profits ! »

Tocqueville, écœuré, rentre dans la cabine.

« En attendant, nous voilà dans la situation du voyageur qui s'est trompé de diligence, soupire Beaumont en lui emboîtant le pas.

— À cette différence près qu'on ne peut pas descendre ! » rétorque Tocqueville.

Quand ils arrivent à Albany, à cinq heures du matin, le jour n'est pas encore levé. Leur bateau a gagné la course, l'équipage et les passagers se congratulent et les matelots en oublient presque de poser la passerelle.

Les Français se rendent compte une fois à terre qu'il est trop tôt pour aller en ville. Ils s'allongent alors sur les bancs disposés sur les quais pour y terminer leur nuit.

« Regardez, Gustave ! Le banc porte un nom sur son dossier, Richard M... Le reste du patronyme n'est pas lisible.

— Le mien aussi ! *Sponsored by* Philipp... Le... Clere ! C'est le nom de son parrain ! Ce banc a été offert par un généreux donateur.

— Drôle de façon de laisser sa trace dans l'Histoire. En tout cas, les Américains aiment faire profiter la communauté de leur fortune. »

Ils dorment deux heures puis partent à la recherche d'une pension pour se laver, se raser, puis se présenter aux officiels, comme ils le font habituellement.

Avant d'aller visiter Auburn, le pénitencier modèle de l'État de New York, ils veulent consulter les archives administratives de la capitale de l'État. Ils espèrent aussi assister aux festivités du 4 Juillet, l'anniversaire de la Déclaration d'indépendance. En fait, ils vont faire mieux ! Le maire d'Albany, Francis Bloodgood, les reçoit dès le premier jour et décide qu'ils feront partie et même seront placés en tête du défilé. La cité et ses festivités intéressent des personnalités venues d'Europe, autant le faire savoir. Dans cette ville de vingt-cinq mille âmes, les deux Français passent encore moins inaperçus qu'à New York.

« Ils nous prennent pour des trophées », s'amuse Tocqueville en sortant du City Hall.

Le matin du 4 juillet, la ville est en effervescence dès le lever du soleil. L'événement a attiré une foule considérable et les rues sont toutes décorées. Pourtant, la cérémonie déçoit les Français. Ils s'attendaient à la splendeur et la gravité des défilés français, et ils découvrent une ambiance de kermesse. Même si elle rassemble plusieurs milliers de personnes, ce n'est pas une parade militaire : il y a bien quelques soldats de la garde nationale en tête du cortège, mais ils sont débraillés et ne savent pas marcher au pas.

« Ne soyez pas trop exigeant, Alexis : ce sont des citoyens soldats ! »

Les gardes nationaux sont suivis des chars qui transportent les vétérans de la guerre d'Indépendance. La foule, hommes et femmes mêlés, applaudit à tout rompre sur leur passage. Vient ensuite le cœur du défilé, les corps de métier avec leurs emblèmes et les syndicats avec leurs banderoles : associations de bouchers-charcutiers, apprentis, cordonniers, fermiers, hôteliers, menuisiers, maçons...

« Les Américains ne possèdent ni raffinement ni sens de l'esthétique, déplore Tocqueville.

— Leurs moments collectifs manquent surtout de solennité. Pourtant, regardez le sérieux de ces deux-là ! renchérit Beaumont en désignant deux porteurs d'effigies de cochons et de poules.

— En même temps, finit par admettre Alexis, il est naturel de mettre en vedette les organisations professionnelles quand le pays doit sa prospérité au commerce et à l'industrie. »

La procession s'engouffre dans une église, où les deux visiteurs de marque s'attendent à voir trôner Enos Throop, le gouverneur de l'État, les ministres et les officiels. Mais non, l'estrade montée dans l'église est encombrée par les banderoles des syndicats et ce sont les vétérans qui y paradent. Les officiels viennent leur serrer la main et s'excuser de l'exiguïté du lieu.

« Au fond, note Tocqueville, les Américains sont un peuple de marchands qui s'occupent des affaires publiques quand leur travail leur en laisse le loisir.

— Et leur gouvernement, on le cherche encore...

— Nous avons l'explication sous les yeux : ce sont les villes qui décident de tout. C'est grâce à cet échelon qu'ils ont rendu la république praticable. »

Un orateur inconnu monte sur l'estrade. Un signe de la main lui suffit pour obtenir le silence. La foule prend une attitude recueillie. Tous les participants joignent les mains.

« C'est inouï, s'étonne Tocqueville. La cérémonie commence par une prière ! Une prière avant la lecture de la Déclaration d'indépendance !

— Je n'arrive pas à le croire, avoue Gustave.

— On aurait pu imaginer que la religion serait éradiquée, et c'est l'inverse qui se produit ! Rien ne se fait sans elle : au lieu d'être une force réactionnaire, elle est le soutien essentiel de la démocratie et de la liberté. Elle doit d'ailleurs aussi servir de contrepoids à l'avidité généralisée. »

La cérémonie est aussi longue que fade : quelques discours auxquels les Français ne comprennent pas grand-chose (mais qui, d'évidence, se perdent en lieux communs), puis les participants chantent, en leur honneur, quelques couplets sur l'air de *La Marseillaise*, accompagnés d'une unique flûte.

« Vous auriez dû apporter la vôtre, Gustave, cela aurait fait un orchestre ! »

Ensuite vient le moment le plus solennel : la lecture de la Déclaration d'indépendance qui semble faire vibrer les cœurs à l'unisson.

« Quel civisme ! chuchote Tocqueville, enfin impressionné. Il y a, dans la lecture de ces promesses d'indépendance si bien tenues, quelque chose de profond et de vraiment grand. »

Les deux commissaires repartent satisfaits. En fin d'après-midi, lestés de leurs bagages, ils se rendent à la gare routière. Leurs malles remplies de dossiers sont restées à New York, et ils y font envoyer les documents qu'ils récupèrent au fur et à mesure de leur périple. Leur récolte d'Albany va suivre ce chemin. Pendant ce temps, ils vont pour leur part emprunter un *stagecoach*, une diligence tirée par deux chevaux, avec deux petites roues à l'avant et deux grandes à l'arrière. Ils quittent Albany en direction de Syracuse et d'Auburn.

Ils font un détour par la ferme d'Enos Throop, le gouverneur de l'État de New York, qui leur avait proposé de passer le voir lorsqu'ils lui avaient rendu visite à Manhattan. Throop habite une petite ferme en planches de bois, bâtie sur un seul étage, et il gère lui-même la mise en valeur de ses terres. La somme qui lui est allouée pour exercer sa charge de gouverneur est de cinq mille dollars par an. Les deux jeunes gens n'en reviennent pas ! Et encore, par rapport au gouverneur de l'Ohio, qui ne touche que mille deux cents dollars par an, il n'est pas si mal loti. S'il n'est pas fortuné à l'origine, le premier personnage d'un État est obligé d'exercer un second métier pour vivre ! De ce fait, la politique est souvent exercée par des hommes désintéressés qui ont déjà fait fortune et qui considèrent cette charge comme un moyen de rendre à leur pays un peu de ce qu'il leur a donné.

« On dirait que pour eux le gouvernement n'est pas un bien mais un mal nécessaire ! s'étonne Beaumont.

— Presque. Les citoyens ne donnent aux fonctionnaires que les pouvoirs indispensables, explique Tocqueville. Mais comme les attributs extérieurs du pouvoir ne sont pas indispensables à la marche des affaires et que leur exhibition peut blesser inutilement le public, les Américains ont choisi, contrairement à nous, de ne pas leur en donner. »

Ils ne restent que deux heures dans la ferme de Throop, qui présente peu d'intérêt, et la quittent avec le sentiment que, cette fois, l'aventure les attend. Ils ont laissé derrière eux pour de bon et pour longtemps les villes et leurs faubourgs, et en ont fini avec les mondanités. Ils pensent pouvoir se reposer dans la diligence mais déchantent vite : les routes sont mauvaises, et les suspensions en cuir du véhicule assez sommaires. Au bout d'une heure, les deux jeunes gens sont rompus, mais tout à la joie du spectacle de la nature. Jusqu'alors, ils n'avaient vu que les rivages de la mer ou les bords de l'Hudson. Cette fois, ils s'enfoncent dans les terres. Un autre monde. Un avant-goût de cette *wilderness* qu'ils attendaient avec tant d'impatience.

« Quand je pense que dans mes premières lettres, je me suis plaint de ce qu'on ne trouvait presque plus de bois en Amérique...

— Il va falloir faire amende honorable ! Non seulement on trouve *du* bois et *des* bois en Amérique, mais ce continent n'est qu'une vaste forêt, au milieu de laquelle on a tout juste fait quelques trouées. »

Lorsque la diligence s'arrête dans un village, les deux amis se dégourdissent les jambes en grimpant au clocher de l'église. À chaque fois, c'est le même spectacle : à perte de vue, le sommet des arbres que le vent agite comme les vagues de l'océan. Elle est bien là, la forêt vierge, le monde sauvage de Chateaubriand, ce « désert » tant vanté par les écrivains-voyageurs.

Dans les zones défrichées, au milieu des plus belles récoltes, des troncs morts jonchent encore le sol.

« Vous avez vu ? reprend Tocqueville. Dans le même enclos, il y a de jeunes pousses, de longues herbes, des plantes grimpantes, et du blé ! Tout cela pêle-mêle !

— Ne vous étonnez pas, nous ne sommes pas à Tocqueville ni à Beaumont-la-Chartre : un terrain cultivé aussi sommairement contient encore les germes de milliers de plantes sauvages.

— Oui, c'est un maquis où tout pousse avec vigueur. La lutte doit être permanente entre l'homme et la forêt, et les humains ne doivent pas toujours remporter la victoire. »

Le pays est neuf, mais c'est un vieux peuple qui est venu l'habiter. Quand, par une route affreuse, ils parviennent à une habitation, ils tombent des nues : le propriétaire, souvent un grand gaillard sain et bronzé, est habillé exactement comme eux, avec des bottes, une chemise et une veste soignés. Son logis est parfaitement propre, sa femme et ses enfants bien tenus. Il parle le langage des villes, vient de lire le journal du jour, et le plus souvent, il s'empresse de leur parler politique !

« Comment avez-vous laissé la France ? leur demande-t-il. Quelle était la force de chacun des partis ? Pensez-vous que Louis-Philippe puisse tenir encore longtemps ? »

Mille questions qui leur paraissent saugrenues dans ce lieu et en cette circonstance. Pourtant ce phénomène incongru se répète, et ils s'y habituent. Chacun des pionniers qu'ils rencontrent, dans sa maison, dans les auberges ou lors des haltes, leur fait l'effet d'un riche propriétaire venu pour quelques jours dans son rendez-vous de chasse. Ils admirent ces défricheurs de terre, ces hommes qui vont se fabriquer un avenir à l'ouest.

« Ce sont les mêmes hommes que ceux que nous avons rencontrés à New York, commente Gustave, en remontant dans le *stagecoach*.

— Mêmes habitudes, même langue, mêmes plaisirs, même habillement...

— Ils n'ont rien du caractère rustique et naïf de nos campagnards d'Europe.

— C'est parce qu'en Europe, chacun vit et meurt sur le sol qui l'a vu naître. Ici, ceux qui habitent les lieux les plus isolés sont arrivés hier, avec les mœurs et les habitudes urbaines.

— Mais un tri a été fait, et ceux qui prennent ces risques ont de vraies qualités : vertu, courage, piété...

— Oui, ce sont des aventuriers du monde moderne. Des aventuriers sages et religieux. De génération en génération, à force de revendre des terres devenues trop petites et d'en acheter de plus grandes à l'Ouest, ils finiront par atteindre le Pacifique ! Et croyez-moi, Beaumont, ils domineront le monde. »

Après trente-six heures de routes chaotiques, les deux compagnons arrivent à Syracuse. Ils y ont rendez-vous avec Elam Lynds, le père du système pénitentiaire d'Auburn dont ils ont vu une réplique à Sing Sing. L'ancien directeur a pris sa retraite après dix années passées dans l'administration des prisons, et il s'est reconverti dans la quincaillerie. Elam Lynds les reçoit en blouse de commis marchand et leur consacre trois heures, ravi de parler. L'entretien se termine au café, après l'arrivée de l'employé qui va tenir la boutique à sa place. Lynds a connu tous les systèmes et toutes les expérimentations : son témoignage est le moment fort du rapport qu'ils vont rédiger pour le ministère. Cet homme a été capable d'inventer une méthode qui permet à trente hommes de contrôler neuf cents détenus armés de pioches et non enchaînés.

« Ce système exige une discipline rigoureuse car les condamnés ne sont enfermés individuellement que la nuit. Dans l'autre système, celui de Pennsylvanie que vous verrez bientôt, les prisonniers sont condamnés à l'isolement cellulaire de jour comme de nuit, sans travail ni visite. Ainsi, on nous dit qu'ils ne risquent pas de subir la mauvaise influence de leurs semblables et de ressortir de la prison plus délinquants qu'ils n'y sont entrés. Je pense personnellement que ce système est inhumain sans pour autant donner de meilleurs résultats que le mien. »

Quand ils prennent congé du vieux Lynds, l'ancien directeur de prison est encore ému que deux hommes soient venus d'Europe pour recueillir son témoignage. À la sortie de l'estaminet, Tocqueville paraît perdu dans ses réflexions.

« Gustave, lance-t-il soudain, vous vous souvenez de l'histoire des deux Français du lac Oneida ?

— Et comment ! Mais quel rapport avec notre entretien ?

— Vous savez que l'île existe ? Ce n'est pas une légende. Le jeune aristocrate et sa femme y ont vécu, peut-être y vivent-ils encore, très vieux. Or nous sommes tout près du lac. Nous ne passerons jamais plus près. »

Le visage de Beaumont s'éclaire.

« À vrai dire, je le savais. Cette histoire me fascine autant que vous. J'avais repéré l'île sur la carte, moi aussi, mais j'hésitais à vous en parler.

— Vous avez craint d'être plus romantique que moi ? La chose aurait été inhabituelle. »

Les deux hommes s'esclaffent.

« Car il n'est de bonheur en ce monde...

— ... que sur les rives du lac Oneida !

— C'est le moment d'aller vérifier, non ? »

Beaumont serre la main que lui tend son ami.

« Nous allons louer des chevaux. Nous irons au fort Brewerton, tout près du lac. Si nous nous débrouillons bien, nous serons en moins de deux heures à notre destination. »

16

Les amants du lac Oneida

8 juillet 1831

Le pas des chevaux résonne dans la forêt. Il fait chaud, même à l'ombre des grands arbres ; les insectes assaillent les cavaliers et leurs montures. Pour ménager les animaux, Alexis et Gustave progressent au ralenti. À ce rythme, il leur faudra trois heures au moins pour atteindre le fort Brewerton, ce vestige de la guerre de Sept Ans, construit au bord du lac Oneida. Mais au début du mois de juillet, les journées sont longues : ils pourront faire l'aller et le retour sans crainte de la nuit.

Les deux jeunes gens sont silencieux, comme s'ils s'apprêtaient à vivre un moment décisif de leur vie. Il y a trois mois qu'ils ont quitté la France ; ils ont traversé la mer, découvert des villes inconnues et pénétré le monde sauvage, mais pour la première fois, ils ont le sentiment de partir vraiment à l'aventure.

« Ce n'est pas encore la frontière ultime de la civilisation, fait remarquer Gustave de Beaumont.

— Mais cela y ressemble, non ? » répond Tocqueville, sur un nuage.

Alexis pense aux deux femmes qui ont compté dans sa vie. Il sait qu'elles n'apprécieraient guère d'être associées dans sa rêverie. Néanmoins, Rosalie lui a fait découvrir le *Voyage au lac Oneida* et Marie partage aujourd'hui ce rêve avec lui. Avec l'une et l'autre, il a voulu fuir un monde qui n'unit que les gens bien nés. C'est autant pour l'une que pour l'autre qu'il accomplit ce pèlerinage, et il lui est impossible de les dissocier. Il n'a pas eu le moindre contact avec Rosalie depuis la lettre scellant la fin de leur correspondance. Par honnêteté, et parce que cette idylle correspond à une période importante de sa vie, en rapport avec sa crise existentielle d'adolescent, il a raconté à Marie son aventure avec la jeune Messine. Il l'a dédramatisée et n'en a pas décrit précisément la fin, lui laissant croire que leur attachement avait connu une mort naturelle, corollaire de l'éloignement. Bien qu'elle affirme toujours que leur idylle restera mort-née, Marie n'aimerait sans doute pas apprendre que la cicatrice de cette histoire de jeunesse est mal refermée. Quant à Rosalie, elle serait sûrement peinée de savoir qu'Alexis a partagé avec sa nouvelle amoureuse un rêve qui lui appartenait. Pourtant, l'amour qu'il ressent pour Marie, un amour adulte, se nourrit de son ancienne passion pour Rosalie. C'est parce qu'il a renoncé une fois déjà et qu'il s'est perdu lui-même dans ce sacrifice, qu'il sera désormais inébranlable. La tentation d'Oneida, aussi illusoire soit-elle, est restée vivace en lui, et même si elle est intimement liée à sa peur de l'exil forcé, elle lui apporte parallèlement une forme de réassurance.

Contrairement à Tocqueville, Beaumont n'associe aucun prénom de femme à l'île du lac Oneida. Mais lui aussi s'identifie au jeune aristocrate qui l'a habitée. Sous l'influence d'Alexis, il s'est convaincu que la démocratie était le sens de l'Histoire et que la France n'en avait pas fini avec les soubresauts de la Révolution. Un jour, il devra peut-être vraiment fuir l'Hexagone en raison de sa naissance aristocratique, comme les amants du lac Oneida. Il lui semble que la perspective devient plus concrète au fur et à mesure qu'ils se rapprochent du lac.

Après deux heures de route, ils parviennent au fort Brewerton. Ce n'est qu'une grosse baraque en troncs de bois destinée à contenir des munitions, ce que les gens du cru appellent une *block house.* On leur a expliqué qu'ils devaient ensuite longer les rives du lac Oneida vers le sud jusqu'à Cicero, le village le plus proche des îles elles-mêmes. Tenant leurs chevaux par les rênes, ils marchent sur le bord du lac en profitant de ce moment unique.

Le paysage est enchanteur. Le plan d'eau fait au moins dix lieues de long et deux de large : c'est le plus grand de l'État de New York. Pas une voile sur l'eau; pas une maison sur ses rives; nulle fumée au-dessus des forêts environnantes. Mais plusieurs îles sont visibles dans le lointain.

Après une demi-heure de marche, ils aperçoivent une cabane de pêcheur. Devant la porte, une femme entre deux âges, au visage rustique, est assise sur un tabouret bas; elle dépèce un lièvre au-dessus d'une bassine en bois. Ils lui expliquent qu'ils recherchent un de leurs compatriotes français venu s'installer sur une île du lac il y a une quarantaine d'années.

« *The Frenchman's Island!* L'île du Français! s'exclame-t-elle en laissant tomber son lièvre dans la cuvette. Mais vous y êtes! »

La femme est maigre et brune, vêtue d'une longue robe grise; elle porte, malgré la chaleur, des bas épais et de grosses chaussures, comme une paysanne européenne. Elle se lève et, du doigt, désigne au loin une île dont les arbres plantés très serrés semblent rendre l'accès infranchissable.

« Vous voyez, elle est là, l'île du Français, juste en face de vous; c'est celle de gauche, la plus petite.

— Le Français et sa femme y habitent toujours? Vous les connaissez? » demande Tocqueville.

Elle secoue la tête.

« Je ne suis là que depuis vingt et un ans : je ne les ai pas bien connus. Mais j'ai souvent entendu mon beau-père parler d'eux. Ils ont acheté l'île aux Iroquois pour une poignée de poudre et de plomb! Mauvaise spéculation d'ailleurs, car ils se trouvaient trop loin d'un marché pour pouvoir y porter le produit de leurs terres. Enfin, ils s'y sont fixés, et ils y étaient depuis vingt ans lorsque nous sommes arrivés ici nous-mêmes. Ils y étaient très heureux, disait-on! Mais cette année-là, la femme du Français est morte... On dit qu'elle a été enterrée sur l'île. Depuis, son mari a disparu, et personne ne sait où il est allé. »

La paysanne fait une pause, mais ni Tocqueville ni Beaumont ne doutent qu'elle ait encore envie de parler. Elle ne doit pas avoir souvent l'occasion de rencontrer des étrangers. Elle reprend son lièvre, puis son récit :

« Juste après sa disparition, j'ai eu envie d'aller voir l'île du Français. Je me rappelle encore leur cabane ; elle était bâtie à l'une des extrémités de l'île, sous les branches d'un grand pommier. Ils l'avaient entourée d'un cep de vigne et avaient semé tout autour une multitude de fleurs, je ne sais trop pour quel usage car personne ne les leur aurait achetées. C'était une pitié de voir comme les champs étaient déjà en désordre et combien de mauvaises herbes commençaient à y pousser. Je n'y suis pas retournée depuis. Vous savez, il est sûrement mort lui aussi maintenant. »

Un silence suit ses paroles.

« Savez-vous comment nous pourrions nous rendre sur l'île ? » demande doucement Tocqueville.

La paysanne écarquille ses petits yeux noyés de rides.

« Mais vous n'avez pas compris que cette île est une bien mauvaise affaire ? Elle se trouve toujours aussi loin du marché.

— Ce n'est pas pour nous installer. Nous voudrions juste nous y promener.

— Bah ! Il est très facile de s'y rendre et même d'y aborder. Je peux vous prêter le canot de mon mari, il ne rentre pas avant demain. »

Elle leur indique une petite embarcation remisée derrière la cabane. Ils attachent les chevaux à l'ombre et remercient vivement la vieille femme. Puis ils tirent la barque jusqu'au bord de l'eau.

« Quel calme parfait, dit Alexis déjà assis dans le canot tandis que Beaumont le pousse dans l'eau en mouillant ses bottes, quelle tranquillité... Cette île ressemble au commencement du monde. »

Après avoir constaté qu'aucun courant ne les porte, ils se mettent à ramer avec ardeur. Le temps de se faire une demi-douzaine d'ampoules chacun, leur embarcation touche l'îlot. Mais l'impression qu'ils ont eue depuis la cabane du pêcheur se vérifie : progresser au sein de cette végétation luxuriante ne va pas être facile, car le propriétaire, pour gêner l'abord et mieux se cacher du monde, a eu soin de ne rien défricher sur le rivage. Les deux visiteurs sont donc obligés de se frayer un passage avec leurs couteaux.

Aussitôt passés les premiers mètres de forêt dense, ils découvrent un étonnant spectacle : tout le cœur de l'île porte la trace du travail de l'homme. Des arbres centenaires y ont été abattus avec soin, le défrichage des ronces et des racines a dû prendre des mois entiers. Alexis imagine son alter ego, ce jeune noble chassé de son pays, s'attelant à sa tâche avec l'enthousiasme que donne l'amour, aidé par sa jeune femme, joyeuse et pleine d'entrain comme lui. Une de ces femmes actives et autonomes, qui ne se contentent pas d'une vie oisive. S'ils n'avaient joint leurs efforts et agi en parfaite harmonie, les jeunes mariés du lac Oneida n'auraient pas pu vivre deux décennies sur ce territoire vierge, face aux Iroquois et aux colons.

Mais le spectacle est plus triste que réjouissant. Car le temps a commencé à effacer cette présence humaine. La forêt environnante a repris ses droits dans les champs du Français ; des plantes grimpantes et parasites s'emparent du sol ; elles lient les uns aux autres les nouveaux arbres et les jeunes pousses. Un silence glacé règne dans ces ombres.

« Comment trouver la maison au milieu de ce chaos ? soupire Beaumont, qui a accroché sa redingote à une branche basse et transpire sous sa chemise.

— Il n'y en a pas plus trace que du gazon et des fleurs de nos jeunes mariés, constate Tocqueville, qui a fini par s'assoir sur un rocher, appuyé contre un arbre. Je crois qu'il va falloir renoncer. »

Il se relève en haussant les épaules d'un air fataliste. C'est alors que Beaumont pousse un cri :

« Là, là, regardez !

— Quoi ? Je ne vois rien ! »

Beaumont indique du doigt l'arbre à moitié mort au pied duquel Tocqueville était assis.

« C'est le pommier dont nous a parlé la vieille ! »

Alexis se retourne.

« Vous avez raison ! C'est un pommier ! Et là, regardez, juste à côté, cette liane... c'est un énorme cep de vigne ! Il s'entortille jusqu'en haut des arbres.

— Nous sommes assis exactement sur l'emplacement de la maison ! »

Ils écartent fébrilement les plantes qui recouvrent la terre. Quelques minutes plus tard, ils mettent au jour les vestiges d'une habitation. Ils se congratulent :

« Nous avons beau être magistrats et porter un bonnet carré, nous ne sommes pas seulement capables d'envoyer des hommes aux galères !

— Quand un juge se met à penser à autre chose qu'à ses jugements, il peut aller très loin ! »

Émus, les deux explorateurs cherchent en silence la tombe de la jeune exilée. En vain.

« Peut-être a-t-elle été enterrée ailleurs... D'ailleurs, la vieille femme ne semblait pas catégorique, tout à l'heure. »

Ils reviennent vers le canot à pas lents, s'attendrissant sur le sort de ce jeune noble qui les a tant fait rêver mais dont ils ignorent jusqu'au nom véritable.

« A-t-il jamais existé une destinée pareille à celle de ce pauvre diable ? demande Beaumont.

— Les hommes, dit Tocqueville, le chassent comme un lépreux. Il en prend son parti, se forge un monde pour lui et la femme qu'il aime ; l'y voilà tranquille, heureux ; il y reste tout juste assez de temps pour être complètement oublié de ses amis d'Europe...

— ... et alors sa femme meurt, et le laisse seul !

— Malgré cette triste fin que le roman ne prévoyait pas, ne s'est-il pas déroulé ici quelque chose qui séduit l'imagination ? Imaginez cette vie sans contraintes, loin de la société des hommes, sans convenances, cette vie de bons sauvages qu'ont menée ici nos compatriotes, à l'écart du monde, pendant tant d'années ? Comme je les envie !

— Malheureusement, tempère Gustave, il n'y a pas de médecins dans la forêt vierge, il faut avoir une santé de fer ou rester chez soi.

— Il est certain que, notre homme, lui, ne devait pas avoir de maux d'estomac. Mais combien de fois, quand j'étais plus jeune, n'ai-je pas envié la félicité de cette solitude à deux !

— Certes mais lorsque sa compagne lui a été arrachée, quel isolement pour lui !

— L'exilé qui se retrouve seul ne peut plus retourner dans le monde, murmure Alexis. Il n'est plus fait ni pour la solitude ni pour la société, car il n'est ni un sauvage ni un homme civilisé. Au fond, il n'est plus qu'une ruine comme ces arbres que le vent a eu la force d'arracher mais pas de faire tomber. Il reste debout, mais il ne vit plus. »

La traversée leur paraît plus longue au retour qu'à l'aller. Les deux hommes, silencieux et fatigués, n'osent pas se regarder, comme s'ils regrettaient d'avoir cédé à une parenthèse d'impudeur. Le silence est à peine troublé par le clapotis de la barque et des rames dans l'eau transparente.

« Admirez, remarque enfin Tocqueville en accostant, l'étrange pouvoir de l'imagination sur l'esprit de l'homme : ce lac calme et ces îlots couverts de verdure ne m'ont pas surpris. Au contraire, j'ai eu l'impression de revisiter un lieu où j'avais passé une partie de ma jeunesse. Cette petite excursion est ce qui m'a le plus intéressé et le plus ému...

— ... depuis que nous sommes en Amérique ?

— Non. Depuis que j'ai commencé à voyager. »

Gustave acquiesce. Lui aussi est encore bouleversé par leur découverte. Ils n'oublieront jamais ce 8 juillet 1831. Ce pèlerinage a été poignant, comme si la petite histoire rejoignait la grande et qu'ils s'étaient trouvés, par leur aventure, au confluent exact des deux. Ils traînent la barque sur la rive et la posent à l'endroit où ils l'avaient prise, près de la cabane. Ils détachent leurs chevaux. La vieille femme n'est plus là, ils regrettent de ne pas lui dire adieu.

Ils s'éloignent en se retournant sans cesse, souffrant de voir disparaître à l'horizon le rempart de végétation qui a si longtemps défendu les deux amoureux de la haine des Européens et des flèches des sauvages, mais ne les a pas protégés de la mort.

Pour la centième fois, Alexis se jure qu'il rapportera de ce voyage le livre qui changera le monde et l'autorisera à partager la vie de cette femme sans laquelle son existence n'a plus de sens. S'il n'y réussit pas, il se promet de revenir avec elle dans ce pays neuf où chacun – pour peu qu'il en ait la force et la foi – a le devoir de faire fortune et le droit d'aimer selon son cœur.

17

À la poursuite des Peaux-Rouges

Juillet 1831

Un homme est couché au bord de la route, face contre terre. Il porte un pantalon de toile brute, une chemise et un gilet sales, trop grands pour lui. Ses longs cheveux noirs pendent sur ses épaules.

« Arrêtez-vous ! demande Tocqueville au conducteur de la malle-poste.

— Mais vous voyez bien que c'est un Indien ! rétorque le cocher en haussant les épaules.

— Puisque je vous dis d'arrêter ! insiste Tocqueville.

— Si je m'arrête, je vous préviens, je vous laisse là. On arrive à Buffalo, de toute façon. Mais si j'étais à votre place, je n'irais pas m'occuper de ce qui ne me regarde pas. »

Tocqueville et Beaumont ont à peine le temps de descendre que le postillon fouette déjà ses chevaux. La voiture s'éloigne dans un halo de poussière.

« Vous laisserez nos malles au relais ! » crie Beaumont.

Les Français s'approchent de l'homme qui gît, le torse sur la route, les jambes dans le fossé. Tocqueville le secoue sans obtenir de réaction. Avec l'aide de Beaumont, il le soulève par les épaules et le retourne. La tête et les membres retombent comme ceux d'une poupée désarticulée. Il a les yeux fermés et la bouche entrouverte. Sa peau est bronzée et huileuse. C'est un jeune Indien d'une vingtaine d'années. Il gémit doucement.

« Il est vivant ! s'exclame Beaumont, qui s'est agenouillé près de lui.

— Pas pour longtemps, s'il reste là, juge Tocqueville. Sur cette terre humide, le malheureux a toutes les chances de rendre l'âme avant demain. »

Les deux hommes se relèvent, soucieux. Trois Indiens, deux hommes et une femme plus âgée un peu en retrait, arrivent à leur hauteur. Les hommes sont habillés à l'européenne, et portent de vieux chapeaux en feutrine noire. Ils s'approchent de leur compatriote en jetant aux deux Français des regards de biais. Ils examinent son visage, échangent quelques mots et s'éloignent en secouant la tête. Tocqueville rattrape le plus âgé et le tire par la manche :

« Mais vous ne pouvez pas partir comme cela ! Il faut faire quelque chose ! »

L'Indien se dégage, le regard méprisant, presque menaçant, et le groupe s'éloigne. Une charrette passe, chargée de victuailles, un couple de paysans à son bord. Ils s'arrêtent mais refusent d'emmener le jeune Indien malgré la demande de Beaumont. D'autres Peaux-Rouges les abordent, dévisagent le gisant, et se retirent en ignorant les protestations des Français, qui ne peuvent pas, seuls, le porter jusqu'à la ville.

Dix minutes passent encore ; Tocqueville et Beaumont essaient désespérément de réveiller l'homme. C'est alors qu'une jeune Indienne s'approche et semble l'identifier. Elle s'agenouille à son côté.

« Êtes-vous sa sœur ? Sa femme ? » interroge Beaumont, plein d'espoir.

La squaw appelle le malade, tâte son cœur et le secoue pour le sortir de sa léthargie. En vain. Devant l'inutilité de ses efforts, elle se met soudain à le frapper sur la tête, au visage, à lui donner des coups de pieds dans les côtes en criant des phrases inarticulées. Beaumont et Tocqueville s'interposent :

« Arrêtez, vous allez le tuer !

— Vous êtes folle ! »

Alexis bloque les bras de la jeune fille.

« Cela suffit, maintenant ! Ce n'est pas ainsi que vous allez le ramener à la vie !

— Partez, nous allons nous occuper de lui », lance Beaumont en repoussant la squaw.

La fille s'éloigne en grimaçant.

Les Français décident d'aller à Buffalo pour alerter quelqu'un sur le sort du jeune homme. La bourgade ne se trouve qu'à une dizaine de minutes à pied. Deux pionniers qui chargent des barriques sur une carriole devant la première habitation écoutent leur récit avant de répondre avec indifférence :

« La nuit, monsieur, les fossés sont pleins d'Indiens ! Ils boivent trop, ils s'endorment n'importe où...

— Ils n'en meurent pas pour autant. »

Tous ceux qu'ils interpellent ont la même réaction : les Indiens sont victimes de leur alcoolisme. Inutile de s'occuper d'eux, il n'y a pas de vrai danger : l'abus d'alcool ne tue qu'à petit feu.

« Aidez-nous à l'amener jusqu'à l'auberge dans votre chariot : nous paierons son hébergement pour la nuit », insiste Tocqueville.

Mais rien à faire : même l'aubergiste refuse de les aider. De guerre lasse, les deux compagnons retournent sur le chemin : l'Indien n'a pas bougé. Mais il respire calmement.

« Je crois qu'ils ont raison, soupire Gustave. Notre bonhomme est ivre mort.

— Tout de même, ces Américains sont inhumains, s'indigne Alexis. J'ai l'impression de lire dans leurs yeux : "Que vaut la vie d'un Indien ?" Ils ne les chassent pas comme l'ont fait autrefois les Espagnols du Mexique, mais ils sont tout aussi impitoyables.

— Vous vous souvenez de ce que nous a dit ce pionnier dans sa cabane de rondins ? "Les véritables propriétaires de ce continent sont ceux qui savent tirer parti de ses richesses."

— Vous avez raison. Au fond, les Américains pensent que c'est Dieu qui a condamné les indigènes en leur refusant la faculté de se civiliser. Cela leur évite de se poser des questions sur leur propre attitude. Ensuite ils peuvent aller au temple la conscience tranquille.

— Et réciter tranquillement que tous les hommes sont frères, égaux, et qu'ils se doivent secours les uns aux autres ! »

Buffalo fait suite, dans leur voyage vers l'ouest, à Auburn où ils se sont arrêtés pour visiter la prison au début de la semaine. Il y a vingt ans, on y chassait l'ours et maintenant, les maisons sont autant de boutiques bien fournies dans ce qui est devenu un immense centre de commerce.

Tocqueville a interrogé en tête à tête les prisonniers, comme il l'avait fait à Sing Sing. Beaumont et lui ne sont restés que trois jours car, après Sing Sing, le système d'Auburn n'offrait rien de nouveau à découvrir : il repose sur l'utilisation du fouet, les déplacements en *lockstep*, le travail en silence le jour et l'isolement cellulaire la nuit.

L'opinion des deux commissaires est déjà faite, alors qu'ils ne se sont pas encore rendus en Pennsylvanie pour étudier le système concurrent : le principe d'isolement total, qui évite toutes les mauvaises influences, est le meilleur mais il coûte beaucoup plus cher. Ils présenteront quand même les deux écoles avec objectivité puis formuleront leurs recommandations.

« Ce rapport sur les prisons me sort déjà par les yeux, avoue Tocqueville en rentrant à l'auberge.

— Ne soyez pas ingrat ! Sans lui, il n'y aurait pas eu de voyage aux États-Unis.

— Je sais bien. Nous allons visiter le plus grand nombre possible d'établissements. Mais au fond, cela ne sert à rien. »

À Buffalo, les deux Français ont prévu de prendre un bateau à vapeur pour rejoindre Detroit. Ils ne sont plus très loin des « frontières de la civilisation », cette ligne symbolique au-delà de laquelle les pionniers n'ont pas encore défriché, et qu'ils considèrent comme le but ultime de leur voyage. En allant vers l'ouest, ils suivent l'avancée de la colonisation ; ils marchent sur les traces des indigènes, repoussés chaque jour un peu plus loin par la progression de l'homme blanc. « Il y a dix ans, ils étaient ici, là, il y a cinq ans, là... l'an passé encore... », leur dit-on. « À l'endroit précis où vous voyez la plus belle église du village, j'ai abattu le premier arbre de la forêt », se flatte un Américain à peine plus âgé qu'eux. « Ici, raconte un autre, se tenait le grand conseil de la confédération des Iroquois. » Lorsqu'ils demandent ce que sont devenus ces Indiens, on leur répond que la race s'éteint.

« Voyez-vous, insiste avec un soupir fataliste un commerçant de Buffalo, ils ne sont pas faits pour la civilisation : elle les tue. »

En remontant la rue centrale de Buffalo, les Français croisent des centaines d'Indiens qui ont convergé vers la ville pour recevoir le paiement de leurs terres. Depuis l'Indian Removal Act promulgué en 1830 par Andrew Jackson, le gouvernement des États-Unis les leur rachète. Puis il déporte leurs anciens propriétaires au-delà du fleuve Mississippi pour habiter de nouveaux territoires. Mais les Iroquois qui traînent en ville en ce soir de liesse ne correspondent en rien à l'image d'Épinal que s'en étaient fait les deux compagnons.

Depuis le début de leur voyage, Tocqueville et Beaumont sont impatients de découvrir les Indiens dans leur milieu naturel. Ceux qu'ils ont rencontrés en arrivant à Syracuse couraient derrière leur voiture pour mendier. Ils ont cru qu'il s'agissait de malades ou de laissés-pour-compte. Mais les indigènes de Buffalo ne sont pas plus flamboyants. Ils ne ressemblent en rien aux descriptions de Chateaubriand ou de Fenimore Cooper : des hommes de haute stature, au corps sculpté par la chasse et la guerre, superbes dans leur nudité. Des sauvages à la figure hiératique, sur laquelle la nature a laissé *ces vertus hautaines qu'engendre l'esprit de liberté*, comme l'a écrit Alexis dans sa dernière lettre à Marie.

Las ! Ils ont beau être libres, les Indiens qu'ils rencontrent ressemblent tous à celui qu'ils ont trouvé affalé sur la route. Ils sont petits, sans muscles apparents, les membres grêles. La couleur de leur peau n'est pas rouge cuivré comme dans les récits, mais bronze foncé. Ils ont de très grandes bouches et leurs cheveux noirs, crasseux, leur tombent sur les épaules. Leur visage reflète la méchanceté et la dépravation.

« On dirait des alcooliques des bas-fonds de Paris, constate Gustave, de plus en plus attristé par le spectacle.

— Pourtant ce sont toujours des sauvages, objecte Alexis. Mais je comprends ce que vous voulez dire : s'ils tiennent leur vice des Européens, il s'y mêle quelque chose de barbare qui les rend encore plus repoussants.

— Vous avez vu, leurs vêtements sont semblables aux nôtres, mais ils les portent si mal qu'ils ont l'air engoncés, comme emprisonnés à l'intérieur !

— Et ils s'accordent mal avec leurs plumes et leurs grosses boucles d'oreille... »

Dès que des Blancs s'approchent d'eux, les Indiens s'agitent, inquiets.

« Ce peuple antique est pourtant le maître légitime du continent ! plaide Alexis. Il était là le premier ! Je n'arrive pas à croire que nous ayons devant nous la tribu des Iroquois, la plus célèbre de toutes.

— C'est vrai. On imagine mal que ces gens-là aient pu tenir la dragée haute aux Français et aux Anglais.

— Je crois que c'est une erreur de juger la race indienne sur cet échantillon. Il faut vraiment que nous allions plus loin, aux frontières du monde colonisé, là où les tribus indiennes n'ont pas été contaminées par la civilisation et l'alcool. »

À leur retour à l'auberge, malgré la lassitude et l'heure tardive, les deux voyageurs se mettent à écrire. Alexis commence toujours par son rapport quotidien à Marie. La jeune femme lui manque d'autant plus ces jours-ci qu'il sait qu'il ne recevra pas de lettre d'elle avant plusieurs semaines. Quand vient le soir, ce manque devient infiniment douloureux. Il se réveille en pleine nuit, en sueur, la poitrine oppressée. Il aimerait savoir ce qu'elle fait de ses journées, si elle pense à lui, si ses sentiments sont constants.

La dernière lettre de Marie était plus brève que les précédentes. Alors il s'est mis en tête que sa tante profitait de la longue absence du jeune homme pour trouver un mari à sa nièce. La jeune femme respecte sa parente comme sa propre mère : elle a refusé beaucoup de prétendants, mais si Mrs. Belam insiste et lui fait comprendre que le deuil de son premier fiancé a assez duré – après cinq ans, ce serait compréhensible –, pourra-t-elle résister longtemps à sa volonté ? Marie va avoir trente-deux ans. Pourquoi l'attendrait-elle, lui qui n'a encore rien prouvé, si l'homme qu'on lui présente est valeureux ? Versailles ne manque pas d'hommes capables d'apprécier sa beauté, son intelligence et ses qualités.

D'un autre côté, pense-t-il en s'endormant, il est possible que la dernière lettre de Marie soit moins chaleureuse parce qu'elle a été écrite à la mi-juin. C'est pour elle une période difficile, qui lui rappelle la mort de son fiancé. L'an passé, à la même époque, elle s'était isolée et avait refusé de le voir pendant dix jours, chose qu'il peut comprendre car il connaît ce genre d'affres.

Le matin du 19 juillet, ils embarquent sur l'*Ohio*, un bateau à vapeur qui traverse le lac Érié pour rallier Detroit. La brise souffle du nord-ouest; elle donne au lac des allures d'océan. Le plan d'eau est ceinturé de forêts impénétrables. Parfois, la flèche d'un clocher apparaît, entourée de maisons blanches et de boutiques, mais très vite, la futaie primitive reprend ses droits. Ils profitent des heures de navigation pour prendre des notes, lorsque le vapeur ne les secoue pas trop. Alexis achève son récit romancé de l'escapade au lac Oneida, il tient à le terminer pendant que ses souvenirs sont vivaces. Il a appris, en visitant l'île au Français, que le Graal n'existe pas, ou plutôt qu'il n'est pas géographique, qu'il devra le conquérir seul, en passant outre les préjugés de sa caste, et, s'il le faut, l'ordre social.

Le bateau est si rapide qu'à l'aube du lendemain, les maisons de Fort-Malden surgissent à l'horizon. Gustave, qui passe le plus clair de son temps sur le pont, appelle son ami pour qu'il ne manque pas le spectacle :

« Venez vite, Alexis ! »

Tocqueville trébuche en se précipitant vers le garde-corps, à l'avant du bateau. Il fixe l'horizon en plissant les yeux :

« De quoi parlez-vous ? Je ne vois rien !

— Nous sommes en train de remonter la rivière de Detroit, nous approchons de Fort-Malden, et regardez ce merveilleux symbole : sur la rive anglaise, un soldat écossais en grand uniforme, jaquette et bonnet à plumes, qui monte la garde avec conscience et dignité...

— ... et sur la rive d'en face, les Indiens nus et bariolés, avec des anneaux dans le nez, qui surveillent leur campement ! »

Vers trois heures de l'après-midi, le bateau accoste à Detroit. Les deux Français descendent du navire un peu étourdis. La bourgade de trois mille âmes que les Jésuites ont fondée dans les bois en 1710, est aussi la dernière ville civilisée au nord-ouest. Dans quelle direction partir pour toucher la frontière, les limites de la colonisation, et rencontrer enfin les Indiens dans leur milieu naturel ?

Ils posent la question aux curieux venus assister à l'accostage, en attendant de récupérer leurs malles. Elle laisse les villageois perplexes.

« Si c'est des bois que vous voulez voir, allez droit devant vous ! répond l'un, en montrant la forêt au loin.

— Quant aux Indiens, ricane un autre, vous n'en verrez que trop sur nos places publiques ! »

Tocqueville comprend que ce n'est pas ainsi qu'ils obtiendront la réponse qu'ils attendent.

« Si nous allions trouver le fonctionnaire chargé de vendre les territoires vierges ? Lui sait exactement où sont les bornes de la colonisation. Nous lui dirons que nous souhaitons nous établir, que nous voulons connaître le prix des terres, que nous cherchons l'endroit le moins cher, donc le plus lointain... »

Beaumont sourit ; Alexis n'est jamais à court d'imagination.

« Bonne idée ! Après tout, en quoi sommes-nous différents des migrants qui arrivent encore d'Europe par centaines ? Nous sommes jeunes, en bonne santé, et pas les premiers Français à vouloir faire fortune ici ! »

Il se dit cependant en son for intérieur que Tocqueville n'a pas le physique d'un pionnier et qu'il est d'une constitution mieux adaptée aux salons parisiens qu'aux travaux forestiers. Néanmoins, depuis qu'ils sont en Amérique, il résiste aussi bien que lui aux conditions parfois difficiles de leur voyage et ses idées noires comme ses maux d'estomac l'ont laissé en paix. Il ne s'est jamais plaint et c'est lui qui veut avancer le plus loin possible, au mépris des risques.

« Si je ne le fais pas maintenant, je ne le ferai jamais. Que vaut une vie qui n'est vécue qu'à moitié ? »

Ils sont reçus dans le local du shérif par le major Biddle, un personnage de haute stature, en uniforme militaire. Cet homme affable et efficace déplie une immense carte qui les ravit : elle indique, pour une région grande comme la moitié de la France, les zones déjà défrichées et celles en cours de défrichage, les routes en construction et les nouveaux villages déjà reliés par des chemins sur lesquels on peut se rendre en voiture publique.

« Bon, glisse Tocqueville en français à son compagnon, nous savons déjà où nous n'irons pas, à moins de vouloir visiter le désert en malle-poste ! »

Rien de ce que leur propose le major Biddle ne les satisfait. Mais Tocqueville repère sur la carte une zone vierge au nord-ouest du village de Pontiac, au bord du lac Huron.

« Là-bas ? Oh, n'y songez pas. C'est la baie de Saginaw. Elle ne contient que des bêtes fauves et des Indiens.

— Pourtant...

— Impossible. D'ailleurs, il n'y a pas encore de route. Et c'est à cent miles d'ici, au bas mot ! »

Ils quittent le major en disant qu'ils vont réfléchir à ses propositions.

« Faites vite ! Les lots partent comme des petits pains. »

Tocqueville a pris sa décision, et Beaumont n'ose pas lui dire le fond de sa pensée : une telle expédition nécessite une grande résistance physique, son ami la possède-t-il ? Mais l'intéressé devine ses craintes :

« Je ne serai jamais comme vous une force de la nature, Beaumont, mais n'essayez pas pour autant de me faire vivre dans la pénombre et les fumigations ! »

Tenter de le raisonner est peine perdue, se dit Gustave. Ce garçon qui s'est battu en duel au sortir de l'enfance s'est révélé à dix-sept ans comme il sera toute sa vie : courageux voire téméraire, opiniâtre et idéaliste. Alexis fonce chez le loueur de chevaux. Ils partiront le lendemain à l'aube. L'auberge gardera leurs malles jusqu'à leur retour.

« Demain, nous sommes le 23 juillet, annonce Alexis. Dans six jours exactement, j'aurai vingt-six ans. Je suis heureux de me dire que je les fêterai dans la *wilderness* ! »

Depuis le début de leur voyage, ils cherchent une traduction pour ce mot. Ils n'ont trouvé que « désert ». Or *wilderness* évoque davantage le monde sauvage et la forêt vierge.

Le loueur n'a plus que trois chevaux à proposer, dont l'un est un peu efflanqué. Les deux autres semblent en bonne santé.

« Nous voudrions garder ces chevaux jusqu'à la fin du mois... Nous pouvons vous laisser une caution. »

Le commerçant, un quadragénaire rougeaud, ne semble pas inquiet :

« Pourquoi faire ? Vous me paierez à votre retour. »

Tocqueville attend d'être loin de la boutique pour s'amuser des certitudes du propriétaire :

« Le Michigan est entouré de tous les côtés par des lacs et de la forêt vierge... Il croit nous lâcher dans une espèce de manège dont il tient la barrière. S'il savait où nous allons ! »

Les deux hommes achètent une boussole et des munitions, puis rentrent à l'auberge. Ils sont excités comme deux enfants qui font l'école buissonnière. Ils remontent le réveil et le mettent à sonner à cinq heures du matin. Mais le sommeil les fuit. Leur impatience est trop grande de partir à l'aventure.

Au petit matin, ils entassent les victuailles dans leur gibecière, remplissent leur gourde d'eau-de-vie et se mettent en route dès le lever du soleil. Très vite, le chemin s'enfonce dans la forêt. De temps en temps, ils traversent des zones défrichées, parsemées de *log houses* faites de troncs d'arbres non équarris entre lesquels on a placé de la mousse et de la terre pour isoler du vent. Les maisons des migrants de Detroit sont identiques à celles qu'ils ont vues dans toutes les forêts en déboisement : un foyer de terre battue, une pièce unique pour la famille, une table boiteuse dont les pieds encore garnis de feuillage semblent pousser du sol, et, à droite de la cheminée, quelques planches sur lesquelles sont posés des livres usés. Toujours les mêmes : une bible, un manuel de prières et parfois un chant de Milton ou une tragédie de Shakespeare. Leurs propriétaires ont choisi de venir s'exposer à la fièvre des bois et au tomahawk des Indiens en faisant un calcul à moyen terme : dans dix ou quinze ans, ils seront riches. En attendant, l'intimité est un luxe qu'ils ne peuvent pas s'offrir.

Les deux cavaliers parviennent à Pontiac après le coucher du soleil. Ils sont surpris par l'aspect de propreté du village, bâti sur une large clairière, au bord d'un ruisseau transparent : deux ou trois rues et une vingtaine de maisons, qui sont autant de magasins ; un village constitue d'abord un point d'échange pour les pionniers. On ne rencontre dans ces bourgades que des hommes de loi, des imprimeurs et des marchands.

Beaumont demande à un passant de leur indiquer la plus belle auberge du village.

« C'est la dernière fois que nous pourrons manger, dormir et nous laver correctement avant longtemps, fait remarquer Tocqueville en entrant, alors profitons-en bien ! »

Mais l'aubergiste leur annonce qu'il ne reste plus qu'une chambre, avec un petit lit : l'un des deux voyageurs devra dormir à même le sol ou recroquevillé sur une chaise.

« On tire à la courte paille tout de suite ? demande Tocqueville. Je perds toujours, j'ai l'habitude. Heureusement d'ailleurs : avec votre âge canonique... Un trentenaire a besoin de davantage de confort ! »

Pour toute réponse, Beaumont lui jette son chapeau à la figure. Puis il sort les pailles de sa poche.

La chance a tourné : c'est le benjamin qui l'emporte. Il lance son fusil et sa gibecière sur le lit, et lève le poing en signe de triomphe. Puis ils se rendent dans la *bar room* et commandent des bières : le propriétaire s'empresse de les servir avec un sourire curieux.

« On dirait un paysan normand...

— On ne trouve pas en Amérique ce genre de paysans un peu frustes. Mais vous avez raison : avec sa figure rougeaude et son air roublard, il ressemble fort à nos maquignons ! »

Au début, personne ne semble s'intéresser à eux, et ils observent discrètement ce qui les entoure. Le mélange des classes les fascine : du simple ouvrier au riche commerçant, tous boivent et parlent affaires ensemble.

« En Amérique, on respecte tout être humain, quelle que soit sa position sociale. Peut-être parce qu'elle peut vite changer », fait remarquer Tocqueville.

Les deux Français, avec leurs redingotes de voyage, intriguent finalement les clients : ils ne ressemblent ni à des entrepreneurs ni à des commerçants. « Voyager pour voir » est une occupation insolite. Coupant court aux questions de l'aubergiste, ils prétendent toujours vouloir acheter des terres.

« Avant de nous fixer dans votre canton, nous avons l'intention de nous rendre à Saginaw », lance Tocqueville à la cantonade.

À ces mots, l'hôtelier s'immobilise, imité par tous les clients. Un ange passe. Puis tout le monde se met à parler en même temps.

« Deux hommes raisonnables et bien élevés comme vous, mais pourquoi donc aller dans la baie de Saginaw ?

— Savez-vous bien qu'il s'agit des derniers confins habités de l'État avant l'océan Pacifique ?

— Que les bois sont infestés d'Indiens et de moustiques ?

— Que Saginaw se trouve à soixante-quinze miles d'ici, au bas mot ?

— Qu'il vous faudra passer par Flint River et coucher au moins une nuit dans la forêt humide ?

— Avez-vous pensé à la fièvre ?

— Et comment trouverez-vous votre chemin dans le labyrinthe des forêts vierges ?

— La route n'est plus praticable bien avant d'arriver à la baie...

— Nous partirons demain pour Saginaw », répète Tocqueville.

Comment pourraient-ils comprendre ce goût gratuit de l'aventure, cette exaltation qui pousse les deux jeunes gens à vouloir à tout prix atteindre cette frontière mouvante ? L'aubergiste leur donne quand même un conseil pratique :

« Allez trouver Roger Williams demain matin, il vous mettra sur le chemin. Il habite à la sortie du village. Il a longtemps fait commerce avec les Indiens Chippeways et son fils s'est établi à Saginaw. »

Il ne peut s'empêcher de les mettre une fois de plus en garde :

« Mais êtes-vous bien conscients que vous devrez chevaucher deux ou trois jours sur des sentiers de plus en plus difficiles, et qu'ensuite il n'y aura plus de sentier du tout ? »

Comprenant que ces avertissements ne font qu'attiser davantage leur envie, il retourne derrière son comptoir en maugréant.

« Vous ne pourrez pas dire qu'on ne vous aura pas prévenus. »

La nuit est agitée. Sur le sol, couché sur une couverture et couvert de sa redingote, Beaumont est réveillé à plusieurs reprises par ce qu'il croit être des rats qui le frôlent.

Tocqueville, lui, rêve de chevaux volants et veut y voir un bon augure.

Le lendemain matin, ils trouvent Roger Williams, un beau vieillard à la voix cassée, en train de bêcher son jardin. Il les reçoit avec bienveillance et leur trace sur le sol un plan grossier pour les aider à se repérer.

« À votre avis, monsieur, demande Beaumont, que devons-nous craindre des peuplades indiennes dont nous allons traverser le territoire ? »

Roger Williams lève les bras au ciel pour exprimer son indignation.

« Mais rien du tout ! Soyez sans crainte. Pour ma part, je dormirais plus tranquille au milieu des Indiens que parmi les Blancs ! »

Tocqueville et Beaumont se regardent en souriant. C'est la première fois qu'ils entendent parler des Peaux-Rouges de manière amicale.

« Pouvez-vous emporter cette lettre pour mon fils ? Vous le trouverez facilement, il est marié avec une Indienne et possède une des plus grandes maisons du hameau. »

Ils assurent le vieil homme que son message sera transmis et le remercient de son aide. Puis ils montent à cheval et s'éloignent, un peu émus. Ils cheminent longtemps au pas, au milieu des bois, sans mot dire. Il règne une paix profonde, qui suscite chez les deux cavaliers une douce mélancolie.

« Et dire que l'avancée de la race blanche fera disparaître bientôt cette délicieuse solitude ! » murmure Tocqueville.

Après quelques heures dans la forêt, sans jamais quitter le chemin de terre, ils parviennent dans une clairière au sommet d'une petite colline. Comme une toile de maître subitement révélée par la levée du drap qui la dissimule, un panorama dégagé apparaît soudain, différent de tout ce qu'ils avaient pu voir jusqu'alors. Les deux hommes se figent, le souffle coupé. Les chevaux ralentissent d'eux-mêmes.

« Quel spectacle !

— C'est vraiment extraordinaire ! »

Devant eux, à perte de vue, se dessine un paysage verdoyant de collines et de vallées boisées.

Tocqueville se retourne pour avoir une vision circulaire. Soudain, il sursaute :

« Mon Dieu ! Gustave, regardez ! »

À côté d'eux, debout contre la croupe de leurs chevaux, se tient un Indien qu'ils n'ont pas vu arriver. Un homme de trente ans environ, grand et musclé, admirablement proportionné. Sa chevelure noire et brillante tombe sur ses épaules, à l'exception de deux tresses attachées sur le haut de son crâne. Sa figure est barbouillée de noir et de rouge. Il est habillé d'une sorte de blouse bleue qui lui couvre à peine le nombril et d'une espèce de short rouge ; ses pieds sont chaussés de mocassins usés. Sur sa hanche pend le grand couteau qui sert à détacher le scalp de l'ennemi. Il tient une longue carabine dans la main droite et, de l'autre, deux oiseaux qu'il vient d'abattre.

18

Les Indiens normands

Fin juillet 1831

Les deux cavaliers saisissent aussitôt leurs fusils et font face à l'intrus. L'Indien s'immobilise. Pendant une minute qui leur paraît interminable, les trois hommes s'observent. Impassible, l'indigène détaille les Européens, leurs chapeaux, leurs vestes longues et leur attirail de chasse. Les Français remarquent ses yeux étincelants, son nez arqué, ses pommettes hautes, et sa bouche qui laisse entrevoir deux rangées de dents éclatantes de blancheur.

« Ce sauvage-là me semble plus propre que son voisin américain qui passe ses journées à mâcher des feuilles de tabac », murmure Tocqueville entre ses dents.

Il ajoute en jetant un coup d'œil sous la ceinture :

« Et il est établi comme un cerf ! »

Comme l'indigène ne décèle aucun élément hostile dans cet examen, il sourit franchement, ce qui transforme totalement sa physionomie : son air de majesté menaçante laisse place à une expression de naïveté et de bienveillance.

« Bonjour ! » lance Tocqueville en anglais.

Et il ajoute avec une préciosité toute parisienne :

« Mon nom est Alexis Clérel de Tocqueville, et voici Gustave de La Bonninière de Beaumont. Vous habitez ici ? Pouvez-vous nous dire où nous nous trouvons exactement ? Sommes-nous encore loin de Flint River ?

— Où se trouve votre village ? renchérit Gustave. À quelle tribu appartenez-vous ? »

L'Indien les laisse terminer leur présentation avant de leur montrer qu'il ne comprend rien à ce qu'ils racontent. Ils essaient alors de s'exprimer par signes et, pour le mettre en confiance, lui offrent un peu d'eau-de-vie. Il accepte sans hésiter, mais sans remercier. Pour faire plus ample connaissance, Beaumont propose de lui acheter les deux oiseaux qu'il tient à bout de bras. Le Peau-Rouge accepte en échange d'une pièce de monnaie. Ils le saluent et reprennent alors leur route, au trot.

Un quart d'heure plus tard, Tocqueville se retourne :

« Gustave, regardez ! Il est toujours là ! Il nous suit pas à pas !

— C'est inouï. Il court avec l'agilité d'un animal sauvage. Il ne transpire même pas !

— Accélérons, voulez-vous ? »

Les chevaux, élevés dans ces zones vierges, franchissent avec facilité les obstacles et ils doublent l'allure. Mais l'Indien prend aussi de la vitesse sans avoir l'air de forcer. Il court tantôt à droite, tantôt à gauche des chevaux, sautant par-dessus les buissons en retombant au sol sans bruit.

Les deux hommes commencent à se sentir mal à l'aise lorsque, soudain, un Européen armé d'une carabine sort du bois. Un trappeur, à en juger par ses vêtements. Il s'approche en indiquant par son bras levé, paume ouverte, qu'il n'a pas d'intentions belliqueuses. Il leur explique, en anglais, qu'il vit à la lisière de la forêt, et leur propose de venir se rafraîchir chez lui. Sa *log house* est plus misérable et moins bien tenue que celles des familles de pionniers chez lesquels ils sont entrés jusqu'alors.

« Vous vivez seul ici ?

— Seul.

— Et que faites-vous ?

— Je tue le gibier que je rencontre sur mon chemin.

— Et ce genre de vie vous plaît ?

— Plus que tout autre.

— Mais ne craignez-vous pas les Indiens...

— Les Indiens ! J'aime mieux vivre au milieu d'eux qu'en compagnie des Blancs. Ils valent mieux que nous, sauf lorsqu'on les abrutit avec nos alcools, les pauvres créatures ! »

Beaumont montre à leur nouvelle connaissance l'Indien qui les suit obstinément, et qui s'est immobilisé à quelques pas.

« C'est un Chippeway. Les Français disent : un sauteur. Je gage qu'il revient du Canada où il a reçu les présents annuels des Anglais. Sa famille ne doit pas être loin. »

Le vieil homme s'approche du Chippeway et lui parle dans sa langue avec une étonnante facilité. La conversation semble rouler sur les mérites respectifs de leurs armes.

« Voilà une belle carabine, conclut l'Américain. Les Anglais la lui ont sûrement donnée pour qu'il s'en serve contre nous. Il ne manquera pas de le faire à la première guerre. C'est ainsi que les Indiens attirent sur leurs têtes tous les malheurs qui les accablent.

— Les Indiens savent donc se servir de ces lourds fusils ?

— Il n'y a pas de meilleurs tireurs ! Examinez les oiseaux qu'il vous a vendus, monsieur, et vous verrez qu'ils sont percés d'une seule balle. Je suis sûr qu'il n'a tiré que deux coups pour les tuer. »

Une demi-heure plus tard, les deux voyageurs reprennent leur route suivis de l'Indien sauteur, dont l'endurance les impressionne. Une demi-heure après, ils découvrent une nouvelle maison de rondins. Devant la porte, sur l'herbe, une famille indienne a établi sa demeure temporaire. Une vieille femme, deux jeunes filles, plusieurs enfants se tiennent accroupis autour d'un feu ; ils ont cuit un chevreuil tout entier. Le Chippeway les rejoint et s'installe avec eux sans même prendre congé des deux Français.

« Je me demanderai toujours ce qui a poussé cet homme à nous suivre ainsi pendant deux ou trois lieues, remarque Tocqueville au moment de repartir.

— Peut-être avait-il besoin de compagnie ! »

Ils s'arrêtent à leur tour pour manger mais ne s'attardent pas car le jour commence à baisser et ils approchent de l'extrême limite des terres défrichées. Selon leurs calculs, Flint River, où ils doivent dormir, se trouve encore à deux bonnes lieues. Leur chevauchée se fait bien vite dans l'obscurité totale. La nuit est sereine, mais glaciale, et le silence si profond qu'ils n'entendent que le bourdonnement des moustiques et le pas des chevaux. Une légère angoisse commence à les étreindre, mais aucun n'ose l'avouer à l'autre.

C'est alors qu'ils voient apparaître avec soulagement une maison en rondins massive dont le jardin est fermé par une barrière. Ils s'apprêtent à l'ouvrir quand la lune sort des nuages : ils découvrent alors, juste devant la maison, un énorme ours noir qui fait office de chien de garde et se précipite vers eux en hurlant et en exhibant ses canines féroces. Les deux hommes battent en retraite. Heureusement, l'ours est attaché à une chaîne.

« Il y a quelqu'un ? » crie Beaumont.

Un homme passe la tête à la fenêtre. Il examine les nouveaux venus avant d'ouvrir sa porte.

« Entrez, messieurs ! Trinc, va te coucher. Au chenil, te dis-je, ce ne sont pas des voleurs.

— Bonsoir, monsieur ! Pouvez-vous nous loger pour la nuit ? Et nous vendre un peu d'herbe pour nos chevaux ? »

L'homme acquiesce, et part aussitôt faucher le champ voisin comme il l'aurait fait au beau milieu de l'après-midi. Puis il fait entrer les voyageurs dans sa maison et les conduit dans la pièce qui fait office de chambre. Comme il n'y a qu'un lit, les deux compères tirent une fois encore à la courte paille. Cette fois, le sort attribue le lit à Beaumont, qui aurait volontiers truqué le tirage pour laisser son compagnon, qui semble fatigué, en bénéficier ; il ne lui propose pas l'échange de peur de le vexer. Alexis s'enroule dans son manteau et se couche sur le sol, avant de s'endormir comme une masse.

Le lendemain, ils demandent à leur hôte de leur trouver un guide pour la fin du voyage, car le chemin n'est plus assez balisé dans la forêt. Dix minutes plus tard, le pionnier revient avec deux Indiens au visage peint en noir et rouge qui portent un anneau dans le nez, un collier et des boucles d'oreilles. Sagan-Ruisco, l'aîné, doit avoir dix-huit ans ; il est grand et large d'épaules. Son frère paraît un peu plus jeune, mais semble aussi fort et agile. Tous deux sont coiffés de tresses et sont armés d'un tomahawk et d'un couteau acéré.

Tocqueville veut savoir à quel prix ils acceptent de les accompagner ; l'Américain répond à leur place :

« Environ deux dollars. »

Il ajoute en baissant la voix :

« Comme ces pauvres Indiens ne connaissent pas le prix de l'argent, vous me donnerez les dollars et je me chargerai de leur fournir l'équivalent. »

Tocqueville est curieux de savoir ce que leur hôte appelle l'équivalent de deux dollars. Il suit discrètement les deux hommes dans le lieu où se fait le marché.

« Savez-vous ce qu'il leur a donné ? raconte-t-il à Beaumont, à son retour. Une paire de mocassins et un mouchoir ! Pour deux dollars ! »

Les Français franchissent à la suite de leurs guides le ruisseau qui symbolise la limite entre la civilisation et le « désert ». Les deux Indiens sautent devant les chevaux comme des chats sauvages, évitant les obstacles du chemin et montrant aux jeunes aventuriers où faire passer leurs bêtes.

« Ici, les échelles sont inversées, pense tout haut Tocqueville. Dans cette étrange obscurité, les hommes civilisés sont pires que des aveugles : ils ne sont pas capables de se repérer dans le labyrinthe ni d'y trouver leurs moyens de survie. Le "sauvage", lui, triomphe : la forêt est sa patrie, et son instinct le guide plus sûrement que la boussole du navigateur. »

De temps en temps, Sagan-Ruisco s'arrête, met le doigt sur ses lèvres et leur fait signe de descendre de cheval pour les emmener sur la pointe des pieds à l'endroit où ils peuvent apercevoir du gibier.

Tocqueville et Beaumont sont ravis car ils ont enfin pénétré dans le monde après lequel ils courent depuis trois mois. La nature autour d'eux est un spectacle permanent. Les grands arbres, aussi droits et hauts que des mâts de vaisseaux, entrelacent leurs rameaux pour former un dais immense. Au-dessous de cette voûte humide et immobile, la confusion et le chaos sont à l'œuvre. Certains troncs d'arbres se sont fendus et ne présentent plus qu'un sommet aigu et déchiré. D'autres, ébranlés par le vent, ont été précipités à terre, et leurs racines arrachées du sol sont autant de remparts naturels. Dans le même temps, des milliers d'arbres repoussent, et le long des troncs abattus, des plantes grimpantes s'insinuent.

« En Europe, dit Beaumont à voix basse, lorsqu'on se trouve égaré au fond d'un bois, il y a toujours le tintement d'une cloche, la hache d'un bûcheron, des aboiements... Cette rumeur confuse de pays civilisé. Avez-vous lu *Une passion dans le désert* qu'Honoré de Balzac a publié l'année dernière ? Il écrit : *Dans le désert voyez-vous, il y a tout et il n'y a rien... C'est Dieu sans les hommes.*

— C'est vrai, ici l'on n'entend ni les hommes ni les animaux. Les plus petits se sont rapprochés des habitations, les plus grands s'en sont éloignés... Ceux qui restent se cachent du soleil.

— Savez-vous ce qui est le plus fascinant, au fond ? C'est d'imaginer que cette forêt s'étend devant nous, au nord et à l'ouest, jusqu'au pôle Arctique et à l'océan Pacifique... On peut parcourir des milliers de lieues en ayant l'impression de ne pas changer de place !

— D'ailleurs, nous marchons depuis plus de cinq heures, et nous n'avons pas la moindre idée de l'endroit où nous sommes. »

Comme s'il avait saisi le sens de leur conversation, Sagan-Ruisco s'arrête. À l'aide d'un morceau de bois mort, il dessine une ligne sur le sol et pointe sa baguette sur l'une des extrémités :

« Michékoutéwink ! »

Puis il pointe le bâton vers l'autre extrémité :

« Saginaw ! »

Enfin il indique un point au milieu de la ligne.

« Nous sommes à mi-chemin ! s'exclame Tocqueville.

— Oui, et il veut que nous nous arrêtions pour nous reposer et manger.

— Sauf que je voudrais bien boire en même temps. »

Alexis fait signe à Sagan-Ruisco qu'il aimerait faire halte près d'une source. L'Indien indique qu'il a compris et se remet en marche. Une heure plus tard, il leur montre un point d'eau. Un grand arbre s'est renversé depuis peu, et dans le trou dégagé par ses racines, un peu d'eau de pluie s'est déversée.

« C'est ce qu'il appelle une fontaine ? s'exclame Beaumont. Moi je ne bois pas d'eau croupie.

— Mangeons un peu, au moins », propose Tocqueville.

Un cri d'horreur leur échappe lorsqu'ils fouillent leurs sacs.

« La chaleur a tout gâté !

— Il ne reste plus que ce petit morceau de pain.

— Partageons-le vite : il y a des moustiques partout ici, ils sont attirés par l'humidité.

— Je n'en ai jamais vu d'aussi monstrueux. On dirait des cousins.

— En trois fois plus gros ! Je suis dévoré de morsures dans le cou et sur les mains. Et je ne vous parle pas des chevilles.

— Vous avez de la chance : moi, ils m'ont piqué à travers la chemise et le pantalon ! »

Tenant leur quignon d'une main et essayant d'éloigner les moustiques de l'autre, ils grignotent tandis que les Indiens les regardent, bras croisés. À peine ont-ils terminé que ces derniers réclament leur nourriture.

« Mais c'est tout ce que nous avions ! » s'excuse Beaumont en montrant le sac vide.

Sagan-Ruisco et son frère grimacent et indiquent qu'il faut repartir.

Ils reprennent leur progression de plus en plus malaisée. Dans cet univers clos, l'air chaud de la forêt leur effleure parfois le visage, et il flotte autour d'eux comme un parfum d'essence de fleurs et de pourriture. Au bout de deux heures, ils atteignent le bord d'une rivière. En face, Tocqueville distingue deux cabanes. En s'approchant, il constate que sa myopie l'a trompé : ce sont des wigwams indiens. Sagan-Ruisco trace à nouveau une ligne sur le sol et leur indique qu'ils sont maintenant aux deux tiers du voyage. Puis il montre le soleil qui descend vers le couchant, et se tourne vers les huttes en fermant les yeux.

« Il veut nous faire dormir à cet endroit, grommelle Beaumont.

— Cela ne me plaît pas du tout. Au point où nous en sommes, d'ailleurs, je n'ai guère envie de me coucher sans souper.

— Il y a quelque chose dans leur conduite qui ne me rassure pas. La route que nous venons de prendre pendant deux heures était encore moins fréquentée que celle d'avant. Pourquoi veulent-ils nous retenir cette nuit ici ?

— Et puis personne ne nous a dit que nous faisions escale dans un village indien. Ne devions-nous pas aller d'une traite de Flint River à Saginaw ? »

Ils font part à Sagan-Ruisco de leur volonté de continuer, mais l'Indien leur fait comprendre qu'ils vont être surpris par l'obscurité. Beaumont soupire :

« Je crois qu'il serait dangereux de le forcer.

— Et si nous essayions de le convaincre en lui donnant quelque chose ? propose Tocqueville.

— Mais quoi ? Nous n'avons rien et l'argent n'a pas l'air de l'intéresser.

— Depuis que nous sommes partis, il semble fasciné par ma petite bouteille en osier. Une bouteille qui ne se casse pas, c'est extraordinaire pour lui. »

Tocqueville propose le marché. L'Indien hésite. Il regarde encore le soleil, puis saisit sa carabine et pousse deux cris en mettant sa main devant sa bouche :

« Wouh ! Wouh ! »

Puis il part en courant dans les broussailles. Son frère se lance à sa suite. Les Français sont obligés de les rattraper au grand trot. Pendant deux heures, les Indiens tiennent le rythme. Mais au moment où les derniers rayons du soleil expirent entre les arbres de la forêt, Sagan-Ruisco se met à saigner du nez. Son frère montre aussi des signes d'épuisement.

« La fatigue et le manque de nourriture ont fini par avoir raison de leurs forces.

— Il n'y a qu'une solution : les faire monter sur nos chevaux. »

Tandis que les Européens cheminent péniblement sur le sol inégal en tenant les rênes, les deux Indiens à moitié nus, l'air grave, sont installés sur les selles, portant en bandoulière les gibecières et les fusils.

« Vous ne trouvez pas ce spectacle étrangement décalé ? » s'amuse Tocqueville, étonnant son ami sur sa capacité à prendre du recul dans les situations les plus désespérées.

La nuit tombe tout à fait et une humidité glaciale se répand sous le feuillage. L'obscurité absolue rend la forêt plus terrifiante encore. Ce ne sont que formes bizarres et disproportionnées, images fantastiques et scènes incohérentes ; chaque pas des voyageurs réveille un écho dans le silence inquiétant ; le bourdonnement des moustiques semble la seule respiration de ce monde endormi.

Beaumont et Tocqueville prennent conscience maintenant – trop tard – de la pertinence des conseils de leurs guides et de leur propre inconscience, mais plus question de reculer. Ils marchent jusqu'aux limites de leurs forces. Soudain, Alexis s'arrête en poussant un cri :

« Des Indiens, là ! Derrière l'arbre ! Avec des arcs et des flèches ! »

Les deux indigènes et Beaumont le regardent avec inquiétude : il n'y a rien derrière les arbres alentour, trop minces pour cacher des humains.

« Tocqueville, reprenez-vous, vous avez des hallucinations ! »

Alexis revient à lui, hébété. Sagan-Ruisco l'oblige à remonter sur le cheval à sa place. Une heure plus tard, le chemin débouche enfin dans une vaste prairie. Les Indiens poussent à trois reprises un cri sauvage qui retentit comme les notes discordantes d'un tam-tam. Quelqu'un, dans le lointain, y répond. Ils avancent encore d'une centaine de mètres et se retrouvent au bord d'une rivière dont le versant opposé est invisible. Soudain, un léger bruit se fait entendre et une frêle embarcation s'approche du rivage avec, à son bord, un Indien qui s'adresse à Sagan-Ruisco dans sa langue.

Après que les deux guides ont déposé les selles des chevaux dans le canoë, Tocqueville s'apprête à y grimper quand le nouveau venu l'arrête :

« N'allez pas trop vitement, y en a des fois ici qui s'y noient ! »

Alexis sursaute : son cheval lui aurait adressé la parole qu'il n'aurait pas été plus surpris. Cet Indien parle français, avec l'accent du Cotentin ! Est-ce encore une hallucination ? Il recule d'un pas.

« Allez-y, dame oui ! insiste l'Indien en lui tendant la main. Un grand gars comme vous, ça n'a point peur ! »

Non, il ne rêve pas. L'Indien s'exprime avec un accent bas-normand prononcé.

« Qui êtes-vous donc ? demande-t-il. Le français semble être votre langue et vous avez l'air d'un Indien ?

— Je suis un Bois-Brûlé, m'sieur », sourit l'homme dont les dents blanches brillent dans l'obscurité.

Il explique que c'est le nom qu'on donne ici aux enfants des Canadiens et des Indiennes et qu'ils sont nombreux aux abords de la frontière du Canada et des États-Unis. Tocqueville monte dans l'embarcation et n'en croit toujours pas ses yeux; il est peut-être encore en train d'halluciner. La fatigue, la faim, le manque de sommeil, les piqûres de moustiques lui ont donné la fièvre – et s'il était en plein délire?

Le premier cheval entre dans la rivière et les suit à la nage. Sa tête qui avance sur l'eau dans un glissement silencieux semble, surnaturelle. Le Bois-Brûlé, en même temps qu'il rame, chante sur un air familier :

«Entre Paris et Saint-Denis / Il était une fille / Il était une fille...»

Une fois arrivé sur l'autre rive, il fait descendre Tocqueville avec les selles des chevaux, puis repart chercher Beaumont et le reste de leur équipement. Enfin, il fait un troisième tour pour Sagan-Ruisco et son frère. Tandis qu'il revient vers les deux Français immobiles au bord de l'eau, la lune commence à se lever. Tocqueville et son compagnon sont fascinés par le spectacle. La moitié supérieure de l'astre apparaît, comme posée sur la barre d'horizon et se reflète dans les eaux du fleuve, scintillant jusqu'aux pieds des deux voyageurs. La pirogue – longue, sombre, étroite – avance exactement sur la ligne où vacille cette pâle lumière, tel un alligator progressant lentement vers sa proie.

«Je me souviendrai toute ma vie de ce moment, souffle le jeune homme, les larmes aux yeux. C'est extraordinaire. On dirait qu'il n'y a pas de rames, on ne les entend même pas...»

Sagan-Ruisco est accroupi à la pointe du canot, la tête sur les genoux, on ne voit de lui que ses nattes luisantes. À l'autre extrémité, le Canadien rame en silence. Le cheval de Beaumont nage derrière la pirogue en faisant rejaillir autour de sa poitrine puissante l'eau de la Saginaw.

«Il y a dans ce spectacle une poésie et une grandeur qui laisseront une impression profonde dans mon âme, dit lentement Tocqueville.

— Je parie, répond Beaumont, qui utilise l'ironie comme une parade, que vous n'en voulez plus à votre oncle d'avoir tant déclamé sur la majesté des bons sauvages?

— Ses descriptions de la forêt vierge ne correspondent pas à la réalité. Mais je comprends son exaltation.»

À cent mètres de là se tient la maison – une vraie maison, au milieu de quelques cabanes en rondins – où ils vont passer la nuit. C'est celle du fils de Roger Williams. Tout y est prévu pour leur confort, à un détail près : elle est remplie de moustiques. Plus ils en tuent, plus il en vient. Ces « maringouins », comme disent les Canadiens, sont si gros et leurs trompes si acérées qu'ils percent toutes les étoffes moins épaisses que la laine. Or ils volent par centaines autour d'eux.

« Ils ne vous empêcheront pas seulement de dormir en vous piquant à travers la toile ou la couverture, les prévient leur hôte, qui vient de parcourir avec émotion la lettre de son père. Demain, ils vous empêcheront d'écrire, de dessiner, et même de rester en place !

— Ils ne m'empêcheront pas de me laver et de me raser ! s'exclame Tocqueville. Contrairement aux Indiens, nous ne sommes pas imberbes... et si vous saviez comme cette barbe me gratte ! »

Saginaw est un poste avancé que les Blancs ont planté au milieu des nations indiennes, au creux de la baie du même nom. C'est la frontière ultime, s'il en existe une. Trente personnes y vivent dans des maisons en rondins ou des wigwams : des Anglais, des Français canadiens, des Indiens, des Bois-Brûlés, et des pionniers américains. Ils ne voient qu'une fois par an un bateau remonter le cours de la Saginaw : il leur apporte les produits de la civilisation et repart avec le fruit de leur labeur. Il n'y a ni église ni cimetière.

Le lendemain matin, rasés de frais mais couverts de pustules, les jeunes gens partent chasser le canard sauvage sur la Saginaw. Deux Indiens admirent le fusil de Tocqueville. Cette arme, qui n'a pour lui rien d'extraordinaire, déclenche leur enthousiasme. Un fusil qui peut tuer deux hommes en une seconde et qui supporte l'humidité ! Voilà un chef-d'œuvre inestimable.

Au retour, dans la pirogue qui trace silencieusement sa route, Tocqueville et Beaumont tombent dans une profonde rêverie. Sur l'eau mouvante, les moustiques qui les assaillaient en permanence les laissent en paix et ils vivent l'un de ces moments rares où le bien-être physique et la tranquillité morale se conjuguent, comme s'il s'établissait un équilibre parfait dans l'univers.

Alexis songe à sa singulière destinée, qui lui a permis, après avoir contemplé les ruines des empires du Vieux Continent, de voir aujourd'hui le berceau d'une grande nation émergente. Dans quelques années, ces forêts impénétrables auront disparu et le bruit de la civilisation rompra le silence de la Saginaw. Des quais emprisonneront ses rives, ses eaux seront refoulées par la proue des vaisseaux.

« Vous savez, Beaumont, pourquoi ce spectacle nous rend vaguement tristes ? C'est parce qu'il y a urgence à l'admirer. L'énergie qui pousse la race blanche à conquérir ce continent est irrésistible et nous sommes peut-être les derniers voyageurs auxquels il est donné de contempler ce territoire dans sa splendeur primitive. »

Alexis effleure du bout des doigts le médaillon de Marie qui pend sous sa chemise, et laisse son esprit divaguer entre le réel et le possible, le présent et l'avenir.

19

Québec : la France sans la Révolution

Août 1831

Alexis suffoque. Il est pris à la gorge. Il va perdre connaissance. Il faut qu'il respire. L'obscurité qui règne sous ce tonnerre d'eau est terrifiante. Toute la rivière Niagara, qui se jette dans le lac Ontario, semble se déverser au-dessus de sa tête.

À quelques mètres de là, le guide se rend compte du malaise de son client. Il lui fait signe de se tourner vers la paroi rocheuse et de respirer en appuyant son visage contre la pierre. Dans un sursaut, Alexis pivote, s'agrippe des ongles et des paumes au mur crevassé, y colle son front, et aspire l'air qui l'entoure. Autour de lui, le vacarme est terrifiant.

Il a failli dix fois perdre l'équilibre. Pour arriver sous la cascade, il a affronté les rafales de brume mouillée et la violence du vent. Il en a oublié la beauté époustouflante du site.

Alexis arrive au terme de son martyre, ce rocher saillant qui ferme le passage, où l'attend Beaumont, toujours guilleret, avec le guide et leur nouvel ami Godfrey Vigne, un Anglais de leur âge, aussi aventureux qu'eux.

Il ne racontera à personne la frayeur qu'il vient de vivre. Surtout pas à sa mère : elle en aurait des terreurs rétrospectives. Même Marie, qui aurait tellement aimé ce voyage, lui en voudrait d'avoir pris des risques inutiles.

« Je comprends maintenant pourquoi Niagara signifie "tonnerre des eaux", lâche Tocqueville, blême, en retrouvant la terre ferme.

— Aucune description ne nous avait préparés à cela, n'est-ce pas ? répond Beaumont.

— Et pour cause, reprend son compagnon. Même Chateaubriand a raté la sienne. Vous savez ce qu'il a écrit devant les chutes du Niagara ? “Liberté primitive, je te retrouve enfin !” »

Beaumont ne relève pas cette nouvelle pique contre le grand homme. Il sait ce qu'Alexis pense du style romantique de son oncle. Mais Godfrey, qui a visité la Russie l'année précédente et projette d'aller en Égypte l'été suivant, défend l'académicien dont il a lu tous les récits de voyages.

« Vous êtes injuste : les chutes ne sont pas ce qu'il a le mieux réussi, mais il a écrit des pages grandioses dans *Atala* !

— Je ne pourrais pas faire mieux, marmonne Tocqueville. D'ailleurs, je n'essaierai même pas.

— Les chutes du Niagara sont indescriptibles, tranche Beaumont. Mais je suis d'accord avec Godfrey : M. de Chateaubriand a trouvé des images fortes, quand il compare la cataracte à “une colonne d'eau du déluge”...

— C'est vrai, c'est ce que j'ai ressenti tout à l'heure, admet Tocqueville. J'ai cru ma dernière heure arrivée ! »

Il ne montrera pas à ses amis les tentatives de description qu'il consigne, dix minutes plus tard, sur son carnet de voyage. *Le fleuve tout entier formait une voûte de cristal presque impénétrable aux rayons du soleil, le jour paraissait comme une lumière blanche et douteuse.* Rien de ce qu'il griffonne ne le satisfait et il rature tout.

L'excursion aux chutes du Niagara, tout comme la croisière sur les Grands Lacs qui l'avait précédée, n'avaient pas été programmées. Tocqueville et Beaumont rentraient de Saginaw et avaient fait un détour, par obligation mais au pas de course, par la prison de Detroit. C'est en cherchant une auberge qu'ils apprirent que le *Superior* allait appareiller le soir même avec deux cents personnes à bord. Les journaux évoquaient depuis plusieurs mois cette excursion de dix jours destinée aux amateurs de sensations nouvelles. Alexis et Gustave visitèrent le bateau. Le capitaine leur expliqua qu'il irait jusqu'à Green Bay, au fond du lac Michigan, jusqu'au lac Supérieur, et ferait escale au pays des Hurons, une contrée encore sauvage, sur l'île de Mackinac, à Michilimackinac et chez les Français de la frontière canadienne. Il restait deux places dans la cabine des gentlemen. L'occasion était trop belle.

Ils se décidèrent en un quart d'heure, pesant le pour et le contre : n'avaient-ils pas déjà pris assez de vacances ? *Quid* de la dépense supplémentaire ? Puis ils cédèrent à l'appel de l'aventure. Et ils ne le regrettèrent pas. Car, comme toujours, l'utile et l'agréable furent au rendez-vous. D'abord, le bateau transportait son contingent de jeunes filles à marier. Mais comme la plus belle d'entre elles était, aux dires de Gustave, « fine comme une guêpe, légère comme un papillon, jolie comme un cœur, mais bête comme une oie », ils ne furent pas tentés de rompre le pacte. Ensuite, ils rencontrèrent, à bord, trois ecclésiastiques – un prêtre catholique, un presbytérien et un épiscopalien –, avec qui ils discutèrent de la séparation de l'Église et de l'État. En Amérique, elle faisait l'unanimité. Les ministres du culte mettaient un point d'honneur à ne pas faire de politique ; certains ne votaient même pas.

« L'Église est puissante parce qu'elle est indépendante, en conclut Tocqueville.

— Si nous entrons un jour en politique, nous saurons quel parti prendre dans cette vieille querelle », acquiesça Beaumont.

En fréquentant l'habituel contingent d'hommes de loi présents à bord, ils comprirent enfin pourquoi la société américaine était si fortement judiciarisée : les neuf dixièmes des membres du Congrès étaient des hommes de droit. Et pendant toute la croisière, les deux Français discutèrent aussi politique avec Godfrey Vigne. À chaque fois qu'il parlait avec Godfrey de sa patrie, l'Angleterre, la première puissance du monde, Alexis avait l'impression de se rapprocher de Marie.

À l'escale de Sault-Sainte-Marie, ils descendirent les rapides dans un canot d'écorce, guidés par des métis qui, comme à Saginaw, chantaient de vieilles chansons françaises. Grâce aux francophones de la frontière, qui leur servirent de traducteurs, ils purent échanger avec les Indiens, visitèrent leurs tipis et partagèrent leurs feux de camp. Gustave y joua de la flûte, provoquant force grimaces chez les Hurons qui entendaient pour la première fois des airs de Rossini.

Alexis raconta à Marie comment il avait réussi à amadouer un grand chef :

Je l'ai reconnu à son costume de chef indien : un pantalon rouge, une couverture – celle qui, la nuit, leur sert aussi pour dormir –, les cheveux remontés sur le haut du crâne, et deux plumes accrochées dedans. Pour établir le contact, j'ai utilisé mon fusil devant lui, ce fusil à deux coups qui fait l'attraction partout où je vais. Je le lui ai même fait essayer ! Il était fasciné. Il répétait :

« Il paraît que les Français, les pères des Canadiens, sont une nation de grands guerriers ! »

Je ne l'ai pas détrompé, vous pensez bien. J'ai voulu savoir ce que signifiaient les deux plumes dans ses cheveux. Il m'a répondu avec un sourire joyeux :

« Cela signifie que j'ai tué bravement deux Sioux. »

Je lui ai demandé de me donner une de ses plumes ; je lui ai dit que je la porterais au pays des grands guerriers, et qu'elle serait admirée. Il en a retiré une de ses cheveux et me l'a offerte solennellement, puis nous nous sommes serré la main. Sa gravité m'a ému.

Il se promit d'offrir la plume à Marie – dans l'hypothèse où il la reverrait un jour. Car à Buffalo, ils trouvèrent d'inquiétantes nouvelles de France. Rien n'allait plus au royaume de Louis-Philippe. Les journaux parlaient du choléra. Une crise politique se préparait, qui pourrait être le prélude d'une guerre civile.

Le dernier soir, l'orchestre joua *La Marseillaise* pour le premier anniversaire de la révolution de Juillet.

« Souriez, Beaumont, ils croient nous faire plaisir, chuchota Tocqueville.

— Ces Américains ne sont guère subtils ! »

Les deux aristocrates restèrent stoïques en écoutant l'hymne de Rouget de Lisle et remercièrent leurs hôtes de cette aimable attention.

« Cette musique n'est pas laide, admit Gustave en aparté, mais elle me rappelle trop de souvenirs.

— Moi aussi. Elle est comme un écho au canon de juillet... Il retentit partout désormais, mais qui aurait pensé qu'on nous l'infligerait au milieu du lac Huron ? »

Ces pérégrinations les ont aidés à tromper leur inquiétude. Aujourd'hui, Alexis a honte d'admirer des cascades tandis que le destin de ceux qu'il aime est peut-être en train de basculer. Il donnerait toute l'Amérique et ses beautés naturelles pour rentrer chez lui.

C'est presque la France qu'il va retrouver après l'excursion à Niagara. Ils se trouvent si près du Bas-Canada qu'ils décident de faire un nouveau détour. *The Great Britain* les emmène à Montréal par le lac Ontario et le Saint-Laurent. Un autre les conduit à Québec, où ils débarquent le 25 août. « L'empire perdu par le honteux traité de 1763 » est une découverte magique pour eux : les rues bien entretenues, l'église surmontée du coq et de la croix fleurdelisée, les maisons aux toits pentus semblables aux demeures normandes, les domaines des seigneurs, les coutumes, la langue, tout leur rappelle leur patrie.

« On nous a pourtant bien dit que les populations appartenant aux classes privilégiées avaient été rapatriées en France après le traité de Paris, remarque Tocqueville. Il n'y a pas six mois, je pensais comme tout le monde que le Canada était devenu complètement anglais ! Pourquoi ce pays passe-t-il pour perdu pour nous ? Pourquoi est-il si peu connu ?

— Moi aussi, j'en étais resté au recensement de 1763 qui estime la population française à soixante mille personnes. Mais apparemment, il y en a ici six cent mille qui parlent français comme vous et moi !

— Et ils nous ressemblent davantage que les Américains ne ressemblent aux Anglais.

— Les paysages aussi ressemblent aux nôtres, dès qu'ils sont habités. Et comme ce peuple est issu majoritairement des Bas-Normands...

— C'est exactement ce que j'ai écrit à Bébé hier soir, quand nous remontions le Saint-Laurent, près de Saint-Thomas : *C'est comme qui dirait la Manche à l'intérieur des terres.* »

Ils se promènent dans la ville, parlent avec les habitants, rencontrent les notables. Alexis écrit à sa belle-sœur Émilie qu'elle devrait s'établir ici, car elle ne serait pas dépaysée : *J'ai retrouvé dans les rues de Québec, trait pour trait, M. Gisles, le maire de Valognes, et Mme Noël, l'épouse de notre homme d'affaires de Cherbourg, et aussi vos cousins dont j'ai oublié le nom !*

À Québec, tout le monde parle français, mais utilise l'anglais pour le commerce. Les Canadiens leur apparaissent d'emblée comme un peuple admirable. Leurs demeures ne sont pas en rondins mais en pierre ou à colombages, elles respirent l'aisance et le confort. Ils sont très attachés à leur curé, ce qui convainc encore Tocqueville que la Révolution française n'a été antireligieuse que par accident. Enfin, ils développent une résistance pacifique à l'étranger qui les aide à conserver leur identité.

Les deux Français sont accueillis avec chaleur : on voit en eux les « enfants de la vieille France », même si pour eux, la vieille France, c'est le Canada.

« Au fond, remarque Tocqueville, le Québec, c'est la France sans la Révolution française. Une France qui aurait évolué sans subir l'influence des Lumières, avec l'exil pour remplacer la Révolution et la Terreur de Robespierre !

— Certains pourraient même croire que la France authentique, c'est de ce côté-ci de l'Atlantique qu'elle se trouve. D'ailleurs, les Canadiens n'ont ni l'esprit mercantile des Américains, ni le flegme raisonneur des Anglais : ils préfèrent les palabres à l'argent, ils sont cordiaux, ils aiment rire et chanter et ils dansent avec leur curé après les offices du dimanche !

— Vous avez raison, Gustave : les Canadiens ont une vie de cœur, les Américains une vie de tête. »

Tocqueville s'inquiète pourtant de l'avenir de ces « compatriotes ». Il n'existe qu'un journal bilingue, et un seul de langue française pour une demi-douzaine en anglais.

« Je crains que le sort n'en soit jeté, dit-il le dernier soir, tandis qu'ils traversent la ville pour rejoindre leur pension. L'Amérique du Nord parlera anglais, à quelques poches de résistance près. C'est vraiment dommage : les Français d'Amérique avaient en eux tout ce qu'il fallait pour faire un grand peuple. Leur abandon est une des erreurs majeures de l'ignominieux règne de Louis XV, ce règne qui fit naître la haine de l'aristocratie et l'obsession du complot, les ferments de la

Révolution... Pour l'heure, en tout cas, ils forment le plus beau bourgeon de la famille européenne dans le Nouveau Monde.

— Reste à savoir si ce bourgeon pourra se développer !

— Il leur faudrait un tribun qui lutte sans cesse pour la conquête de leur indépendance. Un homme de génie qui serait capable de développer les passions nationales aurait ici un admirable rôle à jouer ! »

Beaumont est de plus en plus impressionné par « les vues pénétrantes » de son ami et le lui dit.

« Oh, vous savez, s'excuse Tocqueville, je travaille sur l'Amérique comme Cuvier sur les animaux antédiluviens. »

Autrement dit, c'est presque malgré lui qu'il procède sans cesse à des analogies et des déductions.

Sur le bateau qui les ramène aux États-Unis, les voyageurs contemplent le lac Champlain avec mélancolie. Les mois d'été se sont achevés et avec eux l'intermède touristique. Il leur faut se remettre à travailler pour le ministère. Pourtant, Tocqueville a insisté pour s'arrêter à Stockbridge avant l'arrivée à Boston.

« Pourquoi tenez-vous tant à cette escale ?

— J'ai bien envie de rencontrer Catharine Maria Sedgwick. Simple curiosité.

— Vous croyez qu'elle peut nous apporter quelque chose ?

— Il faut bien que nous rencontrions des femmes célèbres pour leur talent d'écriture, puisqu'il en existe ici. Qui plus est, c'est la fille d'un ancien président de la Chambre des représentants !

— Je croyais que vous n'aimiez pas les femmes qui écrivent ?

— Je le dis parfois. Cela fait hurler Marie. Mais au fond, tout dépend de quelles femmes il s'agit. Moi, je ne demande qu'à être séduit ! »

Leurs amis new-yorkais leur ont conseillé d'aller rendre visite à cette auteure de romans sentimentaux qui connaît un grand succès. Les deux Français n'ont pas pu la prévenir de leur arrivée, ne sachant ni à quelle date ils passeraient à Stockbridge ni même s'ils auraient la possibilité d'y faire étape.

Tocqueville ne livre pas le fond de sa pensée, pour ne pas que Beaumont ironise sur son goût des femmes mûres. Dans la vitrine d'une librairie d'Albany, il a aperçu les livres de Catharine Sedgwick et son portrait. C'est une belle brune, trentenaire, aux cheveux bouclés, avec un nez volontaire et de doux yeux bruns. Tocqueville lui a trouvé du charme, et, comme pour George Sand dont il a vu le portrait avant de partir en Amérique, des points communs avec Marie. Il a dépassé le stade où il rangeait toutes les femmes écrivains dans le même sac.

Malheureusement, Catharine ne se trouve pas chez elle lorsqu'ils se présentent avec leurs lettres de recommandation. Mais ses proches les accueillent avec chaleur. Ils sympathisent avec le frère de Catharine, Theodore Sedgwick II, le fils de l'ancien homme politique, juriste anti-esclavagiste et élu du Massachusetts. Et surtout avec son neveu, Theodore Sedgwick III, qui vient d'obtenir son diplôme de Columbia et se passionne pour la politique. Il se destine à la diplomatie et se rendra à Paris prochainement.

« Que cherchez-vous en Amérique ? demande-t-il à Tocqueville. Vous semblez vous intéresser à tout !

— Je crois que dans l'Amérique, je vois plus que l'Amérique. Je cherche une image de la démocratie elle-même. Je veux savoir ce que l'on peut espérer ou craindre d'elle. Dans l'Amérique, je vois un peu de l'avenir de la France. »

Sedgwick est impressionné par ce jeune aristocrate qui n'a que six ans de plus que lui et qui non seulement admet que la démocratie surviendra inéluctablement dans son pays, mais reconnaît sa valeur intrinsèque, alors qu'il a grandi chez les royalistes. Cette révolution intellectuelle et idéologique, opérée au nom de l'exigence de vérité, force son admiration.

Mais même s'il est convaincu des bienfaits de la démocratie, Alexis veut en cerner les inconvénients.

« J'ai entendu dire qu'il y a quelques années à Baltimore, deux journalistes qui avaient pris parti contre la guerre ont été tués, et que les coupables ont été acquittés par le jury puisque l'immense majorité des citoyens jugeait inacceptable de se prononcer contre la guerre. Un système où la majorité impose ses vues à la minorité ne peut-il pas devenir très dangereux ?

— L'histoire que vous racontez est vraie, admet Segwick. Mais je ne connais pas d'autres cas du même genre !

Cependant je veux bien admettre que les écrivains ou les journalistes dont les opinions ne sont pas “orthodoxes” soient peu écoutés. Et qu'ils réussissent moins bien que les autres. Mais n'est-ce pas normal ?

— Pour ma part, je vois dans ces brimades l'amorce d'une autre forme de despotisme ! Vous savez, toute tyrannie est condamnable, même si elle est démocratique, c'est-à-dire exercée par une majorité de citoyens sur une minorité. Lorsqu'un homme souffre d'une injustice, ici, à qui voulez-vous qu'il s'adresse ? À l'opinion publique ? C'est elle qui forme la majorité. Au corps législatif ? Il représente la majorité et lui obéit aveuglément. Au pouvoir exécutif ? Lui aussi est nommé par la majorité...

— Il peut s'adresser à la force publique ou à la justice.

— La force publique n'est autre que la majorité sous les armes ! Quant au jury, c'est la même majorité revêtue du droit de prononcer des arrêts !

— Il est vrai que les juges eux-mêmes, dans certains États, sont élus par la majorité...

— Le danger, aujourd'hui, n'est sans doute pas flagrant, mais il existe un risque de tyrannie de la majorité. Voyez comme elle trace un cercle formidable autour de la pensée ! La bien-pensance, le conformisme, voilà un des risques que portent en germe les républiques démocratiques. »

Les deux voyageurs vont rester une grande journée chez les Sedgwick, sans pouvoir épuiser tous les sujets. Alexis et Theodore se promettent qu'ils se reverront à Paris. La capitale française, pour un Américain, est la terre promise ; le jeune Yankee veut s'y rendre pour y approfondir son savoir et devenir un grand diplomate. Un de ses camarades qui fait les beaux-arts partira avec lui : les classes de dessin n'existent pas en Amérique, et personne n'organise d'exposition de peinture.

Dans un style différent du Québec, la Nouvelle-Angleterre qu'ils traversent ensuite leur rappelle aussi l'Europe. Plus de forêts vierges, de maisons de rondins ni de champs défrichés à la va-vite mais des parcelles closes et des cultures variées. Dans les villages qu'ils traversent, les maisons sont coquettes et luxueuses ; elles dégagent une impression de prospérité.

« C'est normal, cet État compte deux cents ans d'existence, note Beaumont.

— Il est beaucoup plus peuplé que l'État de New York. Pour nourrir toutes ces bouches, il leur faut sans doute tirer le meilleur parti des terres. »

Les routes sont si bonnes qu'ils rallient Boston en un jour et demi. Malgré l'heure tardive, un samedi soir de surcroît, ils font un détour par le Marlboro Hotel, sur Washington Street, où ils ont fait expédier leur courrier, avant de rejoindre leur propre résidence, le très luxueux hôtel Tremont.

Le paquet d'Alexis contient une dizaine de lettres, dont trois de Marie. Il commence par regarder les enveloppes une à une, et ne voit pas l'écriture de l'abbé Lesueur. Cette fois, il en est certain : il lui est arrivé malheur. Même alité, Bébé est trop fidèle pour ne pas lui écrire chaque semaine. Dans la diligence, il a confié à Gustave qu'il craignait d'apprendre une mauvaise nouvelle en arrivant à Boston. Il soupçonne son frère Édouard de lui avoir caché l'état du vieux prêtre dans ses lettres précédentes. Il ouvre en hâte la lettre d'Édouard et sa crainte se vérifie : l'abbé Lesueur est mort le 30 juin. Machinalement, il fait le calcul : il y a soixante et onze jours exactement qu'il vit dans un monde duquel a disparu son plus vieil ami.

Il éprouve une peine déchirante. Il n'ouvre pas les lettres de Marie, et reste, la nuit durant, assis dans un fauteuil, les yeux grands ouverts. Il revit des moments de son enfance et revoit l'abbé lui racontant le jour de sa naissance.

« Ta mère était désespérée d'avoir un troisième garçon, mais ton père te trouva une figure si singulière et si expressive qu'il me dit : "Ce sera un homme distingué... et je ne serais pas étonné qu'il devienne un jour empereur !" »

Alexis se recroqueville dans son fauteuil. Il redevient l'enfant sensible et fragile, à qui l'abbé expliquait les nuances et les senteurs, le regard fixe des animaux morts... Son cœur saigne et sa raison ne lui est d'aucun secours.

Le lendemain matin, avant l'aube, il glisse sous la porte de la chambre de Gustave un mot pour le prévenir qu'il passera la matinée à répondre à son courrier. Il ne lui avoue pas que son cher Bébé est mort. Puis il s'installe devant sa table, prend du papier, de l'encre et une plume, et tandis qu'il écrit à Édouard, il sent enfin glisser le long de ses joues des larmes tièdes.

J'aimais notre bon vieil ami comme notre père; il en avait toujours partagé les soins, les inquiétudes, la tendresse et cependant il ne tenait à nous que par le fait seul de sa volonté. Et il nous a quittés pour toujours, et je n'ai pu recevoir sa dernière bénédiction.

On a beau dire qu'il faut s'accoutumer d'avance à l'idée de se séparer d'un vieillard de quatre-vingts ans ; il est impossible de s'habituer à l'idée de voir disparaître tout à coup le soutien de son enfance, l'ami – et quel ami ! – de toute sa vie. J'espère parvenir à m'endurcir face à ce malheur affreux; mais il n'en restera pas moins au fond de mon âme l'idée poignante que nous avons perdu ce que ni le temps ni l'amitié ni l'avenir quel qu'il soit, ne peut nous rendre, ce qu'il n'est donné qu'à peu de personnes de trouver dans ce monde : un être dont toutes les pensées, toutes les affections ne se rapportaient qu'à nous seuls ; qui ne semblait vivre que pour nous... Non, je ne puis encore me figurer que je sois séparé de lui pour toujours.

Savoir que le vieux prêtre est entré dans cette joie éternelle qu'il espérait ne le console pas. Il caresse du plat de la main le petit bréviaire que Bébé lui a fait remettre par son père au Havre. Jamais Tocqueville ne s'est senti aussi près de croire à l'immortalité de l'âme.

20

Le traumatisme de l'esclavage

Septembre 1831

Trois jours après leur arrivée à Boston, Alexis n'a toujours pas dit à Gustave que l'abbé Lesueur était mort. Il ne s'est confié qu'à Marie. Il préfère souffrir seul de cette blessure sans espoir de cicatrisation. Exilé en terre inconnue, il aimerait fuir le monde entier.

Boston offre pourtant toutes les occasions de faire diversion. Dans ce pays où le sublime côtoie l'informe, la ville semble très européenne et sa société ressemble à celle qu'ils connaissent en France. Ils retrouvent le luxe, le raffinement. Leur hôtel, le Tremont, est le premier palace des États-Unis.

« Finis les lits communs, mon vieux Tocqueville ! s'est exclamé Beaumont en ouvrant la porte de sa chambre splendidement meublée, voisine de celle de son ami, au deuxième étage.

— Moi aussi, j'en ai assez des auberges et des pensions de famille, a répondu Alexis d'un air las. Mais ne vous réjouissez pas trop vite, car dès que nous partirons dans le Sud, vous retrouverez la vie à la dure, les carrioles qui cassent les reins et les lits concaves qui les achèvent.

— Alors profitons bien du Tremont ! Vous avez vu ? Chaque chambre possède un salon particulier ! Et le service est assuré par des laquais qui vous prêtent des chaussons tandis qu'ils cirent vos bottes ! »

Le jeune Sarthois sent bien que son ami plaisante moins qu'à l'ordinaire, mais il met son manque d'entrain sur le compte d'une autre mauvaise nouvelle qu'ils viennent de recevoir : le ministère va les rappeler. Au lieu de passer dix-huit mois en Amérique, ils y resteront moins d'un an. Le garde des Sceaux a envoyé à Beaumont une lettre aimable, lui demandant de rentrer au plus vite, mais à la date la plus pratique pour lui. Peut-être l'administration a-t-elle compris que six mois suffisaient pour faire le tour du système pénitentiaire américain. Beaumont décide d'avancer la date à la mi-février. Ce qui va les obliger à abréger leurs pérégrinations dans le Sud.

Les lettres leur apportent une dernière mauvaise nouvelle : Mme de Kergorlay, la mère de Louis, leur apprend que le choléra, dont la pandémie a commencé cinq ans plus tôt en Asie, menace maintenant Paris. Aussitôt, Alexis écrit à Chabrol que si la France est touchée, Marie devra immédiatement quitter le pays car sa santé est délicate. Il lui envoie par colis des fioles d'huile de cajeput, et un traitement préventif du choléra. Chabrol devra les répartir entre Marie et Louise de Tocqueville.

Pendant les trois ou quatre premiers jours dans la capitale culturelle de la Nouvelle-Angleterre, les deux amis se sentent en quarantaine car les Bostoniens ne se jettent pas, comme les New-Yorkais, à la tête des étrangers. Au bout d'une semaine pourtant, ils commencent à fréquenter les hommes les plus importants de la ville. Le tourbillon mondain reprend. Tous les soirs, ils sont invités à une soirée politique ou à un bal, autant de remèdes à la grisaille du cœur.

Tocqueville met sa peine en sourdine. Il détourne le regard à chaque fois qu'il passe, dans le grand hall de l'hôtel, devant un globe terrestre qui lui rappelle celui qui trônait sur le bureau de son père au château de Verneuil : c'était un objet magique, une mappemonde de prix, en bois ciselé et en papier coloré, qu'il adorait regarder avec l'abbé Lesueur. Il mettait le doigt sur chacun des pays de l'Ancien Monde, et ânonnait leur nom. Puis il pointait le Nouveau Monde, tous ces lieux inconnus, en disant : « Plus tard, quand je serai grand... » Il restait tant d'espaces vierges à découvrir ! Bébé l'encourageait, il lui racontait Marco Polo rencontrant le Grand Khan, les quatre voyages de Christophe Colomb, et Bartolomé Dias, Vasco de Gama, Francis Drake, Humboldt,

Lapérouse. Il en était sûr, il serait un grand explorateur, il braverait les interdits, il irait toujours plus loin. Bébé bataillait, à sa façon, contre l'étroitesse d'esprit de leur petit monde. Au fond, c'est grâce à lui qu'il découvre l'Amérique aujourd'hui.

Tous les Bostoniens qu'ils rencontrent sont allés en Europe, toutes les Bostoniennes parlent français. Leur société est plus oisive que celle de New York, et les préoccupations intellectuelles dominent. Les deux commissaires rencontrent des universitaires, des publicistes, des hommes d'État fameux. Ils font la connaissance de Joseph Coolidge, spécialiste du commerce avec la Chine; il a épousé la petite-fille de Thomas Jefferson, l'un des pères fondateurs de l'Union et son troisième président. Ils se sentent si *comfortable* avec les politiciens qu'ils finissent par se croire des leurs.

« C'est le monde à l'envers. Dans les bals, nous flirtons avec les jeunes filles, mais ce sont leurs pères qui nous intéressent ! Lorsque nous raconterons cela à Chabrol, il ne nous croira pas.

— Parlez pour vous, Gustave !

— Ah, vous ne flirtez pas ? Je vous ai pourtant vu parler de bien près avec la fille de Nathan Hale hier soir. Et ce n'était pas la première fois.

— Il faut dire qu'elle est diablement jolie, avec ses yeux en amande et ses cheveux soyeux... mais elle n'a que quinze ans.

— Oui, pour vous, il faudrait qu'elle en ait le double ! »

Alexis lui jette un regard noir.

« D'ailleurs, vous avez raison, je préfère parler avec son père ! »

Nathan Hale est le rédacteur en chef et l'éditeur du *Boston Daily Advertiser*. Journaliste rigoureux entré en politique, il tient à distinguer le commentaire éditorial de l'information. Il répète que sans presse libre, il n'existe pas de démocratie véritable.

« Je partagerais volontiers votre avis, mais alors il faudrait rendre les journalistes français plus responsables, objecte Tocqueville, un soir où, pour la troisième fois de la semaine, Hale les a invités à souper. Car quand la presse est libre, ils écrivent n'importe quoi ! Et lorsque l'un d'eux vous accuse à tort, vous êtes impuissant.

— Il faut l'attaquer en justice. Ce n'est pas en renonçant à la liberté d'expression que l'on résout le problème de la désinformation. L'information de qualité finit par triompher quand les journaux sont multiples et pluralistes.

— Mais avant que la vérité triomphe, le mensonge peut faire beaucoup de mal. Il peut renverser un gouvernement !

— La liberté de la presse présente toutes sortes d'inconvénients, mais elle permet à l'opinion publique d'être en prise directe avec le politique ; à défaut, le peuple est spolié de sa souveraineté. »

Tocqueville note mentalement ce qu'il écrira le soir même dans son carnet : « C'est un axiome de science politique aux États-Unis : la seule manière de neutraliser le pouvoir des journaux consiste à en multiplier le nombre. »

Mais une autre différence majeure entre les deux nations le taraude, et il s'en ouvre à un familier de Nathan Hale, l'historien Jared Sparks, qui a écrit la biographie de George Washington.

«Je n'arrive pas à comprendre comment les États-Unis peuvent fonctionner sans vrai gouvernement.

— Pourquoi dites-vous cela ? sourit Sparks.

— Enos Troop n'est gouverneur de New York qu'à mi-temps ! C'est inconcevable en France, où nous avons besoin de dizaines d'hommes supérieurs pour diriger le pays. D'ailleurs, vous n'avez pas de hiérarchie : à New York, la société est composée uniquement d'individus de la classe moyenne, indépendants les uns des autres, tous égaux et responsables. Comme si la société fonctionnait seule, dirigée par un gouvernement invisible.

— Votre diagnostic est assez juste, reconnaît l'historien. Mais vous allez comprendre pourquoi si vous gardez à l'esprit la façon dont ce pays s'est construit. Le premier établissement de colons était situé à Plymouth, il ne comptait que cent personnes. Autour, c'était le désert.

— Oui, j'ai vu à quoi cela ressemble.

— À l'origine, il n'y avait ni gouvernement ni droits : les colons vivaient à l'état de nature. Pour s'organiser et assurer leur sécurité, ils se sont mis d'accord sur quelques règles qui ont pris force de loi.

— C'était la forme la plus simple d'une république...

— Puis il y eut les *townships*, c'est-à-dire les communes. Ce sont elles qui se groupèrent en comtés, puis les comtés en États, et plus tard, ces États qu'étaient les diverses colonies décidèrent de se fédérer pour se débarrasser du joug anglais.

— Ce que vous m'expliquez, c'est que la République américaine ne s'est pas édifiée par le haut mais à partir du bas ?

— Exactement. Les échelons supérieurs n'ont reçu que les pouvoirs que souhaitaient leur déléguer les échelons inférieurs. »

Tocqueville sait que la liberté des Français passe aussi par la décentralisation, mais que celle-ci ne peut fonctionner que si le peuple est capable de prendre son destin en main. La clé de cet État social réside donc dans le niveau d'instruction élevé de tous les citoyens.

« Ici, personne ne met en doute la nécessité de l'instruction populaire, confirme le pasteur Dwight, un autre invité de Hale. Mais il s'agit en grande partie d'une instruction morale et religieuse. C'est dans la Bible que les enfants apprennent à lire.

— Pourtant cette religion qui modèle l'esprit des Américains est indépendante de l'État, n'est-ce pas ? Et son indépendance fait sa force !

— Les confessions se combattent entre elles, elles se battent âprement, mais si les dogmes divergent, la morale est identique. »

Alexis savait déjà que les Américains étaient un peuple éclairé et religieux, mais il ne cesse d'en mesurer les effets bénéfiques. Ces deux qualités, qui assurent la stabilité du pays, le lui rendent très sympathique. Cette société sans classes, où le niveau d'instruction moyen est plus élevé qu'en Europe, est très chrétienne ; or la religion favorise des mœurs pures, et des devoirs collectifs qui sont les fondements mêmes du civisme. Peu importe, au fond, la sincérité de la foi : s'il a des doutes, le citoyen ne les montre pas.

« Vous savez, Beaumont, la liberté n'existe pas sans morale, ni la morale sans la foi.

— Tout cela n'est-il pas un peu hypocrite, tout de même ? Rappelez-vous les propos de Mr. Clay...

— C'est vrai, s'esclaffe Alexis : il nous a dit qu'il y avait à Boston deux mille prostituées pour soixante mille habitants. En pays protestant, tout est très compartimenté, cela ne remet pas en cause la vertu, bien au contraire ! »

Le lendemain, lors d'un dîner chez Edward Everett – un autre éditeur également membre du Congrès –, Tocqueville est placé à droite de l'invité le plus prestigieux de la soirée : John Quincy Adams, sixième président des États-Unis, dont le mandat s'est achevé trois ans plus tôt. Aux yeux du Français, il fait figure de roi, un roi certes déchu mais qui mérite les égards dus à son rang. Pourtant, personne ne lui témoigne un respect particulier. À soixante-quatre ans, l'ancien juriste est un homme brillant, à la manière américaine : intelligent, plein d'esprit et pragmatique; avant son élection, il a été l'un des meilleurs diplomates du pays.

Adams évoque avec Tocqueville le problème de l'esclavage.

« Je sais que vous avez du mal à le croire, mais cette pratique archaïque risque de faire voler en éclats l'Union ! »

Il explique au Français à quel point le prix du coton, qui lui paraissait un détail, est un enjeu énorme pour la fédération : il oppose violemment le Nord au Sud, et son coût de production est étroitement lié au maintien en esclavage de deux millions d'hommes.

Les deux Français quittent à regret Boston pour Wetherfield, où ils visitent une dernière prison tenue selon le système d'Auburn. Ils ne s'y attardent guère car ils sont impatients d'arriver à Philadelphie, l'ancienne ville des quakers, la capitale de la philanthropie, dont ils entendent parler depuis le début du voyage.

« Philadelphie ! Du grec *philein* : aimer, et *adelphos-adelphé* : frère et sœur, soit "amitié fraternelle", récite Beaumont en descendant de la diligence. La ville antique où s'établit une des sept congrégations chrétiennes mentionnées dans l'Apocalypse ! »

Ils découvrent une cité propre et entretenue, dont le marché est réputé pour être le meilleur du pays. Une cité en pleine effervescence : beaucoup de routes, de canaux, et de voies de chemin de fer sont en construction. Le charbon lui permet de se développer à grande vitesse. C'est une ville qui adore les loisirs ; des parades, des régates et des célébrations y sont sans cesse organisées ; des dizaines de livres paraissent chaque semaine qui coûtent moins cher qu'en France ; des compétitions sportives commencent à intéresser un large public.

« Rappelez-vous que William Penn, l'homme qui a donné son nom à la Pennsylvanie, a voulu rendre cette ville plus humaine en garantissant à tous la liberté de culte et en supprimant la peine de mort pour les vols.

— Pas étonnant que le système pénitentiaire soit en permanence débattu ici !

— Et qu'ils nous attendent avec impatience. »

Les commissaires, accueillis cette fois en héros, vont visiter plusieurs prisons de Pennsylvanie, toutes organisées selon la doctrine dite « de Philadelphie » : isolement total, de jour comme de nuit.

« C'est le seul régime qui annihile toutes les mauvaises influences », affirme dès leur première rencontre le maire, Benjamin Richards.

Pendant les deux semaines de séjour, Tocqueville se rend huit fois au pénitencier d'Eastern State à Cherry Hill. Il interroge individuellement tous les prisonniers et les gardiens. Il explique à Beaumont que ses intuitions sont validées.

« Certains condamnés souffrent atrocement de la solitude, mais je crois que le système pennsylvanien est, au final, plus efficace que celui d'Auburn.

— Les gardiens risquent sûrement moins leur vie en tout cas, puisqu'il n'y a pas de mouvements collectifs.

— Ce n'est pas tout. Nous ne disposons pas de vraies statistiques, mais il semble que les récidives soient moins nombreuses à la sortie de la prison. À défaut de panacée, ce système me paraît le moins mauvais. »

Les responsables pénitentiaires sont surpris d'apprendre qu'en France, les condamnés dorment dans des dortoirs communs où ils peuvent communiquer. Le résultat est évidemment catastrophique car les récidivistes corrompent les délinquants primaires.

« Le problème de ce système américain, nous le connaissions avant même d'arriver en Pennsylvanie, soupire Beaumont lors de leur compte rendu du soir. Cet isolement individuel permanent coûte très, très cher à la collectivité.

— Tellement cher que nous allons être obligés de plaider en faveur du système d'Auburn dans notre rapport ! S'il était adopté en France, ce serait déjà un grand progrès par rapport à nos effroyables procédés, tous les délinquants entassés ensemble, oisifs et prompts à pervertir les nouveaux venus. »

En réalité, ce n'est pas le système pénitentiaire qui les étonne le plus à Philadelphie. La Pennsylvanie possède une proportion importante d'hommes de couleur. Les quakers ont aboli l'esclavage depuis 1769 mais les Noirs, s'ils sont libres, sont loin d'être égaux. Dans cette ville de philanthropes toujours en recherche de nouvelles doctrines sociales, les deux Français sont atterrés de voir, dans la rue, des hommes et des femmes de couleur descendre du trottoir pour laisser passer les Blancs. La discrimination raciale est présente partout, de l'école au cimetière.

Peu de temps après leur arrivée, ils sont invités au théâtre par le maire. Ils vont assister à une nouvelle pièce française sur la vie de Napoléon Bonaparte jouée par une troupe de La Nouvelle-Orléans. Mais à peine assis, Beaumont s'indigne :

« Vous avez remarqué le soin qu'ils mettent à séparer les Noirs des Blancs dans ce théâtre ?

— Vous avez raison, approuve Tocqueville, c'est effrayant : il n'y a que des Blancs dans la première galerie, des métis dans la deuxième, et des Noirs dans la troisième ! »

Un inconnu au visage hautain, assis devant Beaumont, s'étonne de leur surprise :

« La dignité des Blancs impose cette classification, vous ne croyez pas ? »

Beaumont fait comme s'il n'avait pas entendu ; il a compris que beaucoup d'Américains ne considéraient pas les Noirs comme des êtres humains à part entière. Il laisse son regard errer parmi les spectateurs.

« Il y a quand même des anomalies ! s'exclame-t-il en prenant Tocqueville à témoin.

— Comment cela ? demande l'Américain en s'immisçant à nouveau dans leur conversation.

— Regardez cette jeune femme, là, au deuxième rang. Oui, là, chez les métis. C'est une Européenne ! Sa peau est plus blanche que la mienne, son teint est d'une pureté absolue... Je crois que je n'ai jamais vu une beauté pareille !

— Et alors ? fait l'Américain en haussant les sourcils.

— Pourquoi se trouve-t-elle parmi les métis ? »

Cette fois, c'est l'Américain qui s'étonne :

« Mais voyons ! Cette femme est de couleur !

— De couleur ? Je parle de cette jeune femme en robe mauve. Ne me dites pas que vous ne la voyez pas, on ne voit qu'elle. Elle est plus pâle qu'une fleur de lys !

— Nous parlons bien de la même fille. Je vous dis qu'elle est *coloured.* Les registres de ce pays établissent sans le moindre doute ses origines : même si cela ne se voit pas, un de ses aïeux était noir. Elle porte une souillure indélébile. »

Le jeune homme se détourne, comme s'il avait énoncé une évidence. Pour lui, l'incident est clos. Beaumont continue d'observer la foule. Parmi les Blancs, il distingue une femme métissée. Cette fois, c'est lui qui interpelle son voisin :

« Et celle-là, alors, que fait-elle parmi les Blancs ? Ne me dites pas qu'elle est blanche !

— Bien sûr que si.

— Mais sa peau a la couleur du café au lait !

— Elle est blanche. Le sang qui coule dans ses veines est espagnol. »

Tocqueville s'insurge à son tour :

« Ne comptez-vous pas faire de ces Noirs vos égaux un jour ?

— Jamais.

— Alors je crains bien qu'ils ne se fassent vos maîtres. »

Le lendemain soir, ils font part de leurs inquiétudes au quaker John Jay Smith, avec qui ils ont rendez-vous. Smith donne des cours bénévoles dans une classe de gens de couleur.

« Les Noirs sont évidemment de la même race que nous, dit-il. Exactement comme un cheval noir et un cheval blanc sont de la même race.

— Mais ils sont victimes d'une ségrégation violente ! Ont-ils vraiment les mêmes droits ? Sont-ils des citoyens à part entière ?

— Oui, dans la loi.

— Et dans les faits ?

— Vous savez, leur mortalité à trente ans est le double de celle des Blancs. Et même dans la tombe ils ne sont pas égaux : ils ne sont pas autorisés à être enterrés dans les mêmes cimetières !

— Mais ils ont le droit de vote ?

— Oui, mais en réalité, ils ne vont pas voter.

— Pourquoi ?

— Ceux qui se présenteraient au bureau de vote seraient maltraités. »

Les deux Français s'émeuvent de cette découverte.

« Si la société américaine ne possède pas de classes sociales, conclut Tocqueville, elle a instauré une autre hiérarchie : la blancheur est un titre de noblesse, la peau noire la marque des esclaves.

— Cela ne durera pas, car les Noirs se révoltent de plus en plus, dans les États encore esclavagistes, explique John Jay Smith. Lisez les journaux : il y a au moins une insurrection chaque semaine. »

Quelques jours plus tard, un matin au réveil, Beaumont annonce sa décision.

« Alexis, c'est sur l'esclavage que nous devrons écrire notre livre. Il y a deux millions d'esclaves dans ce pays, pour treize millions d'habitants. La situation est explosive. Ne le prenez pas mal, mais je ne suis pas aussi admiratif que vous de la démocratie américaine !

— Mais dans le livre que nous projetions, il y avait forcément plusieurs chapitres sur la ségrégation ! L'esclavage est la plaie de l'Union. Or les Blancs ne semblent pas conscients du danger. L'esclave est un serviteur qui ne discute point et se soumet à tout sans murmure. Quelquefois il assassine son maître, mais il ne lui résiste jamais...

— Justement. Je voudrais écrire un récit qui dénonce l'esclavage en faisant appel à l'émotion. C'est un roman que je veux faire, et pas un essai. Ce ne sont pas les chiffres qui m'intéressent, mais le drame humain.

— Dans ce cas, les deux livres ne sont pas incompatibles. Nous allons faire l'un et l'autre ! Je serai le chef de file pour le premier, et vous pour le second, qu'en pensez-vous ? »

Alexis est mortifié que Gustave préfère écrire un roman plutôt que l'œuvre politique magistrale dont il rêve, mais au fond, il est soulagé : il va pouvoir la faire à sa manière. Depuis le début, Gustave se passionne moins que lui pour la démocratie américaine. Alexis hésite encore sur la forme que cela prendra, et sur la ligne conductrice : il sait seulement que le livre parlera de démocratie. Et qu'il fera date.

« Vous avez vu dans le *Philadelphia Inquirer* ? poursuit Gustave. Des insurrections d'esclaves ont eu lieu hier dans le Maryland. Puisque nous y serons bientôt, nous nous documenterons là-bas. »

Ils quittent sans regret une ville dont la régularité finissait par les ennuyer, avec ses rues tracées au cordeau, nettoyées en permanence, portant des chiffres en guise de noms.

« Et dire que nous habitions dans la rue n° 3 ! s'exclame Tocqueville. Ne trouvez-vous pas que seul un peuple dont l'imagination est glacée peut inventer un système pareil ?

— C'est vrai, les Européens joignent toujours une idée à chaque objet extérieur : un saint, un homme célèbre, un événement...

— Ces gens-là ne connaissent que l'arithmétique. Ils ne content pas, ils comptent ! »

21

Naufrage sur le Mississippi

Novembre 1831

Le voyage de Philadelphie à Pittsburgh se révèle plus éprouvant que prévu. Les carrioles sont détestables et les routes épouvantables. Les jeunes gens, pour qui le temps est désormais compté, ne font plus de haltes : ils voyagent jour et nuit pendant soixante-douze heures d'affilée. L'hiver les saisit brutalement le 22 novembre, alors qu'ils traversent les Appalaches. Ils sont pris dans une tempête de neige qui semble ne devoir jamais s'arrêter. Les habitants n'ont pas le souvenir d'avoir connu pareil climat en cette saison.

« Ce n'est pas qu'elles soient si hautes ni si escarpées, ces montagnes, mais elles n'en finissent pas », gémit Beaumont.

Depuis trois jours, ils n'ont pas dormi plus de trois minutes d'affilée et les conditions sont d'autant plus fatigantes qu'ils ne sont jamais seuls dans la diligence mal suspendue. Impossible de s'allonger, à peine de se recroqueviller. Les autres voyageurs, plus résistants ou mieux entraînés, ne se plaignent pas.

« Vous savez, Gustave, le paysage est assez beau : en d'autres circonstances, nous ne manquerions pas de nous extasier.

— Mais comment apprécier les beautés de la nature par ce froid ? J'ai l'onglée, même aux pieds !

— Nous achèterons des gants et des chaussettes à Pittsburgh.

— Vous pensez que ce sera utile ? Nous allons vers le sud, nous serons bientôt sous les tropiques !

— Voyons, Gustave, vous savez bien que La Nouvelle-Orléans se trouve quand même à cent cinquante ou deux cents lieues au-dessus du tropique du Cancer...

— Oui, mais j'ai lu qu'il y faisait rarement moins de vingt degrés en hiver. »

L'étape de Pittsburgh, la ville la plus industrielle de Pennsylvanie, est réduite au strict minimum. L'air y est vicié, le ciel constamment assombri par les fumées des cheminées d'usines. Le pénitencier de la ville ne présente aucun autre intérêt que de constituer une ligne de plus sur leur liste. Ils embarquent aussi vite que possible pour Cincinnati sur un gros bateau à vapeur, le *Fourth of July*, qui descend l'Ohio avec deux cents passagers, jusqu'à Louisville, dans le Kentucky.

« Je préfère décidément les trajets en bateau, jubile Alexis lors de l'appareillage.

— Il est vrai que c'est assez confortable, rétorque Gustave. Chacun dispose d'une couchette...

— ... On nous sert trois bons repas chaque jour...

— ... Et la salle de bains collective permet de se laver !

— En fait, je ne pensais pas à ces raisons-là, même si je les apprécie comme vous.

— À quoi pensiez-vous alors ? À la possibilité d'écrire tranquillement dans la cabine ? Ce n'est pas toujours vrai : il arrive que le moteur fasse trembler le bateau au point que nos lettres soient illisibles !

— Vous n'y êtes pas. Ce qui me plaît dans ces longues traversées, ce sont les rencontres avec des gens dont nous n'aurions jamais dû croiser le chemin. Ils sont, comme nous, prisonniers du bateau, et ils nous consacrent tout leur temps ! »

Le *Fourth of July* est particulièrement bien pourvu en victimes consentantes : marchands, propriétaires terriens et même un représentant au Congrès. Les habitants du Nord et du Sud sont mélangés. Après une journée de croisière, et une douzaine d'interviews, Tocqueville est convaincu que la mentalité des uns et des autres est très différente.

« Les Nordistes ont l'esprit d'entreprise, explique-t-il à Beaumont, alors que les Sudistes ont une forme archaïque d'esprit aristocratique. D'où leur attitude différente vis-à-vis de l'esclavage. »

Le fleuve Ohio marque la frontière méridionale des États du Nord et sépare *de facto* les États abolitionnistes de ceux qui ont conservé l'esclavage.

« D'ailleurs, je me demande si le lien de causalité n'est pas inverse, continue-t-il. C'est peut-être l'esclavage qui a une influence néfaste.

— Que voulez-vous dire ?

— Comparez la prospérité des États qui bordent le fleuve Ohio. Prenez le Kentucky, où l'esclavage est de rigueur, et l'Ohio, où il a été aboli en 1804.

— C'est un peu biaisé, car le Kentucky a été "civilisé" vingt ans avant l'Ohio, non ?

— Justement ! Il devrait être plus prospère. Or l'État de l'Ohio possède trois fois plus d'habitants et sa production est dix fois plus importante ! Et il ne cesse de s'enrichir, alors que la prospérité du Kentucky est stationnaire !

— Pourtant les deux États bénéficient des mêmes sols et des mêmes conditions climatiques...

— Exactement. Tout se passe comme si l'esclavage avait une influence négative sur le développement. Alors qu'il fournit des gens taillables et corvéables à merci ! »

Il fait si froid que les voyageurs répugnent à aller sur le pont se dégourdir les jambes. L'après-midi, au moment où il sort emmitouflé dans son gros manteau sur le pont du navire pour observer les rives couvertes de neige et les morceaux de glace qui flottent sur la rivière, Alexis de Tocqueville percute un jeune homme qui allait rentrer dans la cabine. Les deux hommes découvrent leurs visages pour s'excuser.

« Oh, je vous reconnais, vous êtes l'un des deux commissaires français, Alexis de Tocqueville !

— Et vous, vous êtes Timothy Walker ! Nous nous sommes rencontrés à New York chez Palmer, vous faites du droit, n'est-ce pas ?

— Oui, je suis avocat à Cincinnati. »

Cet ancien enseignant de vingt-quatre ans a décidé de devenir un homme d'État. Alexis l'écoute distraitement et, dès qu'il le peut, fait dévier la conversation sur le sujet qui est devenu son obsession : pourquoi les pays esclavagistes sont-ils moins prospères que les autres ? Walker répond sans hésiter :

« Parce que l'esclavage est une catastrophe économique !

— Mais il donne aux planteurs une main-d'œuvre quasiment gratuite...

— Ils la paient très cher, croyez-moi ! Tout le rapport au travail en est transformé. Dans le Kentucky, le labeur est déshonorant, alors qu'en Ohio, travailler est le meilleur moyen de faire fortune. D'un côté, la paresse règne, et de l'autre, l'effervescence... Et puis, le Kentucky ne reçoit pas d'émigrants, quand l'Ohio les attire : les classes pauvres qui viennent du sud de l'Amérique se rendent en Ohio parce qu'elles pourront y travailler sans honte.

— Je m'étais pourtant laissé dire que les lois de l'Ohio n'étaient pas tendres pour les Noirs ?

— C'est vrai, les anciens esclaves y sont quasiment interdits de séjour, et les juges commettent d'énormes injustices à leur égard. Il y a encore beaucoup de choses à changer chez nous ! »

Pour ne pas avoir froid, les deux hommes arpentent à grands pas le pont du bateau. Tocqueville est tellement passionné par la conversation qu'il en oublie d'aller souper. Quand Beaumont monte sur le pont à sa recherche, il se précipite sur lui :

« J'ai des choses pour le roman !

— Dites-moi.

— L'homme n'est pas fait pour la servitude.

— Je m'en doutais, figurez-vous.

— Attendez. Cette vérité est encore mieux démontrée par le maître que par l'esclave. Il est dans l'intérêt des Blancs de faire disparaître l'esclavage et toutes les formes de discrimination !

— Comment cela ?

— L'esclavage n'opprime pas seulement la population noire : il affaiblit les Blancs en les poussant à l'oisiveté. Il faudra que le roman le fasse bien comprendre. »

Les deux hommes dînent avec Timothy Walker avant de rejoindre leurs couchettes. Comme toujours, ils trouvent vite le sommeil : le tangage du bateau et le bruit régulier du moteur les bercent. Soudain, peu avant minuit, ils sont réveillés en sursaut par un cri d'alarme :

« *All is lost !* Tout est perdu ! Nous coulons ! »

C'est la voix du capitaine, relayée par celles de l'équipage. Le *Fourth of July* vient de percuter un récif, une zone pourtant connue des navigateurs, baptisée barre de Burlington. Le bateau s'enfonce à vue d'œil. Il ne dispose que de deux canots de sauvetage, qui peuvent contenir une douzaine de passagers, pour deux cents personnes maintenant massées sur le pont.

« Dieu du ciel, l'eau monte ! Elle va bientôt noyer les cabines ! »

Tocqueville n'a jamais entendu un bruit plus terrifiant que celui de l'eau s'engouffrant dans le navire. Il admire le sang-froid des Américaines, cette placidité qu'elles conservent en toutes circonstances et qui lui rappelle Marie. Elles sont une cinquantaine, regroupées à l'avant ; aucune ne pleure ni ne crie. Les mères de famille serrent leurs enfants contre elles pour les calmer. Une commerçante évoque avec son mari le sort des marchandises qu'ils convoyaient vers Louisville.

Alexis et Gustave s'approchent des rambardes pour scruter le fleuve. À cet endroit, il est large d'une demi-lieue, et le courant charrie d'énormes blocs de glace. Pas question de plonger.

« Je crains que vous n'ayez perdu votre temps en m'apprenant à nager », murmure le Sarthois, pour une fois très pâle.

Alexis salue d'un sourire contraint l'humour de son compagnon. Gustave de Beaumont fait preuve de cran, il doit se montrer à sa hauteur. Il lui avouerait presque qu'il ne voit dans sa mort prochaine qu'un seul bénéfice : il rejoindra son cher Bébé, dont la disparition lui fait encore monter les larmes aux yeux. Il le rejoindra, si l'abbé avait raison de croire à la vie éternelle. Ce qu'il saura très bientôt.

Les deux hommes se regardent sans rien dire. Ils sont conscients de la solennité du moment. À côté d'eux, les Américains se donnent des *hugs* prolongés, de fortes accolades d'adieu. Les hommes rejoignent leurs femmes et leurs enfants qui récitent des prières. D'autres s'agenouillent et chantent des psaumes, les mains jointes. Alexis sort le médaillon de sa poche : le sourire de Marie est toujours là, doux, un peu figé, rassurant. Voilà l'image qu'il va garder en lui jusqu'à l'instant ultime.

Tocqueville tend la main à Beaumont, qui la serre avec gravité.

22

Entre la vie et la mort

26 novembre 1831

Soudain, le *Fourth of July* cesse de s'enfoncer. Sa coque s'est encastrée dans le récif qui l'a fendu. Il est sauvé par la profondeur même de l'entaille et la vitesse avec laquelle l'eau l'a propulsé sur la roche. C'est un miracle.

Les passagers se figent. Ils craignent que le bateau ne se décroche au moindre mouvement. Tocqueville et Beaumont, qui ne se sont pas assis sur le pont – mourir debout leur paraissait plus noble – restent appuyés contre le garde-corps.

« On dirait que le danger est écarté, dit Beaumont à voix basse, comme si son chuchotement pouvait déstabiliser le navire.

— Le danger immédiat, vous voulez dire, marmonne son compagnon. Que va-t-on devenir, plantés au milieu de la rivière, prisonniers de cette immense carcasse ?

— Vous avez raison : la nuit est glaciale et les cabines en partie submergées.

— Nous avons un sursis, réjouissons-nous. »

Une nouvelle fois, la chance leur sourit. Tocqueville se remémore la prophétie du vieil abbé Lesueur : « Toi, Pierrot, tu es né sous une bonne étoile. » Après quelques heures d'angoisse, le *Fourth of July* est rejoint par un autre steamboat de la même compagnie, le *William Parsons.* Les cris de joie sont à peine plus audibles que ne l'avaient été les plaintes.

L'évacuation se déroule dans le calme. Même les commerçants ruinés par la destruction de leurs marchandises ne s'abandonnent pas au désespoir. Le *William Parsons* dépose les passagers sur la rive. La compagnie leur propose de passer la nuit dans des cabanes de fortune, au milieu des paysages enneigés. Elle leur promet qu'un autre bateau viendra les chercher le lendemain matin, et leur propose de prendre du repos en attendant.

« Au moins, je suis habitué à dormir par terre, sans quitter ma redingote ! ricane Beaumont.

— Moi aussi, renchérit Tocqueville. Ce n'est pas cette mort évitée de justesse qui m'empêchera de trouver le sommeil ! »

Ils finissent par arriver à Cincinnati, le premier jour de décembre et sont impressionnés par le singulier visage de cette ville. Elle a grandi trop vite pour que des architectes aient le temps de concevoir des plans. Des immeubles gigantesques voisinent avec des chaumières, les rues sont encombrées de débris et bordées d'habitations en construction, les avenues n'ont pas de nom et les maisons pas de numéro. L'eau dévale dans les rues en pente et des bandes de porcs en liberté assurent le nettoyage quotidien. Les deux Français ont beau être déjà allés à l'ouest, avoir vu le vieux port de Detroit ou le village de Buffalo se transformant en ville à marche forcée, la vallée de l'Ohio leur offre un incroyable spectacle. Trente ans plus tôt, la forêt vierge bordait les rives du fleuve. Aujourd'hui, Cincinnati compte trente mille habitants. La population a doublé en cinq ans : la plus grande vague d'expansion que le monde moderne ait connu !

Les prisons, quant à elles, sont barbares, même si le code pénal de l'Ohio est plus humain – en théorie – que celui du Massachusetts ou du Connecticut : la moitié des prisonniers sont aux fers, les autres entassés dans des cellules insalubres. Il n'y a pas de système pénitentiaire digne de ce nom.

Tocqueville et Beaumont ont décidé ensuite de descendre le Mississippi jusqu'à La Nouvelle-Orléans avant de remonter à Washington par la côte. On leur a conseillé ce trajet, le bateau étant plus confortable que la diligence ; ils ont en outre très envie d'aller voir cette ancienne colonie que leurs ancêtres ont baptisée Louisiane. Après avoir rencontré les francophones du Nord, il est tentant d'aller voir ceux du Sud.

« En plus, leur a-t-on dit, quand vous remonterez vers Charleston par l'Alabama et la Géorgie, vous croiserez des tribus indiennes : les Cherokees, les Cheeks, les Chactas... »

Trois jours plus tard dans l'après-midi, ils embarquent sur un nouveau bateau à vapeur à destination de Louisville, qui se trouve encore à trois cents miles en aval. Ils ont l'intention d'y faire une courte escale, le temps de trouver un steamboat pour La Nouvelle-Orléans.

« Nous sommes le 4 décembre, calcule Beaumont en grimpant sur la passerelle. Si tout va bien, à raison de trois cents miles par jour, soit cent vingt lieues environ, nous arriverons à La Nouvelle-Orléans le 12.

— Espérons-le, car le temps nous est compté maintenant. Méfions-nous : Louisville ne nous a pas porté chance lors de notre précédent voyage en bateau ! »

Mais Beaumont n'écoute pas, il poursuit son idée :

« Que croyez-vous que le ministère puisse nous faire si nous ne rentrons pas en France assez rapidement ?

— À moi, pas grand-chose. La pire sanction serait de me priver de mon travail, mais comme il n'est même pas rémunéré ! Vous, en revanche, vous jouez plus gros : vous pouvez être révoqué. »

Tocqueville se frotte les bras :

« Il fait de plus en plus froid, vous avez remarqué ? On gèle...

— Oui, redescendons, on ne peut pas tenir sur le pont. C'est assez curieux, le climat devrait pourtant se réchauffer en allant vers le sud... »

Pendant la nuit, la température tombe très en dessous de zéro. Aux premières lueurs de l'aube, les passagers découvrent avec stupeur que devant eux, le fleuve s'est solidifié.

« C'est une malédiction ! s'exclame Tocqueville. Tous nos voyages sur l'eau sont calamiteux ! »

Au ralenti et par à-coups, le navire se fraie un chemin au milieu de la glace. Grâce à la vapeur, il se force un passage, mais il ne résistera pas longtemps à ce traitement. Les passagers qui observent la manœuvre ne peuvent pas rester plus d'une minute sur le pont : leur nez et leurs oreilles se mettent à geler !

« On se croirait en Sibérie, lâche Tocqueville qui s'est aventuré sur la passerelle avant de battre en retraite.

— On n'a jamais vu ça ici, de mémoire d'homme ! » vocifère un homme d'équipage, du fond de la travée.

Le vaisseau semble craquer de toutes parts. Le capitaine et son second décident d'aller mouiller dans une crique en attendant le dégel. Mais la journée passe, le dégel ne vient pas et le froid empire.

Le capitaine propose aux passagers les plus pressés de les laisser sur place. Ils ne sont pas si loin de leur destination : le village qu'ils aperçoivent sur la rive est Westport, dans le Kentucky, à une vingtaine de miles de Louisville. Les deux Français se rallient à cette idée.

« Ce sera bien le diable si l'on ne trouve pas dans cette bourgade une carriole pour nous emmener à Louisville ! dit Tocqueville d'une voix forte.

— Ou au moins deux chevaux », tempère Beaumont.

Mais le bourg est minuscule : quelques maisons aux toits couverts de neige et aux cheminées fumantes. Une seule auberge qui tient lieu d'épicerie et fournit le matériel agricole où se précipitent la vingtaine de passagers débarqués. C'est le seul lieu public du village.

« Quel dommage, explique l'aubergiste d'un air navré, la charrette vient juste de partir pour Louisville ! Elle ne reviendra pas avant trois ou quatre jours.

— Il y a bien un habitant qui en possède une autre ?

— Non, monsieur.

— Pas même des chevaux ?

— Il n'y a pas de chevaux ici. Cependant vous pouvez aller à Louisville à pied, demain. Les paysans le font souvent. »

Au fond de la salle, près de l'âtre, un client n'a rien perdu de la conversation. Il s'avance vers eux. C'est un grand gaillard blond-roux, aux larges épaules et au visage buriné.

« Moi, messieurs, je n'ai pas de carriole, mais j'ai un chariot. Je peux porter vos bagages, si vous êtes prêts à marcher. Je vous guiderai, car le chemin n'est pas commode à trouver, avec toute cette neige. Vous dormez ici et je viens vous chercher à cinq heures demain matin. »

Le pionnier sait que les plus pressés n'ont pas d'autre solution, d'autant que la charrette partie pour Louisville ne pourra pas, à son retour, prendre tout le monde. Tocqueville,

Beaumont et une dizaine d'autres passagers décident donc de partir le lendemain avec l'homme au chariot.

« Après tout, fait remarquer Alexis, vingt miles à pied, ce n'est jamais que sept ou huit lieues, donc deux Paris-Versailles ! Et Versailles, c'est la "Louis-Ville" originelle...

— Sauf que nous n'avons jamais parcouru deux Paris-Versailles d'affilée dans la neige ! »

Au début, les marcheurs sont pleins d'entrain. Le soleil brille, la neige leur arrive aux genoux, et leur petite procession, au milieu des bois et des montagnes du Kentucky où nul ne semble s'être aventuré depuis la création du monde, leur semble assez cocasse.

Cependant l'effort est intense. Il faut de la résistance et une bonne dose d'énergie pour progresser dans la poudreuse, au milieu des forêts, sans disposer de l'équipement nécessaire. Ils ont beau porter de solides bottes de cuir, leurs pieds sont vite mouillés. Ils avancent malgré tout, pas après pas, sans se plaindre. Tocqueville, pour faire diversion, pousse même le pionnier à leur raconter sa vie. C'est tout juste s'il ne prend pas des notes en marchant.

« Vous n'êtes pas épais mais vous êtes robuste, Alexis ! reconnaît Beaumont lors d'une halte. Vous m'impressionnez ! On dirait que vous tenez le choc mieux que moi ! Il faut dire que le tirage au sort ne m'a pas souvent été favorable.

— Vous plaisantez ! J'ai dormi par terre bien plus souvent que vous !

— Le repos n'est pas votre affaire de toute façon. Je crois qu'il est antinomique avec votre nature ! »

Après trois heures de marche, les membres de l'équipée fanfaronnent moins et quelques-uns abandonnent. L'un s'assoit sur le bord d'un talus et refuse d'aller plus loin, prétendant vouloir continuer « à son rythme ». D'autres demandent asile aux rares maisons qu'ils trouvent sur le chemin. En fin d'après-midi, ils ne sont plus que cinq, avec le pionnier, qui réussit à faire passer son chariot partout et même à grimper les pentes grâce à ses vigoureux coups d'épaule. Leur courage s'étiole sous les lueurs du soleil livide qui disparaît à l'horizon.

Ils parviennent à Louisville bien après minuit, harassés et transis. Leur accompagnateur les conduit dans une auberge, à l'entrée de la ville. Le feu est maigre dans la cheminée et les lits sont mauvais. Mais ils tombent comme des masses.

Le lendemain matin, nouveau coup du sort : l'Ohio est gelé en aval comme en amont.

« Vous allez devoir prendre vos quartiers à Louisville, si vous ne voulez pas revenir sur vos pas, prévient l'aubergiste.

— Décidément, je vous l'avais dit, Beaumont ! La ville de Louis XVI ne nous réussit pas ! »

Une fois encore, c'est un client de l'auberge qui vient à leur secours. Un marchand de bestiaux, familier de la région, s'est rapproché en entendant l'accent français. Le tandem attire toujours la sympathie. L'homme leur suggère une autre solution :

« Si j'étais à votre place, j'essaierais d'aller à Memphis. C'est une petite ville du Tennessee où tous les steamboats, qu'ils montent ou descendent le fleuve, s'arrêtent pour recharger du bois. Si vous y parvenez, vous serez assurés de reprendre votre navigation. Le Mississippi, lui, ne peut être gelé.

— Et c'est loin, Memphis ?

— Un peu moins de quatre cents miles.

— Tout de même !

— Cette ville est si récente qu'elle ne figure même pas sur les cartes. Elle n'est pas bien grande, mais il y a des carrioles couvertes qui partent tous les jours dans cette direction. »

Tocqueville et Beaumont n'hésitent pas. Tout ce qu'ils veulent, c'est quitter enfin Louisville, ce ciel bas et gris, cette tristesse de purgatoire. Ils trouvent sans peine une des voitures couvertes dont le commerçant leur a parlé, en réalité une simple carriole bâchée qui les emmène sur des routes abominables. Il fait de plus en plus froid : moins quinze degrés. Comment imaginer que le Tennessee se trouve à la même latitude que l'Algérie, qu'il y pousse du coton et des plantes exotiques !

« Jamais nous n'avons connu un mois de décembre aussi rigoureux, répètent les Américains qu'ils rencontrent. De mémoire d'homme ! »

Après deux jours et deux nuits de voyage harassants, ils parviennent à Nashville. Il y fait encore plus froid, alors qu'ils viennent de parcourir cent soixante-quinze miles vers le sud !

« Cette fois, offrons-nous une confortable pension de famille, nous n'avons pas dépensé grand-chose ces derniers jours, décide Tocqueville en apercevant un panneau BEDROOMS sur la vitre d'une grande maison patricienne. J'ai attrapé un rhume, je rêve d'un bon grog, à défaut d'un bain chaud. »

C'est Marie qui lui a fait découvrir les bienfaits de ce mélange de rhum et de lait ou d'eau chaude. Elle soigne les rhumes de sa tante à l'aide de ce remède infaillible.

« D'accord, acquiesce Beaumont. Nous avons besoin d'une nuit réparatrice, car nous sommes encore loin de Memphis ! »

Las, leur hôtesse est une Américaine de la bonne bourgeoisie, vigoureuse et bien éduquée, qui a mis au monde une demi-douzaine d'enfants et vient de perdre son mari. Elle ne sert jamais d'alcool chez elle. Mais elle propose au Français une inhalation d'eucalyptus.

Le lendemain matin, les journaux ne parlent que des records de froid. Les doyens de la ville assurent que la rivière Cumberland, ce sous-affluent du Mississippi qui arrose Nashville, n'a jamais gelé depuis l'hiver 1777.

« On peut la traverser en voiture à cheval ! » s'enchante leur hôtesse.

Les deux Français se rendent à la rivière pour jouir du spectacle. C'est alors qu'ils voient arriver un homme entre deux âges, monté sur un cheval bai, vêtu d'une veste de trappeur et d'une toque en fourrure terminée par une queue de raton laveur. Il tient son fusil à bout de bras, canon vers le ciel, et harangue ses concitoyens. Un attroupement se forme autour de lui.

« C'est Davy Crockett ! Longue vie à Davy Crockett ! » crient les badauds, qui arrivent par dizaines.

Tocqueville arrête un gamin surexcité et lui demande qui est ce curieux personnage à cheval que tout le monde acclame.

« C'est Davy Crockett, m'sieur ! Un sacré bonhomme, pour sûr ! »

Des passants se précipitent pour répondre à leur tour, se coupant la parole les uns les autres :

« C'est un soldat, le colonel Crockett !

— Non, c'est un homme politique !

— Mais enfin, vous savez bien que c'est un pionnier !

— Je dirais plutôt un trappeur !

— Je crois qu'il est avant tout explorateur...

— Il a soutenu les pionniers contre les militaires qui demandaient des fermages pour leurs terres.

— Il s'est battu avec les Indiens pendant la guerre des Creeks.

— Davy Crockett est l'ami des Indiens. Il a toujours combattu le Removal Act.

— En tout cas, c'est un vrai chasseur, c'est moi qui vous le dis ! En 1826, il a tué cent six ours en six mois !

— Dont un à mains nues !

— Vous savez qu'il a été élu pour représenter le Tennessee au Congrès deux fois déjà ?

— Sauf qu'il a voulu s'opposer au président Jackson, alors il n'a pas été réélu cette année.

— Ce n'est pas grave, il sera réélu en 1833 ! C'est lui qui a raison !

— Vous savez qu'il siège au Capitole avec ses vêtements de trappeur ?

— Et il sait raconter des histoires comme personne ! »

Tocqueville et Beaumont comprennent qu'ils ont affaire à un personnage comme seule l'Amérique peut en produire : un homme qui n'a reçu aucune éducation mais s'est illustré dans la conquête de l'Ouest, un homme qui change d'étiquette politique quand bon lui semble et se fait élire grâce à son charisme, son bagout et son bon sens.

« Voulez-vous que nous lui parlions, Alexis ?

— C'est un personnage hors du commun, c'est certain, mais je ne sais pas s'il faut se fier à ses avis pour notre livre.

— Il incarne le pionnier américain qui a réussi...

— J'espère que non ! Il en est la caricature. »

Au moment où Tocqueville se laisse fléchir, le temps décide pour eux : un ferry part pour Memphis. S'ils veulent voir le Sud et les grandes plantations, ils n'ont pas de temps à perdre avec Davy Crockett – cet homme ignorant, prétentieux, vulgaire, qui gagne les voix de ses électeurs dans les tavernes. Tocqueville n'est pas loin de voir en lui un dévoiement de la démocratie.

« Le suffrage universel pousse les électeurs à choisir des gens qui leur ressemblent, objecte Beaumont, peut-on le leur reprocher ?

— Ici, les grands talents et les grandes passions ne recherchent pas le pouvoir, elles poursuivent la richesse ! Je ne sais si le peuple choisirait les hommes supérieurs s'ils briguaient ses suffrages; ce qui est certain, c'est qu'ils ne les briguent pas. »

Contrairement à ce qui leur a été promis, le ferry censé les conduire à Memphis ne naviguera pas : la rivière charrie d'énormes blocs de glace. Pour poursuivre leur route, ils sont obligés d'emprunter un infâme char à bancs, une voiture à cheval découverte. Le jeune Normand est transi en dépit de la pelisse qu'il s'est achetée, et Beaumont est inquiet : la résistance de son ami, déjà enrhumé, pourrait bien malgré son orgueil avoir des limites.

Après avoir roulé pendant une matinée, la carriole s'arrête dans un relais de poste, pour changer les chevaux et permettre aux passagers de se restaurer. Tocqueville, assis à table au milieu des voyageurs, ne parvient pas à avaler une bouchée. Son nez s'est mis à couler abondamment et ses yeux rougis sont étrangement brillants. Beaumont finit par lui demander au moment où ils remontent dans la voiture :

« Vous êtes sûr que vous vous sentez bien, Alexis ? Vous avez meilleur appétit d'ordinaire !

— Pour être franc, répond l'intéressé en se laissant tomber sur son siège de fortune, il me semble que ma tête va exploser ! »

Alexis couvre sa poitrine de ses bras et serre les mâchoires de toutes ses forces pour ne pas claquer des dents tandis que la carriole affronte à nouveau les routes gelées et accidentées du Tennessee. Le véhicule progresse au ralenti. Les minutes semblent s'écouler avec lenteur, et Beaumont voit l'état de son compagnon empirer. Alexis grelotte, tenant à peine assis sur sa planche de bois, la moitié du visage enfouie dans sa pelisse. D'un moment à l'autre, il peut tomber en arrière. Son voisin l'a déjà redressé deux fois alors qu'il glissait sur son épaule. Mais le Français ne se plaint pas. Gustave crie au conducteur de s'arrêter.

« Mon ami est malade ! Il faut que nous descendions dans une auberge !

— C'est impossible ! répond le cocher sans même tourner la tête. Nous avons quitté l'auberge de West Road il y a une heure. Il n'y en a pas d'autre avant celle de Sandy Bridge, dans deux heures. »

Le voyage se poursuit dans l'angoisse. Tocqueville, recroquevillé sur lui-même, tremble de tous ses membres et semble inconscient. Beaumont propose à son voisin d'intervertir leur place pour qu'il puisse s'asseoir à côté de son ami. Il touche son front : il est brûlant. Il lui passe le bras autour des épaules pour le maintenir contre lui.

Après deux heures et demie de route, l'auberge de Sandy Bridge apparaît sur la droite du chemin. Ce n'est qu'une grande cabane en rondins, mais Gustave n'a pas le choix. Le conducteur l'aide à transporter le malade jusqu'à l'entrée. Un esclave leur ouvre la porte. Son maître se balance sur son rocking-chair, au milieu de la pièce, fumant la pipe devant le feu. À ses pieds, deux Noirs accroupis semblent pleurer leur terre africaine. Trois gros enfants blancs à peine vêtus jouent autour de leur mère, assise en retrait.

« Edward Harris », se présente le propriétaire en se redressant à peine pour tendre la main.

Sans attendre son ordre, un esclave dépose sur la table des verres de whisky et un gâteau de maïs.

« Savez-vous où je peux trouver un médecin ? » demande Beaumont.

L'aubergiste jette un coup d'œil fataliste vers Tocqueville toujours frissonnant et recroquevillé en chien de fusil sur le banc, sourd aux questions.

« Un docteur ? Il n'y en a pas à trente miles à la ronde. Et si vous allez en chercher un en ville, il vous faudra deux bonnes journées. »

Beaumont devine ce que cela signifie : s'il part, il ne sait pas comment il retrouvera Alexis au retour. Autant s'en remettre à la grâce de Dieu. Avec l'aide des deux Noirs, Gustave transporte son compagnon, inconscient, dans la chambre du fond. Cette vaste pièce contient trois lits dans lesquels les voyageurs se jettent d'ordinaire tout habillés, quel que soit leur nombre ou leur sexe. Un feu brûle dans une cheminée pareille à celle des anciens châteaux : dix énormes bûches y tiennent aisément. Pourtant, il règne dans la salle un froid terrible. Beaumont, qui a demandé un verre d'eau et commis l'imprudence de le laisser loin du feu, retrouve un petit bloc de glace. La température extérieure est toujours de moins quinze degrés.

Une heure plus tard, le feu menace de s'éteindre et Beaumont demande au propriétaire de le rallumer. Sans quitter son fauteuil à bascule ni lever le nez de son journal, le maître ordonne à un esclave d'aller chercher du bois. Deux coups de hache retentissent dans la forêt et quelques secondes plus tard, le jeune Noir revient avec un tronc entier.

Beaumont ranime le feu avec l'esclave qui ose à peine lui adresser la parole. Les flammes se tordent dans la cheminée, alimentées par le vent qui se rue à l'intérieur de la pièce. La lueur de la lune passe par les interstices des murs mal joints. Au fond de la chambre, sur une étagère, il aperçoit un crâne humain. Si son ami pouvait parler, il lui dirait sûrement qu'il a reconnu le Yorick de Shakespeare. Mais Tocqueville, sous la pile de couvertures, se contente d'émettre de temps à autre un long râle.

Beaumont rejoint le malade dans le lit. Les autres paillasses doivent demeurer libres au cas où des voyageurs arriveraient dans la nuit. Vers une heure du matin, il est réveillé par des cris plaintifs qui ressemblent à ceux d'un animal. Alexis gémit, les yeux grands ouverts.

« Alexis ! Que dites-vous ? »

Rien à faire. Tocqueville délire. Le feu est redevenu trop mince pour chauffer la pièce. Le malade grelotte de fièvre. Il tousse, d'une toux rauque à fendre l'âme. De quoi souffre-t-il ? Que se passera-t-il si son état empire ? Et s'il était mourant ? Aucun secours ne viendra de la famille Harris. Le maître de maison est un petit propriétaire du Tennessee : il chasse, monte à cheval, se donne des airs d'aristocrate parce qu'il possède des esclaves, et loue son toit aux voyageurs pour cent sous la journée, mais il ne s'intéresse pas à autrui.

La fin de la nuit s'écoule sans que Beaumont puisse trouver le sommeil. Il écoute son compagnon, terrifié par sa respiration hachée, ses sursauts brusques et ses bafouillages dénués de sens – dans lesquels il croit reconnaître les noms de « Marie » et de « Bébé ». Que font-ils au fond de cette forêt, au cœur de cet hiver improbable ? Un livre valait-il la peine de risquer sa vie ? Il s'en veut d'avoir bravé de tels dangers pour faire une incursion rapide dans le Sud. Au lever du jour, les râles d'Alexis ressemblent à ceux de l'agonie.

23

L'exode des Indiens

Décembre 1831

Beaumont se réveille en sursaut. Le réveil de Jules, posé sur la chaise près du lit, indique dix heures. Il s'était rendormi. En un éclair, tout lui revient : leur arrivée ici, la fièvre de Tocqueville, ses râles inquiétants. Il se retourne : le malade est là, couché sur le ventre, le visage enfoui dans l'oreiller. Une de ses mains pend de l'autre côté du lit, inerte.

Beaumont lui secoue le bras. Aucune réaction.

« Tocqueville, réveillez-vous ! M'entendez-vous ? Répondez, je vous en prie ! »

Il s'affole et se précipite vers la porte :

« Venez, vite ! S'il vous plaît ! »

Un esclave le rejoint dans la chambre. Beaumont lui fait signe de l'aider à retourner le corps inanimé. Le visage d'Alexis est blanc, sans expression. Ses yeux sont fermés. Gustave approche son visage tout près de celui de son ami en retenant sa respiration. Les gouttes de sueur qui perlent sur ses tempes et le souffle qui s'échappe de ses lèvres le rassurent.

Gustave passe l'essentiel de la journée auprès du malade. Les heures défilent sans qu'il parvienne même à écrire. Il s'oblige cependant à penser à son roman, qu'il a décidé d'intituler *Marie*, en hommage à cette Anglaise que son ami aime tant, et à la Vierge qu'il a implorée cette nuit pour lui. Il prend régulièrement le pouls d'Alexis et mesure sa fièvre en touchant son front. Sa température ne tombe pas, mais son état ne semble plus empirer. Il dort d'un sommeil entrecoupé de murmures incompréhensibles. Dans l'après-midi, il bat des paupières lorsqu'on lui parle. Il ne peut ni manger ni boire. Beaumont lui humecte les lèvres et la racine des cheveux avec un chiffon imbibé d'eau qu'il laisse en permanence près du feu. Il appréhende la seconde nuit.

Contre toute attente, elle se déroule mieux que la première. La fièvre diminue et, au matin du 14 décembre, Tocqueville ouvre les yeux et adresse la parole à son compagnon. Son visage est hirsute, ses traits marqués et ses yeux, injectés de sang, sont soulignés de profonds cernes. Beaumont se retient de le serrer dans ses bras.

« Vous m'avez fait peur... Si vous voyiez votre mine ! On dirait un vagabond.

— Je suis plus résistant que vous ne croyez ! murmure le malade avec un faible sourire. N'espérez pas vous débarrasser de moi si facilement. Je finirai ce voyage ! »

Alexis n'est pas en état de repartir, mais il peut manger, c'est un début. Gustave déploie tout son pouvoir de persuasion pour obtenir de Mme Harris un morceau du lapin de garenne que son mari a tué la veille. Tocqueville en ingurgite quelques bouchées : tout est préférable à cet infâme bacon et ce maïs qui constituent leur quotidien depuis des semaines.

En le regardant reprendre vie, Beaumont se dit qu'un voyage comme le leur permet de mieux connaître la vérité d'un être que mille ans de relations sociales. Ici, les mascarades et les mensonges mondains s'évaporent : aucun homme ne sonne faux. Tocqueville, digne et valeureux, a frôlé la mort sans une plainte ; il en sort grandi à ses yeux.

Le lendemain, Alexis est capable de se redresser dans son lit et d'écrire. Beaumont l'aide à se raser et se laver avec des chiffons qu'il trempe dans l'eau tiède. Débarrassé de sa barbe de trois jours et de la crasse des chemins, le malade reprend visage humain. Il mange. Il écrit à Marie, la seule à qui il dise la vérité. C'est son image qu'il a eue à l'esprit pendant ces heures difficiles. Il lui promet qu'il reviendra, qu'ils se marieront, qu'ils voyageront ensemble, qu'il ne la quittera plus jamais. Que le danger auquel il a échappé lui fait comprendre à quel point il tenait à vivre avec elle.

Il écrit aussi à ses parents, en décrivant la pauvreté, l'indolence et l'orgueil des petits propriétaires esclavagistes, pour lesquels le travail est infâmant. Faire partie de la caste dominante les pousse à la paresse, tout comme la grande fertilité des terres, et le climat, trop chaud pour travailler l'été. Alexis conclut : *Il existe deux Amériques différentes au sein de l'Union, et cela risque à terme de provoquer un affrontement grave. Mais le Nord en sortira victorieux : chaque jour, il s'enrichit et se peuple, tandis que le Sud est stationnaire ou s'appauvrit.*

Tocqueville récupère avec une impressionnante rapidité ; il mène maintenant, du fond de son lit, un interrogatoire serré de leur hôte. Harris est réticent à décrire ses moyens d'existence, ses idées politiques, ou comment il entend assurer la prospérité de sa petite exploitation. Il préfère raconter ses hauts faits de chasseur : la chasse est la seule activité qui le passionne vraiment. Il leur montre son fusil, une arme tellement lourde que Beaumont a du mal à la soulever. L'Américain tue des cerfs, des biches, des renards, et des oiseaux avec une seule balle. Gustave sort avec lui en forêt et admire sa dextérité.

Au matin du 16 décembre, ils apprennent que la diligence de Nashville à Memphis va s'arrêter bientôt à Sandy Bridge. Il est raisonnablement trop tôt pour la prendre, mais Tocqueville insiste pour partir. Il a beau être pâle, courbatu, et mal assuré sur ses jambes, il ne veut pas rester un jour de plus dans ce logis inhospitalier. D'autant que le compte à rebours a déjà commencé : il ne leur reste que six ou sept semaines avant le retour à New York. Beaumont cède.

Au moment du départ, Alexis se hisse avec tant de difficultés sur le marchepied de la voiture que son ami doit lui soutenir les reins pour l'empêcher de retomber.

« Vous voyez bien que vous n'êtes pas en état de vous déplacer !

— Que je sois assis dans cette carriole ou dans cette auberge de malheur, qu'est-ce que cela change, dites-moi ? s'énerve le malade. Il fait aussi froid dedans que dehors ! »

Leur diligence transporte aussi le courrier et les journaux, comme souvent au cours de leurs pérégrinations et à chaque arrêt dans un relais de poste, les gens accourent, avides de réceptionner leur ration de « nourriture spirituelle ».

« Nous l'avions remarqué dans le Nord, mais cela se vérifie dans le Sud : dans les lieux les plus reculés de la *wilderness*, les fermiers sont moins rustiques que nos paysans.

— Ils s'intéressent à la politique, aux sujets de société, et même à la vieille Europe. Mais ce lien filial se distendra peu à peu. »

Lorsqu'ils parviennent à Memphis, le 17 en fin d'après-midi, rompus, les deux voyageurs ont une mauvaise surprise : le Mississippi a gelé lui aussi ! De gros bateaux à vapeur sont prisonniers de la glace. On les voit amarrés à l'entrée du port, plus immobiles que des blocs de pierre.

Que faire à Memphis, sinon attendre le dégel ? Contre toute attente, les jeunes gens vont vivre, dans cette ville à peine plus grande que Beaumont-la-Chartre, une semaine sans un moment d'ennui. Tocqueville se rétablit vite et ils occupent leurs journées à chasser le perroquet et à écrire. Ils ne reçoivent ni lettres, ni journaux, ni nouvelles du reste du monde, mais ils ont leurs fusils et de la poudre à volonté : ils tuent des oiseaux rouge, jaune et bleu inconnus en France, et des perroquets de Caroline si jolis qu'ils ont plus de plaisir à les observer qu'à les mettre en joue.

« Il est facile d'en attraper plusieurs, explique Beaumont qui a pratiqué cet exercice avec Edward Harris pendant la maladie de son ami. Il suffit d'en tuer un. Sa mort attire les autres, et ils sont si peu farouches qu'ils se perchent sur la tête des chasseurs ! »

Des Indiens du village voisin, des Chikasaws, les accompagnent joyeusement dans leurs battues. Chasser et faire la guerre sont leurs seules occupations.

Le 25 décembre, en guise de cadeau de Noël, un panache de fumée apparaît à l'horizon, sur le Mississippi. Fumant comme une baleine, un grand steamboat arrive de La Nouvelle-Orléans.

« Vous avez vu comment il s'appelle ? *Louisville* !

— Encore ? Pour une fois, cela pourrait nous porter chance ! »

Le bateau est censé continuer vers le nord. Mais sur le quai, une quinzaine de voyageurs qui, comme les deux Français, ont été interrompus dans leur voyage vers La Nouvelle-Orléans, insistent pour que le capitaine reparte vers le sud.

« Vous ne pouvez pas remonter le Mississippi, il est bloqué par les glaces ! argumentent-ils.

— Le Tennessee, le Missouri, l'Ohio sont gelés ! Votre bateau sera abîmé.

— Croyez-nous, si vous voulez gagner de l'argent, vous avez intérêt à repartir d'où vous venez. »

Alors qu'ils sont en train de palabrer, un bruit infernal se fait entendre, venant de la forêt : tam-tams, hennissements de chevaux, aboiements de chiens... Soudain fait irruption sur le port toute une tribu d'Indiens. Des hommes, des femmes, des enfants et des vieillards, tous chargés de leurs misérables possessions. Ce sont des Chactas. À leur tête marche un Européen.

Tocqueville et Beaumont découvrent bientôt le motif de cette procession. Les Chactas, représentants d'une puissante nation installée sur les frontières de l'Alabama et de la Géorgie, ont été contraints de quitter leur pays et d'émigrer sur la rive droite du Mississippi en vertu de l'Indian Removal Act de 1830. Sept mille d'entre eux ont déjà traversé le fleuve ; ceux de Memphis vont les rejoindre. L'agent du gouvernement américain qui les accompagne en payant leur passage s'est précipité lorsqu'il a appris qu'un bateau à vapeur venait d'accoster. Il offre dix dollars par tête pour emmener les Indiens à deux cent cinquante milles en aval : l'argument convainc le capitaine de repartir vers La Nouvelle-Orléans. Les Français regardent avec soulagement le *Louisville* tourner sa proue en direction du sud.

Ils grimpent gaiement l'échelle, et croisent les passagers pour Louisville, qui eux, descendent en maugréant. Ils devront attendre le dégel à Memphis. Puis c'est l'embarquement de la tribu indienne. D'abord, les chevaux. Peu accoutumés à la civilisation, certains ont peur du bateau et se jettent dans le Mississippi. Ensuite viennent les hommes qui, selon la coutume, ne portent rien d'autre que leurs armes ; les femmes les suivent, avec les enfants attachés sur leur dos ou entortillés dans les couvertures qui les couvrent. Les malheureuses transportent aussi tous leurs biens et sont parfois très chargées.

Les vieillards ferment la marche. Beaumont dessine la scène qui s'offre à leurs yeux.

« Regardez, Gustave, cette vieille femme ! Elle doit avoir cent dix ans.

— Je n'ai jamais vu de plus effrayante figure. »

La femme est nue sous une couverture qui laisse voir, par endroits, son corps décharné. Elle est escortée de deux ou trois générations de petits-enfants.

« Quitter son pays à cet âge pour aller refaire sa vie sur une terre étrangère où elle trouvera de nouveaux ennemis, quelle misère ! » s'apitoie Tocqueville.

Quand la tribu a terminé son embarquement, les chiens s'approchent à leur tour ; mais ils refusent de monter sur le steamboat et poussent des hurlements affreux. Leurs maîtres sont obligés de les frapper et de les tirer de force.

Il y a, dans tout ce spectacle, la chair et le sang d'un peuple, un parfum de ruine et de destruction qui serre le cœur de ceux qui l'observent.

« Derrière eux est la faim, devant eux la guerre, mais partout la misère, soupire Tocqueville. Cette errance vide ne les mènera nulle part. »

Les Indiens sont calmes, sombres et taciturnes. C'est un adieu sans retour. Tocqueville s'approche de celui qui semble parler anglais.

« Pourquoi les Chactas quittent-ils leur pays ? lui demande-t-il.

— Pour être libres. »

Tocqueville insiste, sans parvenir à lui arracher d'autres paroles.

« Nous voulons être libres. »

Le bateau appareille. Les Indiens se massent à l'intérieur de la cabine inférieure. Les deux Français restent une demi-heure sur le pont, malgré le froid glacial, à regarder défiler le paysage.

« Le Mississippi est moins grandiose que je ne l'espérais, déplore Beaumont. Chateaubriand a récidivé ! »

C'est devenu un jeu entre eux : à chaque fois que quelque chose les déçoit, ils accusent l'Enchanteur d'avoir adapté la réalité à son goût de la démesure. Pourtant, le paysage est spectaculaire. Le grand fleuve rouge paresse au milieu des forêts. Les arbres, aux branches cousues de neige gelée, dessinent un décor féerique. Pas une colline à l'horizon, mais des bois, des roseaux, et des lianes, dans un silence total. Sur les rives, nulle trace de l'homme, même pas la fumée d'un camp indien. Même *plus* la fumée d'un camp indien, corrige Tocqueville *in petto.* Il est encore bouleversé par la scène d'exode à laquelle il vient d'assister. Il méditera longtemps sur le hasard qui l'a fait arriver à Memphis pour assister à la déportation – il serait plus juste de dire la dissolution – de l'une des plus célèbres et des plus anciennes nations américaines.

Il laisse Beaumont à sa contemplation et descend dans la cabine pour écrire à Marie. Il s'assied en tailleur sur le sol, le dos appuyé à la paroi du navire. Il a besoin de s'épancher.

Ma chère Marie,

Comme j'aurais aimé que vous soyez près de moi tout à l'heure ! J'ai assisté à un spectacle qui m'a soulevé le cœur. J'en aurais pleuré...

Les Américains, qui sont de grands philanthropes et qui sont convaincus, comme les conquistadors espagnols autrefois, que Dieu leur a donné le Nouveau Monde et ses habitants en pleine propriété, ont découvert que le même carré de terre pouvait nourrir dix fois plus d'hommes civilisés que de sauvages. Ce qui, en toute logique, suffit à justifier que là où les hommes civilisés veulent s'établir, les Indiens soient obligés de partir.

Donc à chaque fois que les Indiens se trouvent un peu trop près de leurs frères blancs, le président des États-Unis envoie un messager qui leur explique qu'il serait dans leur intérêt de se déplacer quelque peu vers l'ouest, vers les terres qui n'ont pas été abîmées par la hache des pionniers, et où les Européens ne viendront jamais (!).

Ajoutez à cela des présents inestimables, comme des flacons de brandy, des colliers en verroterie, des boucles d'oreilles et des miroirs, le tout accompagné de l'insinuation que s'ils refusent cette offre généreuse, il faudra peut-être utiliser la force...

Que pensez-vous que fassent ces pauvres gens ? Ils prennent leurs vieux parents dans leurs bras ; les femmes chargent leurs enfants sur leurs dos ; la nation entière déménage, transportant ses plus précieuses possessions. Ils abandonnent le sol où depuis mille ans peut-être, leurs pères ont vécu, pour aller s'établir dans des contrées sauvages où les Blancs ne les laisseront pas tranquilles dix ans, s'ils ont le front de vivre jusque-là.

Les Espagnols étaient de vraies brutes, qui lançaient leurs chiens contre les Indiens, brûlaient leurs villages, pillaient et massacraient. Ceux qui restaient finissaient par se mêler aux conquérants, adoptant leurs coutumes et leur religion; dans certaines provinces ils règnent même sur les anciens conquérants. Les Américains des États-Unis, plus humains, plus respectueux du droit et de la légalité, sont plus profondément destructeurs sans pour autant répandre le sang; car il est impossible de douter que lorsqu'ils atteindront le Pacifique, il puisse rester dans le nord de l'Amérique un seul homme appartenant à ces remarquables races indiennes...

Soudain, il se rend compte que le steamboat s'est arrêté. Une escale, déjà? Et où est donc passé Beaumont? Il souffrait d'une rage de dents tout à l'heure et espérait que le grand froid l'anesthésierait. Tocqueville part à sa recherche; il monte sur le pont supérieur et découvre que le *Louisville* vient de marquer l'arrêt pour un seul passager, un personnage monté sur un magnifique cheval bai. Le capitaine va lui-même l'accueillir d'une vigoureuse accolade.

Cet homme athlétique, habillé à l'européenne, mais qui, constate Tocqueville quelques minutes plus tard, dialogue avec les Indiens dans leur langue, est l'un des grands aventuriers des États-Unis. Il tient à la main un chapeau de paille à larges bords entouré d'une bande d'étoffe. Ses cheveux sont rares sur le dessus du crâne mais ils forment deux touffes épaisses et frisées au-dessus de ses oreilles. Ses yeux perçants reflètent une intelligence aiguë.

Dès qu'il le peut, Tocqueville engage la conversation. L'homme s'appelle Sam Houston. Lui aussi va descendre le Mississippi jusqu'à La Nouvelle-Orléans, d'où il remontera vers Washington pour l'ouverture de la session du Congrès.

« Et vous, mon jeune ami? Que faites-vous si loin de la vieille Europe? »

Tocqueville résume la mission sur les prisons. Il ajoute :

« Nous voulons voir La Nouvelle-Orléans et y rencontrer les gens qui comptent.

— Combien de temps allez-vous y rester ?

— Eh bien... une journée. »

Houston n'éclate pas de rire, comme on pourrait s'y attendre. Il semble même trouver toute naturelle la prétention de son interlocuteur, qui espère tout comprendre de la ville en vingt-quatre heures.

« Nous retournons en France le mois prochain ! Il faut que nous gardions un peu de temps pour Charleston, et surtout pour Washington. Nous voulons être présents pour l'ouverture de la session du Congrès. Nous aimerions aussi rencontrer le président des États-Unis.

— Vous avez raison. Tous les hommes qui comptent seront là-bas. La preuve, j'y retourne moi-même ! ajoute-t-il sans rire. Quant au Président, je le connais bien. Allez le trouver de ma part. »

Dans ce pays sans classes sociales, Tocqueville ne s'étonne plus de rien. Il lève à peine un sourcil.

« Andrew Jackson est un gars bien, insiste Houston. Même si nous ne sommes pas d'accord sur tout ! »

Samuel Houston est l'ancien gouverneur du Tennessee. À trente-huit ans, cet homme peu ordinaire a déjà vécu plusieurs vies. Enfant, il grandit chez les Cherokees, puis retourna chez les Blancs et y fonda une école. Il fit la guerre de 1812, et fut blessé par une flèche indienne. Puis il entra en politique chez les démocrates et fut élu gouverneur en 1827, pour un mandat de deux ans. La dissolution de son premier mariage le brisa, ses démêlés conjugaux le discréditèrent, et il ne fut pas réélu en 1829. Il retourna alors chez les Indiens où il devint un de leurs chefs. Il se remaria même avec la fille du grand chef.

« Pourquoi quittez-vous les Indiens puisque vous vous sentez si proche d'eux ?

— Je m'ennuie. Je veux être utile. Je veux retourner à la vie publique. Je sais bien que mon existence n'a pas toujours été glorieuse... On m'a surnommé "l'homme à squaws" et même "l'immense ivrogne" ! Le temps est venu pour moi d'accomplir de grandes choses.

— Vous quittez votre seconde femme, alors ?

— Oh, ne vous inquiétez pas pour les Indiennes : elles se consolent vite. »

L'ancien gouverneur est bavard et gouailleur. Tocqueville l'écoute avec grand plaisir évoquer ses vies précédentes. Il essaie de le ramener au problème des Indiens.

« Pensez-vous que leur extermination soit inéluctable ?

— Pas du tout ! Les Peaux-Rouges peuvent évoluer vers le mode de vie des Blancs. Ils sont aussi intelligents que nous. Vingt-cinq ans de politique judicieuse de la part du gouvernement, et je vous garantis qu'il y aurait des résultats. Certaines tribus sont déjà d'ailleurs à moitié civilisées.

— Lesquelles ?

— Si je devais les classer, je dirais, dans l'ordre : les Cherokees, les Creeks, les Chickasaw et les Chactas. »

Juriste de formation, Houston a été procureur à Nashville. Le jeune commissaire l'interroge sur la façon dont les Indiens rendent la justice.

« Ils appliquent la loi du talion, ni plus ni moins. Quand un homme est tué, le meurtrier subit la vengeance de sa famille.

— La famille préfère tuer le coupable plutôt que d'accepter des compensations ?

— Aux yeux des Indiens, recevoir de l'argent pour prix d'une vie est infâmant.

— Et comment punissent-ils le vol habituellement ?

— Cette notion leur était inconnue avant l'arrivée des Européens.

— Et l'adultère ?

— L'adultère des femmes est puni par le fouet. En général, on coupe aussi le nez et les oreilles de la coupable.

— Les squaws sont asservies, n'est-ce pas ?

— Elles vivent en complète servitude ! Les hommes leur laissent tous les travaux pénibles. Le divorce est légal et la polygamie autorisée, ajoute-t-il avec un clin d'œil : vous pouvez avoir autant de femmes que vous pouvez en nourrir ! Ces peuples-là n'ont pas d'intimité...

— Chez les peuples primitifs, personne n'avait de vie privée, tempère Tocqueville. Elle est apparue plus tard : c'est le privilège des princes, de l'aristocratie, des grands bourgeois. »

L'homme est malin, intelligent sans doute, mais il manque de grandeur. Son langage est trivial et ses attitudes vulgaires. Une nouvelle fois, Tocqueville se demande pourquoi les

Américains choisissent de tels personnages pour les représenter. Difficile de ne pas voir dans le succès politique de Sam Houston ou de Davy Crockett, que Houston connaît bien, un effet pervers du suffrage universel. Platon avait déjà identifié le problème : les citoyens les plus aptes à gouverner le pays sont rarement candidats à la fonction. Tocqueville se souvient d'avoir interrogé à ce sujet le maire de Philadelphie, Benjamin Richards, originaire d'une grande famille de Pennsylvanie :

« Ne se dirige-t-on pas vers le triomphe des médiocres ? Les grandes familles, qui ont joué un rôle historique majeur, s'éteignent peu à peu avec le partage des fortunes. »

Et Richards s'en était presque offusqué :

« Les classes moyennes sont les plus utiles à la société, et nous les trouvons aussi aptes aux affaires que les autres ! »

Alexis finit par se rendre à l'évidence : la classe moyenne est capable de gouverner, et elle le fait mieux que les despotes, fussent-ils royaux.

« Au fond, tout dépend de ce que vous voulez, résume-t-il pour Beaumont le soir même, lorsqu'ils se racontent leurs découvertes de la journée. Préférez-vous la prospérité ou la grandeur ?

— Que voulez-vous dire ?

— Si vous recherchez des vertus héroïques, si vous voulez donner à l'esprit humain une certaine hauteur, faire briller les arts et laisser une trace dans l'Histoire – bref si vous voulez de la poésie, du bruit et de la gloire – la démocratie n'est pas le bon système.

— L'aristocratie y a toujours excellé...

— Mais si vous voulez des habitudes paisibles et une société prospère, si votre objectif consiste à procurer à chacun le plus de bien-être et le moins de misère possible, alors il faut choisir la démocratie.

— Vous avez raison, les États-Unis sont une vraie réussite politique et économique. Mais malheur à qui n'entre pas dans leur jeu », ajoute Beaumont en désignant du menton le petit groupe de squaws apeurées, agglutinées les unes aux autres dans un coin de la salle commune.

Le lendemain matin, au lever du soleil, Tocqueville grimpe sur le pont. Il veut assister au débarquement des Indiens. Il n'a pas voulu réveiller Beaumont, mais il a fait du bruit en sortant de la cabine et son ami s'est levé avec un grognement. Devant le spectacle déchirant qui s'offre à sa vue, Alexis pense à toutes les pages lyriques qui ont été écrites sur les bons sauvages d'Amérique. Il se rend compte que ces Indiens ni suppliants ni menaçants, dénués de tout ressentiment, sont des feuilles mortes que balayera le vent de l'histoire.

« Les Yankees se moquent bien des habitants originels de leur continent, admet Beaumont. Pour eux, ils font déjà partie de l'histoire...

— Et l'histoire, ils s'en moquent, la leur n'est pas assez longue pour qu'ils s'y intéressent ! D'ailleurs, je ne sais pas si vous avez remarqué, Gustave, mais quand ils disent *that's history* à propos de quelque chose, ils veulent dire que cela ne compte pas, que c'est une erreur. »

Sous le regard indifférent d'une poignée de passagers insomniaques, le *Louisville* fait escale pour déposer les Chactas dans les solitudes de l'Arkansas. Les Peaux-Rouges vont y retrouver « les plaines giboyeuses et la vie heureuse » – autrement dit, la famine et la mort.

24

Consécration à la Maison Blanche

Décembre 1831

L'histoire de la Louisiane se lit à livre ouvert dans les rues de La Nouvelle-Orléans. Les deux commissaires découvrent la capitale du Sud sous un grand soleil et la jugent disparate : dans la même rue, des maisons splendides côtoient des cabanes.

« Regardez, Beaumont : certaines demeures sont de style espagnol – tous ces toits plats – et d'autres portent la marque anglaise, les murs en brique.

— La France est encore mieux représentée : voyez cette rue, toutes les maisons ont de grandes portes cochères. Mais les chaussées sont boueuses et les trottoirs inexistants...

— La population aussi est mêlée. Il y a des visages de toutes les couleurs !

— L'allure générale est très française, mais les gens parlent aussi l'espagnol ou le créole.

— Et l'anglais ! Toutes les affiches et les annonces commerciales sont en anglais !

— Comme toujours, le monde industriel et commercial est surtout anglo-saxon. »

La Louisiane n'est entrée dans l'Union que depuis 1812, mais elle forme une entité politique depuis Louis XV. D'abord française, puis rétrocédée à l'Espagne, puis redonnée à la France, elle a été vendue par Bonaparte en 1803. Encore une occasion manquée par les Français de constituer un grand peuple dans le Nouveau Monde.

« Alexis, nous disposons de vingt et une lettres de recommandation. Mais en vingt-quatre heures, nous ne pourrons voir que trois ou quatre personnes.

— Je vous propose d'aller chez Étienne Mazureau. Souvenez-vous, tout le monde nous a parlé de lui à New York. C'est l'associé d'Edward Livingston.

— L'homme qui a fui la France quand Napoléon a pris le pouvoir ? Effectivement, il doit être tout à fait recommandable.

— On l'appelle l'Aigle de La Nouvelle-Orléans. Il est riche, il a un savoir encyclopédique et il est aussi généreux qu'extravagant – paraît-il. »

Bien que chaque minute soit précieuse, ils se perdent dans la ville en se rendant à pied chez Mazureau.

« Quel cauchemar ! Les numéros des maisons ne sont pas classés dans un ordre logique ! Le 2 précède le 1, et le 30 suit le 70 !

— Et nous qui nous plaignions des rues de Philadelphie... Du calme, Alexis, nous y sommes, cette fois. »

Un maître d'hôtel noir leur ouvre la porte.

« Nous voudrions voir M. Mazureau », annonce Tocqueville.

Aucune réaction. Le jeune Français répète la phrase. Le domestique finit par réagir :

« Comment, missié, aujourd'hui ?

— Eh oui, sans doute, butor, pourquoi pas ? »

L'esclave n'ose plus protester. Il les précède dans le vestibule et ouvre la porte du salon.

Surprise ! La pièce est remplie d'enfants, en train d'ouvrir des paquets. Un petit homme en robe de chambre dont la tête paraît trop grosse pour le corps qui la porte est assis au milieu d'eux et au fond du salon, des femmes couvertes de bijoux, coiffées et vêtues de belles étoffes regardent entrer les deux jeunes gens. Elles leur paraissent irréelles, tant leurs tenues contrastent avec celles des femmes de colons habillées de toiles grossières, ou des Indiennes avec leurs couvertures. Les rires et les cris se figent, enfants et adultes dévisagent les intrus avec des yeux étonnés.

Alexis et Gustave ont débarqué chez Étienne Mazureau le 1er janvier, le jour de l'an 1832. Alexis s'en veut déjà d'avoir rudoyé le pauvre esclave qui leur barrait le passage.

Ils s'apprêtent à battre en retraite, mais Mazureau les en dissuade. Il va prendre le temps de répondre à leurs questions deux heures durant. Il parvient aussi à les convaincre de rester trois jours à La Nouvelle-Orléans en sacrifiant Charleston.

« Vous verrez, le comportement des Français d'ici n'a pas grand-chose de commun avec ceux du Canada. Ils n'ont pas ce complexe de peuple vaincu. Ils se sentent tout à fait à leur aise en tant que citoyens américains. »

La société de La Nouvelle-Orléans diffère aussi de celle du Canada. Quinze degrés de latitude séparent les deux peuples. Au nord, les Français sont tranquilles, moraux, religieux ; au sud, ils semblent négligents, dissolus, enclins à se laisser aller. Ainsi, les planteurs s'exhibent avec leurs maîtresses dans les rues. Alexis saute sur la première explication possible : le climat. Puis il reconnaît qu'elle ne suffit pas. C'est l'esclavage qui est à blâmer.

Il le comprend le deuxième soir, quand ils accompagnent au théâtre le consul Guillemin pour entendre *Le Maçon* d'Auber. Ils constatent avec gêne que la salle est encore divisée en trois parties : la blanche, la noire et la grise. Beaumont observe et prend des notes. Jusqu'alors, le Sarthois a laissé son compagnon transcrire l'essentiel de leurs interviews, mais l'esclavage est désormais son domaine réservé. Tocqueville ne doit l'aborder qu'incidemment dans le livre politique, afin de lui laisser toute latitude de le développer.

Leur logeur leur a répété que les gens de couleur étaient immoraux, parce que leurs femmes se livraient à la débauche. Beaumont essaie de le vérifier auprès de Guillemin, mais le consul prend leur défense.

« Ces femmes n'ont pas le choix !

— Comment cela ?

— Avez-vous remarqué, parmi les mulâtres, ces femmes aussi blanches que les plus belles Européennes ?

— Oh oui ! Et ce n'est pas la première fois », répond Tocqueville.

Il a encore croisé dans les coursives l'une de ces jeunes femmes et s'est extasié sur sa grâce et la finesse de sa taille.

« Alors vous savez qu'elles font partie de la race proscrite, à cause du lointain sang africain qui coule dans leurs veines.

Et bien, en dépit de toute leur grâce et de l'éducation parfaite qu'elles ont reçue, ces femmes – et bien d'autres, moins blanches mais tout aussi éduquées et gracieuses qu'elles – n'ont pas le droit de se marier avec les Blancs, les riches planteurs, même s'ils sont amoureux d'elles.

— Pourquoi ces hommes ne passent-ils pas outre, s'ils les aiment aussi ?

— Parce que c'est la loi ! Les mulâtresses n'ont le droit de se marier légalement qu'avec les hommes de leur caste...

— Et donc, quand elles veulent vivre avec un Blanc qu'elles aiment, on appelle cela de la débauche ! »

Beaumont devine que cette injustice trouve un écho chez son ami. À partager la vie d'Alexis depuis des mois, il a mesuré la profondeur de ses sentiments pour Marie. Gustave continue néanmoins de penser, comme Chabrol et Blosseville, qu'il finira par renoncer à elle pour obéir à ses parents. Le prix à payer pour ce mariage – être déshérité et mis au ban de la société – est trop élevé. De plus, le temps ne joue pas en faveur de Tocqueville : il ne peut légalement épouser l'Anglaise avant quatre ans, ce qui laisse à la passion le temps de s'apaiser. Qui irait alors épouser une femme de trente-six ans ?

Lui-même ne pourrait renoncer à sa famille et aux privilèges de son milieu pour se marier avec Amélie d'Aumont, mais peut-être ne l'aime-t-il pas assez pour se poser la question. Il a plaisir à la voir, il adore marivauder avec elle, mais leur couple n'est pas aussi fusionnel que celui de Tocqueville et de cette étonnante étrangère qui lui a prouvé qu'elle l'aimait en lui ouvrant une seule fois son lit.

Le voyage retour est plus rude qu'ils ne l'avaient imaginé. Ils remontent la côte Est des États-Unis en suivant la route des diligences, jusqu'à Norfolk ; là, ils embarquent dans la baie de Chesapeake pour rallier Washington. Soit, au total, près de onze cents miles, en reliant Mobile, Berkeley, Montgomery, Knoxville et Augusta.

Pendant les douze jours de voyage, Tocqueville et Beaumont tiennent d'interminables conversations sur ce qu'ils ont lu, vu et entendu depuis neuf mois, et sur le contenu des deux livres dont ils seront, chacun de leur côté, le maître d'œuvre. Peu à peu, les idées qui ont pris corps dans les prisons, les bals, les *stages*, les dîners et les heures d'attente innombrables, s'ordonnent et s'agencent.

« Vous avez de la chance, Gustave, de savoir exactement par quoi vous allez commencer. Vous pouvez vous mettre au travail dès maintenant.

— Vous oubliez notre rapport sur les prisons : il est prioritaire !

— Je vous laisserais volontiers la main là-dessus.

— Ce sera vite expédié, car j'ai hâte de me consacrer au roman. Je suis convaincu qu'une fresque bien sentie qui dénonce le racisme peut toucher un large public et contribuer à son abolition. Et vous ? Avez-vous les idées plus claires ?

— Je n'ai pas changé d'idée : je veux décortiquer l'expérience démocratique américaine pour que ce travail soit utile à la France. C'est un essai, pas un roman, donc on ne risque pas de se marcher sur les pieds.

— Dommage, votre pèlerinage au lac Oneida était fort joliment écrit !

— Dans le genre mièvre et romantique...

— Cessez de vous dénigrer, Tocqueville ! D'ailleurs, il y a une chose que je ne comprends pas à propos de votre essai : vous disiez vous-même l'autre jour que le modèle américain n'était pas imitable en tant que tel, d'une part parce que les États-Unis n'ont pas d'ennemi à leur porte, et d'autre part parce qu'ils sont si vastes que tout le monde peut y faire fortune. Alors en quoi intéresse-t-il les Français ?

— Il constitue un type idéal, un modèle pur en quelque sorte ! Il peut nous inspirer pour bâtir un régime politique stable, permettant au pays de prospérer tout en garantissant les libertés des citoyens. »

Dans la diligence, pendant ce voyage très long et très fatigant qui leur fait traverser l'Alabama, la Géorgie et les deux Carolines, les jeunes gens font des rencontres continuelles : des voyageurs de commerce, des jeunes femmes accompagnées de leurs gouvernantes, un pasteur méthodiste, un juriste qui part ouvrir son cabinet à Berkeley et des « entrepreneurs », un mot français que les Américains emploient pour parler de ceux qui prennent des risques en lançant une affaire sans garantie de profits.

« Vous avez remarqué, Beaumont ? Les Américains changent de métier, de domicile, et même d'État, dix fois dans leur vie ! Et pas seulement les petits propriétaires qui vendent leur terrain pour en acheter un plus grand à l'ouest. Ils ont tous la bougeotte !

— C'est vrai, tout remue autour d'eux : les lois, les opinions, les fortunes... Même les fonctionnaires publics !

— Je crois que le secret de leur réussite, c'est cette formule qu'ils répètent à l'envi : *I'll try.*

— "Je vais essayer..." L'important, pour eux, c'est d'entreprendre. Quand ils échouent, ils recommencent, sans être frappés d'infamie. Ici, mieux vaut échouer que ne rien faire : même l'échec est formateur.

— Et puis il n'y a pas de métier noble ou moins noble ! Ils peuvent exercer toutes les professions sans déchoir. Tandis que moi, mon pauvre Beaumont, si je ne réussis pas avec les livres, je suis fini...

— Vous pourrez toujours écrire un traité de médecine ! Comment resplendir de santé après neuf mois d'enfer !

— C'est vrai, je me suis rarement senti aussi bien ! Alors voilà ce que j'écrirai : pour bien se porter, il faut d'abord ne se nourrir que de maïs et de cochon ; dîner peu, beaucoup ou pas du tout selon les jours ; ne pas souper ; coucher tout habillé sur un plancher moite ou délabré ; passer, en moins d'une semaine, de la glace à la chaleur et de la chaleur à la glace ; pousser la carriole, se réveiller dans un fossé ; et surtout...

— Surtout ?

— Ne jamais penser ! C'est le point capital. S'enfoncer dans la matière. Ressembler à une huître. Rousseau a dit que l'homme qui pense est un animal dépravé ; je dirais plutôt que c'est un animal qui ne digère pas. »

Le trajet est émaillé de péripéties : des routes deviennent soudain impraticables, des ponts sont renversés, des diligences mises hors d'état à cause d'une embardée des chevaux ou d'une ornière. À Montgomery, un homme a été tué en pleine rue par un coup de pistolet. Apparemment, l'assassin n'aurait pas de mobile particulier.

« Il y a tellement d'armes ici, grimace Tocqueville, et les mœurs du Sud sont si brutales, que ce genre de tuerie est inéluctable ! Croyez-moi, il y en aura de plus en plus. »

L'arrivée à Washington est un triomphe. L'ambassadeur de France, le comte Louis-Charles Sérurier, les reçoit à l'instant où ils se présentent. Ce pair de France a été nommé à Washington par Louis-Philippe en début d'année. Vingt ans plus tôt, Napoléon Ier l'avait déjà placé à ce poste, où il était resté jusqu'en 1815. Oubliant qu'il ne leur a pas réservé le meilleur accueil à leur arrivée six mois plus tôt – sans doute parce le père d'Alexis et lui ne s'estiment guère – Sérurier raconte partout qu'il se félicite que l'on ait confié une mission officielle « à deux jeunes gens aussi distingués ». Il veut organiser un bal en leur honneur.

« Ce que vous avez accompli est extraordinaire, dit-il en les faisant asseoir dans son immense bureau. Beaucoup d'informations me sont remontées. Vous avez visité toutes les prisons de l'Union ?

— Non, pas toutes, avoue Beaumont. Les plus importantes et, surtout, celles où des expérimentations ont eu lieu.

— Que vous manque-t-il pour rentrer en France heureux ? »

Tocqueville répond du tac au tac :

« Votre Excellence, pourriez-vous solliciter pour nous un rendez-vous à la Maison Blanche ? Nous avons plusieurs lettres de recommandation, et Sam Houston nous a conseillé d'aller voir le Président de sa part, mais... »

L'ambassadeur saisit sur son bureau un grand agenda et le leur met sous le nez :

« J'allais vous le dire : vous avez rendez-vous avec Jackson le 19 janvier. Il ne peut rien me refuser. »

Les deux commissaires sont éberlués : il est donc si simple de rencontrer l'homme le plus puissant d'Amérique ? Ils auront rencontré au cours de leur périple tout le spectre des citoyens d'Amérique, des prisonniers au Président en exercice.

Le matin du grand jour, Sérurier vient les chercher dans une calèche de l'ambassade. Il semble tout à fait à son aise, tandis que Tocqueville et Beaumont, prêts depuis deux heures, sont morts de trac. Ils craignent de paraître trop jeunes. Peu crédibles. Ils ont préparé leurs questions.

Dans la voiture, Louis Sérurier leur raconte ce qu'ils savent déjà sur Jackson : le principal mérite de ce militaire largement sexagénaire («mais en pleine possession de ses moyens, je vous rassure»), est d'avoir gagné en 1814 la bataille de La Nouvelle-Orléans contre les Anglais.

«Je le connais depuis cette époque, précise-t-il. C'est un excellent soldat. Mais qui aurait pensé que cette victoire le rendrait populaire au point d'être élu Président? Cela dit, ne vous faites pas d'illusions : les politiques, en Amérique, ont des pouvoirs assez limités.»

Les deux compères échangent un regard de connivence : à entendre le comte Sérurier, le poste de président des États-Unis ne serait qu'un accessit comparé à celui d'ambassadeur de France.

Les chevaux les emmènent au petit trot au 1600, Pennsylvania Avenue. Deux militaires ouvrent la grille à la vue de l'ambassadeur, et la calèche pénètre dans l'allée. Tocqueville et Beaumont avaient déjà aperçu, de loin, la Maison Blanche. Ce bâtiment en grès de Virginie, peint en blanc, qui n'existe que depuis une trentaine d'années, ne paie pas de mine comparé aux palais des rois de France. C'est un grand parallélépipède, sans ailes, auquel les colonnes du fronton ne suffisent pas à donner un air de grandeur.

«George Washington l'avait fait construire juste avant 1800, explique Sérurier, mais il ne l'a jamais habité. Donc c'est John Adams qui l'a inauguré.

— John Adams! s'exclame Tocqueville. Nous avons dîné avec lui il y a six mois!

— Des soldats anglais ont incendié la Maison Blanche en 1814. Mais elle a été reconstruite depuis.»

Un maître d'hôtel noir reçoit les visiteurs sur le perron et les conduit au salon. Jackson surgit d'un couloir latéral et vient à leur rencontre. Il est seul, bien qu'il s'agisse d'une journée de réception publique. Il salue l'ambassadeur et serre la main des deux jeunes gens en leur demandant de l'appeler «monsieur» («Comme le premier venu!» pense déjà Tocqueville). Puis il leur offre un verre de vin de Madère.

Alexis enregistre mentalement chaque mot de leur conversation, mais s'aperçoit vite qu'il encombre inutilement sa mémoire : Jackson n'aborde que des sujets insignifiants. Il essaie de le lancer sur des thèmes de plus grande envergure.

« Je suis convaincu que les États-Unis et la Russie, par des voies divergentes – la démocratie et le despotisme –, marchent vers un partage de l'empire du monde. Nous en sommes loin aujourd'hui, votre pays est trois fois moins peuplé que la France, mais partagez-vous cet avis ? »

Le Président élude cette question comme presque toutes les autres. Les deux visiteurs sortent du rendez-vous une demi-heure plus tard, un peu frustrés.

« Je vous l'avais bien dit », s'esclaffe Sérurier.

Washington aussi déçoit les deux Français. Néanmoins, ils y procèdent consciencieusement au travail de contre-enquête qu'ils se sont assigné. Lors de leur dernière soirée dans la capitale, avant de repartir pour New York afin d'y prendre le navire du retour, ils grimpent sur la colline du Capitole. Ils s'assoient dans l'herbe, contemplant la plaine brûlée par le soleil d'où émergent les deux ou trois somptueux édifices et les cinq ou six villages qui composent la ville.

« Décidément, les concepteurs ont vu trop grand, il y a quarante ans, raille Beaumont.

— Il faut les comprendre : quand ils ont choisi cette plaine des bords du Potomack, avec son arrière-pays fertile, ils imaginaient déjà les bateaux de marchandises remontant la rivière à la queue leu leu, et Washington à la tête du commerce de l'Union...

— Ils espéraient un million d'habitants, cela se voit ! Ils ont bâti des édifices publics disproportionnés.

— Et les rues sont d'une largeur énorme. Ils ont abattu à perte de vue tous les arbres qui auraient pu gêner les constructions !

— Cela me rappelle l'histoire de Perrette et du pot au lait. La laitière et le Congrès ont raisonné de la même manière. La population n'est pas venue, les vaisseaux ne remontent pas le Potomack... Adieu, veau, vache, cochon, couvée !

— Ne soyez pas si catégorique, tempère Tocqueville. Washington deviendra sans doute une grande capitale politique. Mais elle ne supplantera jamais New York pour le commerce. À moins d'être Alexandre ou Pierre le Grand, il ne faut pas se mêler de créer la capitale d'un empire. »

Il se remet debout et, du plat de la main, brosse l'arrière de sa redingote.

« D'ailleurs, ce sont eux qui ont raison. Les pays sans grand dessein meurent d'immobilisme. »

Il tend la main à Gustave pour l'aider à se relever.

« Beaumont, je ne sais pas si vous êtes comme moi, mais j'ai hâte de retrouver Paris ! Il me semble que respirer à nouveau l'air qui a stimulé Montaigne, Pascal ou Montesquieu m'aidera à devenir un grand écrivain...

— Pourquoi être venu en Amérique respirer celui de Chateaubriand, alors ? » réplique Beaumont avec un sourire moqueur.

Mais Alexis ne prend pas la mouche. Ce voyage lui a permis, au contraire, de se débarrasser de la tutelle intellectuelle du grand homme. Chateaubriand avait décrit ce qu'il avait vu, fleuves, forêts et bons sauvages. Son neveu ne se contentera pas de descriptions : il va expliquer l'Amérique, son système, les causes profondes de sa réussite. Tocqueville n'a pas seulement découvert un modèle de liberté : il a trouvé sa voie.

Troisième partie

LA GLOIRE

25

L'unique plaidoirie de Tocqueville

Mars 1832

Les deux amoureux marchent à pas comptés le long de la pièce d'eau des Suisses. Alexis laisse son regard vagabonder sur l'horizon, Marie lui tient le bras. Rien ne les distingue des autres promeneurs, sinon cette plume de grand chef Huron que la jeune femme a fièrement plantée dans ses cheveux. Mais leur allure tranquille reflète mal leur agitation intérieure.

Alexis retrouve aujourd'hui Marie pour la première fois – après exactement trois cent soixante-quinze jours de séparation –, et depuis qu'ils ont commencé à tourner autour du bassin pour ne pas attirer l'attention des flâneurs, Alexis est fébrile. Au bout de la pièce d'eau, il n'y tient plus : il entraîne Marie dans un bosquet et la serre dans ses bras.

« Marie, je t'aime comme je n'ai jamais aimé de ma vie. Tu dois me croire.

— *Alexis, I missed you so much !* » chuchote la jeune femme en cachant son visage dans les cheveux de son prétendant.

Avec Marie, Alexis passe du « vous » au « tu » sans cesse. Cela peut être, comme aujourd'hui, un tutoiement d'urgence, spontané, ou bien le tutoiement sensuel, rappel de leur fameuse nuit de Noël, il y a plus de trois ans maintenant. C'est ce dernier qu'il a employé dans la lettre qu'il a écrite à Marie sur le bateau : vingt-cinq pages rédigées pendant la traversée qu'il lui a fait porter en arrivant à Paris, deux jours plus tôt, le 24 mars.

Ma raison et mon cœur sont en accord parfait en t'adorant. Je t'aime comme on n'aime pas à seize ans et cependant je ressens, en pensant à toi, le détachement absolu de soi-même qui d'ordinaire n'accompagne l'amour qu'à cet âge...

Alexis de Tocqueville a d'abord retrouvé sa famille, réunie au grand complet pour l'accueillir. Il a passé la journée du lendemain à leur raconter ses aventures. Il est allé se recueillir sur la tombe de Bébé au Père-Lachaise. La menace du choléra a été au cœur des conversations pendant ces retrouvailles. La maladie a été déclarée à Calais dix jours plus tôt, après avoir fait des centaines de morts en Angleterre en février : Southampton ne sera donc pas un refuge pour Marie si la pandémie s'étend. Le baron Ollivier, le beau-père d'Édouard, a proposé aux Tocqueville de venir à Saint-Germain-en-Laye, mais ils hésitent à quitter Paris. Hervé et Louise avaient accepté son invitation au moment des Trois Glorieuses, mais Louise de Tocqueville est encore plus angoissée par ce déménagement qu'elle ne l'était deux ans auparavant.

Le premier cas de choléra à Paris est avéré le 26 mars et la nouvelle fait vite le tour des beaux quartiers. Alexis l'apprend juste avant de partir rejoindre sa bien-aimée à Versailles, mais, malgré sa peur viscérale de la maladie, il l'oublie pour quelques heures.

À l'abri des regards dans le bosquet, Alexis saisit la jeune femme par les épaules, lui prend le menton et le tient ainsi, tourné vers lui, presque cruellement. Son regard l'implore, mais elle ne dit rien, et elle finit par fermer les yeux. Alexis y voit aussitôt une invite, et presse sa bouche contre la sienne. Marie gémit.

« Nous n'avons plus que trois ans à patienter, Marie. Ce n'est rien, nous nous connaissons depuis presque quatre ans et je ne vous ai jamais autant aimée ! Le jour de mes trente ans, je vous épouserai.

— Votre famille n'acceptera jamais, *you know that.*

— Je passerai outre.

— Mais nous serons rejetés par *tout le* société !

— Marie, il est trop tard : j'ai averti mon père hier que je me marierais le 29 juillet 1835, le jour de mes trente ans.

— Et qu'a-t-il dit ?

— Je ne lui ai pas demandé son accord : je l'ai prévenu qu'il avait trois ans pour s'y habituer. Il espère que je changerai d'avis. Je suis persuadé que si j'arrive à faire la preuve que je peux gagner ma vie, je réussirai sinon à le fléchir, du moins à le convaincre que couper les ponts nous ferait du mal à tous, inutilement.

— Et vous lui avez donné *le* date ! Alexis, vous êtes un enfant, vous croyez que vous serez à un jour près ? Nous aurons attendu sept ans ! *Seven years !*

— Je n'attendrai pas un jour de plus. D'ici là, nous devons nous préparer. Vous, vous devez persuader votre tante Élisabeth et abjurer le protestantisme. Moi...

— Vous devez écrire votre livre et en faire *une* succès. Ce n'est pas le plus facile !

— Ce sera facile si tu crois en moi, Marie ! chuchote-t-il soudain à son oreille. J'ai besoin de ta confiance, car nous n'allons pas nous voir très souvent ces prochaines semaines. Je n'ai plus d'appartement à Versailles.

— Votre ami Chabrol était bien obligé de le louer : il était prévu que vous ne rentriez que l'automne prochain, *you remember* ? Combien de temps dure votre congé *de* ministère pour rédiger le rapport sur les prisons ?

— Nous avons six mois pour le rendre, Beaumont et moi. Mais je me demande si je reviendrai au tribunal de Versailles ensuite. Je n'aime pas ce métier.

— Il faut faire ce que vous aimez.

— Ce que j'aime, c'est toi ! Presque rien ne dure sous le soleil, je le sais, mais je sais aussi que nos âmes sont unies pour la vie. »

Marie ne répond pas, elle connaît Alexis. Cette longue absence l'a fortifié dans ses convictions, mais cela suffira-t-il ? Son père a beau être plus progressiste que les gens de son milieu, se laissera-t-il fléchir ? On ne va pas contre la volonté d'une famille. Et pourtant... Elle ne rencontrera jamais un autre Alexis. Il est le seul homme qu'elle connaisse qui cherche une alter ego, et non une dot ou un nom.

Quelque chose a changé en elle au cours des derniers mois. La passion malheureuse qu'elle avait eue pour son fiancé mort trop tôt lui avait laissé de ce sentiment un goût abstrait, presque religieux. L'année d'absence d'Alexis lui a révélé la toute-puissance possible de l'amour. Elle a beau ne pas croire au bonheur futur, il remplit son existence.

À Paris, où Alexis retourne le soir même, l'épidémie de choléra se propage déjà comme une traînée de poudre. Les cas se multiplient. Le 4 avril, la famille Tocqueville se résout à partir à Saint-Germain-en-Laye : la veille, cinquante cas supplémentaires se sont déclarés dans leur paroisse, Saint-Thomas-d'Aquin. Trois jours plus tard, on recense mille huit cent cinquante cas à Paris. L'aristocratie se croyait à l'abri d'une maladie que le manque d'hygiène et la mauvaise nourriture étaient supposés susciter, mais elle doit vite déchanter : le choléra est un mal démocratique. Il touche pauvres et riches, jeunes et vieux, faibles et puissants. Le quartier Saint-Thomas-d'Aquin, un des plus huppés de Paris, affiche le taux de mortalité le plus élevé de la capitale. Plusieurs cousins des Tocqueville décèdent. Gustave de Beaumont, revenu de la Sarthe pour un rendez-vous avec le ministre des Travaux publics, le comte d'Argout, apprend que son interlocuteur ne pourra le recevoir : il a contracté la maladie. Jean-François Champollion, Sadi Carnot ou Charles X, en exil en Autriche, sont victimes du même fléau.

Pourtant, cette maladie égalitaire déclenche une nouvelle lutte des classes : les riches accusent les pauvres de l'avoir favorisée avec leur mode de vie sordide, et les pauvres accusent les riches de vouloir les exterminer en empoisonnant leur eau. L'agitation sociale se double d'une remise en cause politique : Louis-Philippe et la monarchie de Juillet paraissent à tous de moins en moins légitimes.

Installé à Saint-Germain, un lieu idéal pour rédiger le rapport sur les prisons, Alexis n'écrit pas une ligne. Le choléra l'obsède. Il reste prostré, en proie à une mélancolie paralysante. Après une année de fièvre et d'agitation, son corps semble incapable de changer de rythme. Marie lui manque, sans que cela le stimule pour travailler. Il va la voir tous les deux jours, et ceux où il ne la voit pas traînent en longueur.

Il est sujet à la procrastination et se plaint à Beaumont de son état d'imbécillité. *J'ai sur mes genoux un cahier, un gros cahier de papier et tout près, une pile de bouquins. Ainsi préparé, je me renverse sur le dos de mon fauteuil, et les yeux à demi fermés, j'attends que le génie du système pénitentiaire m'apparaisse.*

Mais le génie n'apparaît pas. Son esprit est en léthargie et il ignore absolument quand il se réveillera !

Beaumont prend les choses en main. Il écrit et pour motiver son coauteur, lui envoie une liste de questions. Tocqueville les trouve trop vagues. Alors Beaumont l'envoie sur le terrain pour enquêter : ils ont besoin de comparaisons avec les systèmes français et suisse. Alexis ira visiter le bagne de Toulon, le pénitencier de Lausanne et la prison de Genève.

La manœuvre est habile : elle sort Tocqueville de sa prostration et l'éloigne du choléra. À Toulon, pendant les premiers jours de mai, il étudie les caractéristiques du bagne et rédige un rapport sur les divers modes d'emprisonnement. Le bagne en métropole, même s'il est archaïque, n'est pas pire que le pénitencier, pour ce qu'il en sait ; l'état de santé des bagnards est meilleur que celui des détenus, et leur mode de vie provoque moins de récidives.

Il s'apprête à partir en Suisse quand éclate un coup de tonnerre : son cousin Kergorlay vient d'être arrêté par la police.

Louis et son père, indécrottables légitimistes, n'ont pas accepté l'avènement des Orléans lors de la révolution de Juillet ; ils ont soutenu en cachette la duchesse de Berry, la veuve du fils défunt de Charles X. Pendant l'hiver, ils ont rejoint en Italie celle qu'ils appellent la « régente de France », Marie-Caroline de Bourbon-Siciles, mère du comte de Chambord, petit-fils et successeur de Charles X. Dans une lettre envoyée des États-Unis, Alexis avait dissuadé son frère Hippolyte de faire partie du mouvement en lui expliquant qu'une nouvelle Restauration ne pouvait avoir lieu : les Bourbons ne sachant gouverner que par la force, les Français ne les accepteraient plus.

Les Kergorlay ont été arrêtés à Marseille au moment où ils revenaient en France préparer l'arrivée de la « régente ». Tocqueville quitte aussitôt Toulon pour Marseille et obtient, en tant que magistrat, de rencontrer Louis dans sa cellule. Son cousin lui tombe dans les bras en pleurant.

« Alexis ! Si tu savais comme je suis heureux de te revoir !

— Si j'avais imaginé, au moment de partir en Amérique, que tu serais en prison quand nous nous reverrions !

— L'essentiel est que tu sois là. Est-ce toi qui vas me défendre ?

— Je peux être avocat en second. Mais ce sera ma première plaidoirie.

— Je sais que tu seras le meilleur ; tu me connais si bien ! Et tu es la seule personne qui, sans être de notre bord, connaît nos arguments de l'intérieur. »

Le même jour, Tocqueville apprend par *Le Moniteur* que son autre meilleur ami est en difficulté : Gustave de Beaumont vient d'être révoqué par le ministère de la Justice qui lui a tendu un piège. Il a été commis d'office dans un procès – celui de la baronne de Feuchères –, où il doit plaider pour le pouvoir en place contre les légitimistes, alors que sa famille fait partie de ces derniers. Gustave a refusé de siéger en prétextant son ignorance de l'affaire. Mais nul n'a été dupe de ce prétexte, et il a été destitué. C'est un coup dur : il perd son traitement et va devoir vivre à nouveau des subsides de son père.

Cette révocation permet à Tocqueville de démissionner avec éclat. Il dénonce dans une lettre au ministère la décision « suprêmement injuste » qui atteint un ami intime dont il partage les principes, et renonce à son poste de juge-suppléant au tribunal de Versailles. Un magnifique témoignage d'amitié qui lui coûte moins cher qu'il n'y paraît, puisqu'il n'était pas payé et n'avait pas envie de reprendre son poste. Fier de lui, il peut se rendre en Suisse. Il découvre un système qui fonctionne très bien, mais où les sanctions lui semblent bien douces : la prison, « soignée comme un boudoir de petite maîtresse », a des allures de bonbonnière.

Tous ces événements l'ont sorti de sa léthargie. À son retour, en attendant de plaider pour Louis, il contribue enfin au rapport sur les prisons. Il remanie le texte, et rédige les annexes. À chaque fois qu'il sent son moral vaciller, il quitte Saint-Germain et court à Versailles. Marie sait l'apaiser. Elle le rend heureux, « comme on ne l'est, hélas, que si peu en ce monde », confie-t-il à Beaumont.

Du système pénitentiaire aux États-Unis et de son application en France paraît en janvier 1833. Il annonce, en exergue, la prochaine publication d'un futur volume des deux mêmes auteurs sur « les institutions et les mœurs en Amérique ». En attendant, le document connaît un certain succès : ils reçoivent le prix Montyon, décerné par l'Académie française et l'Académie des sciences, doté d'une somme de deux mille francs à partager. Pas assez pour arranger les soucis financiers de Beaumont, mais suffisamment pour qu'il puisse se passer, pendant quelques mois, de l'aide de ses parents.

Le 9 mars 1833, Tocqueville mène sa première et dernière plaidoirie. C'est un plaidoyer d'amitié. Il ne partage plus depuis longtemps les idées politiques des légitimistes. Louis et son père se sont fourvoyés dans une aventure anachronique, et d'autant plus scabreuse que la duchesse de Berry, arrêtée à son tour en novembre, est enceinte... d'on ne sait qui ! Pourtant, Alexis passe outre le fossé idéologique : Louis est son ami, il doit l'aider. Il ne répétera pas les arguments de la défense, il fera connaître l'ami d'enfance et l'officier qui a souffert de démissionner en 1830 parce qu'il « perdait ainsi une chance de donner son sang pour la France ». Louis lui avait dit alors : « Il faut parfois être courageux pour être lâche. » Alexis veut raconter tout cela et défendre leur valeur commune : l'honneur aristocratique.

« Louis de Kergorlay ne m'eût jamais entendu faire devant lui son éloge, s'il eût été heureux, déclame-t-il. Mais aujourd'hui que je le vois méconnu, accusé, poursuivi, insulté jusque dans ces lieux ; aujourd'hui qu'on ose réclamer contre lui une peine infamante ; aujourd'hui, messieurs, je ne puis me taire. Aujourd'hui je voudrais pouvoir aller m'asseoir à ses côtés sur ces ignobles bancs que sa présence honore ; aujourd'hui je sens le besoin de lui dire que jamais il ne fut plus haut dans mon estime ; que jamais, suivant moi, il ne tint mieux les promesses de sa jeunesse ; que jamais je ne me sentis plus fier de la sainte amitié qui nous lie. »

Alexis prend le risque d'être assimilé aux légitimistes, un handicap pour sa future carrière politique. Il le fait par fidélité. Louis de Kergorlay et son père sont finalement acquittés.

Le danger du choléra, quant à lui, s'éloigne. En six mois, il a fauché dix-neuf mille personnes en France, dont le chef du gouvernement, Casimir Perier.

Au printemps, Alexis a enfin l'esprit libre et du courage à revendre. Pour qu'il puisse s'atteler à son livre, ses parents lui louent une nouvelle chambre, près de chez eux, rue de Verneuil, une « mansarde mystérieuse » dont personne ne connaît l'adresse, sauf Marie, Louis et Gustave. Il commence à trier l'énorme malle de documents rapportés des États-Unis : livres, journaux, brochures, études accumulés lors des rendez-vous ou commandés à leurs amis en guise d'expertises. Marie l'aide à séparer l'anecdotique de l'essentiel. Elle traduit en français les expressions compliquées. Il vient la voir à Versailles une fois par semaine avec une pile de documents. Ils travaillent au salon sous l'œil suspicieux de Mrs. Belam.

Marie a eu avec sa tante une discussion orageuse quelques semaines plus tôt. Elle lui a tout raconté : son amour pour ce garçon trop jeune pour elle, ses hésitations, l'hostilité de la famille Tocqueville, et leur engagement mutuel. Mrs. Belam peine à croire à ce mariage programmé dans deux ans, le jour où Alexis aura trente ans et pourra s'affranchir de l'autorisation de ses parents. Elle a tenté de dissuader Marie, en vain.

L'Anglaise s'est mise en quête d'un logement dans le même quartier qu'Alexis. À chaque fois qu'elle vient à Paris voir un appartement ou accomplir des formalités, elle lui rend visite dans sa mansarde. Ils sont redevenus amants.

Un matin de juillet, il lui annonce qu'il va partir quelques semaines.

« Je parie que vous allez en Angleterre ! sourit Marie.

— Gagné ! Comment avez-vous deviné ?

— Cela coule *de la* source !

— En français, on dit : cela coule *de* source.

— *Anyway, it's obvious!* Vous vouliez y aller depuis longtemps, et vous y êtes obligé pour écrire votre livre. Vous avez besoin de savoir ce que la démocratie de l'Amérique doit à l'Angleterre, *don't you* ?

— Vous comprenez tout, Marie. Je veux savoir jusqu'à quel point les États-Unis se sont inspirés puis affranchis du système de leur ancienne tutelle.

— J'aimerais connaître mieux ces domaines pour vous aider !

— Vous m'aidez déjà beaucoup. En découvrant votre pays, je me rapprocherai encore de vous. »

Alexis prend la jeune femme dans ses bras et la dépose sur le petit lit au fond de la mansarde. Il n'a pas la musculature d'un fort des halles, mais Marie est fine et légère.

Quand, une heure plus tard, il revient à lui, Marie semble assoupie à son côté. Il se lève et contemple son dos nu, aux lignes pures, le creux des reins qui lui donne le vertige. Elle sent son regard et ouvre les yeux :

« Quand partez-vous en Angleterre ?

— La semaine prochaine. Je passerai par Cherbourg, et je ferai une étape à Tocqueville. Le château aura pour moi de nouvelles couleurs, puisque je sais que nous y vivrons ensemble un jour. »

26

La misère ouvrière

Août 1833

Enfin me voilà arrivé au but de mon voyage. Figurez-vous une vieille maison flanquée de deux lourdes tours, où rien ne semble fait pour la commodité et encore moins pour l'agrément de l'œil. Des chambres obscures, de vastes cheminées qui donnent plus de froid que de chaud, des fauteuils où l'on tiendrait trois à l'aise, des murs humides et des corridors où le vent siffle aussi gaiement qu'on peut le faire dans une soirée d'automne. Voilà le tableau fidèle de mon habitation. Ajoutez à cela un bouquet de bois que mon grand-père n'a pas vu naître et que je ne verrai pas mourir, et une longue prairie que la mer termine à l'horizon, et vous saurez tout. Je me trompe, vous n'imaginez pas encore la tranquillité profonde que l'on goûte en ces lieux.

Cet endroit est pour moi plein de souvenirs. J'y vis dans un monde de chimères.

Alexis vient d'arriver à Tocqueville et il se sent chez lui. Il aime ce domaine austère et authentique. Il s'attache à la terre de ses ancêtres et pas seulement, comme il le prétend, par « esprit de propriété ». Il sent l'âme des murs.

Il n'a pas encore rédigé une ligne de son livre et, bien qu'il ne l'avoue pas, cela l'angoisse. Non qu'il ait peur d'échouer, il croit en son talent ; mais il ne se sent pas prêt. Au fond, depuis un an et demi, il ne fait que repousser l'échéance. Il a beau savoir – trop bien, peut-être – que son destin en dépend, il ne parvient pas à se lancer. Ce livre ne conditionne pas seulement ses revenus et son mariage, il doit aussi lui conférer sa légitimité politique. Son ancrage local est déjà tout trouvé : Tocqueville. Sa famille est très estimée dans la région et ses opinions assez raisonnables pour convenir aux gens du lieu. Il est prêt à consacrer sa vie et ses revenus, aussi modestes soient-ils, pour défendre ses idées. Encore faut-il qu'il les fasse connaître.

En Angleterre, Tocqueville ne va pas seulement étudier les institutions. Certains pensent qu'une révolution s'y prépare, que les ouvriers se rebellent et que l'aristocratie ne gardera pas les commandes éternellement. S'il veut observer cette société qui demeure pour l'heure la première puissance du monde, c'est maintenant ou jamais.

Mais lorsqu'il arrive à Cherbourg, le plus grand port du Cotentin, à une heure et demie de cheval de Tocqueville, il ne trouve pas de bateau pour l'emmener de l'autre côté du *Channel*.

« Le prochain rafiot qui sort, c'est c'te dimanche ! lui explique un marin qui rafistole ses casiers sur le quai.

— Dimanche ? Le 5 août ? Mais nous sommes le 2 et...

— Bin j'cré bi qu'y'en a pas, à matin.

— C'est que je suis pressé ! Vous ne connaîtriez pas un particulier qui irait en Angleterre ?

— Cha m'dit rin... »

Le voyage commence mal. Alexis traîne sur les quais, déçu, lorsqu'il aperçoit un petit voilier, le *Lady M.*, immatriculé à Guernesey : il s'apprête à appareiller. Un citoyen de sa majesté part pour Saint-Pierre-Port, la capitale de cette île anglo-normande toute proche du Cotentin, jadis française. Accepterait-il de l'emmener ? L'Anglais acquiesce. Le vieux marin, qui voit Tocqueville grimper sur le bateau, lui crie :

« Vé, ché red bi com chad na ! »

L'Anglais lui demande ce que raconte le vieux Normand.

« Il dit que c'est très bien comme cela. »

Tocqueville comprend le patois – la bonne de ses parents ne s'était jamais habituée au français –, sans le parler cependant. En revanche, il est ravi de pratiquer à nouveau l'anglais avec le plaisancier, un militaire à la retraite. Guernesey, c'est déjà l'Angleterre, même si les noms des rues sont en vieux français. À Saint-Pierre-Port, il trouve facilement un bateau pour gagner Weymouth puis Portsmouth. Enfin, il rejoint

Londres en diligence, roulant deux jours dans la campagne anglaise, riche et grasse. Même la capitale lui plaît, malgré son brouillard malsain, et ses prix invraisemblables : impossible de vivre avec moins de trente francs par jour. *Je suis étonné,* écrit-il à Marie le soir de son arrivée, *que vos compatriotes n'aient pas encore trouvé le moyen d'établir une taxe sur l'air que l'on respire!* Et au cas où sa lettre n'arriverait pas avant le 20 août, il lui souhaite un bon anniversaire.

La société anglaise, si férue de hiérarchie sociale, lui réserve quelques surprises. D'abord, il n'est pas aussi bien accueilli qu'en Amérique : on le traite avec hauteur, en personnage médiocre; pis, au milieu de l'été, les personnes auxquels il a été recommandé sont presque toutes à la campagne.

Pourtant Londres n'est pas désert. À la Chambre des lords, on discute de la loi sur l'abolition de l'esclavage dans l'empire britannique. La chance sert Alexis : il y arrive au moment où le duc de Wellington s'apprête à parler. Excité, il s'attend à un discours enflammé, un moment historique, qui sait? Ses espoirs font long feu. Le vainqueur de Napoléon Ier semble aussi embarrassé de sa longue personne qu'un écolier récitant sa leçon. Il ne sait que faire de ses bras et de ses jambes, il prend et repose son chapeau, il est ennuyeux.

Le lendemain, lors d'un meeting en faveur des Polonais, le jeune Français entend parler Duffy, un homme du peuple, qui se présente comme «un travailleur appartenant aux rangs les plus bas de l'industrie». Duffy développe un discours lumineux avec une fougue contagieuse. C'est un orateur redoutable que Tocqueville ne peut s'empêcher d'admirer. Finalement, dans cette nation plus paisible qu'il ne croyait, l'opposition démocratique s'exprime avec plus de talent que la noblesse.

Peu à peu, le jeune homme parvient à comprendre le mélange d'aristocratie et de démocratie à l'œuvre dans la société anglaise. Marie lui a déjà expliqué que l'aristocratie n'était pas, comme en France, une caste jalouse de ses privilèges; qu'elle donnait droit de cité à de nouveaux anoblis; elle constitue donc un objectif accessible pour ceux qui réussissent en affaires ou dans les arts. Ce qui manque en Angleterre, c'est une classe moyenne. Cela implique-t-il que la transition vers une démocratie moins inégalitaire se fasse par la violence?

Il fait la connaissance d'un ancien avocat, considéré déjà comme le meilleur économiste de sa génération. Quarante-trois ans, le front un peu dégarni et de gros favoris grisonnants, Nassau Senior a abandonné le barreau en raison de problèmes d'élocution. Il enseigne, écrit et conseille le gouvernement sur l'économie et la politique sociale. Il évoque le paupérisme de l'Angleterre, cette pauvreté qui s'accroît au lieu de se réduire avec le progrès. Les deux hommes promettent de se revoir à Paris.

Alexis s'autorise quelques pèlerinages romantiques. Marie lui a recommandé d'aller à Oxford : il visite *the city of dreaming spires,* la ville aux clochers rêveurs, au clair de lune. Ces dentelles de pierre, ces croisées en ogives, ces clochers découpés et ces tourelles l'envoûtent. Mais c'est le château de Kenilworth qui l'impressionne le plus. À seize ans, il avait adoré le roman de Walter Scott découvert grâce à Rosalie, pendant sa convalescence. Il n'a jamais oublié les aventures d'Amy Robsart et de Robert Dudley.

Il finit tout de même par rencontrer des membres de l'aristocratie. Lord Radnor, un grand seigneur libéral, membre du Parlement, l'invite quelques jours au château de Longford, et lui propose de venir le voir rendre la justice : Radnor, troisième duc du nom, fait office de juge de paix du comté de Wiltshire. Les grands propriétaires arbitrent les différends entre les pauvres car comme ils sont riches, on les suppose impartiaux !

Lord Radnor explique pour sa part la paupérisation de son pays par l'effet pervers de la Loi des pauvres : en mettant automatiquement les plus démunis à la charge de la commune, elle décourage leurs familles de leur porter assistance et les dissuade de chercher un emploi.

À Manchester, où Alexis se rend ensuite, suivant les conseils de Marie, son enquête sur les ouvriers anglais lui permet de se former sa propre opinion, confirmant ses pires intuitions. Quand il arrive dans la métropole du coton, il remarque d'abord les conditions favorables dont bénéficie le site : deux rivières, un port tout proche, des mines de charbon en abondance. Sur ses collines s'élèvent trente ou quarante manufactures de six étages, véritables palais de l'industrie. Partout, on entend le bruit des fourneaux et le sifflement de la vapeur. C'est le triomphe de *la science, l'amour du gain, le capital anglais*, note le visiteur dans son petit carnet de voyage.

Il découvre vite l'envers du décor. Une épaisse fumée noire couvre la cité, et le soleil apparaît, au travers, comme un disque sans rayons. Les rues de la ville, jonchées de tas d'ordures, sont fangeuses ou pavées à la hâte. Des milliers de prolétaires irlandais, chassés de leur île par la misère, acceptent des salaires de famine, ce qui tire encore vers le bas les rémunérations des ouvriers locaux. Marie a insisté pour qu'il aille visiter les quartiers pauvres. Les ouvriers logent près des ruisseaux pollués, colorés par les teintures, dans de petites rues tortueuses et étroites ; les plus chanceux habitent des maisons misérables, aux carreaux brisés, les autres vivent en dessous, dans des lieux humides, accessibles par des corridors à moitié souterrains.

Le choc est brutal. Alexis descend dans ces caves suintantes, dernier asile entre la misère et la mort, où s'entassent, pêle-mêle, des familles entières vêtues de hardes d'une saleté repoussante. Dans chaque cave de quatre mètres carrés, douze ou quinze personnes affamées lèvent sur lui des regards éteints. Il découvre des enfants squelettiques, tapis d'effroi, et des adultes qui n'ont même plus la force de tendre la main.

Dans ce pays richissime, le plus puissant de la planète avec sa flotte et ses colonies, il existe donc des millions de déshérités qui forment une classe sociale à part entière, un prolétariat ! De ce cloaque infect, de cet égout immonde, l'or coule pour quelques-uns, tandis que la multitude est réduite à l'esclavage. *La civilisation produit ses merveilles et l'homme civilisé redevient presque sauvage*, écrit Tocqueville ayant désormais constaté que sous le vernis brillant, l'aisance apparente de l'Angleterre, se cachent des misères très profondes.

Cette expérience le bouleverse profondément. Non, la France ne peut pas suivre cet exemple. Il faut des hommes politiques conscients et responsables, des démocrates éclairés, pour favoriser l'avancée du progrès au bénéfice de tous. Il faut interdire l'émergence de ces nouveaux enfers. En deux ans et deux voyages, il a eu sous les yeux le développement le plus harmonieux, et la plus horrible pauvreté. Il doit en témoigner. De toute urgence.

27

Écrire la *Démocratie*

Octobre 1833

Alexis se jette dans le travail avec une sorte de fureur. Une monomanie frénétique, aussi excessive que son apathie des mois passés. Il reprend tout : sa correspondance, ses cahiers, ses souvenirs, et tous les documents triés avant l'été. En novembre, il jette sur le papier un plan détaillé de ses chapitres. En janvier, il en a déjà rédigé huit.

« Comment faites-vous pour écrire aussi vite ? » s'étonne Beaumont qui vient lui rendre visite.

Lui-même travaille sur son roman *Marie,* depuis plus d'un an, mais il ne l'a pas terminé.

« Vous savez, ma vie est réglée comme celle d'un moine.

— Que voulez-vous dire ? Que vous faites jeûne et abstinence ? J'ai du mal à vous croire, avec Marie installée tout près de vous... »

Car la jeune Anglaise a mis l'été à profit pour déménager : elle habite désormais 17, rue de Bellechasse, à cinq cents mètres de la rue de Verneuil et de la nouvelle mansarde d'Alexis. Mrs. Belam a quant à elle quitté Versailles pour s'installer à une dizaine de lieues au sud-ouest de Paris, au château de Chamarande. Le marquis de Talaru lui loue un appartement aménagé dans une aile du bâtiment. Marie a promis à sa tante de lui rendre visite une fois par semaine.

« Je n'ai pas dit que je faisais abstinence ! Mais du matin au réveil jusqu'à l'heure du dîner, j'ai une existence "toute de tête", entièrement consacrée à la rédaction de mon livre.

— Jusqu'à l'obsession, tel que je vous connais !

— Ma santé mentale pâtit sans doute de cette extrême contention d'esprit. Car je songe à peine à autre chose en tirant mon coup ! »

Alexis utilise des termes moins crus lorsqu'il évoque sa boulimie de travail avec Louis de Kergorlay, qui vient régulièrement à Paris. Louis a beau être son plus ancien ami, il est plus pudique et moins tolérant que Beaumont.

« Ma vie est réglée comme celle d'un moine, répète Alexis.

— C'est-à-dire ? Tu travailles de laudes à complies ?

— Presque. J'ai le nez dans les livres dix ou douze heures d'affilée. Et le soir, je vais chez Marie.

— Toujours Marie ! Quand je pense que je t'ai aidé à en finir avec Rosalie, et que tu retombes dans les mêmes errements !

— Je vais chez Marie, poursuit Alexis avec un rien de provocation dans la voix, et je goûte avec un plaisir extrême le bonheur d'une intimité très tendre et très douce, et de longues causeries au coin du feu qui ne m'ennuient jamais. »

Louis, si jaloux de leur relation privilégiée, se vexe déjà de ne plus être le centre de ses affinités électives. Devant le regard réprobateur de son cousin, Alexis ajoute :

« Le lendemain, je recommence, et ainsi de suite, avec une régularité absolue. Tu ne me croiras peut-être pas, mais mes livres et Marie, font, depuis mon retour d'Angleterre, toute mon existence. »

Pour l'aider à dégrossir les sujets techniques, Tocqueville fait appel à deux jeunes Américains pendant quelques semaines. Il a retrouvé Theodore Sedgwick avec qui il a sympathisé aux États-Unis et l'a chargé de faire des synthèses de lecture complémentaires. Quant au second collaborateur, Francis Lippit, il l'a recruté par le biais de la légation américaine à Paris. Il avait défini avec précision le profil qu'il cherchait : « Jeune Américain ayant reçu une éducation libérale et acceptant de travailler sur l'appareil politique et juridique de son pays, et sur son histoire. » Francis doit résumer des ouvrages juridiques et des articles de presse.

Lippit ne connaît pas le but final de son travail. Tocqueville se confie un peu plus à Sedgwick : ils discutent de la société française, des écarts entre Paris et la province, et comparent avec le monde américain. Il confronte ses avis à ceux de Marie lorsque le parallèle avec l'Angleterre s'impose mais ne veut pas lire des ouvrages sur la société américaine pour ne pas être influencé :

« Je veux aller aussi loin qu'un esprit peut aller lorsqu'il s'abstrait des bornes de la théorie, et qu'il oublie les dogmes qu'on lui a enseignés. »

Au début, Tocqueville pense diviser son livre en trois volumes : la société politique, la société civile, et la société religieuse. Mais il abandonne le troisième : la religion ne peut être mise sur le même plan que les deux autres, car son influence s'exerce sur tous les aspects de la démocratie américaine. L'Amérique restera pour lui le pays qui réconcilie la religion et la démocratie, la foi et l'intelligence. Il prépare donc deux grands volumes, l'un sur la politique et l'autre sur la société.

« Pourquoi ne pas publier les deux *at the same time*? demande Marie un soir de mars où le printemps tarde, et où ils viennent de souper au coin du feu, rue de Bellechasse.

— Parce que je suis pressé et vous savez pourquoi ! répond Alexis en levant les yeux au ciel. Si nous voulons nous marier en juillet l'an prochain, il faut que le livre sorte avant la fin de cette année et que son succès soit immédiat.

— Sommes-nous vraiment à six mois près ?

— Moi je le suis. Je ne veux pas continuer à vivre et à vous faire vivre dans cette semi-clandestinité dont personne n'est dupe. Mes parents ne font pas de commentaire sur notre vie, mais vous savez pourquoi : ma mère se sent seule depuis qu'elle n'a plus l'abbé Lesueur, alors cela l'arrange de me savoir près d'elle la nuit. En échange, elle ferme les yeux sur mes soirées.

— Il faudra bien qu'elle les ouvre un jour !

— Ce n'est pas tout, continue Alexis sans commenter la réplique de sa bien-aimée. Je veux me lancer en politique au plus vite. J'espère me présenter aux prochaines élections législatives, puisque j'aurai l'âge requis. Il faudra que je fasse campagne, et j'ai besoin de la notoriété que m'apportera ce livre autant que de la manne financière qu'il représentera. Enfin et surtout, j'ai découvert en Amérique un monde où un homme libre peut vivre en accord avec ses idées : je veux contribuer à le faire exister ici. »

Chaque soir, Marie pousse le jeune homme un peu plus loin dans ses retranchements.

« Vous avez des ambitions politiques, Alexis, mais vous avez aussi *une* défaut. Vous ne voulez vous rapprocher d'aucune des forces politiques qui existent !

— C'est vrai : les légitimistes sont des rêveurs archaïques, même s'ils sont des opposants talentueux...

— Et les républicains ne sont pas votre tasse de thé !

— Quant aux orléanistes, ce sont des incapables, sans vertu et sans ambition. Ils me dégoûtent. Louis-Philippe serait un tyran pire que Napoléon si on lui en laissait la possibilité !

— *So you see!* Que ferez-vous alors ?

— Mon livre va proclamer mes convictions à la face du monde. Ils comprendront vite que je n'accepte aucune filiation.

— Mais ce sont les légitimistes, les royalistes traditionnels, qui sont vos premiers destinataires, *aren't they*?

— Ils sont ma famille originelle. Je voudrais les aider à comprendre que cette évolution historique est irréversible pour qu'ils s'intègrent dans la vie politique de leur temps. S'ils le comprenaient, les monarchistes seraient les vrais défenseurs de la liberté ! »

Dans la journée, Marie relit les pages écrites la veille. En traductrice expérimentée, elle est habituée au déchiffrage. Une chance, car les pages d'Alexis sont un patchwork de pattes de mouche. Chaque page est divisée en deux parties. Sur la colonne de droite, il rédige son texte. La partie gauche, d'abord vierge, sert à enregistrer ses modifications, les nouvelles versions d'une phrase ou d'un paragraphe. Les ratures sont nombreuses, les phrases entremêlées; il lui arrive même de coller de petits morceaux de papier pour introduire de nouveaux changements.

Marie formule aussi des suggestions sur la bibliographie ou les notes de bas de page :

«Vous citez beaucoup Pascal, Montesquieu et Rousseau dans vos textes, vos brouillons et vos renvois. J'ai compté : presque cent fois depuis le début ! *As far as I'm concerned,* je pense que dix fois suffiraient pour leur rendre justice... Il y a tant d'idées pour lesquelles vous allez beaucoup plus loin ! »

La jeune femme n'hésite pas à jouer les candides pour l'obliger à préciser sa pensée et à décrire ce qu'il appelle ses « pensées mères » ou ses « idées mères ».

«*I have a curious feeling...* Je crois que vous utilisez le mot démocratie dans plusieurs sens différents. Pas seulement le sens politique, le "pouvoir du peuple"... Vous l'utilisez aussi dans le sens "égalité".

— La démocratie, pour moi, c'est l'égalisation des conditions. L'égalisation sociale, évidemment, puisqu'il serait absurde de vouloir l'égalisation intellectuelle et impossible de réaliser l'égalisation économique.

— Mais vous ne dites pas ce qu'est *ce* égalité sociale, *precisely* !

— Toutes les professions, toutes les fonctions et tous les honneurs doivent être ouverts à tous les citoyens.

— Mais si vous êtes valet de chambre, vous ne serez jamais l'égal de votre maître, même dans *le* société démocratique !

— Il y a une énorme différence : dans l'ancienne société, l'inégalité est définitive, alors que dans la société démocratique, elle est libre et temporaire : c'est un contrat entre le serviteur et le maître ! Demain le serviteur peut devenir un maître. C'est la mobilité sociale qui est importante. »

La douce Marie peut se montrer obstinée lorsque son écrivain favori n'est pas assez limpide.

«Je ne comprends plus, Alexis, dit-elle un soir, après avoir passé l'après-midi à relire la deuxième version d'un chapitre important. L'objectif final de la démocratie, c'est bien *la* bonheur de tous ?

— Oui. Mais il y a un danger : l'égalitarisme. C'est pourquoi il faut veiller à ce que la liberté de tous soit aussi assurée. L'égalité des conditions doit être compatible avec l'exercice de la liberté de chacun. Sinon, l'obsession de l'égalité et des droits finiront par supplanter le combat pour la liberté.

— L'égalité contre *le* liberté : voilà *le* grande idée. Vous devriez le dire beaucoup plus fort !

— Mais vous m'exhortez à n'écrire que ce qui est nécessaire !

— Justement, cela, c'est nécessaire.

— Vous avez raison, Marie. Comme toujours. Vous me promettez de relire mes manuscrits jusqu'à ma mort, même si je deviens un vieil académicien acariâtre ? »

Depuis les premières pages, la jeune Anglaise est très impressionnée.

« Vous savez ce qu'on dit chez moi : il n'y a rien de plus compliqué que de faire simple. Vous y arrivez, avec *une* vrai style !

— Vous m'y aidez beaucoup avec vos remarques, Marie, dit-il en s'approchant pour l'embrasser. Tant que vous ne touchez pas aux accords de genre... »

Marie lui lance les pages qu'elle était en train de relire :

« Tenez, gardez-les, vos *beaux* pages ou vos belles pages, je m'en moque !

— *Take care !* Celles-là ne sont pas numérotées ! »

La bagarre, comme souvent, se termine dans la chambre. Marie, si décidée, s'abandonne avec tant de douceur quand il l'embrasse, qu'il n'a de cesse de la faire passer d'un état à l'autre. Il trouve toujours des ruses pour l'attirer vers le lit et elle fait semblant de se laisser piéger, avant de lui montrer qu'elle les a déjouées. Il accepte de rire de lui-même, ce qu'il n'a jamais fait avec aucune femme ; cette capacité, nouvelle chez lui, à se débarrasser de sa suffisance l'attache à elle plus encore que son inlassable désir.

Chaque jour, leurs corps se reconnaissent dans la fièvre, et dès qu'ils se séparent, ils recommencent à s'attendre. Les journées d'Alexis sont entièrement dédiées à l'écriture, et s'il fanfaronne un peu avec ses amis, il ne se trompe pas lui-même : son bonheur n'est absolu, dans ce travail acharné, que parce qu'il a la perspective de retrouver Marie le soir venu. Lorsqu'il traverse des moments de découragement, elle le réconforte et le pousse à poursuivre ce qu'elle considère déjà comme un chef-d'œuvre.

Le manuscrit du premier volume est prêt à la mi-août. Tocqueville part dans la Sarthe pour le soumettre à Gustave, qui, lui, n'a pas encore terminé *Marie ou l'Esclavage aux États-Unis.* En juillet, ils ont entendu parler des émeutes raciales en Amérique. Jusqu'alors, Alexis avait décidé de ne faire qu'une allusion à l'esclavage, pour laisser toute latitude à Beaumont. Mais même ce dernier reconnaît que Tocqueville ne peut le passer sous silence.

Alexis crée donc un chapitre X dans lequel il explique que la servitude, si cruelle à l'esclave, est funeste au maître, puisqu'elle le fait vivre dans une oisive aisance et le décourage de vouloir faire fortune. L'esclavage n'est pas une force, c'est un handicap pour les pays du sud de l'Union, dont l'écart avec les pays du Nord ne cessera de croître. L'esclavage disparaîtra inéluctablement. Mais le problème des Noirs restera pour les États-Unis une blessure ouverte, difficile à guérir. Et si un conflit naît un jour entre le Nord et le Sud, le Nord l'emportera forcément.

Les deux hommes décident que finalement, ils ne cosigneront pas les deux livres : chacun signera le sien, puisqu'ils se sont contentés de se relire mutuellement. Les deux livres sortiront à quelques semaines d'intervalle. Dans son essai, Alexis renvoie au roman de Beaumont pour l'étude plus précise de la question de l'esclavage et des Indiens.

Pendant le mois qu'il passe chez les Beaumont, Alexis s'étonne de voir son ami mener une vie si tranquille : lui-même ne voudrait pas de cette *life of potatoes,* comme dit drôlement Marie. Son amoureuse est à Étretat avec sa tante, elle profite de la mer, et lui écrit : *The sun is bright, the air is pure and even in our saloon I hear the birds singing... Oh my love j'ai besoin de t'entendre aussi !* Il lui répond que sans elle, il se sent incomplet.

Tocqueville fait lire aussi son manuscrit à son père, ses deux frères et son cousin Louis. Tous font des propositions sur le style ou sur le fond. Tocqueville ne retient que les corrections grammaticales ou stylistiques que Marie n'a pas pu faire. Il ne tient en revanche presque jamais compte des suggestions sur le fond.

Les discussions avec Kergorlay sont les plus stimulantes. « Monsieur Loulou », comme l'appelait autrefois l'abbé Lesueur, voit moins juste que son cousin mais son esprit est plus pénétrant, au dire même d'Alexis. Le monarchiste fidèle aux Bourbons aimerait que son ami insiste davantage sur les dangers de la démocratie.

« Mais je les développe largement ! En plus, ce ne sont que des hypothèses de ma part ! Les défauts ne sont qu'en germe dans la société américaine.

— C'est pour cela que tu les minimises ?

— Tu veux rire, Louis ! Tu n'as pas lu les chapitres sur le risque de dictature de la majorité ? Cette tyrannie engendre le conformisme des opinions. Quand toutes les opinions sont égales et que celle du plus grand nombre prévaut, c'est la liberté de penser qui est menacée.

— Mais à part cela, je n'ai rien lu de négatif.

— Et le risque de despotisme ?

— Il a dû m'échapper !

— Les hommes démocratiques sont dominés par deux passions : l'égalité et le bien-être. Le risque est qu'ils choisissent un pouvoir qui leur garantisse de satisfaire l'une et l'autre, au prix de l'abandon de leur liberté.

— Ils remettraient alors tous leurs pouvoirs à l'État, qui peu à peu déciderait de tout à leur place !

— Exactement : le despotisme, c'est le contrôle. C'est l'égalité sans la liberté. Je vois un troisième risque pour le futur, mais il concerne la société, je le garde pour mon second volume : la démocratie développe l'individualisme à outrance – et non l'égoïsme de classes comme autrefois – et la tendance à se reposer de plus en plus sur l'État. »

Tocqueville et Beaumont ont déjà choisi leur maison d'édition : Charles Gosselin, un des plus grands éditeurs français. Gosselin a publié Victor Hugo, ou Lamartine, et Chateaubriand s'ajoutera bientôt à son catalogue. Alexis lui remet son manuscrit à la mi-octobre. L'éditeur ne montre pas un enthousiasme débordant pour le titre choisi, *De l'empire de la démocratie aux États-Unis.*

« Il est trop long, explique celui que Tocqueville surnomme le Gros Joufflu. Et le sujet ne paraît pas très porteur. »

Charles Gosselin a fréquenté trop de plumes célèbres pour prendre des gants avec un jeune homme de vingt-neuf ans qui n'a jamais rien publié. Il ne lui a d'ailleurs concédé que vingt sous de droits d'auteur par exemplaire vendu.

Tocqueville obtempère. Son livre devient *De la démocratie en Amérique.* La parution est prévue le 23 janvier 1835. Gosselin, qui n'a pas lu le livre, ne croit pas à son succès : il ne le tire qu'à cinq cents exemplaires.

28

Mme Récamier

Mars 1835

Quatre heures moins le quart. Alexis regarde sa montre tandis que le valet de chambre annonce son arrivée. En pénétrant pour la première fois dans le salon de l'Abbaye-aux-Bois, en ce 31 mars 1835, Alexis a le sentiment de vivre un moment important de sa vie. Au fond de la pièce, Juliette Récamier est alanguie sur sa méridienne, un roman à la main. Elle pose le livre d'un mouvement gracieux et se lève pour l'accueillir. Sa robe de soie grise, à plis flottants, est nouée à la taille par une bande de velours noir.

« Monsieur de Tocqueville ! Comme je suis heureuse de vous connaître... enfin ! devrais-je dire. »

Elle exagère, se dit l'impétrant. Elle n'a pas perdu de temps, bien au contraire. Mon livre est sorti il y a deux mois ! Il est vrai que le succès a été fulgurant. Sans doute aurait-elle voulu me repérer « avant » le succès, elle qui peut se targuer de connaître et d'avoir fait connaître les plus brillants esprits de son époque.

« M. de Chateaubriand nous a tellement parlé de vous, ajoute-t-elle en indiquant la pièce voisine, où l'écrivain a dû se retirer un instant. Je vous ai demandé de venir un peu plus tôt pour que nous fassions connaissance. »

Elle lui désigne un fauteuil, tout près de son sofa. Comme toutes les chaises et les tabourets du salon, le fauteuil, qui date du Consulat, est tendu d'un casimir bleu un peu fané.

À cinquante-sept ans, la belle des belles a gardé une silhouette haute et souple, et ses traits sont fins même si sa taille s'est un peu alourdie. Alexis observe son visage à la dérobée. Il reste peu de traces de sa beauté d'autrefois, mais son regard, ses mains, son allure sont empreints d'une telle distinction, et sa voix est si douce qu'il comprend pourquoi tous ceux qui la fréquentent se targuent d'être ses amoureux et ses esclaves. Ce n'est pas la beauté qui fait les grandes séductrices, même si elle y contribue.

Juliette Récamier se rassoit sur sa banquette. Elle est coquette et sait se vêtir avec grâce. Tocqueville, qui n'avait vu d'elle qu'une petite gravure, en robe grecque, datant du Directoire, pense à ce mot qu'un ami lui a répété sans être certain de l'auteur, peut-être le poète Émile Deschamps : « Elle n'est pas vieille, seulement elle est jeune depuis très longtemps. » Il sait qu'elle séduit son interlocuteur en lui donnant le sentiment qu'il est un être non seulement unique, mais extraordinaire.

« Vous savez pourquoi j'aime votre *Démocratie en Amérique*, Alexis ? Du moins si vous me permettez de vous appeler Alexis, vous êtes si jeune ! Un tel succès à moins de trente ans ! J'aime votre livre parce que vous ne faites pas de politique – en apparence du moins. D'ailleurs, les journaux et les revues de tous bords l'ont louangé. Tous les partis, de la droite à la gauche, des légitimistes aux républicains, ont salué votre talent. Chacun a appris dans votre livre des choses passionnantes, et n'en a conservé que ce qui l'arrangeait. »

Alexis se détend. Cette femme tant adulée n'est pas seulement gracieuse : elle est intelligente et consensuelle. On ne se demande pas pourquoi elle règne depuis plus de trois décennies sur ce salon, qui a simplement changé de lieu au fil des années et des fortunes de sa propriétaire. Un salon, sourit Tocqueville – et cette fois, il sait que l'auteur du mot est Sainte-Beuve – où l'on est toujours « heureux, aimable et jeune de quatre à six heures ».

L'autre animateur du salon, et amant de Mme Récamier, c'est Chateaubriand, qui surgit tout à coup du boudoir et s'avance, les bras ouverts : « Monsieur de Tocqueville ! Mon cher neveu ! » Tocqueville se rengorge, malgré lui. Le succès de sa *Démocratie en Amérique* va s'amplifier grâce aux salons parisiens, qui font l'opinion du pays, donc des capitales d'Europe. Le parrainage de Juliette Récamier et de Chateaubriand est fort précieux, même s'il lui coûte un léger effort.

« Vous savez, ma chère, dit-il en se tournant vers Juliette, que j'ai connu ce gaillard-là il y a vingt-cinq ans au château de Verneuil ? Il y était plus gâté que je ne l'ai moi-même jamais été à Combourg... »

Puis, revenant à son invité :

« Vous êtes probablement la dernière célébrité que j'aurai connue inconnue... et dans les langes », ajoute-t-il sur un ton aimable, mais qu'Alexis interprète comme une raillerie. Ce que confirme à ses yeux sa remarque suivante :

« Notre jeune ami, ma chère, a exploré les villes d'Amérique, moi ses forêts vierges. »

Alexis regrette presque la lettre pleine d'admiration sincère (en plus de la flatterie polie) qu'il a glissée dans l'exemplaire de la *Démocratie* envoyé à son oncle. Il y évoque la chance qu'il a eue de rencontrer en sa personne le plus grand écrivain de son temps, aussi bien qu'un défenseur acharné de la démocratie. Il souligne qu'en homme placé au carrefour de deux révolutions, Chateaubriand a su à la fois décrire le passé mais surtout prédire, de manière prophétique, le futur. Alexis sait parfaitement, en écrivant cette apologie, qu'il ne fait pas que payer son tribut à l'œuvre de Chateaubriand : il reconnaît la filiation de son propre livre. Tout ce qu'il écrit sur son illustre devancier pourrait, mot pour mot, s'appliquer à lui-même.

Chateaubriand lui a répondu aimablement qu'il sera heureux de lire son ouvrage. Et que, s'il se souvient de l'avoir vu enfant, Alexis le verra à son tour retourner en enfance. Ajoutant avec amertume, en homme qui n'a rien à apprendre en matière de flatterie : « Les hommes parleront de vous, et je serai oublié. »

Les invités s'annoncent les uns après les autres. Chateaubriand le présente à chacun d'eux « de manière à me faire de grands amis de ceux qui n'écrivent pas et de sincères ennemis de ceux qui écrivent », pense Alexis. Il y a là Jean-Jacques Ampère, Ballanche, M. de Noailles, le duc de Laval, et Sainte-Beuve, qui lui annonce qu'une critique très élogieuse de la *Démocratie*, signée de lui, va paraître dans *Le Temps* de la semaine suivante. Les uns et les autres l'accablent de compliments.

« Pour un coup d'essai, c'est un coup de maître !

— Il y a des jaillissements, des fulgurances admirables !

— Il paraît que votre éditeur, Gosselin n'en revient pas lui-même. Je l'ai rencontré hier, il m'a dit : “Alors, il paraît que le petit Tocqueville nous a fait un chef-d'œuvre ?” Je gage qu'il ne l'a même pas lu !

— Oh, les éditeurs lisent rarement les livres qu'on leur envoie. Ils se décident sur la bonne mine de l'auteur. »

Les sièges du salon sont répartis de telle sorte qu'ils forment quatre ou cinq cercles assez distants les uns des autres ; ainsi, une fois les femmes assises, les hommes peuvent circuler dans les espaces vides et s'arrêter où bon leur semble. L'hôtesse dirige dans ces sortes de couloirs ses invités, au fur et à mesure de leur arrivée et sans qu'ils s'en aperçoivent, vers leurs amis ou ceux avec qui ils ont le plus de chances de s'accorder. Mme Récamier, dans sa robe grise, va et vient dans ce labyrinthe vivant, adressant un mot bienveillant à l'un, un mot d'encouragement à l'autre.

Elle voit vite que Tocqueville n'a pas besoin de son aide : il jouit de tous les honneurs, et excelle dans les conversations en petit comité.

« Ce que j'ai retenu de votre livre, dit M. de Noailles, c'est que la démocratie américaine ne fonctionne bien que parce qu'elle bénéficie de conditions géographiques particulières : elle n'est pas cernée d'ennemis et elle possède plus de terres qu'il n'en faut pour enrichir tout le monde ! Est-ce à dire que la France, qui n'a pas ces chances, n'aura jamais de vraie démocratie ? »

Ce n'est pas la première fois qu'on lui pose cette question, il a eu le temps de préparer sa réponse :

« Il n'y a pas que la situation géographique ou les circonstances historiques qui favorisent la démocratie et la liberté : les États-Unis ont d'abord de très bonnes lois et leurs citoyens d'excellentes habitudes sociales ; la religion et l'instruction comptent pour beaucoup. Cependant il faut admettre que le grand avantage des Américains, c'est d'être arrivés à la démocratie sans avoir à souffrir de révolutions démocratiques ! Ils sont nés égaux au lieu de le devenir. »

Juliette Récamier s'approche :

« Tout de même, si je résume ce que vous avez dit : la France, pour parvenir à la démocratie, doit se doter de bonnes lois, d'un bon enseignement et rendre l'Église indépendante du pouvoir ?

— C'est tout à fait le sens de ma réflexion, madame », confirme Tocqueville.

L'hôtesse poursuit son idée :

« Ce sera donc votre programme politique ?

— Si j'entre en politique, sûrement... Vous savez, ce livre instruit les lecteurs de ce qu'est exactement la démocratie : il doit diminuer l'ardeur de ceux qui sont convaincus, mais trop naïfs ou inconscients des dangers, et calmer les terreurs de ceux qui sont réfractaires.

— Vous vous préparez de bonnes bagarres avec votre famille, au sens large du terme !

— Ce livre, pour certains, est déjà une déclaration de guerre.

— Mais c'est pour eux que vous l'avez écrit, n'est-ce pas ? »

Tocqueville acquiesce d'un sourire et dit, assez fort pour être entendu de la moitié de l'assemblée :

« C'est parce que je suis le petit-fils de M. de Malesherbes que j'ai écrit cela. »

La belle Juliette a saisi le parallèle : élevé dans le giron du royalisme contre-révolutionnaire, le jeune homme est fier d'avoir, comme son bisaïeul, secoué le joug qu'on lui imposait, uniquement par la réflexion et l'observation de son époque. Mais Tocqueville ne l'explique pas à ceux qui ont moins de mémoire ou de finesse que Juliette. Un jour, ils comprendront que c'est bien pour se montrer à la hauteur de cet aïeul qui a protégé les encyclopédistes bien qu'il fût proche des rois qu'Alexis a étudié le modèle démocratique américain. En ouvrant la voie de la liberté et de la démocratie en France, il devient l'héritier spirituel de Christian Lamoignon de Malesherbes.

Une dame assez âgée, sans doute une étrangère, dont Tocqueville n'a pas retenu le nom, intervient :

« Le reproche que je vous ferais, c'est de donner justement une trop grande place à la religion. Comme s'il ne pouvait exister de démocratie sans religion !

— Je n'ai pas dit cela. Une société égalitaire ne peut être une société de liberté que si ses membres sont capables de s'autodiscipliner. La crainte de la punition n'est pas suffisante. Or la religion, j'en suis convaincu, est ce qui permet le mieux d'assurer cette discipline morale. Si j'osais, je dirais que peu importe la religion.

— Quand même, ces Américains sont terriblement puritains !

— Ils ont un sens moral très développé, c'est vrai. Mais ils font passer avant toute chose la liberté et l'égalité.

— À vous lire, on se dit que l'Europe, à force d'être civilisée, en devient archaïque. »

Tocqueville s'approche de la fenêtre. Il est trop entouré, il a besoin d'air. Les autres débats du jour – la peine de mort, la liberté de la presse – sont relégués au second plan. Le dos appuyé contre la vitre, le jeune homme est assailli de questions.

« Et la liberté d'association ? Est-ce important pour vous ?

— Très. La possibilité de s'associer pour n'importe quelle cause permet aux volontés privées d'intervenir efficacement dans tous les domaines, sans faire appel à l'État.

— Que pensez-vous de la décentralisation administrative ?

— Elle existe aux États-Unis parce que les citoyens s'intéressent aux affaires locales. Et vice versa. C'est un cercle vertueux. Chez nous, on s'agace que l'État se mêle de tout, mais au fond, on trouve cela naturel, et même, on le souhaite !

— Et le pluralisme des partis ?

— Ce ne sont pas les mêmes partis que les nôtres ! Ils sont plus pragmatiques. Les bagarres idéologiques les intéressent moins que la défense des intérêts économiques.

— Cette cour suprême, vous croyez que c'est une bonne chose ?

— Comme disait Montesquieu, le pouvoir arrête le pouvoir : les Américains sont les seuls à s'être dotés d'une cour capable d'annuler les lois contraires à la loi fondamentale.

— Alors vous croyez vraiment que demain, le monde sera dominé par cette petite nation ?

— J'en suis certain. Ce pays n'est petit que par le nombre actuel de ses habitants. Mais quand ils seront cent millions sur ce territoire qui va de l'Atlantique au Pacifique, les États-Unis seront la plus grande puissance du monde ! »

Juliette vient libérer la vedette du jour en rappelant à ses hôtes qu'elle les a invités, comme elle le fait deux ou trois fois par mois, pour entendre Chateaubriand lire un extrait de ses Mémoires avant qu'ils ne soient publiés.

Ce jour-là, il lit des passages plutôt amers concernant la Restauration et les Cent-Jours, et une marche de Napoléon sur Paris à son retour de l'île d'Elbe « digne d'Homère et de Tacite réunis ». L'œuvre est bien avancée : sa muse le pousse à la terminer en lui donnant chaque jour la confiance et la ration de gloire dont il a besoin. Juliette a trouvé le grand homme à qui elle peut se consacrer corps et âme, et Chateaubriand, après un mariage sans amour et une vie d'errance sentimentale, a réalisé, sur le tard, le rêve de don Juan : l'amour unique.

Alexis n'est pas en reste par rapport à son oncle pendant les mois qui suivent, en matière de gloire. Il reçoit à nouveau le prix Montyon, porté cette fois exceptionnellement à huit mille francs.

« Vos livres se vendent comme des petits pains, je n'en reviens pas ! s'exclame Gosselin lorsqu'il revoit son poulain.

— Donc vous ne l'avez toujours pas lu ? plaisante Alexis.

— Je vais y être obligé... Lamartine et Chateaubriand l'ont si bien salué que nous devons faire une réédition de deux mille exemplaires !

— Cette fois, je vous préviens, je ne me contenterai pas de vingt sous par livre. Ce sera trente ! Et *Marie ou l'Esclavage*, où en est-il ?

— Il marche bien lui aussi, mais sans comparaison avec le vôtre. »

Un troisième tirage de la *Démocratie* est nécessaire. Le livre va être traduit en anglais et vendu en Angleterre et aux États-Unis. Avant même que les critiques puissent lire la version traduite, des recensions dithyrambiques paraissent dans les journaux anglo-saxons, dont l'une signée de l'économiste John Stuart Mill. En France, où Sainte-Beuve, Guizot, Lamartine ou Molé publient à son sujet des articles extrêmement flatteurs – Cavour allant jusqu'à saluer « le plus remarquable ouvrage des temps modernes » –, c'est l'avis de Pierre-Paul Royer-Collard, une grande figure politique de l'époque, philosophe et ancien président de la Chambre des députés, qui émeut le plus Tocqueville et Marie : Royer-Collard voit en l'auteur un nouveau Montesquieu ! Et lui reconnaît le droit de proposer la création d'une science politique nouvelle dont il vient de poser les fondations ! Sa future carrière politique s'annonce sous les meilleurs auspices : ce livre va changer son destin. Alexis avait beau y croire depuis le début, l'ampleur de son succès le dépasse. Marie aussi est aux anges, car leurs projets vont enfin pouvoir se réaliser.

Le comte et la comtesse de Tocqueville feignent d'ignorer les réserves de leurs amis légitimistes et affichent une fierté sans réserve : Alexis est bien le génie de la famille.

« J'espère que notre cher Bébé peut te voir de là-haut, soupire Louise, qui n'est plus que l'ombre d'elle-même. Comme il doit être heureux ! »

Cette fois, Alexis a réussi son pari. Il ne gagne pas de quoi mener grand train, mais il peut quitter le giron familial. Son mariage ne doit plus attendre. Il pense aux petits matins, aux réveils amoureux qu'il n'a jamais connus avec Marie : il s'imagine déjà la prendre dans ses bras aux premières lueurs de l'aube et lui donner du plaisir au moment exact où elle ouvre les yeux. Il lui reste à annoncer officiellement le mariage à ses parents.

29

Déchirement

Avril 1835

« Ne croyez-vous pas que ces faux-semblants ont assez duré ? Je vais me marier avec Marie cet été. Je l'aime depuis sept ans. Si vous le permettez, je viendrai vous la présenter officiellement la semaine prochaine. »

Assis, côte à côte, sur la bergère du salon, Hervé et Louise de Tocqueville échangent un regard las. Ils s'y attendaient. Ils n'ont jamais rencontré Marie, mais ils connaissent son existence et l'ont croisée dans la rue. Ils espéraient vaguement qu'Alexis aurait changé d'idée depuis qu'il a parlé de la jeune Anglaise à son père, en rentrant des États-Unis. Mais le temps ne l'a pas guéri de sa passion.

« Si c'est ce que tu veux... murmure Louise.

— Est-il encore temps de t'en empêcher ? lance son père.

— Marie a abjuré le protestantisme, elle est désormais catholique. Nous sommes prêts. »

Tous les obstacles ont été levés, un à un. Le succès du livre a changé la donne en rendant leur fils, au moins pour un temps, autonome. La loi ne leur permet même pas de le déshériter, comme autrefois. Comme l'avait pressenti Alexis, dès lors qu'ils ne peuvent plus l'empêcher de se marier, ses parents ne voient pas l'utilité de le renier. Pourquoi lui fermeraient-ils leur porte ? Ils en souffriraient autant que lui. Au fond, ce fils aussi brillant que déterminé force leur respect.

« J'avertirai moi-même mes frères et mes amis.

— Je n'ai pas besoin de te dire que cette mésalliance va te fermer toutes les portes ? tente encore le comte.

— Toutes, je ne suis pas si sûr. Mais c'est vrai, cela va me fermer des portes dans des milieux qui m'ont déjà mis à l'écart à cause de mon livre !

— C'est le cas de notre cousin Kergorlay, le père de Louis.

— Les légitimistes comme lui vivent au siècle dernier ! Mais même si son père ne me reçoit plus, Louis restera mon ami, c'est l'essentiel. D'ailleurs, je ne suis pas aussi pessimiste que vous : mon succès littéraire fait de moi un original. La société accepte quelques entorses à la norme.

— Il est probable que tous les salons parisiens ne te seront pas fermés. Mais quelques personnes ne voudront plus de toi...

— Des imbéciles ! Pour ce qui est de la Normandie, Père, et de ma carrière politique, je n'ai aucune inquiétude. La bonne société valognaise acceptera Marie, puisqu'elle s'est convertie au catholicisme. Certains électeurs de la bourgeoisie verront même dans ce mariage un signe d'ouverture de l'aristocratie aux classes moyennes. »

Il ajoute en imitant l'accent normand :

« Une Angliche qui a changé de bord, pensez ! »

Il arrache un sourire à Louise, dont le visage fatigué fait peine à voir. Le repas à peine terminé, elle se lève pour rejoindre sa chambre.

« Attendez, Mère, j'ai une dernière chose à vous annoncer. Je vais retourner en Angleterre pour quelques semaines.

— Tu vas rencontrer la famille de ta future épouse, j'imagine ? Faut-il que ton père t'accompagne ?

— Ce n'est pas la peine. Ces visites seront de simples formalités, car Élisabeth Belam, la tante de Marie et sa tutrice, a déjà donné son accord.

— Le contraire m'aurait étonné.

— Mère ! Je vous en prie ! Je suis sûre que vous adorerez Marie. C'est une femme extraordinaire, avec des qualités de cœur et une intelligence hors du commun.

— Je n'en doute pas.

— De plus, je pars avec Beaumont, car nous envisageons un nouveau livre sur l'Angleterre ou l'Irlande, nous ne sommes pas encore fixés. À propos, Beaumont va probablement se marier cette année lui aussi, avec Clémentine de La Fayette. Son livre sur l'esclavage marche presque aussi bien que la *Démocratie.* »

Il ajoute dès que sa mère s'est retirée dans ses appartements :

« Tout le monde nous pousse à profiter de ce voyage pour enterrer nos vies de garçon ! »

Tocqueville n'a pas le temps de se réjouir du demi-acquiescement de ses parents. Les difficultés surgissent là où il ne les attendait pas.

La présentation officielle, le 15 avril, tourne mal : ses frères ne viennent pas rue de Verneuil au jour dit. Hippolyte et Édouard s'opposent vigoureusement au mariage de leur frère.

« Tu déshonores la famille ! » lui disent-ils, chacun à leur manière.

Leurs femmes, Alexandrine et surtout Émilie, sont encore plus virulentes.

« Je ne me serais jamais alliée à la famille Tocqueville si j'avais su ce qu'Alexis envisageait, répète Émilie.

— Je ne recevrai pas cette roturière chez moi », renchérit Alexandrine.

Les deux couples lui envoient des lettres incendiaires, presque menaçantes, qui le font souffrir.

Ses amis ne sont pas en reste. Gustave de Beaumont prévient Alexis qu'il ne sera plus invité à Beaumont-la-Chartre du vivant de son père. Il brosse un tableau sombre de la vie qui l'attend. Un tableau qui contient une part de jalousie : Gustave n'a pas eu le même courage, lui qui a renoncé à Amélie d'Aumont. Il a même lâchement chargé Alexis d'annoncer la rupture à la jeune femme, quelques mois plus tôt.

Enfin, Louis de Kergorlay donne le coup de grâce : il développe, dans une longue lettre, les arguments rédhibitoires qui selon lui empêchent ce mariage. Tous leurs amis vont renier Alexis et Marie ; non seulement sa femme, mais lui-même sera mis au ban de la bonne société, la seule qui compte à ses yeux *et qui comptait aux tiens jusqu'alors.* Alexis n'a pas conscience des obstacles que Marie rencontrera très vite, des *humiliations qu'elle devra subir au quotidien.* Il sous-estime les écarts qui existent naturellement entre Marie et lui du fait de leurs éducations, de leurs positions sociales et de leurs nationalités différentes : des écarts de compréhension, de vision du monde, de système d'éducation des enfants. Il va souffrir parce qu'elle est indigne de lui et qu'il découvrira vite que son succès littéraire lui aurait ouvert d'autres possibilités, qu'il aurait pu prétendre à d'autres beaux partis que ceux qu'il pouvait fréquenter jusqu'alors. Par-dessus tout, il va rendre Marie profondément malheureuse.

Alexis est ébranlé. Il ne veut rien cacher à sa bien-aimée, ni les réactions outrées de ses frères, ni les protestations de ses belles-sœurs ; il lui montre leurs lettres et celles de ses amis. Il se veut si transparent qu'il ne lui épargne aucune des piques d'Émilie, aucun des mots de mépris de Louis. Une critique la touche par-dessus tout : Louis laisse entendre que l'âge avancé de Marie ne lui permettra pas de donner une descendance à Alexis.

Tocqueville est déchiré, abattu ; ses idées noires l'assaillent de nouveau. Il ne veut pas renoncer au projet de mariage, mais il est incapable de l'organiser. Il s'accroche à son idée de voyage avec Beaumont comme à une planche de salut. Il part avec lui le 21 avril, à la date prévue, en laissant Marie désemparée.

La jeune Anglaise n'a pas été dupe des manœuvres dilatoires des dernières semaines : Alexis l'assure de son amour et de sa détermination, mais ses cernes et son accablement trahissent ses nuits sans sommeil. Marie comprend que son amant est entré, à nouveau, dans une phase de doutes. S'il réussit à se montrer fidèle à sa promesse, ce sera à contrecœur et il en sera détruit.

Elle-même est profondément blessée par les objections des proches d'Alexis, et par son acceptation tacite de leurs prédictions. Comment peut-il l'aimer, elle, et aimer en même temps des personnes aussi obtuses et aussi bornées ? Le connaît-elle aussi bien qu'elle le croit ? Puisqu'il est sensible à leurs arguments, ont-ils raison ? Leur couple, qui n'a jamais connu les vicissitudes de la vie quotidienne, les discussions sur l'éducation des enfants ou les soucis matériels, est-il assez assorti pour résister aux épreuves de la vie ? Ils ne vivront pas dans la pauvreté, sans doute, mais ils ne seront pas riches comme ses frères et ses belles-sœurs, puisque Marie, en dehors de la dot qu'entend lui donner sa tante, ne possède que mille livres laissées par son oncle et un minuscule cottage à Chalton, près de Portsmouth. Alexis le lui reprochera-t-il un jour ?

Pis, supportera-t-il une mise au ban de la bonne société ? Pour Marie, ce bannissement aurait peu d'importance : elle n'aime pas paraître dans le monde, elle préfère les conversations en tête à tête ou en cercle restreint qui permettent d'aller au-delà des apparences et de révéler les individus dans leur profondeur. Alexis est d'accord avec elle sur ce point, mais il aime aussi briller en société. Elle l'a souvent entendu développer ses idées en petit comité : il change de style quand il veut plaire à un auditoire de marque. Il prend malgré lui des intonations affectées pour leur ressembler. Comme s'il avait besoin de cela !

« Alexis, votre voix de salon n'est pas votre vraie voix, je ne vous aime pas lorsque vous jouez ce personnage. »

Elle sait que dans l'intimité de leurs soirées, il est lui-même ; il répète qu'il a besoin d'elle pour atteindre la sérénité et elle le croit. Mais l'autre Alexis, celui qu'elle ne connaît pas, cet aristocrate si sensible aux opinions d'autrui, est-il capable de vivre avec une femme qui n'appartient pas à son milieu, une épouse dont il aura honte ? Ne souffrira-t-il pas des portes désormais closes ? Lorsque la passion amoureuse se calmera – car la passion finit toujours par se calmer – aura-t-il encore assez de tendresse pour celle qui l'aura empêché de tenir son rang ? Elle ne veut pas être la cause de son malheur.

À son tour, Marie doute. Elle en perd le sommeil. Alexis n'est plus là pour l'assurer de la constance de ses sentiments et de son désir. Elle va se confier à sa tante, à Chamarande.

« Je crois que je devrais délier Alexis de sa promesse.

— Ne fais pas cela ! Fais-lui confiance. N'a-t-il pas été capable d'attendre sept ans ?

— *Aunty !* Jusqu'alors notre histoire était cachée. Cette société accepte les liaisons illégitimes plus facilement que les mariages non assortis.

— N'exagère pas ! Tu es une femme brillante. Et tu as tout de même une dot de vingt-sept mille francs.

— C'est une fortune pour nous, *Aunty*, je sais quels sacrifices elle représente. Et pourtant ce n'est rien comparé à la richesse des jeunes femmes qu'il pourrait épouser. Son frère a épousé la fille du baron Ollivier, une des deux cents fortunes françaises !

— Ce n'est pas ce qui compte pour lui.

— Pour l'instant, peut-être, mais très vite, il me reprochera de ne pas vivre dans l'aisance à laquelle il aurait pu prétendre. Il sera triste de ne plus voir ses frères. »

Marie fond en larmes.

« Vous savez bien que je ne serai pas heureuse si je rends Alexis malheureux. »

Élisabeth Belam a rarement vu sa nièce pleurer depuis la mort de son fiancé. Elle essaie de l'apaiser :

« Tu noircis le tableau, ma chérie. M. de Tocqueville est un homme sincère. Ne prends pas de décision hâtive. Attends ses lettres d'Angleterre, elles te rassureront. »

La première lettre plonge Marie dans une incertitude redoublée. Alexis l'a envoyée le 5 mai, quinze jours après son départ. Il a écrit à son père dès le 29 avril, pour lui dire que Gustave et lui étaient « en position de mener joyeuse vie » mais qu'il n'était que « médiocrement joyeux ». C'est un euphémisme : il est angoissé. Il a cru que l'éloignement favoriserait la réflexion, mais son départ était une fuite. Il voudrait échapper à la vie, à ses devoirs, à ses défauts et aux qualités qu'on attend de lui, ne plus être qu'un cœur battant parmi d'autres, sans conscience.

Sa lettre à Marie ne laisse rien paraître de son désarroi. Elle ressemble à un carnet de voyage. Il mène une vie très occupée. Des repas interminables chez Lord Holland ou un grand entrepreneur de la City. Des journées dans les derniers lieux à la mode, comme le club de l'Athenaeum. *De la démocratie en Amérique* et *Marie ou l'Esclavage aux États-Unis* ont fait l'objet l'un et l'autre d'articles très favorables, ce qui leur ouvre toutes les portes de la *gentry*, ce mélange de noblesse ancienne et d'aristocratie d'argent, et des milieux politiques. Ils ont reçu des invitations mondaines en très grand nombre et ont déjà rencontré John Stuart Mill, l'historien Grote, la fille de Byron – la fameuse Ada Lovelace –, et Henry Reeve, un jeune journaliste du *Times*, qui se lance en politique et va traduire la *Démocratie* en anglais.

Alexis croit faire plaisir à Marie en précisant qu'il « se mêle à toutes les classes ». Non seulement ce n'est pas vrai – ils ne rencontrent en réalité que les classes privilégiées, en exceptant les avocats et les prêtres – mais l'affirmation la met mal à l'aise : ainsi, Alexis est obligé de faire remarquer qu'il fréquente des gens normaux ! Il fait des efforts pour y parvenir ! Que va-t-il penser en rencontrant ses frères à elle, qui sont tout sauf la noblesse locale ? Il ne parle d'ailleurs plus d'aller rencontrer sa famille : il y a renoncé.

Il termine sa lettre en l'assurant de son affection, mais Marie cherche en vain des mots d'amour. Certes, celles d'Amérique ressemblaient aussi, parfois, à des comptes rendus de visite, mais les sentiments y affleuraient toujours. Dans ces pages, l'absence de passion est flagrante. La date de leur mariage n'a d'ailleurs pas été fixée, et il se trouvera encore en Angleterre le jour de ses trente ans. Aucun doute, il s'est enfui. Marie doit s'endurcir contre le malheur qui approche. Elle doit s'immuniser.

« Ce ne sont que des propos dilatoires, explique-t-elle à sa tante Élisabeth à qui elle montre la missive. Il ne m'aime plus. Ou plus assez.

— Marie, ne tire pas de conclusions hâtives. Laisse-lui le temps de se reprendre et de...

— *Aunty*, il regrette de s'être engagé ! Je suis un poids pour lui. Cela m'est insupportable. Je vais lui écrire que je le délie de sa promesse.

— *Mary*, je t'interdis de faire cela !

— Tu as raison, je ne dois pas perturber son voyage. Il le saura assez vite, à son retour.

— Que vas-tu faire ?

— Je vais partir en voyage, moi aussi. Je vais m'isoler.

— Mais où vas-tu aller ?

— À Boulogne-sur-Mer, mais promets-moi de ne le dire à personne. J'ai besoin de voir la mer. Elle me manque. La mer me fait tout oublier. »

Le lendemain matin, à la première heure, Marie prend la malle-poste pour Boulogne. Là-bas, elle connaît un logeur chez qui elle descend avec sa tante, lorsqu'elles se rendent en Angleterre. Elle y arrive épuisée et démoralisée. Le propriétaire, qui habite la basse ville, lui trouve un appartement rue des Vieillards. La rue des Vieillards ! Elle y voit un signe. Elle a trente-six ans, elle en aura trente-sept dans trois mois.

Elle prend son carnet de notes, son petit *book* en chagrin havane, et couche sur le papier toutes les pensées noires qui lui viennent. Elle parle de ce roman de Balzac qui raconte l'histoire d'une trentenaire, et qui a été publié par extraits dans *La Revue de Paris*. Elle croyait avoir échappé à ce destin de femme désenchantée, mal mariée, qui va vieillir sans avoir connu le plaisir. Avec Alexis, elle croyait former un couple fusionnel, inédit, dans la vie comme dans l'alcôve. Un couple parfait, digne des *happy ends* de Jane Austen. Elle était Elizabeth Bennet, il était Fitzwilliam Darcy, et le château de Tocqueville aurait pu être leur Pemberley. Mais elle se trompait : dans la vraie vie, les amants ne triomphent pas de l'orgueil et des préjugés.

Boulogne est une ville grise, mais rien n'est triste au bord de la mer. À l'horizon, l'œil entrevoit les caps Gris-Nez et Blanc-Nez. La plage s'étend à perte de vue, beige et plate, ourlée d'une mer incolore. Marie marche, ses chaussures s'enfoncent dans le sable, elle parcourt des lieues en ligne droite, le visage battu par le vent. Elle se grise de grand air. Elle instaure une routine, des exercices, elle met un baume sur sa douleur. Alexis peut vivre sa vie, Marie existera sans lui. Elle l'oubliera. Quant à lui, il n'aura pas de mal à se trouver une fiancée, plus jeune, plus belle et plus riche, à sa mesure.

30

Le choix de Marie

Mai 1835

Alexis habite seul depuis le 7 mai dans une petite maison de Hampstead, à quelques kilomètres de Londres où Beaumont est resté sans lui. Gustave vient dîner tous les deux jours et lui apporte son courrier. À l'exception de son ami, Alexis ne voit guère qu'Henry Reeve, son traducteur, qui habite Hampstead chez sa mère ; la mère et le fils l'accablent de soins.

Alexis est malade. Du corps ou de la tête, il ne sait plus, les deux sont mêlés. Ses douleurs d'estomac chroniques – ce que le bon abbé Lesueur appelait ses gastrites – sont sûrement d'origine psychosomatique.

« J'ai beaucoup travaillé l'année dernière, je crois que j'en subis le contrecoup, explique-t-il à Beaumont.

— Je ne suis pas sûr que ce soit l'explication !

— Vous avez raison. »

Son amour pour Marie et sa vie sociale ne semblent pas compatibles. Les réactions de ses proches l'ont détruit. Et il se sent pris en étau.

« Vous doutez de vos sentiments à l'égard de Marie ?

— Pas une seconde. Je ne veux pas remettre en cause mon engagement.

— Alors ?

— Je crains qu'elle-même ne souffre, à cause de moi, des humiliations qu'elle devra subir.

— Vos frères et vos belles-sœurs ne veulent pas la rencontrer ?

— C'est ce qu'ils l'ont dit.

— Vous allez donc rompre avec eux ?

— Non, je ne peux pas envisager cela. Je les verrai sans Marie.

— Et ce sera la même chose pour Louis et toutes les familles qui n'acceptent pas cette... mésalliance.

— Marie sera la victime de cet ostracisme. Elle ne pourra pas être heureuse. Notre vie en sera gâchée. »

Parfois, il se persuade que cette histoire n'est que passionnelle, que ce désir n'est si fort que parce qu'il est interdit ; que leur sang redeviendrait tiède s'ils rentraient dans le rang.

Il ne supporte plus d'être confronté à lui-même, à ce personnage falot, timoré, que fait frissonner l'idée de se lever le matin. Il se souvient de son renoncement à Rosalie, cette trahison de ses idées, de sa liberté, qu'il s'est juré, en Amérique, de ne plus jamais revivre. À l'heure du coq, il enfouit sa tête dans l'oreiller, il l'étreint contre sa joue comme s'il pouvait l'aider à retrouver le merveilleux sommeil, à replonger dans l'oubli. Cependant ses yeux restent ouverts, il suffoque, il a trop chaud, puis trop froid, et il ramène le drap au-dessus de sa tête. Mais rien ne calme sa détresse, son absolue désolation. Il rêve aux longues plages blondes près de Tocqueville où il a promis d'emmener Marie, et sa blessure saigne.

Il n'a plus le cœur à la fête. On lui a vendu Londres comme la capitale du plaisir. Beaumont et lui ont été introduits auprès de Sutton Sharp, un juriste et un noceur réputé, qui organise les parties fines de Mérimée et de Stendhal lorsqu'ils sont de passage à Londres. La lettre de recommandation précise qu'ils viennent dans la capitale anglaise dans l'espoir de s'amuser davantage qu'ils ne l'ont fait en Amérique, et qu'il faut « leur faire voir Londres comme il doit être vu ». Mais les tourments d'Alexis inquiètent Beaumont qui n'a plus envie non plus d'enterrer sa vie de garçon. Il s'en veut d'avoir contribué à semer le doute dans l'esprit de son ami.

Le médecin anglais qui soigne le malade lui interdit l'activité physique, mais lui conseille de lire au grand air. Alexis s'exécute à contrecœur. Marie ne lui a pas envoyé la moindre missive depuis qu'il est en Angleterre. Les séances de travail avec Reeve ne suffisent pas à le distraire. Un soir de désespérance, il écrit à son père et lui raconte tout. Sa maladie, ses doutes, son dégoût de la vie, et maintenant le silence de Marie. Le lendemain, il va un peu mieux, et envoie à sa belle-sœur Alexandrine des nouvelles rassurantes de sa santé, prétendant qu'il va bientôt retourner à Londres. Le surlendemain, il est à nouveau abattu. Il rêve de Marie, de la voix de Marie, du corps de Marie, et retrouve ce désir si impérieux, si constant.

Le 28 mai, Alexis reçoit une lettre de son père qui lui raconte sa visite à Marie, rue de Bellechasse, deux semaines plus tôt. Marie venait de recevoir la lettre « dilatoire » d'Alexis et semblait en proie à une agitation extrême. Elle souffrait de malaises et avait décidé d'aller se soigner loin de Paris. Elle ne savait pas encore où. Depuis, le comte n'avait plus de nouvelles.

Cette information sort le malade de sa prostration. Il s'affole. Et si elle l'avait quitté ? Si elle était retournée en Angleterre, dans le petit cottage dont elle doit hériter ? Si elle ne revenait jamais ? Il se souvient maintenant de son silence tandis qu'elle lisait la lettre de Louis, de son étrange apathie lorsqu'il décrivait les menaces de ses belles-sœurs. Il ne pensait qu'à sa peine à lui. Il est tellement habitué à se confier à Marie, à se laisser consoler par ses mots et sa douceur ! Il se rend compte, trop tard, qu'il aurait dû lui épargner ces critiques blessantes. Marie est fière. Comment pourrait-elle accepter d'être un obstacle à son bonheur ? Pourtant, il faut qu'elle sache qu'il ne peut pas vivre sans elle ! Sans elle, il se sent désorienté, velléitaire, égoïste. Sans elle, sa vie est gâchée. Il peut se passer, avec douleur sans doute, de ses frères, ou de Louis ; mais pas d'elle.

Il envoie aussitôt à son père l'adresse de Mrs. Belam au château de Chamarande, et lui enjoint d'aller la voir. Elle saura forcément où se trouve sa nièce.

Le comte, qui pressent une catastrophe si les choses ne s'arrangent pas, se rend à Chamarande toutes affaires cessantes. La vieille dame comprend mal le français, mais Hervé de Tocqueville baragouine un peu d'anglais – il a vécu quelques années d'exil en Angleterre juste après la Terreur. La visite de l'ancien pair de France surprend Mrs. Belam et la flatte, mais ne suffit pas à faire tomber ses préventions à l'égard d'une famille qui vient d'infliger à sa nièce un camouflet. Elle refuse de lui dire où se trouve Marie. Le comte insiste : il va user de son autorité de paterfamilias pour faire rentrer dans le rang ses fils, ses belles-filles et surtout son neveu Kergorlay.

« J'imposerai le silence à tous. C'est une question très grave. Alexis est malade. Il passe sans cesse de l'exaltation à l'abattement. Ses frères doivent comprendre que sa santé dépend de son équilibre affectif. Et que cet équilibre passe par le mariage avec votre nièce.

— *She's been waiting for seven years ! Mary is not in a good shape now* – ma nièce a attendu sept ans et elle est très faible aujourd'hui.

— J'ai compris qu'elle voulait se soigner loin de Paris.

— *This marriage happens to be a bad idea !*

— Bonne idée ou pas, ce mariage aura lieu. J'ai donné mon plein consentement à mon fils. Je vais l'aider. Il faut les marier au plus vite. Je ne tolérerai pas que cette décision soit remise en cause au nom d'un conformisme abusif. »

Mrs. Belam ne comprend pas tout ce que dit son visiteur, mais elle croit en sa parole, et elle admire sa capacité de remise en cause. Sa nièce s'est souvent moquée de l'étroitesse d'esprit de l'aristocratie française. Le comte de Tocqueville est un contre-exemple. Il a connu l'Ancien Régime, fréquenté des rois, croupi dans les geôles de la Terreur, mais il n'est ni aigri ni rétrograde : il est plus ouvert que ses fils aînés. Élisabeth Belam regrette de ne pouvoir lui dire ce qu'elle pense : au fond, Alexis a de qui tenir.

Après une demi-heure d'entretien, elle lui donne l'adresse de Marie.

« *You know your son is... an outstanding man* ? Savez-vous que votre fils est un homme hors du commun ? dit-elle au moment où le comte prend congé.

— Je le sais. Son destin est déjà hors du commun. Il n'est pas étonnant que son mariage le soit aussi. Peut-être est-il simplement en avance sur son époque. »

Élisabeth Belam s'approche d'un secrétaire, et écrit quelques lignes sur une feuille de papier :

« *Here's the address* : 8, rue des Vieillards, Boulogne-sur-Mer.

— J'écrirai dès demain à Marie. Vous savez, votre nièce aussi est une jeune femme hors du commun. C'est pour cela qu'il l'a choisie. »

Le comte envoie aussitôt l'adresse à Alexis dont le mal-être physique et moral a laissé place à une douleur ravageuse. Le jeune homme décide de traverser la Manche au plus vite. Le 15 juin, il arrive à Calais le cœur battant. Il prend une diligence pour descendre dans la ville basse et va sonner au 8, rue des Vieillards.

« Qui êtes-vous ? Que cherchez-vous ? demande le logeur, qui habite juste au-dessus.

— Je suis le fiancé de Marie Mottley.

— Elle n'est pas là. De toute façon, je ne vous laisserai pas entrer : elle ne m'a jamais parlé de vous. Qui êtes-vous ?

— Alexis Clérel de Tocqueville.

— Connais pas. Vous me paraissez bien jeune. »

Alexis se dit que sa notoriété, qui est allée des beaux quartiers de Paris à ceux de Londres, aurait bien fait de s'arrêter à Boulogne. Mais il finit par obtenir le renseignement.

« Miss Mottley doit être près de la plage, elle y passe ses journées. C'est une originale. Elle finira par prendre un bain, un de ces jours.

— Cela lui ferait du bien, ajoute l'épouse du logeur, une grosse femme qui est apparue à la fenêtre. Car si vous êtes son fiancé, je peux vous le dire : sa santé n'est pas florissante. »

Alexis court plus qu'il ne marche vers la plage. La bande de sable gris n'en finit pas, et il ne repère pas Marie tout de suite. Enfin, il aperçoit sa silhouette à trois cents mètres. Il reconnaît son allure sous la pèlerine légère, sa robe d'été et les bonnes chaussures qu'elle enfile lorsqu'elle veut faire de grandes marches. Son chapeau vient de s'envoler et elle le poursuit, se dirigeant droit vers la mer.

Soudain, une rafale change la trajectoire de la capeline au moment où Marie allait l'atteindre. Alexis se jette à sa poursuite et l'arrête. Il se retourne hors d'haleine : Marie est là, à quelques mètres de lui, ébahie.

« Alexis ! *What the hell are you doing here ?* Que diable faites-vous là ?

— Vous ne pensiez pas que vous alliez m'échapper aussi facilement, miss Mottley ? »

Ils sont loin de la route. Il s'approche pour la prendre dans ses bras.

Marie recule :

« Alexis, je ne suis pas la femme qu'il vous faut. »

Elle détourne le regard. Si elle croise ses yeux, s'il s'approche encore, elle ne pourra pas se tenir à sa résolution.

« Au contraire, Marie ! Vous êtes exactement la femme qu'il me faut. Mon père et ma mère en sont convaincus.

— Votre père m'a écrit. Je lui ai répondu. Mais il ne m'avait pas dit que vous viendriez.

— Je me suis décidé très vite ! »

Marie s'assoit sur le sable, son chapeau à la main. Elle a retiré un gant, le sable est froid, elle le laisse couler entre ses doigts. Alexis s'approche et s'empare de la main nue. La jeune femme se dégage doucement.

« Le reste de votre famille ne m'acceptera jamais.

— Mon père va remettre au pas mes frères et mes belles-sœurs : il leur parle à tous cette semaine. C'est un peu ma faute : je les ai mis devant le fait accompli. J'aurais dû agir avec eux comme avec mes parents : les préparer, leur montrer ma constance, au lieu de les prendre au dépourvu. D'ailleurs, ma mère prétend que j'ai exagéré la portée de leurs paroles.

— Mais... *your sister-in-law* ?

— Ma belle-sœur Émilie ? Elle s'habituera. Ce n'est pas elle qui nous empêchera d'être heureux. »

Marie, vaincue d'avance, lance encore :

« Et votre cousin Louis ? Il est le plus *pessimistic*.

— Mon père pense que Louis a toujours été jaloux, sans s'en rendre compte. Qu'il est trop attaché à moi et supporte mal d'être supplanté dans mes affections. Mais c'est un garçon loyal. Il a bon fond. Il ne pense pas la moitié de ce qu'il a écrit. »

Le jeune homme s'incline et pose délicatement ses lèvres sur le cou de Marie.

Le soir, dans l'auberge où ils dînent, ils se racontent leurs semaines de séparation. Marie a été anémiée mais elle va mieux depuis quelques jours.

« Moi, je suis totalement guéri depuis que je me suis mis en route pour vous retrouver. »

Ils rentrent en marchant tout près l'un de l'autre jusqu'à la ville basse. La nuit est tombée. Alexis se glisse dans l'appartement à la suite de Marie et la prend dans ses bras dès la porte fermée. Il entend à peine ses dernières paroles alors qu'il l'entraîne vers le lit.

« Ne faisons pas de bruit ! »

Elle se donne à lui comme elle ne l'a pas fait depuis longtemps, avec des gestes et des mots si peu retenus qu'il lui semble, par instants, qu'ils s'adressent à un autre, un autre moins lyrique et moins ardent mais plus constant que lui. Vers six heures du matin, quand le jour se lève, elle s'est endormie, la joue contre son bras.

« Sans toi, je ne suis rien », murmure-t-il, avant de sombrer à son tour dans le sommeil.

La nuit qu'ils viennent de vivre lui a rappelé leur soirée de Noël, sept ans plus tôt. Aucune femme ne pourra jamais être, comme elle, l'amoureuse et la conseillère, la maîtresse et l'épouse, la passion et la raison.

Alexis s'est accordé quarante-huit heures avant de retourner à Londres. Le mois de juin jusqu'alors pluvieux leur offre une embellie inattendue : le baromètre à gaz sur la commode de la chambre indique une amélioration qui va durer pendant tout le séjour d'Alexis. Deux jours hors du temps, pendant lesquels ils resteront ensemble vingt-quatre heures sur vingt-quatre, ce qui ne leur était jamais arrivé.

« Même pendant ce premier voyage en Normandie, tu te souviens ? Nous passions nos journées ensemble, mais j'étais malheureux de regagner ma chambre le soir. J'étais en train de tomber amoureux de toi, et je ne voulais pas me l'avouer.

— Moi je me laissais séduire, et ma faiblesse m'effrayait. Mais je peux te l'avouer maintenant : la nuit, je t'aurais bien rejoint en cachette ! »

Le premier matin, lorsque son amant émerge, à onze heures, Marie est déjà levée et habillée.

« Et si l'on jouait aux étrangers de passage ? dit-elle.

— Que veux-tu dire ? Ne le sommes-nous pas déjà ?

— Faisons comme si nous étions en villégiature : nous pourrions aller visiter les dunes et la Côte d'Opale, marcher au cap Gris-Nez, prendre un bain de mer...

— ... passer des heures sur le sable à parler...

— ... ou à lire...

— ... et rentrer nous serrer l'un contre l'autre ! »

Marie étouffe de rire.

« Avant de penser à rentrer, il va falloir trouver une solution pour sortir ! Mes logeurs sont des gens curieux, il ne faut pas qu'ils sachent que tu es resté.

— Je leur ai dit que j'étais ton fiancé.

— Raison de plus ! »

Les heures s'écoulent sans qu'ils en aient conscience. Leurs corps se cherchent en dépit de leur volonté. Le petit matin les découvre encore éveillés, exténués, les yeux battus et fiévreux. Le sommeil les saisit aux premières lueurs de l'aube, et ils se réveillent à midi, indécents, étourdis de bonheur dans la lumière crue. Marie découvre le regard de son amant au réveil, cet air étonné, puis plein de gratitude de la trouver là, ce sourire des yeux qui précède celui des lèvres.

Le bateau qui avait amené, trois jours plus tôt, un homme malheureux et égaré en emporte un autre, comblé et sûr de lui. Il laisse à quai une fiancée embarrassée vis-à-vis de ses logeurs, mais sereine. Cette passion charnelle dévorante, qu'ils ont développée presque au grand jour, lui a redonné confiance. Son amoureux l'a assurée qu'ils se retrouveraient à Paris dans deux mois, pour se marier.

Quinze jours plus tard, elle reçoit une lettre du comte de Tocqueville. *Il y a entre nous, ma chère miss Marie, des malentendus qui nous ont fait beaucoup de mal aux uns et aux autres, et qui ont cruellement agité le pauvre Alexis. Il faut faire en sorte de les oublier. Vous avez reçu une visite qui vous a rendu la tranquillité qui vous avait fuie. J'ai appris ce résultat avec une vive satisfaction.* Le père d'Alexis s'est rendu à Baugy chez Édouard et Alexandrine, avec Hippolyte et son épouse, pour y tenir un véritable conseil de famille, au cours duquel il avait bien l'intention d'affirmer sa volonté.

Les bénéfices du séjour dans le Nord s'évanouissent malheureusement très vite et l'état de santé d'Alexis reste préoccupant. *Je suis toujours agité de la manière la plus pénible,* écrit-il à Kergorlay. Il se croyait guéri, mais une dépression nerveuse ne disparaît pas du jour au lendemain.

Lorsqu'il rentre à Paris en août, Alexis trouve une lettre d'Édouard et Alexandrine. Huit pages qu'il n'ose pas lire. Tous les matins, il l'ouvre et la referme, sans aller au-delà des premiers mots. Ils ont beau être encourageants, il craint de tomber ensuite sur un passage qui détruise cette entrée en matière positive. Leur dernière lettre était tellement cruelle ! Finalement, au bout d'une semaine, il lit la lettre d'une traite, et elle lui fait passer un des plus heureux moments qu'il ait connus depuis longtemps.

Avertis par le comte de Tocqueville des conséquences dramatiques de leur attitude, les frères et les belles-sœurs ont accepté de faire profil bas. Ils prétendent qu'ils accorderont à Marie la même considération que celle qu'ils auraient eue vis-à-vis d'une belle-sœur d'origine aristocratique. Hippolyte, qui a toujours multiplié les maîtresses, est en réalité indifférent au problème, mais Émilie, vaguement jalouse, accepte mal la mésalliance. Elle a fini par se soumettre au comte de Tocqueville, au nom de la paix familiale et de la santé d'Alexis. Une nouvelle fois, pense-t-elle, toute la famille doit céder au caprice de l'enfant gâté, sinon il tombe malade. Son mari essaie de la consoler en lui faisant remarquer que les mariages avec les roturières anglaises sont à la mode : le comte de Flahaut et Alphonse de Lamartine – entre autres – ont épousé des sujets de Sa Gracieuse Majesté.

Louis de Kergorlay est le dernier à rendre les armes. Le comte lui a imposé le silence, à défaut de le convaincre. Le cousin fait la connaissance de Marie quelques jours avant le mariage ; il est conquis à son corps défendant. Cette femme sort de l'ordinaire, bien plus que Rosalie. C'est une intellectuelle. Il accepte finalement, avec Gustave de Beaumont, de servir de témoin. Il écrit à Alexis que si Marie conservait quelque vieux souvenir confus à son encontre, il faudrait qu'elle fasse toute seule les frais de ces idées-là, parce qu'elle ne trouverait plus en lui qu'un « lutteur à terre et désarmé »... par elle.

Tout est prêt pour la cérémonie : Hervé de Tocqueville s'est chargé, en l'absence de son fils, des formalités auprès des autorités civiles et religieuses. Quatre cents faire-part ont été envoyés. Il a même contacté le notaire de la famille, maître Barbier Sainte-Marie, et pris toutes les dispositions avec lui. Le 23 octobre, le contrat de mariage est signé au domicile de Marie Mottley, rue de Bellechasse, devant les proches au grand complet : les deux frères et leurs épouses, Gustave de Beaumont, Louis de Kergorlay, Élisabeth Belam, Hervé et même Louise de Tocqueville. La santé de la comtesse ne cesse de se dégrader : sa présence était inespérée. Elle ne pourra pas réitérer cet effort pour le mariage civil et religieux : elle faiblit de jour en jour. À en croire le médecin, il ne lui reste que quelques semaines à vivre. Elle se montre bienveillante avec sa nouvelle bru. La famille anglaise de Marie ne s'est pas déplacée.

Le mariage civil a lieu le lendemain, à la mairie du xe arrondissement, qui se trouve alors à l'angle de la rue du Cherche-Midi. Un des adjoints au maire, un aristocrate légitimiste qui connaît Hervé de Tocqueville de longue date, laisse paraître son étonnement.

« Votre épouse est sans doute très affectée par cette union ? dit-il en constatant l'absence de Louise.

— Mon épouse est simplement souffrante. Mon fils n'a pas choisi d'épouser une fortune, c'est vrai. Mais son voyage aux États-Unis lui a montré que les mariages entre accordés sont ceux qui réussissent le mieux.

— Il veut faire la révolution des mœurs !

— Il veut vivre en accord avec ses convictions. Il est persuadé qu'un jour, en démocratie, tout le monde agira de la même manière. »

Enfin, le 26 octobre 1835, Marie et Alexis échangent leurs consentements en l'église Saint-Thomas-d'Aquin, l'ancienne église Saint-Dominique où le pape Pie VII a célébré la messe trente ans plus tôt, lorsque ce monument concédé aux Jacobins a été rendu au culte catholique. Aujourd'hui l'église est pleine à craquer. Tandis que les deux prêtres officient, les pensées d'Alexis tourbillonnent. Il se dit qu'il a vécu sa peur, puis qu'il l'a vaincue, et que c'est ainsi qu'il accomplira son destin. Ses yeux s'attardent sur les murs et il se remémore les événements dont cette église porte les traces, toutes ces luttes, toutes ces haines qui ont secoué la France. Le prêtre qui bénit les anneaux est l'abbé Girardet, l'aumônier de la chapelle expiatoire de Louis XVI. Alexis ne peut s'empêcher de penser que si le nouveau monde naît dans la douleur, l'ancien n'a pas cessé de vivre. Il passe l'alliance au doigt d'une Marie rayonnante.

31

Un châtelain de gauche

Octobre 1838

Alexis trempe sa plume dans l'encrier et écrit, d'un jet : *Je vois une foule innombrable d'hommes égaux qui tournent sans repos sur eux-mêmes pour se procurer de petits et vulgaires plaisirs dont ils emplissent leur âme.* Il repose sa plume, se laisse aller en arrière. Il ferme à demi les yeux pour embrasser du regard la pièce qui l'entoure, son bureau du château de Tocqueville. En face de lui trône le portrait de son aïeul, le marquis de Vauban.

Il n'a pas l'angoisse de la page blanche, il sait que les mots sont ses armes, et qu'ils sont toujours bien disposés, trop nombreux parfois. Il aime l'encre qui tache les doigts, et les volumes alignés dans les rayonnages comme des soldats à la parade. Son bureau est sombre, mais chaleureux. Quelques livres de référence se trouvent à portée de main : Pascal, Platon, Montesquieu, Machiavel et même le Coran. Il étudie le livre des musulmans pour comprendre l'Algérie, cette terre d'aventures où il a souvent rêvé d'aller avec Louis. Il ne garde dans son bureau que des livres de référence : donc pas de XIXe siècle, comme il ne manque jamais de le faire remarquer à ses visiteurs. Il se sent bien dans ce décor. Il a besoin du calme pour écrire et il le trouve ici. Il se penche à nouveau sur sa feuille : *Au-dessus de ceux-là s'élève un pouvoir immense et tutélaire, qui se charge seul d'assurer leur jouissance et de veiller sur leur sort.*

Le tome II de la *Démocratie en Amérique* n'a pas beaucoup avancé depuis son mariage, il y a trois ans, mais le tome I continue de vivre sa vie : la septième édition sortira bientôt. Entre-temps, Tocqueville a écrit, entre autres ouvrages, deux mémoires sur le paupérisme. Le sujet l'obsède depuis qu'il a vu les conditions de vie du prolétariat anglais. Il explique pourquoi le nombre de pauvres augmente quand un pays s'industrialise, et il propose des solutions pour éviter ce terrible creusement économique et social.

Le second volume de la *Démocratie* était sans doute moins urgent : en partant toujours de l'exemple américain, il s'efforce de décortiquer l'influence que ce système politique exerce sur les mœurs et la pensée. Plus encore que le premier, il donne à réfléchir quant à l'avenir de la France. Ce matin, Tocqueville a décrit comment, une fois les privilèges détruits, cette société de classes moyennes s'abandonnera à un pouvoir social fortement centralisé. C'est inéluctable : au fil des décennies, l'État prendra en main le destin des citoyens, en veillant à leur sécurité, en dirigeant leurs entreprises ou en réglant leurs successions. Il est satisfait de la conclusion de son paragraphe : « Que ne pourra-t-il leur ôter entièrement le trouble de penser et la peine de vivre ? »

Une heure et demie. L'heure de la pause. Alexis s'étire, jette à la corbeille des feuilles sur lesquelles il a écrit *rubbish,* et sort en emportant les dernières pages écrites. Il les lira à Marie sur le chemin. Il aime cette vie qui le voit écrivain avant le dîner et paysan après.

Je me suis remis sérieusement à mon livre et je bâtis une magnifique étable à cochons, a-t-il écrit à Beaumont la veille. *Laquelle de ces deux œuvres durera plus que l'autre ? Je n'en sais rien ! Les murs que je donne à mes cochons sont bien solides.*

Marie a souri en lisant ces mots. Alexis se garde bien d'y évoquer sa troisième occupation, qui lui prend de plus en plus de temps : la politique. Peut-être veut-il oublier cette déception qu'il partage pourtant avec Beaumont : en novembre dernier, l'un et l'autre se sont présentés aux élections législatives; et tous deux ont échoué. Le roi Louis-Philippe avait dissous la Chambre et appelé à des élections anticipées pour conforter son président du Conseil, le comte Mathieu Molé. Alexis a cru que ses idées, sa sincérité, la réputation de sa famille et le succès de son livre lui assureraient la victoire. Mais les notables du

Cotentin ne le connaissaient pas assez pour lui confier leur destin.

Le couple a prévu de marcher jusqu'à Barfleur. Une grande balade d'une lieue et demie dans les petits chemins et à travers champs, jusqu'au port, où le cocher les attendra avec la voiture, pour les ramener.

Marie est déjà prête. Lubin et Médor sautillent autour d'elle, excités par la promenade.

« Lubin est velu comme un ours maintenant ! s'exclame Alexis en caressant l'épagneul.

— *Sure*... et Médor n'obéit toujours pas.

— Il n'a qu'un an, ma chérie. Pour un lévrier, rien n'est perdu. »

Il pense à l'épitaphe rédigée par Lord Byron pour son chien : « Un être qui possède la beauté sans la vanité, la force sans l'insolence, le courage sans la férocité et toutes les vertus de l'homme sans les vices. »

Mme de Tocqueville a mis une pèlerine et de bonnes chaussures et s'est coiffée les cheveux tirés en arrière. Il admire sa beauté sobre, son grand front, son sourire. Comme il le répète à ses proches, ce mariage si contesté a été « la décision la plus sage de sa vie ».

« Tu ne prends pas ton parapluie ? Souviens-toi de ce qui nous est arrivé hier. Il fait beau mais... »

Depuis qu'ils vivent ensemble, ils alternent vouvoiement et tutoiement, employant le second pour marquer leur intimité.

« *You're right*, je vais en chercher *une*. Nous ne sommes jamais à l'abri d'*un* averse dans ce pays !

— Je crois rêver ! Vous êtes bien anglaise, madame ? C'est l'hôpital qui se moque de la charité ! Ne bouge pas, je vais *le* chercher. *Le* parapluie.

— *Fine*, mais c'est moi qui vais, je ne sais pas où je l'ai rangé... »

Alexis la regarde avec tendresse s'éloigner. Il va l'attendre au pied d'un peuplier. Les petites feuilles des arbres virevoltent dans la lumière et sa joie tient tout entière dans une bienfaisante absence de pensées. Hier, il a planté des chênes qui vivront plus longtemps que lui ; il essaie d'apprendre la lenteur. C'est un automne si parfait que l'on doute d'y survivre.

Marie revient, parapluie en main. Elle se plaint du climat du Cotentin, de cette humidité propice aux rhumatismes, mais elle ne se porte jamais aussi bien qu'à Tocqueville. Elle aime les grandes pluies d'ici, plus bruyantes que celles de Paris. Elle adore entendre les gouttes s'écraser sur le toit du château et s'abattre contre les fenêtres sous l'effet du vent. Dans cette grande bâtisse, elle s'est tout de suite sentie chez elle. Elle veille sur Alexis et ses livres. Elle l'a pour elle seule.

À Tocqueville, ils ont trouvé l'harmonie. Un éden calme, serein, propice à la réflexion. Si le paradis existe, il se cache dans ce coin perdu du Cotentin, au bout de cette allée délabrée qui doit toujours faire l'objet du chantier suivant. Ils ont décidé qu'ils s'y installeraient chaque année du printemps aux premiers frimas. Cette année, ils resteront tout l'hiver, afin qu'Alexis puisse achever sa *Démocratie* et faire ses tournées électorales. Car son premier échec ne l'a pas fait renoncer, bien au contraire. Il croit à l'idée de liberté humaine, la valeur qu'il veut faire triompher. La politique est l'affaire de sa vie, une œuvre de longue haleine. Marie est là pour l'aiguillonner lorsqu'il est découragé.

Sur le chemin, Alexis commence à lire à sa femme les pages qu'il a emportées. Il a réécrit le passage où il démontre que les mœurs des sociétés aristocratiques s'adoucissent lorsqu'elles deviennent démocratiques.

« Tu te souviens que Mme de Sévigné ne concevait pas ce que c'était que de souffrir quand on n'était pas gentilhomme ? Le petit peuple de Rennes qui se révoltait contre l'impôt n'appartenait pas à la même humanité qu'elle. Donc elle assistait aux pendaisons des mutins comme à un divertissement...

— Oui, quelque part elle raconte avec gourmandise qu'on a écartelé un violoneux, et qu'on a exposé ses quartiers aux quatre coins *du* ville.

— Et tu te rappelles sa conclusion, après la “penderie” des soixante bourgeois ?

— Oui, elle dit que comparée à l'écartèlement, *le* pendaison lui paraît un “rafraîchissement” ! *My Godness !* Elle se sentait plus proche de ses chiens que des ouvriers.

— Et Émilie du Châtelet, elle, ne faisait pas difficulté à se déshabiller devant ses valets, ne tenant pas pour bien prouvé qu'ils fussent des hommes !

— Elles ne pouvaient pas ressentir des *feelings* au-delà de leur caste.

— Alors que le citoyen d'une démocratie, tout en devenant plus individualiste, ne supporte pas les misères des autres parce qu'autrui, c'est un peu lui-même.

— Donc il demandera à l'État de prendre tout en charge, quitte à payer ? Mais si l'État *takes care of everything*, la démocratie ne risque-t-elle pas de devenir le paradis des médiocres et des faibles ?

— Tu as tout compris. Il n'y a que l'esprit associatif qui pourra tempérer cet empire de l'individualisme... »

Alexis prend la main de Marie et l'attire vers lui pour l'embrasser.

« Dis-moi, si nous rentrions au château plutôt ? J'ai l'esprit associatif... »

Un bruit leur fait soudain tourner la tête : une dizaine de vaches viennent de surgir dans le chemin avec, à leur tête, une grosse paysanne. À l'arrière du troupeau, le mari fait avancer les bêtes à coups de trique.

« Bonjour, madame Laronche ! Bien le bonjour, père Laronche ! lance Alexis en poussant Marie pour qu'elle se mette à l'abri près d'une barrière.

— Boujou, m'sieur le comte ! répond le paysan en soulevant sa casquette. Boujou, m'dame la comtesse !

— Boujou m'sieur, boujou m'dame », répond la paysanne.

Elle respecte pour sa part la consigne de Tocqueville qui ne veut pas qu'on l'appelle par son titre. Il refuse d'utiliser ce qui pourrait lui être enlevé un jour. Mais les gens de la région croient lui faire plaisir en lui donnant du « comte ».

« Alors, vous nous changez les vaches de champ ? reprend Tocqueville.

— Pour sûr, il est bien temps !

— Et vous croyez qu'il va pleuvoir ?

— Rougie du matin met la mare au c'min ! Faut profiter tant qu'y pieut pas, ché ben vrai... »

Les deux couples échangent des considérations sur la température clémente pour la saison. Pendant ce temps, Lubin mordille les mollets des vaches, qui s'agglutinent les unes aux autres en bousculant le paysan.

« Lubin, viens ici ! s'époumone Marie.

— Pardonnez-nous, s'excuse Alexis, il n'est pas encore habitué aux vaches. »

Les deux châtelains attendent que la dernière bête soit passée pour reprendre leur chemin, précédés par les chiens qui tirent dans leur gueule des bâtons trop longs pour eux.

« La mère Laronche a bien profité ! remarque Alexis. Elle va finir par passer le quintal !

— Son mari, lui, maigrit *more and more* : il est sec comme un coup de trique, *as they say*.

— Je n'en crois pas mes oreilles, madame : vous parlez le patois mieux que le français ! »

Et il s'écarte pour éviter les représailles.

Le jeune couple a pris possession du château après la mort de Louise de Tocqueville, en janvier 1836. Alexis a d'abord reçu en héritage le château de Tourlaville, à quatre lieues de là, mais il l'a échangé avec celui de Tocqueville, initialement dévolu à son frère Édouard.

Hippolyte n'a jamais voulu de Tocqueville qu'il trouve morne ; depuis son mariage avec Émilie, il possède un château bien plus spectaculaire – même s'il est encore en travaux – dans le Cotentin, à Nacqueville, à l'ouest de Cherbourg. Hervé de Tocqueville a constitué, avec l'accord de ses deux aînés, un majorat en faveur du plus jeune : c'est donc à Alexis qu'est revenu le titre de comte. Comme il sera toujours moins riche que ses frères, faute de beau mariage, leur père a voulu compenser cette situation à sa manière. Il veut aussi favoriser la carrière politique de son plus jeune fils dans le Cotentin.

Alexis n'a pas les moyens d'entretenir plus de deux chevaux, ni de mener grand train. À Paris, il ne dispose pas d'un équipage, contrairement à Hippolyte et Édouard. Il se contente d'un appartement modeste, 12, rue de Bourgogne, dans le quartier de Saint-Germain-des-Prés. Il consacre toutes ses rentrées d'argent à l'amélioration du château de Tocqueville, qui devient peu à peu plus pimpant. S'il ne jouit, dans la capitale, que d'un niveau de vie bourgeois, il mène en Normandie une existence de châtelain assez proche de celle des âges aristocratiques, un paradoxe pour l'auteur de la

Démocratie. Un paradoxe qui, dans le Cotentin, ne choque personne.

En tant que châtelain, il participe aux événements communaux, donne du travail à ceux qui en manquent le plus et emploie plusieurs villageois sur son domaine pendant les périodes de disette. Il répare les vies ébréchées. Au nom de son père, il fait don à la commune du terrain qui permettra de construire l'école. Il a trouvé sa place.

Marie, de son côté, tient parfaitement son rôle de châtelaine : elle distribue le pain des pauvres tous les vendredis, sur le compte d'Hervé de Tocqueville, qui touche, il est vrai, les neuf dixièmes des fermages. Elle sait recevoir, rendre les visites, écouter les villageois comme les grands bourgeois ou les aristocrates ; elle a vite appris les usages en vigueur dans leur milieu. Elle n'est pas de ces femmes effacées qui vivent dans l'ombre des grands hommes, mais elle est discrète ; si elle vénère son mari, elle en est l'égale. Elle a conquis tous ses amis proches, sans la moindre exception. Il n'y a que sa belle-sœur Émilie, la femme d'Hippolyte, qui rechigne à côtoyer la roturière. Édouard et Alexandrine les ont reçus pendant plusieurs mois à Baugy, juste après leur mariage.

Quand il voit Marie organiser la kermesse avec le maire ou discuter avec Louis d'un chapitre mal structuré de la *Démocratie,* Alexis ne comprend pas que ses belles-sœurs se moquent de son épouse, de son amour des chiens ou de ses fautes de français. Marie est modeste mais tellement plus brillante qu'elles ! L'étendue de ses connaissances le surprend toujours. Sur ses petits carnets en chagrin havane, où l'anglais, le français et l'allemand s'entremêlent, elle ne consigne pas seulement les faits marquants de leur vie : elle note quelques idées philosophiques qu'elle exhume à bon escient pour contribuer à la réflexion d'Alexis. Éclectique, Marie a lu Saint-Simon ou Goethe aussi bien que les correspondances de Mme de Sévigné ou de Mme de Maintenon.

Au fond, Marie le sait, il ne manque plus à Alexis qu'un mandat politique pour que son bonheur soit complet. Il a hésité entre la circonscription du Xe arrondissement de Paris – pour le prestige – et celle de Valognes, « la ville des beaux esprits », à cinq lieues de Tocqueville. Il a choisi la seconde.

Il a échoué par maladresse. Il s'est présenté contre le comte Polydor Le Marois, une des grosses fortunes locales, dont le programme se résumait à protéger l'élevage normand contre l'importation de bestiaux étrangers. L'homme n'est pas un intellectuel mais son argent lui permet de régaler le corps électoral, qui ne compte que quelques centaines d'électeurs puisque le suffrage est censitaire. Sa fortune lui donne un tel prestige que Tocqueville, que l'on soupçonnait d'être pauvre, s'est senti obligé de déposer chez un notaire la preuve qu'il jouit de vingt mille livres de rente.

Le Marois disposait d'un autre avantage : il a, comme dit Marie, «le *stomach* d'un homme d'État», un foie à toute épreuve. Il va de dîner en banquet, de libations en libations, mangeant et buvant *ad nauseam.* Il fait en outre partie de l'opposition dynastique, c'est-à-dire que tout en étant monarchiste, il vote contre le gouvernement dirigé par le comte Molé. Or Molé est le cousin de Tocqueville.

Dans un mouvement naturel, mais aussi pour l'attirer dans ses rangs, ce cousin – le président du Conseil – avait donné l'ordre au préfet de la Manche de faire soutenir discrètement la candidature de son parent par les fonctionnaires. Au lieu de le remercier, Tocqueville lui avait envoyé une lettre de protestation : *Je veux être en état de prêter un concours intelligent et libre et je ne pourrai le faire si je me fais nommer par le gouvernement.* Molé avait répondu, sarcastique, qu'une compétition électorale, c'étaient des armées rangées sous deux ou trois bannières et qu'il fallait s'enrôler sous l'une d'elles.

Finalement, pendant le mois de campagne, Alexis s'était retrouvé complètement isolé, tandis que ses origines étaient stigmatisées : beaucoup d'électeurs ruraux avaient été sensibles au slogan «Point de nobles!» diffusé dans les cabarets où on leur avait payé des tournées avant de se rendre aux urnes. Trop sûr de lui et du vote de la portion «éclairée» du pays, le candidat Tocqueville n'avait pas fait une visite ni écrit une lettre. Ses amis nobles de Valognes lui avaient reproché pour leur part de s'être inscrit au tableau des avocats pour être magistrat : «Vos ancêtres furent tous gens de l'épée, et vous portez la robe!» Plus encore, ses idées politiques avaient été reléguées au second plan. Certaines manipulations de Le Marois, éventées, avaient gagné une élite à sa cause, insuffisante néanmoins : le 4 novembre, il avait perdu au second tour avec deux cents voix contre deux cent quarante-sept pour Le Marois.

Tandis qu'ils arrivent aux abords de Barfleur, à grands pas car l'orage menace, Tocqueville rumine les voix qui lui ont manqué.

« *Don't think twice !* le console Marie. *No regrets.* Vous gagnerez *le* prochaine fois. Rappelez-vous ce qu'a dit le sous-préfet : cette victoire est celle de “la partie ruminante de l'arrondissement sur la partie pensante” !

— Sans doute est-ce une victoire de la bête sur l'esprit. Mais vous avez vu leur répulsion pour les nobles ? Je n'utilise pas mon titre, je ne peux quand même pas cacher mon nom ! Non, je n'ai pas dit mon dernier mot. À la rentrée, je reprends mes tournées. Et je vous garantis que la prochaine fois, je gagnerai ! »

32

Première victoire politique

Janvier 1839

« Une visite, monsieur ! annonce Eugène.

— Une visite ? Dites au visiteur que je suis indisposé, répond, d'une voix lasse, Alexis à son valet de chambre. Dites-lui que je suis au fond de mon lit.

— Mais monsieur, je ne peux pas !

— Et pourquoi ?

— Parce que... c'est le vicomte de Chateaubriand ! »

Le valet n'a pas le temps de retourner dans l'antichambre qu'une silhouette s'encadre dans l'embrasure de la porte :

« Mon cher neveu ! On m'a dit que vous étiez souffrant. »

À soixante et onze ans, le plus célèbre écrivain de France a quant à lui toujours bon pied, bon œil. Il va droit au but :

« Auriez-vous toutefois la force et la bonté de me lire quelques passages de votre deuxième tome ? Gosselin m'a dit qu'il serait bientôt fini ! »

Alexis est monté à Paris depuis peu en cette fin du mois de janvier, pour négocier avec son éditeur Gosselin la publication du tome II de la *Démocratie*. En arrivant, il est tombé malade. « Excès de travail », a diagnostiqué le médecin, qui vient tout juste de le quitter.

La visite embarrasse Alexis autant qu'elle le flatte. Il lui est difficile de croire que seule la curiosité amène chez lui le cher vicomte. Mme Récamier et ses amis ont dû lui envoyer cet émissaire pour l'encourager, connaissant son caractère cyclothymique. Malgré sa fatigue, il s'exécute. Il saisit les pages qui se trouvent sur sa table de nuit et picore au sein des chapitres qui lui tombent sous les yeux : « Du goût du bien-être matériel en Amérique », « Pourquoi chez les Américains toutes les professions honnêtes sont réputées honorables », « Comment les Américains comprennent l'égalité de l'homme et de la femme »...

L'Enchanteur, assis à son chevet, l'écoute pendant près d'une heure avec une attention extrême, et lorsque Alexis s'arrête, la voix cassée, ses yeux sont perdus dans le vague. Il ne formule aucune critique, à la grande surprise de l'auteur. Soudain, après un long silence, le vieil homme serre Alexis dans ses bras :

« Mon jeune ami ! Votre deuxième tome sera encore meilleur que le premier ! Et je crois qu'il va faire évoluer la conclusion de mes *Mémoires d'outre-tombe.* Comme je vous envie ! Vous avez su saisir l'esprit de notre temps. »

Tocqueville, rouge de confusion, se dit qu'il a peut-être mal jugé son parent. François-René se penche à nouveau vers lui et, avant de partir, lui glisse :

« Ils vous disent qu'il faut attendre l'inspiration pour écrire ; mais si j'avais attendu l'inspiration, moi, je n'aurais jamais écrit ! »

Trois jours plus tard, Tocqueville apprend une excellente nouvelle qui contribue à le remettre sur pied : Louis-Philippe vient de dissoudre à nouveau la Chambre, des élections législatives vont donc avoir lieu. C'est la quatrième fois depuis le début de la monarchie de Juillet, huit ans et demi plus tôt. Aucune des législatures de cinq ans n'a pu être menée à son terme. Les deux tours du scrutin auront lieu les 2 et 9 mars. Excité comme jamais, Alexis se précipite en Normandie.

Depuis son échec de 1837, il n'est pas resté inactif. Son programme n'a pas changé : il se présente comme un homme nouveau et un esprit libre, raisonnable, obsédé par la dignité de la France. Mais avec ses deux lieutenants, le commis de marine Clamorgam, devenu percepteur de Valognes, et le notaire Langlois, il a, cette fois, soigneusement préparé l'échéance. Les dissolutions sont si fréquentes sous la monarchie de Juillet qu'il faut toujours se tenir prêt. Au début de l'année précédente, les trois hommes ont répertorié la liste des électeurs, canton par canton ; elle comporte six cent vingt-sept noms.

« Nous allons prendre cette liste, du premier nom au dernier et aller les voir tous un à un, a annoncé Tocqueville.

— Mais c'est un travail de Romain ! s'est exclamé Clamorgam.

— Il faut le faire. C'est la seule solution.

— Pourquoi ne pas plutôt former un comité qui centraliserait les besoins des électeurs ? suggère Langlois. Vous pourriez ainsi intervenir pour les demandes de nomination des juges de paix, les dons de livres à la bibliothèque, *et caetera...*

— Je refuse le clientélisme.

— Vous n'interviendrez donc jamais pour défendre des candidats, alors que vous avez des relations dans les ministères ?

— Je le ferai seulement quand je serai convaincu. Ce sont les effets pervers d'un suffrage censitaire. »

Tocqueville a tiré les leçons de son échec. Il a pris ses quartiers à l'hôtel du Louvre, le meilleur hôtel de Valognes, un bel immeuble pratique et central, rue des Religieuses, qu'il utilisera lors de toutes ses campagnes. Il est allé dans les foires et sur les marchés, il y a envoyé ses amis, il a développé ses idées en toute occasion. À l'automne 1838, sa liste comportait deux cent cinquante « bons » (les électeurs déclarant fermement qu'ils voteront pour lui, et il leur fait confiance), deux cent dix « mauvais » (les amis de Le Marois), quatre-vingt-dix douteux (ceux qui promettent, mais ont sûrement promis aussi à Le Marois) et quatre-vingts abstentionnistes.

Au moment où il revient à Tocqueville, Marie, très agitée, lui apprend qu'une « affaire » le concernant vient d'éclater.

« C'est encore un coup de Le Marois, *for sure.*

— De quoi s'agit-il ?

— Le bruit court que le curé de Tocqueville *incense us alone, apart...* juste avant *le* communion...

— Que le curé nous encense, vous et moi, à part, avant la communion ?

— Oui, puisque la famille Tocqueville dispose d'un banc particulier dans l'église, devant le chœur... »

Tocqueville est outré. Il va trouver Clamorgam, à qui il reproche de ne pas avoir étouffé cette rumeur dans l'œuf :

« Pensez-vous qu'après m'être associé par la parole au grand mouvement qui égalise les hommes, je réclamerais le droit exclusif de me pavaner entre le bedeau et le chantre et de me faire enfumer comme un renard dans son terrier ? »

L'ancien commis de marine essaie de calmer Tocqueville.

« Ne prenez pas cela trop à cœur. Cependant nous devons quand même nous en occuper. Cette histoire fait un peu de bruit et elle pourrait être embêtante dans la perspective de l'élection. On ne peut pas se contenter de démentir.

— Ne vous inquiétez pas. J'ai décidé de déménager du chœur pour la nef. J'y serai moins féodalement, mais plus chaudement ! »

Alexis, avec Marie, délaisse le banc paroissial de la grand-mère Damas-Cruz mais il sait que son père ne lui en voudra pas. Le comte Hervé est très attaché au château de Tocqueville où il a passé les premières années de sa vie. Il vient souvent rendre visite à Alexis et Marie et se félicite qu'ils s'y plaisent. Il avait été déçu qu'Hippolyte l'ait dédaigné. Il a encouragé Marie, désormais sa bru préférée, à entreprendre les travaux. Il lui a confié pourquoi il n'a jamais pu y habiter : Louise et lui y étaient restés pendant un mois, juste après la noce, mais sa femme s'y était sentie si mal qu'elle n'a jamais voulu y retourner.

Alexis ne comprend pas qu'on le soupçonne de s'octroyer des privilèges. Il n'aime pas non plus qu'on le considère comme un Parisien, même s'il en a les manières. À Tocqueville, il a retrouvé l'atmosphère des chemins de son enfance et la lumière des champs que l'on va moissonner.

« Je n'ai pas grandi ici, mais cette ambiance me rappelle la seule maison que j'aie jamais eue, enfant : le château de Verneuil. Les grands espaces, les randonnées à cheval, le village... Il est rassurant d'appartenir à un pays. »

Leurs amis aussi se sentent bien dans le Cotentin : à l'automne, Louis de Kergorlay est venu y passer trois semaines et en a profité pour aider Alexis à remanier son texte. Marie les voyait converser dans les allées, prenant plaisir à faire craquer sous leurs pieds les feuilles rouillées d'automne. Louis imagine toujours des solutions inédites, intelligentes, et son cousin ne comprend pas qu'il ne parvienne pas à écrire pour lui-même. Il le compare à un papillon dont on ne sait pas s'il sortira un jour de sa chrysalide. Louis n'est pas chanceux non plus en amour : il n'a toujours pas trouvé la femme idéale, après des dizaines de rencontres infructueuses. Même Marie lui fait la leçon :

« Vous savez, Louis, *le* possibilité du bonheur n'est pas un mythe : vous devez choisir d'être heureux. »

Gustave et Clémentine de Beaumont sont venus eux aussi, en même temps que Jean-Jacques Ampère, le fils du grand physicien ; Ampère est écrivain, professeur au collège de France et amoureux-esclave de Mme Récamier. Alexis s'entend à merveille avec lui, comme avec son compagnon d'Amérique, deux hommes d'une fidélité exemplaire. Les invités sont arrivés un matin où leurs hôtes rentraient d'une promenade à cheval. Marie chevauchait aux côtés d'Alexis, sur une selle anglaise, comme un homme. Sa coiffure s'était défaite et sa robe découvrait ses jambes jusqu'aux genoux. Ses joues roses et son sourire lumineux ont achevé de convaincre les visiteurs ébahis que ces deux-là s'étaient trouvés.

Seule ombre au tableau, le couple n'aura jamais d'enfants. Alexis n'a jamais osé avouer à Marie qu'il avait été père à seize ans et que le problème ne venait donc vraisemblablement pas de lui. Ils se sont rendus en Suisse, un an après leur mariage, pour consulter des spécialistes, et les médecins ont diagnostiqué que le blocage venait de Marie. Elle a pris les eaux à Baden, en Argovie. Après trois ans et demi, il n'y a plus d'espoir ; Alexis craint que la déception de la jeune femme ne rejaillisse sur son moral ; pourtant elle semble en avoir fait son deuil.

Cette absence de descendance présente un avantage : il n'a pas à partager l'affection de Marie. Sa femme ne s'occupe que de lui. Il leur arrive de se réfugier dans leur chambre ou dans son bureau au milieu de l'après-midi pour s'aimer, ce qu'elle a baptisé, dans son carnet de chagrin havane, les *usual honeymoons* – les lunes de miel ordinaires. Quand l'air du soir se glisse par les fenêtres, ils finissent toujours épuisés, incapables de se séparer ; il aime entendre le cœur de Marie battre trop vite sous sa main et son comportement joyeux après l'amour : elle rit, s'endort pour de bon, ou descend à l'office boire un bol de cidre.

Souvent, il s'émerveille qu'une femme qui, dès la porte fermée, aime avec une telle frénésie, puisse faire office de gouvernante avec autant de rigueur. Car elle ne se contente pas de surveiller son régime pour lui épargner les douleurs d'estomac ; elle le gâte comme un enfant et le décharge de toutes les « corvées du *landlord* » : elle veille à la marche du domaine, discute les baux, perçoit les loyers, suit les récoltes. Elle tient tête aux paysans normands avec une obstination toute britannique. Elle a rendu habitable la « vieille masure ». Les travaux de réfection du château – ce bruit et cette poussière qui agacent tant Alexis –, c'est elle qui les a conçus, commandés, suivis ; chef de chantier formidable, elle a fait refaire une embrasure de fenêtre qui n'était pas conforme au devis. Elle connaît les voisins, et emmène le médecin de famille voir les malades, comme le faisait la grand-mère d'Alexis avant elle. Elle se rend même à Valognes, en rechignant parfois, pour « faire les courses » d'Alexis, c'est-à-dire rencontrer les épouses des électeurs. Si les femmes ne votent pas, elles ont souvent une influence déterminante sur le choix de leur mari.

La nuit qui précède l'élection, une énorme tempête éclate, à une heure du matin. Des grêlons tombent en rafales, le tonnerre fait trembler les murs du château, des éclairs illuminent les couloirs d'une clarté d'outre-tombe. Des vantaux se brisent et des tuiles du toit sont arrachées. La réaction de Marie est impressionnante : sans perdre son calme, elle passe d'une pièce à l'autre pour évaluer les dégâts, bloquer des portes ou des fenêtres et donner des ordres pour installer des bassines aux endroits où l'eau pénètre.

« Tu as été un vrai César ! lui dit Alexis le lendemain matin au *breakfast*. Si nos femmes de chambre avaient pu suivre ton exemple !

— Sidonie et Lizbeth n'ont pas fait preuve d'*une grande* courage, c'est vrai. Elles étaient *petrified*.

— Je les ai entendues crier et pleurnicher cette nuit, bien après la tempête. Toi, tu étais impériale... et si jolie ! »

Il coupe court aux protestations de sa femme par un baiser. C'est l'une des choses qu'il lui reproche : elle ne le croit pas quand il affirme qu'elle est belle, que personne ne lui donne quarante ans, qu'elle est le sel de sa vie. Que les hommes l'envient, lui. Ils l'envieraient plus encore s'ils savaient à quel point cette femme si décente et raisonnable peut devenir, à ses heures, une amante passionnée.

« *You'd better...* Tu ferais mieux d'aller voter ! »

Cette fois, Tocqueville est confiant. Il a pu développer ses idées, convaincre les gens un à un. Il attend les résultats avec sérénité. Finalement, il a si bien « travaillé » les électeurs qu'il l'emporte sur un score inespéré : trois cent dix-huit voix contre deux cent quarante pour Le Marois. Le soir même, dans son quartier général de l'hôtel du Louvre où Marie l'a rejoint avec Clamorgam et Langlois, il fête sa victoire.

« Vous qui adorez les listes et les programmes précis, vous savez ce que vous devriez faire ? lui souffle Marie.

— Dites-moi ?

— *Le* liste de tous les habitants de Tocqueville. Il *n'y a pas* des milliers – le maire m'a dit l'autre jour : sept cent quarante – et cela vous permettrait de mieux connaître leurs besoins, leurs soucis...

— C'est une bonne idée, Marie. Vous voulez bien commencer ce travail ? »

Leur conversation est interrompue par le patron de l'hôtel du Louvre.

« Monsieur de Tocqueville ! Il y a foule dans la rue ! Il faut vous montrer au balcon ! »

Lorsqu'il apparaît à la fenêtre pour recevoir l'ovation des électeurs valognais, Tocqueville est plus ému qu'il n'y paraît. Il apprécie d'autant plus ce résultat qu'il sait qu'il ne doit rien à l'intrigue : il s'est montré honnête, sincère, et il a été choisi. Il est fier d'entrer à la Chambre des députés. Il a de grandes ambitions, il est indépendant, il va changer les choses : avec lui, plus de combines ni de trahisons. Il veut inventer une nouvelle manière de faire de la politique.

33

Député de Valognes

Avril 1839

« Comment ça, il n'y a plus de place à gauche ? »

Alexis manque de s'étrangler. Corcelle essaie de le calmer. Il était chargé de lui choisir un fauteuil à la Chambre des députés.

« Vous êtes certain que sur la dernière cime du centre gauche ou sur les côtés, il n'y a pas quelque trou où nous nicher ? insiste-t-il. Pour mes électeurs, seul le mot "gauche" demeure en mémoire, et je veux l'accoler à mon nom pour l'éternité ! »

Francisque de Tircuy de la Barre de Corcelle, un journaliste devenu l'ami de Tocqueville depuis qu'il a publié dans la *Revue des Deux Mondes* un article bien senti sur *De la démocratie en Amérique*, et qui vient, comme Alexis, d'être élu député sans rattachement à un parti, s'est précipité pour réserver leurs emplacements dès que les résultats ont été proclamés. Mais il ne restait plus que deux sièges à droite.

« Ne vous inquiétez pas, Alexis. Ces places sont provisoires. Après la séance d'ouverture, nous en aurons d'autres. »

À la Chambre, les seuls qui veuillent renverser la monarchie sont les républicains ; ils sont installés à l'extrême gauche de la salle. Près d'eux se tiennent les opposants au gouvernement actuel, la gauche dite dynastique : les disciples d'Odilon Barrot et divers petits partis. Au centre gauche se trouvent les partisans d'Adolphe Thiers, qui a contribué à la mise en place de la monarchie de Juillet et a été président du Conseil en 1836. Le centre droit, ensuite, rassemble les partisans de François Guizot. C'est la coalition entre Barrot, Thiers et Guizot qui a renversé le gouvernement de Matthieu Molé, mais les trois hommes sont incapables de s'entendre pour en former un nouveau.

Enfin, l'extrême droite est occupée par les légitimistes, ceux qui sont restés fidèles aux Bourbons. Tocqueville tient d'autant plus à être placé à gauche que ses adversaires ont fait courir des rumeurs sur son supposé légitimisme :

« À cause de ces gens-là, fulmine-t-il, l'endroit où l'on place son derrière est plus important que ce que l'on a dans la tête ! »

Alexis se situe dans l'opposition, sans être un « excité ». En esprit libre, il se veut au-dessus des partis. Être installé à droite lui déplaît fortement. Il aura beau expliquer aux Valognais que cette position est provisoire, ses supporters feront la grimace et ses opposants ricaneront. Sa position reste compliquée parce qu'il a rompu avec le légitimisme, mais pas avec les légitimistes : il refuse de mélanger l'amitié et la politique.

Son purgatoire ne dure pas. Lors de la première séance officielle, il récupère la place 319, au centre gauche, grâce à une défection. Corcelle, lui, hérite de la place 11, à gauche. Les deux hommes sont soulagés, même si les familiers de Tocqueville ne décolèrent pas : ils lui reprochent de trahir sa caste. Le « traître » souffre de cet anathème, mais il ne se plaint jamais et ne riposte pas aux attaques.

Les légitimistes de la famille soupçonnent Marie d'influencer son époux. Ses opinions sont connues : elle est libérale, elle défend les grandes réformes sociales qui doivent faire évoluer la société anglaise. Comme Alexis, elle a vu les caves de Manchester, les enfants pouilleux et affamés. Grâce à elle, il échappe aux préjugés de son milieu. Il ne suit pas toujours ses avis, sur la politique étrangère ou les questions militaires, mais il les partage sur la question sociale. Il attache la plus grande importance à ses opinions sur les gens. Elle est plus fine psychologue que lui et peut lui éviter de se laisser berner par des individus mal intentionnés. Lorsqu'elle accorde sa confiance, elle ne se trompe jamais.

La session parlementaire doit durer quatre mois et demi. Marie l'accompagne, même si elle aurait préféré rester en Normandie. Le départ pour la capitale constitue un arrachement et elle se sent en cage à Paris.

« Tu sais que je n'aime pas aller dans les salons et que les travaux sont loin d'être terminés. J'étais plus utile à Tocqueville.

— Et moi, tu as pensé à moi ? Je ne sais pas vivre sans toi. »

Tocqueville exagère à peine : depuis leur mariage, à chaque fois qu'ils ont été séparés, il a connu des moments de mélancolie. Au point que son père lui rappelle régulièrement que sa première raison de « voir la vie en beau », c'est Marie.

À la Chambre, Tocqueville se fait d'autres amis qui, comme lui, se méfient des partis actuels et rêvent d'en créer un nouveau : Victor Lanjuinais, un élu de Loire féru d'économie, et Mathieu de Combarel de Leyval, le député de Riom, un Méridional étourdi et sympathique. Beaumont, qui a échoué en 1837 puis en 1839 à Saint-Calais, les rejoint quelques mois plus tard, à la faveur d'une élection partielle, mais il choisit de siéger à droite. Les mois passent, et Tocqueville reste marginal, victime de son choix d'indépendance farouche.

« Vous n'imaginez pas, Marie, cette fausse camaraderie des parlementaires entre eux, lui raconte-t-il un soir. Ces malices, ces arrière-pensées... En politique, la communauté des haines fait presque toujours le fond des amitiés ! Et ils sont tellement terre à terre ! Je ne suis pas dans le ton.

— Ne vous forcez pas, vous convaincrez avec vos idées !

— Je préfère parler aux hommes en face à face, pour sonder leur cœur et leur âme.

— *Unfortunately*, la Chambre n'est pas le lieu pour cela.

— C'est vrai, les hommes les plus retors y triomphent. Prenez Adolphe Thiers ! Ce vieux renard aussi impénétrable que sagace manigance, calcule et fait toujours son chemin. Machiavel est son grand-père, c'est tout dire. »

Encouragé par le rire de Marie, Tocqueville plante de nouvelles banderilles :

« Ce que j'aime, il le hait ou le ridiculise ; ce qu'il aime, je le crains ou le méprise, et cela sans préméditation, par instinct.

— Vous exagérez...

— Et Molé ! Vous savez qu'il m'a encore raconté des histoires, quand je suis allé le voir. Il est toujours à vendre. C'est le plus sale intrigant de toute la bande. Il me rappelle ces vieux libertins qui font encore des cochonneries avec les filles quand ils ne peuvent pas faire autre chose. On disait de Talleyrand qu'il était du caca dans un bas de soie. Eh bien, lui aussi : seule la qualité du bas diffère. »

Tocqueville regrette l'apathie politique qui règne à la Chambre autant que le rôle insipide qu'il y tient. Il ne fait pas d'efforts pour se faire aimer, et sa myopie n'arrange rien : il ne reconnaît ses collègues dans les couloirs que lorsqu'ils arrivent à sa hauteur, vexant ceux qu'il aurait dû saluer le premier. Certains le jugent prétentieux. Il n'est prêt à aucune concession, aucune *combinazione* pour nouer des alliances et faire avancer ses idées. Pourtant, soixante nouveaux députés non assujettis à un parti sont arrivés, comme lui, en 1839. Mais la Chambre est trop équilibrée : deux groupes de taille comparable – l'un à gauche, scindé en deux entre Thiers et Barrot, l'autre à droite mené par Guizot –, et entre les deux, une poignée d'intrigants.

« Puisqu'il est impossible de se faire une place en dehors de MM. Thiers et Guizot, pourquoi ne vous rapprochez-vous pas de M. de Lamartine ? suggère Marie. Il me semble qu'il partage vos idées : comme vous, il croit *le* dynastie nécessaire mais il veut la démocratie...

— C'est vrai : Alphonse de Lamartine est un libéral, il s'oppose aux lois répressives votées par la majorité, aussi bien d'ailleurs qu'aux traditions jacobines et napoléoniennes toujours en vigueur à gauche.

— C'est bien lui qui a dit : "La France est une nation qui s'ennuie" ?

— C'est lui.

— Il est progressiste, il souhaite *le* modernité, il veut de grandes actions, *as you do* !

— La séparation de L'Église et de l'État, la réforme du suffrage, la réforme de l'impôt en faveur des travailleurs, l'abolition de l'esclavage... Oui, c'est vrai, il veut tout cela lui aussi.

— Alors pourquoi ne vous alliez-vous pas avec lui ? Vous pourriez fonder *une* grand parti social et libéral !

— Vous savez bien pourquoi : Lamartine siège sur les bancs de la droite.

— Mais vous dites que ces distinctions sont *aberrants* ! »

Marie devine la vraie crainte d'Alexis : la sujétion à un écrivain dont la gloire est supérieure à la sienne, doublé d'un tribun en face duquel il ne fera jamais le poids.

« Vous savez, Marie, le vrai cauchemar de notre époque, c'est de n'apercevoir devant soi ni à aimer ni à haïr, mais seulement à mépriser. »

Sa femme le regarde d'une telle façon qu'il est coupé net dans son élan. Elle lui lance paisiblement :

« Alexis, ne soyez pas amer, les Valognais savent que vous allez faire de grandes choses. Thomas m'a fait mourir de rire l'autre jour en me disant : “C'est surprenant comme Monsieur a la confiance des gens. On me fait toujours bon accueil quand on sait que je suis son domestique. C'est vraiment bien *onéreux* d'être le domestique de Monsieur”.

— Onéreux ?

— Il voulait dire honorable ! »

Marie a une autre raison de militer pour un rapprochement avec Lamartine : elle est devenue l'amie de son épouse. La femme du poète est comme elle, un sujet de Sa Gracieuse Majesté. Elles se sont rencontrées lors d'une soirée chez Mme Swetchine, une femme de lettres russe très âgée qu'Alexis apprécie beaucoup. Marie ne raffole pas des mondanités, mais elle accompagne son mari lors des dîners officiels et des visites de courtoisie. Elle n'aime pas la frivolité, l'inconstance et la malveillance, et s'ennuie souvent dans les salons. Les rares qui trouvent grâce à ses yeux – les salons de Mme Récamier ou de Mme Swetchine – sont ceux qui punissent implicitement par le silence les trivialités et les perfidies.

Élisa de Lamartine, une longue brune aux yeux mélancoliques, lui a tout de suite paru différente. Elles n'ont pas seulement en commun leur nationalité et une extraction plus modeste que celle de leur époux. Leurs maris sont tous deux députés, et si Tocqueville a acquis une réputation d'écrivain de talent, Lamartine, lui, est considéré comme le plus grand poète de l'époque. L'une et l'autre forment avec leur conjoint un couple fusionnel, soudé par un amour authentique, tel qu'il en existe peu. Enfin, comme Marie, Élisa n'a pas d'enfants, ou plutôt elle n'en a plus : elle a perdu son fils Félix dans les langes, et quelques années plus tard, au Liban, sa fille Julie, alors âgée de dix ans. Le couple en a été durablement affecté. À cinquante ans, Élisa ne sort presque plus et se consacre à ses œuvres. Car Mary-Ann Bitch – son nom d'artiste – est peintre et sculpteur.

Marie aime la compagnie de cette femme gracieuse et triste qui lit beaucoup et qui, comme elle, n'aime pas les conversations insipides. Elles se prêtent des ouvrages. Le succès du romantisme est à son apogée et elles lisent tout ce qui paraît, sans suivre les goûts de leurs époux respectifs. Ainsi, Marie adore Victor Hugo tandis que son mari le considère comme un « poète déréglé ». Les personnages d'Hugo rêvent de changer la société et de changer la vie ; Tocqueville, lui, veut montrer concrètement aux hommes comment ils peuvent y parvenir.

La première fois qu'elles se sont vues en tête à tête, Élisa de Lamartine a demandé à Marie si elle aimait Honoré de Balzac.

« Oui, plutôt... Pourquoi donc ?

— Il parle de vous.

— Comment cela ?

— Vous avez lu *Le Dernier Chouan* ?

— Il y a assez longtemps, il me semble...

— Il a été publié il y a dix ans, c'est un bon roman.

— Mais je croyais que pour M. de Balzac, tous ses écrits avant *La Peau de chagrin* étaient des "cochonneries" ? Il a dit cela chez Mme Récamier, mon mari me l'a rapporté !

— J'ai entendu cela aussi. Mais allez à la page que j'ai marquée, tout en haut. »

Marie lit d'une voix appliquée :

C'était une fille d'environ vingt-six ans, blonde, d'une jolie taille, et dont le teint avait cette fraîcheur de peau, cet éclat nourri qui distingue les femmes de Valognes.

Les deux femmes rient.

« Oui, je me souviens, dit Marie. Nous n'habitions pas le Cotentin à l'époque où je l'ai lu. Alexis prétendait que je correspondais à la description, en version brune, et que je pouvais être une Valognaise d'honneur ! »

Le nouveau député de Valognes a été élu à l'Académie des sciences morales et politiques, à laquelle il a été présenté presque malgré lui, car il craignait que cela n'empêche son élection à l'Académie des arts et des lettres, la seule qui compte à ses yeux. Le vieux Talleyrand, quatre-vingt-deux ans, est pourtant sorti de sa retraite pour lui offrir sa voix. La Légion d'honneur ne lui a pas davantage fait plaisir : la manière dont elle est distribuée lui ôte, selon lui, toute espèce de prix, et s'il avait pu la refuser « sans grossièreté et avec modestie », il l'aurait fait.

Huit ans après son voyage en Amérique, l'expérience vécue là-bas conditionne toujours son regard sur le monde dans de nombreux domaines. À l'Institut comme à la Chambre, Tocqueville est l'un des premiers à militer pour l'abolition de l'esclavage dans les colonies françaises. Lorsque les députés créent une commission pour enquêter sur le sujet, on lui propose d'en être le rapporteur.

Son premier discours, le 2 juillet, ne traite pourtant pas de l'esclavage mais de la question de l'Orient : les Turcs sont aux prises avec les Égyptiens, les intérêts des grandes puissances, la France, l'Angleterre ou la Russie, ne sont pas les mêmes dans ce conflit. Tocqueville monte à la tribune pour expliquer comment Paris peut être moteur dans sa résolution. Il ne recueille que des applaudissements polis, et rentre chez lui désespéré.

« Marie, je ne saurai jamais soulever les foules, lâche-t-il d'une voix éteinte. Je ne suis pas assez lyrique. Je n'ai pas l'étoffe d'un tribun.

— *Nonsense !* M. de Chateaubriand vous a fait passer un mot de félicitations, regardez ! »

Tocqueville jette un coup d'œil sur la carte de son oncle.

« Vous savez ce que j'en pense, Marie...

— Enfin ! vous jouissez d'*un* jolie réputation à la Chambre !

— On dit que je suis un homme "spécial". Mais ce n'est pas le prestige que je recherche : je veux faire avancer ce pays. »

Le rapport qu'il dépose à propos du texte sur l'abolition de l'esclavage de Destutt de Tracy, le 23 juillet, lui en fournit l'occasion : *Il ne s'agit point de savoir si l'esclavage est mauvais, et s'il doit finir mais quand et comment il convient qu'il cesse.* Il prône l'émancipation immédiate et simultanée de tous les esclaves. Il propose une période transitoire pendant laquelle les Noirs seront placés sous le contrôle de l'État, qui « concèdera » les nouveaux affranchis aux anciens maîtres, mais surtout qui arbitrera si des conflits naissent entre les deux parties. Il espère ainsi empêcher dans les colonies françaises les règlements de comptes sanglants qui ont endeuillé les États-Unis. Hélas, le texte arrive trop tard pour être discuté en session, dans un Paris estival brûlant et déserté. Plus tard, dans *Le Siècle*, il écrira : *Nous devons arracher deux cent cinquante mille de nos semblables à l'esclavage dans lequel nous les tenons contre tous droits.*

Avant de retourner à Tocqueville en août, Marie va passer une semaine à Chamarande chez sa tante Belam. Alexis en profite pour se rendre à Metz. Officiellement, pour voir les Stoffels. En réalité, il s'acquitte d'une obligation morale : il va rencontrer Louise Meyer, sa fille illégitime âgée de dix-sept ans, afin de lui remettre un pécule qui fera office de dot.

L'arrivée en Lorraine le plonge dans la mélancolie. Il ne s'est pas seulement battu en duel ici : ce qu'il y a vécu a engendré une autre cicatrice, du côté du cœur cette fois. La ville de Metz n'a pas changé, et chaque rue, chaque jardin, lui rappellent Rosalie. Il est déjà revenu en Moselle trois ans plus tôt, avec Marie, peu après leur mariage, pour présenter son épouse aux frères Stoffels. Il avait alors éprouvé de singulières émotions en retrouvant des lieux qui avaient été le théâtre de tant de passions, désormais éteintes, et de tant de tempêtes, désormais calmées. Il avait ressenti la course fugitive des années, la mutabilité de l'homme, son peu de consistance, le vide et le néant de la vie.

Il avait alors adressé à Rosalie, mère de deux enfants, une lettre qu'elle « aurait pu montrer à son mari » comme il « aurait pu la montrer à Marie » – ce qu'il s'était gardé de faire. Il lui adressait ses condoléances pour le décès de sa sœur Amélie, morte en couches, et aussi son plaisir de la savoir, elle, en bonne santé et heureuse. Il aurait aimé lui demander s'il lui arrivait encore de songer au passé, comme lui. Rosalie ne lui a pas répondu.

La belle Marguerite est devenue une matrone aux cheveux gris qui ne ressemble en rien à la jeune couturière accorte qui a fait son éducation sexuelle. Il ne reste que ses yeux hardis, une flamme qui détonne dans ce salon figé, orné d'objets vieillots et bon marché. Sa fille Louise, en revanche, surprend agréablement Alexis : elle est fine et douce, avec la frimousse de sa mère Marguerite vingt ans plus tôt. De lui, elle a hérité les yeux bruns, une abondante crinière sombre et, paraît-il, le goût de la lecture. Il se sent étrangement ému lorsqu'il l'embrasse. Est-ce la fibre paternelle qu'il sent vibrer ? Cette jeune fille est son sang, et sa descendance sera probablement tout ce qu'il restera de lui un jour.

La présence de Marie avait rendu son premier séjour supportable. Cette fois, il défaille, malgré la gentillesse des Stoffels : il part plus vite que prévu, en proie à une de ces vagues de dépression que seule sa femme peut calmer. Alexis veut retourner à Tocqueville, son port d'attache, le havre de paix où il puise ses forces avant de retourner au combat.

34

La crise de la maturité

Juin 1840

Marie pique avec sa fourchette un morceau de pâté, et porte à sa bouche une tartine de pain bis. Elle repose son couvert et mâche aussi discrètement que possible, mais consciencieusement. Puis elle s'essuie la bouche avec un coin de serviette et boit une gorgée de vin. Elle saisit à nouveau son couvert et s'apprête à recommencer. En face d'elle, Alexis trépigne. Marie mange si lentement. Ce temps perdu à table l'horripile.

« À ce compte-là, nous y serons encore dans deux heures, marmonne-t-il entre ses dents.

— *Darling, you'd better...* Vous feriez mieux de prendre le temps de vivre, répond tranquillement Marie, en levant sur lui un regard attendri. Vous n'auriez peut-être pas *cette* mal à l'estomac *if you'd only eat more slowly.* »

Manger plus doucement ! C'en est trop pour Tocqueville, qui a entendu ce discours cent fois. Ses gastrites doivent moins à la vitesse avec laquelle il ingurgite les aliments qu'à l'énervement que provoque en lui la lenteur de Marie. Il inspire profondément pour contenir la colère qui bouillonne en lui. Rien à faire. Il explose. Il se lève, saisit l'assiette de Marie et la jette contre le mur. La porcelaine explose avec fracas.

Marie n'a pas levé un sourcil. Elle se tourne vers la domestique qui, debout près de la porte, n'a rien perdu du spectacle :

« Redonnez-moi encore *de la* pâté, s'il vous plaît.

— Pitié, Marie ! »

Alexis quitte la pièce et le château résonne de son pas. Les domestiques nettoient les traces de sa colère mais l'entaille sur la cloison ne s'effacera pas. Après avoir donné des ordres pour l'après-midi, Marie monte dans son boudoir. Elle sait ce qui, au fond, a motivé la colère de son mari : dans la *Revue des Deux Mondes,* Pellegrino Rossi a parlé du deuxième tome de la *Démocratie en Amérique* avec perfidie : pour lui, lire Tocqueville n'est pas un loisir, mais un travail. Il contribue à lancer l'idée que le député de Valognes est un homme aussi ennuyeux que vertueux.

« J'ai peur que cette étiquette de penseur austère me colle à la peau », se lamente Alexis.

Marie sort de son secrétaire son petit carnet de chagrin havane, le deuxième qu'elle remplit depuis qu'ils sont arrivés à Tocqueville cette année, et note : *Cinquième colère d'Alexis depuis le début du mois. Il devient de moins en moins patient. Il ne sait qu'être mélancolique ou* neuroticly *heureux : est-ce* un *forme d'immaturité ? Ses soucis politiques* get on his nerves, *et son deuxième tome n'a pas été un* great success. *Les critiques sont très bonnes* but not ecstatic *comme la première fois. Seul John Stuart Mill a affirmé que la seconde* Démocratie *était meilleure que la première. Jean-Jacques Ampère en a fait un poème en vers* while he escorted *Mme Récamier en Allemagne où elle prend les eaux.* Last but not least *: mon mari a découvert qu'il était allergique au tabac.*

Puis elle referme son carnet, descend au salon et s'installe dans son fauteuil préféré. Elle reprend à la page où elle l'avait laissé le nouveau livre de ce M. Beyle que les salons parisiens portent aux nues : *La Chartreuse de Parme.*

Deux heures plus tard, elle monte dans le bureau d'Alexis. Comme il déteste être dérangé, elle ne l'interrompt qu'en cas d'absolue nécessité. Cependant, aujourd'hui, elle devine qu'il ne pourra pas travailler tant qu'il ne sera pas en paix. Elle frappe. Il se précipite pour lui ouvrir :

« Marie, je te demande pardon ! »

Il l'embrasse sur les joues, dans le cou, sur les épaules, et sa fougue manque de lui faire perdre l'équilibre. Ils s'assoient sur la banquette. Elle étire ses longs bras, ses mains qu'elle a longues aussi, bien qu'elle ne soit pas plus grande que lui. Elle sait que ce geste déclenche chez lui des envies d'amour.

«Je suis si heureux avec toi, tu me connais si bien, Marie. J'ai honte de te faire payer ma mauvaise humeur.

— *You're a volcano...* On ne sait jamais combien de temps tu vas rester tranquille.»

Elle le pousse à s'allonger et à poser la nuque sur ses genoux. Elle lui caresse les cheveux, le front et le sommet de la tête comme on cajole un enfant fiévreux. Il a besoin de s'épancher.

«Quand je fais une chose bien, je lis sur ton visage un sentiment de bonheur qui m'élève moi-même. Mais quand ma conscience me reproche quelque chose, j'aperçois des nuages dans tes yeux...»

Marie, qui supporte avec flegme ses colères de *naughty boy*, se demande soudain si au lieu de se calmer avec l'âge – Alexis vient d'avoir trente-cinq ans –, ses emportements ne seraient pas en train de se multiplier. Et si son mari se sentait moins bien avec elle? D'ailleurs, il y a au moins trois ou quatre jours qu'ils n'ont pas...

Comme s'il avait pensé la même chose qu'elle, Alexis dénoue doucement le corset de Marie. Ils vont faire l'amour, là, sur le canapé. Elle sentira la petite fièvre de ses joues, la vigueur de son corps, et son tremblement, à elle. Il lui parlera de cette veine bleue sur son cou qui bat lorsqu'ils font l'amour. Et dire que certains imaginent son époux *austère.*

Marie ne connaît pas le désespoir de ceux qui ne croient en rien. Elle n'est pas sujette à la mélancolie, comme son mari. Pourtant, elle se fait du souci et, de retour à Paris en février, elle finit par évoquer ses inquiétudes devant son amie Élisa. Même s'il ne veut pas s'allier politiquement avec Lamartine, Tocqueville n'a pas découragé Marie de garder son lien d'amitié avec sa femme. Marie prétend que ses *five-o-clock tea* avec Élisa lui permettent de ne pas oublier sa langue maternelle.

«Mon mari m'inquiète», lance soudain Marie, alors que les deux femmes sont occupées à reproduire un buste antique dans l'atelier de la sculptrice.

Élisa a proposé à son amie de lui apprendre à dessiner, et lui donne des leçons régulièrement. La déclaration de Marie ne suscite qu'un brusque mouvement de tête de son amie qui semble s'absorber dans son travail.

« Depuis quelques mois, je le trouve de plus en plus impatient. Même à Tocqueville où il est en général plus calme et plus détendu, il a été sujet à des sautes d'humeur. »

L'épouse de Lamartine fronce les sourcils, concentrée : elle exécute un portrait de sa fille Julie, de mémoire, qu'elle accrochera dans son château de Saint-Point.

« Imaginez qu'il a jeté une assiette sous prétexte que je ne mangeais pas assez vite ! Et puis, je le trouve un peu moins... assidu. »

La sculptrice se mord les lèvres sans répondre. Marie a perçu son raidissement.

« Vous alliez dire quelque chose, Élisa ?

— Vous devriez venir passer quelques jours à Saint-Point, nous avons fait des travaux dans le château, il est devenu très vivable. »

Marie décèle le malaise de son amie et sa volonté de faire diversion.

« Sauriez-vous quelque chose au sujet de mon mari que vous n'osez pas me dire ?

— Non, je vous assure, répond vivement Élisa. Vous savez que je déteste les ragots. »

Le regret d'en avoir déjà trop dit se reflète dans les yeux sombres d'Élisa.

« Auriez-vous entendu quelque chose à propos d'Alexis ? insiste Marie.

— Vraiment, Marie, je ne voudrais pas vous alarmer pour rien.

— Je vous en prie, dites-moi ce que vous savez. »

Élisa de Lamartine pose son crayon. Une de ses amies a évoqué devant elle la liaison que sa belle-sœur aurait eue, l'année précédente, avec l'auteur de la *Démocratie*. À l'écouter, l'histoire n'aurait pas duré longtemps : Tocqueville l'aurait quittée pour la femme d'un éditeur.

« Il n'y a sûrement rien de vrai dans tout cela, Marie. Le lien qui vous unit à votre mari est tout à fait exceptionnel.

— Mais à ma place, ne voudriez-vous pas tout savoir ? Vous êtes comme moi, votre couple est bâti sur l'amour.

— C'est vrai, nous n'avons pas, vous et moi, des relations comparables à celles de la majorité des femmes avec nos époux. Alphonse et Alexis nous ont choisies par amour. Ils ont d'ailleurs payé cher leur liberté; il faut leur en être reconnaissantes.

— Justement, Élisa, parce qu'il s'agit d'un choix d'inclination, nous ne pouvons pas avoir la même tolérance que celles qu'on épouse pour allier des fortunes! Je crains que... Dans le deuxième tome de la *Démocratie,* il y a des passages tout à fait explicites.

— Je ne vois pas à quoi vous faites allusion. Votre mari défend au contraire le mariage d'amour contre les mariages arrangés. Il voit la condition féminine progresser dans le sens de l'égalité.

— Mais il écrit aussi : *L'égalité de statut ne rendra jamais les hommes chastes.*

— C'est vrai, je n'aime guère ces arguments, qui donnent à l'homme une licence infinie et aux femmes aucune. »

Marie quitte la maison des Lamartine en proie à une grande agitation. Il ne peut pas s'agir d'une rumeur, les faits sont trop précis. Ils sont mariés depuis cinq ans et se connaissent depuis douze. Même si Alexis demeure quand même ardent à son égard, il peut avoir profité de ses absences pour nouer d'autres liens. Ainsi, elle s'est rendue pendant plusieurs semaines à Stonehouse, en Angleterre il y a quelques mois quand elle a perdu son père. Indépendamment de cela, les journées d'Alexis ne se déroulent pas seulement sur les bancs de la Chambre : il fréquente les salons, il rencontre du monde, et il plaît aux femmes. Sans doute a-t-elle eu tort de lui faire une confiance aveugle.

Désemparée, elle essuie quelques larmes brèves, brûlantes en retournant chez elle. Elle n'a qu'une envie : fuir. Retourner en Angleterre. Elle n'est qu'une étrangère dans ce pays, une femme à qui il est facile de dissimuler la vérité. Cette trahison signe la mort de ses illusions romantiques.

Cependant elle ne peut se résoudre à partir sans avoir entendu Alexis. On ne brise pas un ménage sur la foi de ragots qu'Élisa elle-même a mis en doute. Marie essaie de retrouver son calme.

Quand Alexis rentre, plus tôt que prévu, il se rend compte que sa femme est bouleversée.

« Marie, que se passe-t-il ?

— Connaissez-vous la belle-sœur d'Aurélie ? Et la femme d'un éditeur ? »

Elle se rend compte que son manque de précision la dessert. Mais le regard d'Alexis se trouble.

« De... de quoi parlez-vous ?

— Répondez à *mon* question.

— Je ne connais pas d'Aurélie. En revanche, je connais plusieurs femmes d'éditeur, dont celle du mien, Gosselin ! Que cherchez-vous à savoir exactement ?

— M'avez-vous trompée avec ces femmes ?

— Marie, quelle question ! Qui vous a dit cela ? Les sœurs Lagden, peut-être ? »

La culpabilité lui donne un air à la fois distrait et distant, presque coupant.

« Ce sont de mauvaises langues et...

— Laissez les sœurs Lagden où elles sont ! »

Marie s'affaisse dans un fauteuil, la tête entre les mains. Alexis est désemparé. Elle pleure si rarement ! Il essaie de la prendre dans ses bras, elle le repousse et s'enfuit dans sa chambre dont elle ferme la porte.

« Marie, je t'aime ! Comment peux-tu en douter ? » s'écrie-t-il en se précipitant dans la pièce. Il s'élance vers elle, la couvre de baisers, et l'entraîne vers le lit. Son corps est si accueillant qu'il ne peut l'imaginer abritant une volonté hostile. Elle se laisse faire, elle a hâte de retrouver la chaleur de son désir, elle n'a plus envie de l'interroger, elle ne veut plus rien savoir. Elle a perdu cependant la confiance et le sentiment de sécurité qui lui ont fait ignorer, depuis des années, ses sorties, ses absences, et peut-être, ses aventures.

35

La colonisation

Mai 1841

Les vêtements collent à la peau, l'atmosphère est lourde, moite et pleine de poussière. Alexis de Tocqueville déambule dans la kasbah d'Alger écrasée de chaleur avec son frère Hippolyte, et ses amis Gustave de Beaumont et Francisque de Corcelle. Louis de Kergorlay, qui a tant rêvé d'Algérie avec lui autrefois, n'a pas pu les accompagner. En dépit de ses lectures et de tous les débats sur la colonisation auxquels il a assisté, Tocqueville n'était pas préparé à ce qu'il découvre : une variété infinie de races, de langues et de costumes. Européens, Asiatiques, Arabes, Maures, Kabyles, Noirs sont réunis dans des lieux trop étroits pour les contenir. La capitale de l'Algérie est une ville-labyrinthe, où la moitié des maisons sont en ruine et l'autre moitié en construction.

« Cette effervescence me rappelle Cincinnati ! » lance-t-il à ses amis en sortant un mouchoir de sa poche pour s'éponger le front.

Avant de partir, Alexis s'est acheté un monocle pour remédier à sa myopie. Attaché à sa poche par une cordelette, il le porte à son œil chaque fois qu'il a besoin de regarder à plus de quelques mètres.

« Vous êtes sûr que vous y voyez bien ? répond Beaumont. Ni les habitants, ni le climat, ni l'architecture ne rappellent Cincinnati ! Et les musulmans n'apprécieraient pas votre comparaison : vous souvenez-vous que des porcs s'y promenaient en liberté ?

— Vous affectionnez décidément les paradoxes, Alexis, renchérit Corcelle. Hier, quand nous nous approchions des côtes, vous disiez que le cap Cascine ressemblait à votre chère Normandie du côté de La Hague !

— Il est vrai qu'il y avait du brouillard, comme là-bas, raille Hippolyte.

— À votre place, je changerais de lorgnon ! » s'amuse Gustave.

Il y a longtemps que Tocqueville remettait ce voyage. Il s'en veut de n'être pas venu plus tôt, car l'Algérie est devenue une question majeure de la vie politique française. Sans doute avait-il aussi besoin d'air. Entre Marie et lui, la légèreté s'en est allée. Sa femme, pourtant, n'a pas mis sa menace à exécution : elle n'a pas mené l'enquête. Mais sa défiance est permanente. Elle soupçonne les retards d'Alexis de cacher des infidélités.

Depuis des mois, les moments sereins alternent avec des phases de mutisme, des journées entières où elle ne lui adresse plus la parole parce qu'elle s'est sentie humiliée, lors d'un dîner, par un regard de commisération ou la phrase ambiguë d'un convive. Une femme quadragénaire, sans enfant, en pays étranger : l'épisode a réveillé son sentiment d'insécurité. Marie n'est pas frivole, elle ne comprend pas qu'Alexis puisse l'être. Le départ de son mari pour l'Algérie a presque été un soulagement pour elle. L'éloignement les aidera à y voir plus clair.

Les voyageurs sont descendus à Toulon en une semaine, à la fin du mois d'avril. En attendant l'appareillage, Alexis a encore écrit à Marie, dont il n'a pas reçu de nouvelles depuis son départ. *Notre intimité est si profonde, si réelle, ma petite femme chérie, que huit jours de silence pour nous, sont plus longs qu'un mois pour presque tous les autres ménages. Je ne dis pas les mauvais, mais les bons. Car le nôtre est quelque chose de bien supérieur à ce qu'on appelle un bon ménage. C'est plus profond, plus intime, plus exclusif ; c'est la véritable union et la confusion complète des âmes. Cela ne se sent entièrement que lorsque nous sommes séparés. C'est ce que dit souvent Louis : que nous possédons, sans presque nous en douter, le plus grand bonheur qu'il y ait dans le monde.*

Il insiste pour qu'elle lui écrive de longues lettres et lui demande de faire en sorte que la prochaine parvienne à Alger en même temps que lui, car *si un paquebot arrivait sans lettre de toi, j'en éprouverais un véritable chagrin.* Il conclut : *Je t'aime de toutes mes forces, comme mon amie, ma maîtresse et ma femme tout ensemble.*

Tocqueville franchit la Méditerranée avec le projet d'écrire un livre sur l'Algérie. Il a lu le Coran et y a trouvé « de magnifiques images de Dieu ». Cependant c'est l'influence morale que la religion exerce sur la société qui l'intéresse ; or l'islam mêle religion et politique. Il y voit donc la cause première du despotisme et de l'immobilité sociale qui affaiblit les nations qui l'ont pour religion.

Il suit les questions algériennes depuis l'occupation d'Alger en juin 1830. Il est favorable à la colonisation, pour la grandeur et le rayonnement de la France. Mais puisque la nation est désormais en guerre contre l'émir Abd el-Kader, il pense qu'il faut se donner les moyens d'en sortir vainqueurs. Les adversaires étant des nomades, leur faire la guerre implique de réduire leurs approvisionnements, c'est-à-dire, si nécessaire, de pratiquer la politique de la terre brûlée. Cela ne lui paraît ni plus ni moins cruel que les autres formes de guerre... à condition d'en respecter les « lois ».

C'est le général Bugeaud, que Thiers a nommé gouverneur général quinze mois plus tôt, qui accueille en personne la mission de députés. Tocqueville se méfie de lui : Thomas-Robert Bugeaud, marquis de La Piconnerie, n'a-t-il pas écrit des pièces en vers pour célébrer les Bourbons pendant la Restauration, avant de se rallier à l'Empereur lors des Cent-Jours ? Et surtout, lors des émeutes parisiennes de 1834, c'est lui qui commandait la brigade qui, rue Transnonain, a massacré toute une maisonnée, femmes et enfants compris, parce que de l'une de ses fenêtres était peut-être parti le coup de fusil fatal à un de ses officiers. L'homme chargé de la pacification de l'Algérie les reçoit avec affabilité. Il propose même de les accompagner jusqu'à Mostaganem et Oran en bateau.

Les yeux clairs et les cheveux blancs sagement coiffés, Bugeaud dissimule une habileté madrée sous un air de bonhomie. Tocqueville, d'emblée, est convaincu qu'il cherche à les endoctriner ; il demande à ses compagnons de ne pas baisser la garde.

« Je crois que tu es trop méfiant, Alexis, dit Hippolyte. Bugeaud me semble sympathique, pour un homme qui mène une guerre aussi rude. »

Si Bugeaud est capable de cacher son jeu, ses lieutenants sont moins habiles. Dès les premières rencontres avec les militaires, Tocqueville est horrifié de la manière dont ils se targuent de conduire la pacification. Il est épouvanté par leur violence et leur goût de l'arbitraire.

« Ces gens-là ne comprennent que la force et la terreur », explique un colonel qui les a invités à dîner, et dont Tocqueville note mot pour mot les propos sur son carnet, le soir même.

Dans son pantalon rouge et sa veste bleue à galons, l'homme demeure élégant, malgré la chaleur, mais ses méthodes sont moins raffinées.

« L'autre jour, j'ai mené une razzia. Vous auriez dû voir ça ! Une tribu avait accepté qu'une bande de voleurs nous échappe en passant sur son territoire. Je les ai punis. Mais je n'ai pas voulu pousser les choses à fond. Après avoir tué cinq ou six hommes, j'ai épargné les bestiaux. »

Sans lire le dégoût sur le visage des quatre députés, il poursuit :

« Le lendemain, il y a eu un meurtre sur la grand-route. Un Arabe qu'on soupçonnait m'a été amené. Je l'ai interrogé et puis je lui ai fait couper la tête. Vous la verrez accrochée sur la porte de Constantine. »

Leur hôte tient ces propos en toute candeur, avec l'air d'être le meilleur des hommes. Il avoue tout aussi tranquillement qu'il réquisitionne les colons et qu'à la première résistance, il les envoie brûler au soleil, au blockhaus le plus proche.

En sortant du rendez-vous, les quatre hommes sont effondrés :

« Quel peut être l'avenir d'un pays livré à de tels hommes, à votre avis ? s'indigne Tocqueville. Non seulement les officiers sont violents, mais ils professent la haine ardente et stupide du militaire envers le civil ! Où peut aboutir cette cascade de violences et d'injustices, sinon à la révolte des indigènes et la ruine des Européens ? »

À Mostaganem, Bugeaud leur propose de l'accompagner dans le sud pour assister à une razzia contre Abd el-Kader, le chef de la résistance algérienne. Mais depuis le début du séjour, Tocqueville ne se sent pas très bien. Impossible de partir trois semaines dans le désert. Beaumont renonce à son propre voyage pour lui tenir compagnie. Au lieu de le remercier, Alexis, frustré, se désespère de voir partir son frère et Corcelle avec Bugeaud. Ils vont vivre une équipée de vingt jours au grand soleil, et autant de nuits à la belle étoile. C'est la première fois qu'il recule devant une « entreprise déraisonnable et dangereuse ». En enfant gâté, il le perçoit comme une injustice.

Frustré, il l'est aussi sexuellement, ce qu'il ne se prive pas d'écrire à Marie : *Il ne me reste qu'un petit bout de papier pour te dire non le plus nouveau mais le plus important, à savoir que je t'aime comme un fou, que je ne pense plus qu'à toi jour et nuit. Que je suis d'une sagesse* complète *et que j'évite l'usage de mes forces afin d'en faire bientôt, si je puis, abus avec toi; car je t'adore de toutes les manières et veux te le prouver abondamment de toutes.*

Il se rend avec Beaumont à Oran où ils rencontrent Lamoricière, un colonel de zouaves plein d'avenir; puis ils visitent Mers el-Kebir, avant de revenir à Alger. Tocqueville admire les Kabyles : *Tant que nous restons chez nous, ils viennent volontiers commercer. Mais du moment où nous faisons mine d'aller chez eux, c'est la guerre. Ont-ils après tout si grand tort et leur instinct inhospitalier ne leur fait-il pas bien deviner que, quand les Européens s'introduisent dans un pays quelconque, fût-ce en suppliant, ils y deviennent bientôt les maîtres et les oppresseurs ?*

Partout, il interroge des militaires et relève leurs exactions. Leurs méthodes sont plus barbares que celles des Arabes : Abd el-Kader interdit pour sa part à ses soldats de couper la tête des Français !

« C'est du côté des Arabes que se trouve pour l'instant la civilisation », constate Tocqueville, désabusé.

Il s'élève vigoureusement contre « l'insolence française un sabre au cul ». Il n'a plus le cœur à admirer les paysages et Beaumont remarque qu'il ne s'étonne plus de rien, même pas de voir un dromadaire et un mulet attelés à la même charrue pour labourer un champ dans la plaine de la Mitidja.

Physiquement, il souffre de plus en plus, mais il confie à Marie qu'il espère tenir quelques semaines encore, car il ne veut pas rejoindre la triste cohorte *de ces hommes sans consistance qui viennent ici non pour examiner les choses, mais pour prétendre les avoir examinées.* Il s'empêche de penser à elle et aux doux plaisirs de leur intimité, car cela lui ôterait l'intérêt du voyage. Mais son absence lui est si cruelle qu'il jure de ne plus jamais voyager sans elle. Son désir s'exprime de manière de plus en plus concrète dans ses lettres : *Tout chez moi te demande, le cœur et les sens. Ce climat brûlant les excite et cependant j'ai été jusqu'à ce moment* complètement sage. *Non seulement je ne t'ai pas fait d'infidélité, ce à quoi, avec la vie que je mène, je n'ai pas eu grand mérite, mais je n'ai même pas succombé d'une autre manière, ce qui est plus méritoire. Juge avec quel délice je me jetterai dans tes bras. Il m'est venu cette nuit une idée qui m'effraie. Quand attends-tu certaines choses en juillet ? J'ai besoin que tu m'écrives cela. Je ne pense qu'à toi quelque effort que je fasse et je t'aime comme un fou.*

Il finit par admettre que sa déception de n'avoir pu aller dans le désert était puérile : sa mission ne consiste pas à visiter le pays mais à l'étudier en homme politique. Il demeure favorable à la colonisation, mais se dit qu'elle ne peut être que civile, donc que tout est à reprendre.

« Les militaires sont dangereux pour l'existence même des libertés démocratiques, dit-il à Beaumont.

— C'est vous qui dites cela ? Vous qui avez grandi dans une famille de militaires et qui n'êtes nullement antimilitariste ?

— L'Algérie ne peut rester une terre de non-droit livrée à l'arbitraire de l'armée. Si la France veut réussir sa colonisation, elle doit faire élire des conseils municipaux, donner des garanties juridiques aux colons et aux indigènes, et rétablir une certaine liberté de la presse. À la manière dont nous nous y prenons, je soutiens que nous ne parviendrions pas à coloniser la plaine Saint-Denis, si elle manquait encore d'habitants. »

À Philippeville, Tocqueville relève encore des absurdités : des maisons neuves sont détruites, bien qu'elles aient été construites sur un alignement autorisé par l'administration – laquelle, depuis, a changé d'avis ! Et lorsqu'il demande une explication au responsable, il lui répond que le mot « hasard » vient de l'arabe et signifie « jeu de dés ».

« Déjà, à Alger, à notre arrivée, vous vous souvenez, Beaumont ? Nous avons vu l'armée spolier des colons établis pour donner des terres à cultiver aux soldats. »

Le dernier jour de mai, sur la route de Constantine, Tocqueville est terrassé par la dysenterie. Il perd conscience à deux reprises ; on l'évacue sur une civière. Il reprend avec Gustave le premier bateau pour la France. Les deux hommes remontent à Paris en faisant des sauts de puce : Toulon, Marseille, Avignon, Lyon... Le trajet dure neuf jours. Tocqueville sème une lettre pour Marie à chaque étape. Mais il ne court pas la rejoindre tout de suite au château. En effet, à peine arrivé chez son père à Paris, il apprend que le général Lacuée de Cessac, ancien ministre de Napoléon et membre de l'Académie française, vient de mourir. Le fauteuil numéro 18 est donc libre et Tocqueville rêve depuis longtemps de devenir un immortel. Mais pour être élu, il doit faire campagne. Il avait annoncé qu'il ne serait que quarante-huit heures à Paris, toutefois il va rester quelques jours de plus pour rencontrer des académiciens et des membres du gouvernement.

Il repart en Normandie le 29 juin. Il réussit à faire Paris-Valognes d'une traite, en organisant ses changements de véhicule à l'avance et en dormant dans la malle-poste. Il roule vers Tocqueville, recroquevillé sur sa banquette, il roule vers Marie, et cela le rend joyeux.

L'arrivée au château le fait déchanter. Marie l'accueille froidement et prétexte une visite urgente pour ne pas l'accompagner sur-le-champ dans la chambre comme il l'espérait.

« Que se passe-t-il ? Tu n'as pas l'air heureuse de me revoir. Si tu savais comme tu m'as manqué !

— *Really ? Are you kidding ?* Tu étais à Paris le 21 juin, et tu me rejoins le 30 ! Tu es venu à pied, *I guess* ? Quel jour serais-tu arrivé *if you'd not been in a hurry* ?

— Mais je t'ai expliqué ! Le fauteuil de Lacuée s'est libéré ! J'étais bien obligé d'aller voir Villemain, le secrétaire perpétuel et quelques académiciens, pour les avertir de ma candidature !

— Même si j'avais été à l'article de *le* mort, tu te serais d'abord préoccupé de *ton* place d'immortel à toi ?

— Mais tu n'étais pas à l'article de la mort ! Et puis je travaillais autant pour moi que pour Beaumont : le décès de Lacuée de Cessac libère aussi un siège à l'Académie des sciences politiques, je dois tout faire pour qu'il lui soit attribué.

— Tes amis ont toujours été plus importants que moi.

— Marie, je t'en prie ! Je suis si heureux de te retrouver ! D'ailleurs, c'est la dernière fois que je pars en voyage seul : sans toi, plus rien n'est supportable. »

Alexis use de tout son charme et finit quand même par entraîner Marie dans son lit. La seule manière de la rassurer, pense-t-il, c'est le plaisir commun ; il oublie que le plaisir ne prouve rien, que certains le donnent avec rancœur. Il y a ce jour-là, dans leur manière de faire l'amour, quelque chose d'acharné, de délibérément exagéré, comme si chacun avait envie de combler son partenaire afin d'en obtenir plus de satisfaction que de coutume. Le plaisir de l'autre n'est plus un don merveilleux et partagé. Et Marie ne sait plus si ces retrouvailles sont une preuve d'amour ou une de ces petites blessures dont elle ne s'autorise pas l'oubli.

36

Les joies de l'Académie française

Mars 1842

« Vous savez, Marie, ce n'est pas facile de faire l'éloge d'un homme que l'on n'aimait pas. Lacuée de Cessac a servi avec zèle tous les régimes en place depuis cinq décennies, quatre monarchies, un consulat et un empire, c'est tout dire ! Je suis allé consulter mes collègues qui l'ont fréquenté. J'ai même vu Thiers ce matin.

— Cet homme dont Machiavel est le grand-père ?

— Thiers connaissait Lacuée depuis longtemps. Il a accepté de m'aider.

— *What a surprise !* Je croyais qu'il était votre ennemi politique, que vous le détestiez...

— C'est exact. Mais comme dit Chateaubriand, il faut économiser son mépris, vu le grand nombre de nécessiteux. Et puis en France, vous savez, les querelles politiciennes s'effacent devant l'intérêt de l'Académie. Nous en sommes tous les deux membres désormais.

— *So ? What did he say ?*

— Cela va vous amuser. Thiers m'avait dit qu'il possédait une lettre de Napoléon à Cessac, et qu'il me la montrerait.

— Je comprends. *Un* anecdote est un bon point de départ pour votre éloge.

— C'est ce que je pensais aussi. Thiers a donc sorti la fameuse lettre. Mais il avait oublié que Napoléon ne mâchait pas ses mots... Elle commençait par : “Mon cher Cessac, vous êtes un imbécile !” »

Marie éclate de rire. Pollux, le caniche qu’Alexis lui a offert pour son anniversaire, jappe et saute autour d’eux, excité par cet accès d’hilarité. Depuis deux mois, le nouvel immortel tente de rédiger son discours de réception à l’Académie française. Cette grande affaire éclipse toutes les autres. Il a mis du temps à se remettre de son voyage en Algérie : l’été et l’automne à Tocqueville lui ont été nécessaires pour retrouver son allant. En décembre, il a été élu à l’Académie française haut la main, au premier tour, tandis que Beaumont entrait à l’Académie des sciences morales et politiques. La cérémonie officielle sous la Coupole doit avoir lieu le 21 avril, et il lui faut trouver des choses intelligentes à dire au sujet de son prédécesseur.

« Attendez, Marie. Il y a mieux. J’ai aussi rendu visite à notre vieil ami Royer-Collard.

— Il connaissait Lacuée ?

— Tout le monde le connaissait, il mangeait à tous les râteliers. Royer-Collard m’a donc raconté une anecdote... tout aussi inutilisable.

— *Tell me !*

— Figurez-vous que Lacuée était devenu bigot à la fin de sa vie. Et lui qui avait envoyé des centaines de milliers de conscrits à Napoléon pour ses campagnes les plus meurtrières, il ne parlait au moment de mourir que des péchés sexuels qu’il voulait se faire pardonner ! »

Tocqueville parvient à rédiger un joli discours, une sorte de jugement philosophique sur l’Empire et ceux qui l’ont fidèlement servi. Marie y travaille avec lui. Elle le pousse à s’afficher comme un ardent défenseur de la liberté d’association et de la liberté de la presse. Elle lui répète ce qu’il a appris aux États-Unis : « Il y a pire que la liberté de la presse, c’est une presse sans liberté. C’est par la liberté que l’on corrige les abus de la liberté. »

Le grand jour de l’intronisation de Tocqueville, le Tout-Paris bruisse de l’événement : la reine Marie-Amélie se rendra sous la Coupole pour assister à la cérémonie ! Il y a peu de places et les invitations sont rares : tout le monde voudrait entendre le discours du nouveau venu et la réponse du comte Molé. La joute oratoire promet d’être mémorable.

Lorsqu'il arrive quai de Conti, les spectateurs s'y pressent déjà. Marie prend place sur un des bancs réservés à la famille, avec Hervé de Tocqueville, Hippolyte, Édouard et leurs épouses. Les trois hommes sont fiers ; Marie exulte. Elle a relu une dernière fois le discours avec Alexis et l'a encore aidé à le débarrasser de certaines scories. Elle a oublié temporairement ses griefs vis-à-vis d'un époux si beau et si brillant, qui l'associe si pleinement à son bonheur. Elle se demande pourquoi il l'a choisie, elle, entre toutes. Elle lui pardonnerait presque ses errements – si errements il y a – puisque c'est elle, elle seule, qu'il aime. Il le répète à l'envi, elle finit par le croire.

Lorsque Alexis monte au pupitre, avec son habit vert et or taillé à ses mesures, Marie serre le bras de son beau-père. Avant de commencer, Tocqueville sourit dans sa direction. Il n'a pas pris son lorgnon et sa myopie l'empêche de voir que sa femme lui rend son sourire, mais il semble rasséréné. Pourtant, il y a cinq minutes, il n'en menait pas large. L'estomac noué, il lui a soufflé, paraphrasant Géronte dans *Les Fourberies de Scapin*, une de ses pièces préférées :

« Mais que diable allais-je faire dans cette galère ? »

Lorsqu'il commence à parler, Marie remercie le ciel d'être là. Elle connaît tous les thèmes de l'allocution, ils en ont pesé chaque mot, chaque phrase. Tocqueville brosse le portrait de Lacuée en serviteur probe, efficace, fasciné jusqu'à l'oubli de soi, par la volonté du maître absolu. Tocqueville n'aime guère l'Empereur, et se montre insensible à sa légende.

« La Révolution avait mis la nation debout, il la fit marcher... »

Marie attend avec impatience le moment où Alexis rappellera son attachement à la liberté, cet envol qu'il a peaufiné avec elle :

« Je crois fermement qu'il dépend de nos contemporains d'être grands aussi bien que prospères ; mais c'est à la condition de rester libres. Il n'y a que la liberté qui soit en état de nous suggérer ces puissantes émotions communes qui portent les âmes au-dessus d'elles-mêmes ; elle seule peut jeter de la variété au milieu de l'uniformité de nos conditions et de la monotonie de nos mœurs ; seule, elle peut distraire nos esprits des petites pensées et relever le but de nos désirs. »

Marie observe l'assistance : nul ne soupire ni ne tousse, nul ne s'impatiente. Pourtant le discours est long, il dure presque une heure. La fin approche, voici les prémisses de la conclusion : Alexis explique que nul ne peut juger aujourd'hui de la Révolution, puisqu'on n'en connaît pas encore toutes les retombées. Elle sera ce que les hommes en feront. Des générations d'académiciens continueront, après lui, d'étudier Napoléon, avec lyrisme ou méfiance.

« Ainsi nous tenons dans nos mains non seulement notre propre honneur, conclut-il, mais encore celui de nos pères. Notre seule grandeur achèvera de les rendre grands aux yeux de l'Histoire. Ils ont répondu de nous devant l'avenir ; et de nos vices ou de nos vertus dépend la place qu'ils doivent enfin garder dans l'esprit des hommes. »

Les applaudissements sont nourris pendant plusieurs minutes. Puis le comte Molé se lève à son tour. Les deux hommes se congratulent. Molé calme les vivats. Sa placidité, son regard, son port de tête, tout dans son attitude trahit l'homme d'expérience. Il remercie l'orateur et fait remarquer que même si Tocqueville n'a pas parlé de lui, « son discours, c'est lui-même ». L'ancien président du Conseil justifie le choix de l'Académie en décrivant les talents du récipiendaire et les qualités de son œuvre. Sa conclusion fait rougir l'intéressé :

« Venez vous asseoir parmi nous avec confiance. D'ordinaire c'est aux athlètes fatigués et qui ont embrassé le but que l'Académie remet leur couronne. Elle vous donne la vôtre en partant. Vous achèverez, monsieur, de justifier son choix, en remplissant toutes ses espérances. »

Molé égratigne pourtant l'impétrant dans la suite de son discours, à propos de Napoléon. Il lui dit, en substance, qu'il aurait pensé autrement s'il avait vécu sous la Terreur et sous le Consulat. L'assistance lui fait une ovation. Elle reste pourtant un peu sur sa faim : elle avait espéré une joute plus spectaculaire. Tocqueville n'est pas un orateur, même si son discours était brillant, et Molé n'est pas brillant, même s'il est bon orateur. Il n'y a eu ni duel ni scandale.

Dès le lendemain, Alexis et Marie retournent à Tocqueville, encore sur leur nuage. Ils en redescendent bien vite. Ils ont des soucis financiers : l'entretien du château coûte cher et les récoltes ne sont pas aussi bonnes que prévues. De plus, avec quelques amis, Tocqueville s'est acheté un journal, *Le Commerce*, pour faire concurrence au *Siècle*. Il voulait peser davantage sur la vie politique française, se mobiliser en particulier sur la question de l'enseignement et de la séparation de l'Église et de l'État, ce qu'il n'a pas pu faire jusqu'alors. Il avait proposé à Odilon Barrot de faire équipe avec lui dans un parti qu'ils codirigeraient, de sensibilité proche de celle des radicaux anglais. En France, la gauche, médiocre, a besoin d'être rénovée : Barrot aurait été le chef du parti puisqu'il en a le charisme et la stature, et Tocqueville en serait devenu le penseur. Barrot le tribun, Tocqueville l'idéologue. Mais Barrot n'a pas donné suite.

L'aventure du *Commerce* tourne mal, Alexis ne s'en s'occupe pas assez. Il a nommé à sa tête un rédacteur en chef médiocre et, au bout d'un an, il doit se rendre à l'évidence : c'est un échec. Il y a englouti quatre mille cinq cents francs, un quart de son revenu de l'année.

Parallèlement, le deuxième tome de la *Démocratie* n'a pas rapporté autant que le premier. Le grand public a été dérouté par une contradiction apparente : Tocqueville est un ardent défenseur de la démocratie, mais il attire surtout l'attention sur ses dangers.

Lorsque le nouvel immortel monte à Paris pour la session de la Chambre des députés, où il a été réélu triomphalement en juillet, Marie propose de rester dans le Cotentin, par mesure d'économie. Ils seront séparés d'autant plus longtemps qu'ensuite Tocqueville doit passer quelques semaines à Saint-Lô, dans le centre de la Manche. Il a été élu conseiller général du canton de Saint-Pierre-Église-Montebourg, l'année précédente, et doit participer aux débats.

Pour la première fois, Alexis a consenti à une séparation de deux mois. C'est Marie qui, la première, en a évoqué l'idée, mais elle en veut à son mari d'avoir accepté sans trop de résistance. Et si, sans le dire, il avait souhaité cet éloignement? Pourtant, elle ne l'empêche jamais de vivre sa vie, de dîner en ville, d'aller dans les salons, quand ils vivent sous le même toit.

Tocqueville de son côté se promet de ne pas abuser de sa liberté. Les révélations d'Élisa de Lamartine ont déjà failli lui coûter très cher.

37

Les infidélités d'Alexis

Été 1842

Marie se console en proposant à son amie Élisa de venir passer quelques jours au château. Pendant une semaine, les deux Anglaises lisent, peignent et font de longues promenades sur les plages de la côte alentour : Fermanville, Cosqueville, Saint-Vaast, Quinéville... Ces immenses grèves de sable fin où la mer se retire loin, le paradis des pêcheurs à pied. Marie ne se lasse pas du spectacle changeant de la Manche.

« Quand je pense à tous les Parisiens qui vont s'extasier devant les fontaines de Versailles ou qui passent leurs journées dans les galeries de peinture devant des scènes maritimes, et qui n'ont pas l'idée de venir voir le chef-d'œuvre dont les artistes ont tiré leur inspiration, cela dépasse mon entendement ! »

Les paysans et les marins observent avec curiosité ces originales qui marchent hardiment sur le sable dur, vêtues de leurs grandes pèlerines sombres et suivies de leurs chiens, arc-boutées contre le vent qui fait voler leurs robes, tandis qu'une voiture les attend au bout du chemin.

Marie et Élisa sont plus proches que jamais, même si Alexis ne goûte guère pour sa part la compagnie de Mme de Lamartine. Il la juge vertueuse mais peu aimable : beaucoup d'orgueil, un esprit droit et raide voire rude, de telle sorte qu'on ne peut ni s'empêcher de l'honorer, ni se plaire avec elle.

Depuis le jour où elle a livré à Marie les rumeurs qui circulaient à propos d'Alexis, Élisa s'est bien gardée d'évoquer à nouveau le sujet et Marie ne lui a pas posé d'autres questions, en dépit du climat conjugal un peu houleux des derniers mois. À la fin de la semaine, elle reçoit juste avant le déjeuner une lettre dont le début l'emplit de reconnaissance : *Pascal a écrit quelque part que le temps n'influait guère sur son humeur, qu'il avait sa pluie et son soleil en lui. Moi, je les ai en toi. Quand tu es triste et affligée, ta tristesse me gagne et j'en suis plus pénétré que si elle m'était propre. La raison de ce phénomène, c'est que je t'aime de tout mon cœur et que tu as fini par te loger dans tous les plus petits coins de mon âme au point qu'elle souffre de partout quand tu souffres toi-même.*

Mais ensuite, il veut lui faire croire qu'il mène une vie monacale. Qu'il se couche très tôt après avoir dîné léger pour éviter les maux d'estomac. Et il détaille avec complaisance sa conduite exemplaire, ce qui laisse Marie assez dubitative.

«Je crois qu'il en rajoute, confie-t-elle à son invitée. Il sait que je m'inquiète. Alors il prétend qu'il dîne seul tous les jours et se lève à cinq heures du matin pour m'écrire. Il parle d'une vie terne, laborieuse, sans sorties : "Une vie de couvent au milieu de l'agitation de la grande ville." J'ai du mal à croire que ces bonnes résolutions aient duré plus de quelques jours.»

Élisa ne répond pas. Avant son départ pour la Normandie, des ragots couraient à nouveau sur Tocqueville à Paris. Son habit d'académicien lui vaudrait de nouvelles conquêtes féminines. Il fréquenterait avec assiduité le salon de Mme Dosne, place Saint-Georges, et verrait régulièrement une parente de Robert Walsh, le consul des États-Unis qu'il a connu en Amérique et qui occupe désormais un grand hôtel particulier rue de Rivoli. Mais à quoi bon alerter Marie une seconde fois, puisque la première n'a servi qu'à briser l'harmonie de son couple ?

« Il est évident qu'il vous aime », soupire-t-elle.

Cette fois, Marie comprend qu'elle ne veut pas être la messagère d'une mauvaise nouvelle.

« Élisa, je vous laisse vous préparer... Nous nous retrouvons dans une heure ? Voulez-vous que Madeleine, ma femme de chambre, vous aide à faire vos bagages? Je vous accompagne jusqu'à Valognes avec la voiture, bien sûr. »

Marie s'efforce de donner le change à son amie, mais elle se sent ébranlée. Alexis a raison, lui qui classe toujours, dans l'ordre des pires maux, le doute, la maladie puis la mort. Le doute est la pire des maladies. Elle relit la longue lettre qu'elle vient de recevoir et dans laquelle son mari prétend l'aimer de toute son âme mais les mots ne parviennent pas à calmer son tourment.

Après le départ de son amie, elle écrit à sa tante et à la famille d'Alexis. Pas pour leur faire part de l'état de son cœur et de ses soupçons, mais pour essayer de penser à autre chose. À Édouard et au comte de Tocqueville, auxquels elle écrit chaque semaine, elle décrit la situation politique de son mari avec une lucidité saisissante. Même si Édouard s'est montré réticent à accepter Marie, il reconnaît son intelligence et la finesse de son jugement. Elle analyse mieux que quiconque les forces et les faiblesses de son frère : ayant choisi de siéger à gauche, il doit affronter dans son propre camp deux poids lourds, Barrot et Thiers.

Je connais tous *les difficultés de la position d'Alexis... Moi qui vois les hommes politiques de près, je n'en augure pas grand bien. Comme le dit Alexis, ce sont tous des acteurs, qui ne s'intéressent même plus au succès de la pièce : ils veulent seulement se faire remarquer dans leur rôle particulier. Mon mari ne peut pas lutter à armes égales avec M. Thiers, qui utilise* le *démagogie et* le *corruption, qui est dénué de tout scrupule et de toute morale politique; et pourtant ce serait la seule manière de lui nuire. Alexis fera tout ce qu'un homme du cœur peut faire, mais il aura bien des découragements. Pour ma part, je ne suis pas découragée, mais je ne me fais pas d'illusions. Si vous voyiez toutes les lettres d'hommes politiques que j'ai à remettre à mon mari et que j'ai lues, vous vous frotteriez les yeux comme au sortir d'*une *rêve pénible!*

Marie ne raconte pas qu'elle doit souvent soutenir son mari dans ses phases de découragement. Ni que ces moments d'abattement ne sont pas seulement dus aux mauvaises pratiques de ses collègues. L'attitude de la presse, qui le présente souvent comme un personnage incolore de l'opposition, l'a souvent démoralisé : il se sent incompris.

« Vous êtes trop sensible aux critiques, *darling*, lui répète Marie. Un article favorable vous met en joie, et *le* joie s'évapore vite, tandis qu'un autre article moins aimable vous envoie au trente-sixième dessous...

— Mais vous ne pouvez pas nier que mes qualités d'orateur soient médiocres ! À chaque fois que je dois m'exprimer devant les députés, je prépare mes discours avec minutie, mais je ne sais pas improviser.

— Je sais que *le* tribune vous fait peur. Pourtant vous aimez les gens...

— J'aime les gens mais je hais la foule hostile. »

Les femmes raffolent de sa voix, mais ce n'est pas celle d'un tribun, à une époque où cette qualité est essentielle. Il est très bavard lorsqu'il fait la tournée de ses électeurs dans le Cotentin, mais il perd ses moyens devant une assemblée. Il remâche alors son impuissance, sa défaite, et Marie ne sait comment l'aider à transformer ses convictions en victoire, sinon en l'incitant à prendre conseil auprès de ses aînés.

« Vous savez quel est votre défaut ? lui a déclaré tout de go Royer-Collard, le vieux loup de la politique qui apprécie tant ses livres. Vous pensez trop à l'image que vous voulez donner. Alors comme vous savez que vous n'êtes pas le meilleur orateur du monde, vous montez à la tribune comme si vous alliez au sacrifice, comme si vous deviez endurer un martyre. Ce qui fait tout empirer.

— Vous exagérez, je...

— Vous ne devriez pas tant parler de l'honneur et des principes, mais aller à l'essentiel. Votre absolue probité vous rend trop intransigeant vis-à-vis de ceux qui ne sont pas aussi rigoureux que vous. En politique, rien n'est plus stérile que la ligne droite. Vous devriez apprendre l'art du compromis.

— Des compromissions, vous voulez dire ! Ne me dites pas, vous, qu'il faut s'abaisser pour exister ! Un homme politique qui ne croit pas passionnément à la perfectibilité de l'homme n'a pas vocation à l'être. Nous n'avons pas le droit d'être cyniques.

— Prenez garde ! Il est facile d'avoir les mains propres quand on ne les utilise pas. Si vous ne composez pas, vous ne serez jamais un meneur d'hommes : vous resterez un *penseur* politique. »

Tocqueville connaît ses handicaps, il sait qu'ils participent aussi à sa grandeur. Il a été déçu et indigné de découvrir Royer-Collard aussi réaliste. Pour un peu, le vieux sage soutiendrait ces politiciens prêts à toutes les ignominies et toutes les servitudes pour réaliser leurs rêves de pouvoir. Mais malgré tout, Alexis a compris le message. Il peut détester l'imbécillité de la politique, les mensonges du siècle, la bassesse et la corruption, il lui est quasiment impossible de se mouvoir dans cet univers sans en être éclaboussé.

Peu de temps après le départ d'Élisa, Marie reçoit une lettre d'une autre amie anglaise, Fanny Lagden, qui joue, avec sa sœur Emma, le rôle de dame de compagnie de l'écrivain Prosper Mérimée. Dans sa lettre précédente, Fanny lui confiait avec drôlerie que Prosper souhaitait un jour être enterré coincé entre les deux sœurs « sans que nous sachions encore si les cercueils seront posés les uns sur les autres ou les uns à côté des autres ». Marie ouvre distraitement ce courrier, tout en donnant des ordres à la cuisinière. À la lecture des premières lignes, elle se fige.

« Vous ne vous sentez pas bien, madame ? demande la cuisinière.

— Si, si... nous terminerons tout à l'heure, Louisa », répond Marie en s'appuyant au mur.

Fanny lui fait part d'une rumeur qu'elle tient de Mérimée, toujours bien informé. Tocqueville et l'un de ses amis ont été vus en train d'aborder deux prostituées sur les Champs-Élysées, et partir avec elles en calèche. C'est un espion de François Guizot, la tête pensante du gouvernement, qui a été chargé de prendre les hommes en filature et qui aurait fait ce rapport.

Marie se sent humiliée, trahie. Elle cache ses mains tremblantes dans les plis de sa robe, et monte dans sa chambre. Le caniche la suit avec des gémissements plaintifs. Elle pleure en silence devant sa coiffeuse. Tout le jour, elle réfléchit. Elle est sûrement fautive, elle aussi. N'a-t-elle pas pâti, lors de son mariage, d'un excès de certitudes, cette tranquillité mortelle que l'on éprouve lorsqu'on se sent sûr de celui qu'on aime

– l'anglais résume cela mieux que le français : ne l'a-t-elle pas *taken for granted*?

La nuit, elle ne dort pas. Au petit matin, elle se lève, et tire un fauteuil devant la fenêtre. L'aube se devine confusément, il ne reste qu'une étoile, presque sur l'horizon. Il commence à pleuvoir. Marie ouvre la fenêtre, s'y appuie, reçoit un peu d'eau d'été, tiède, presque sucrée. Le jour va se lever et elle devra donner des ordres, et attendre encore son mari : après son séjour parisien, il est maintenant à Saint-Lô d'où il ne rentre qu'à la fin de la semaine. Elle écoute le vide se former dans son âme. Elle voudrait pouvoir partir en silence, sur la pointe des pieds.

Soudain quelque chose s'exaspère en elle. Elle passe en revue, les poings serrés, toutes les rancunes des années passées et sait tout à coup ce qu'elle doit faire. L'heure n'est plus aux bouderies ni aux protestations. Elle ne partagera pas plus longtemps l'existence de cet homme trop faible et à l'enfance mal cicatrisée. Qu'importent les conséquences financières : la liberté adoucira sa souffrance. Elle domptera ce cœur en état de choc.

Deux malles suffisent à rassembler ses affaires. Elle se fait conduire à Valognes, à la surprise du cocher qui s'interroge et se tait. Seule Madeleine, sa femme de chambre, l'accompagne. Les hameaux défilent : Le Hamel-ès-Ronches, Sauxemesnil, des bourgades trempées où les rêves pourrissent.

Elle a donné aux domestiques qui restent à Tocqueville des consignes strictes : personne ne doit écrire à son mari pour le prévenir de son départ. Elle prend la malle-poste pour Paris. Le voyage est interminable. Adresser la parole à ses voisins lui demande des efforts surhumains. Elle se fait l'effet d'une femme en chute libre.

Lorsque Alexis rentre, le samedi suivant, il découvre avec effarement la désertion de Marie. Elle n'a pas laissé de lettre. Pas le moindre indice sur l'endroit où elle se trouve. Il sait pourquoi elle est partie car il a eu connaissance du rapport de l'espion, mais il n'imaginait pas que l'information pût parvenir si vite jusqu'à Tocqueville.

Alexis erre dans le château, son monocle à la main, étourdi comme un homme à qui l'on vient d'annoncer sa mort prochaine, sous le regard gêné des domestiques. Marie a emporté ses vêtements, elle a emmené Pollux. L'enfer, parfois, se résume au silence, à un livre abandonné sur un guéridon, à une armoire vide.

Il va marcher sous les grands chênes qui les ont vus si souvent enlacés. Sans elle, le monde est un désert. Il interroge une nouvelle fois le cocher qui finit par avouer que Madame a pris la malle-poste pour la capitale. Est-elle allée dans leur appartement de la rue de Castellane ? Il n'a pas d'autre piste de toute façon. Demain, il retournera à Paris.

Quatrième partie

L'ACCOMPLISSEMENT

38

Le siège de Chamarande

Été 1842

Alexis passe une nuit détestable, accablé par la douleur qui l'anéantit de trois mots répétés en boucle : « Marie est partie. » Il se réveille toutes les heures, la bouche sèche, englué de chagrin.

Le lendemain matin, il fait atteler dès six heures pour rejoindre la malle-poste à Valognes. Le trajet pour Paris lui semble sans fin. Des nappes de brouillard se glissent sous les ponts. Il ne voit rien du paysage qui défile, il se tasse au fond de la voiture. Les gens qui montent et descendent, volubiles, excités, le rendent encore plus las, plus vide, plus égaré. Il essaie de se maîtriser quand son cœur se convulse de chagrin. Sans Marie, sans la perspective de la vie avec Marie, il perd tous ses repères.

À son arrivée rue de Castellane, trente-six heures plus tard, il pousse le cœur battant la porte de l'appartement, pour découvrir qu'il est totalement vide. Marie y est pourtant passée : sur les commodes, deux bibelots ont disparu.

Alexis va voir son père, rue Duphot, près de la place de la Madeleine. Le comte y habite désormais avec Mme Guermarquer, son ancienne gouvernante devenue sa nouvelle compagne. Alexis n'aime pas cette veuve d'un notable de Lannion, qu'il surnomme « la mère Guer » : pour lui, cette femme trop matérialiste borne trop l'univers intellectuel du comte. Mais il veut voir son père, qui est la seule personne à pouvoir l'aider.

Depuis son enfance, il lui semble que dès que M. de Tocqueville prend les choses en main, ce n'est pas un choix qu'il effectue, mais la destinée qui s'accomplit.

Hervé de Tocqueville semble à peine surpris de voir son fils, hagard, débarquer à l'improviste; il observe ses traits tirés, le tremblement de ses mains, la supplique silencieuse de ses yeux, et le pousse sans rien dire dans son bureau. À soixante et onze ans, l'ancien pair de France est un patriarche bienveillant et débonnaire, dont l'autorité sur ses fils est intacte. Il laisse à peine Alexis exposer le motif de sa visite.

«Je vais être franc avec toi, mon petit. J'ai souvent couvert tes frasques autrefois, mais tu as trente-huit ans, je ne peux plus rien pour toi. Tu veux vraiment savoir ce que je pense? Marie a eu raison de te quitter. Tu t'es montré indigne d'elle.»

Alexis respecte trop son père pour lui répondre qu'il l'a vu, lui aussi, tromper sa femme, et qu'il a même souffert, à Versailles, de devoir cohabiter avec sa maîtresse dans le logement de la préfecture. Mais l'ancien préfet remarque son regard de défi.

«Je sais ce que tu penses, Alexis. Tu te trompes.»

Le vieil homme se tourne vers la fenêtre en soupirant:

«Ta mère était malade avant même de connaître les geôles de la Révolution. Je l'ai épousée pour unir nos familles et je l'ai aimée. Mais après ta naissance, elle a décidé de me fermer sa porte. Ce que je faisais en ce domaine lui importait peu. C'était notre arrangement.»

C'est la première fois que le comte de Tocqueville évoque avec un de ses fils cette circonstance de sa vie. Il se retourne brusquement:

«Mais toi, tu as refusé ce genre d'accommodement, pour autant que je sache! Nous as-tu assez répété que subordonner la vie intime aux alliances de patrimoine te semblait barbare! Tu as choisi Marie, tu l'as épousée par amour, et c'est – je devrais peut-être dire c'était – une compagne extraordinaire, certes entière et exaltée, mais tu ne t'en plaignais pas! Tes trahisons répétées sont indéfendables. La dernière est sans doute la plus humiliante pour elle.»

Alexis enfouit sa tête dans ses mains.

« Père, je comprends que vous me jugiez sans aménité. Mais j'aime Marie plus que tout au monde. Je ne trouve la paix qu'auprès d'elle.

— Tu aurais dû y penser plus tôt !

— Sans elle, je ne ferai plus rien de bon. Ma vie est finie. Dites-moi où elle est...

— Je ne le sais pas. Le saurais-je que je ne te le dirais pas. Le départ de Marie est un désastre, mais je comprends qu'elle en ait eu assez. Elle a accepté – ou plutôt *nous* avons accepté – trop longtemps tes caprices d'enfant gâté. »

Alexis sait que son père a raison. Il a trahi Marie en pleine conscience, parce qu'il ne sait rien se refuser, parce qu'on ne lui a jamais rien refusé. Il a été trop longtemps le petit génie, l'enfant lumineux et fragile adulé de tous. Il se souvient des mots de Chateaubriand le présentant à Juliette Récamier : « Il était plus gâté à Verneuil que je ne l'avais été à Combourg. »

Il se souvient de la jeune femme blonde et lascive, assise en face de lui lors d'un dîner chez Mme Swetchine ; elle avait la grâce et l'indifférence des beaux pur-sang. Sa sensualité mêlée de raffinement l'avait désarmé. Au prix d'un effort sur lui-même, il avait résisté à ses démons, sans pousser plus loin son avantage auprès d'elle. Mais en sortant de table, il était allé sur les Champs-Élysées avec un autre convive, échauffé lui aussi. Il avait croisé le regard de cette fille effrontée, qui n'était pas jolie du tout, mais qui arborait un air si déterminé qu'elle lui avait fait envie. Elle était trop maquillée et son corsage trop bien rempli. Une petite voix lui avait soufflé qu'il venait d'échapper à un grave danger et que l'amour tarifé était, en comparaison, un moindre mal. Il avait cédé à sa pulsion.

Comme toujours, lorsqu'il était sorti de la chambre d'hôtel, il s'était haï. Pourquoi n'était-il pas capable de dominer cette force animale ? Comment, lorsqu'on aspire à l'intégrité, sinon à la pureté, peut-on consentir à des actes aussi instinctifs ? Est-il possible d'admettre en soi une telle part sombre ?

L'angoisse monte en lui, en même temps que le remords. Il a été abject, indigne de Marie autant que de l'homme qu'il aspire à être. En toute mauvaise foi, à chaque fois qu'il passait une heure avec une fille – ce qui est arrivé une demi-douzaine de fois –, il ne se sentait pas infidèle. Après les révélations d'Élisa de Lamartine, quand il s'était fait la promesse de ne plus trahir sa femme, hypocritement, cela n'excluait pas d'aller chercher du plaisir auprès de courtisanes qu'il achetait.

Il se souvient du visage de Marie dans l'amour, son visage lisse de madone, et ses fous rires rentrés, tout ce qu'il a perdu, par légèreté et par faiblesse. Il connaît chaque courbe de son corps, chaque vallon, chaque colline : c'est une géographie qu'il ne peut désapprendre et qui ne peut se comparer à aucune autre.

Il se jure que s'il retrouve Marie, il se comportera – enfin – en homme responsable. Il lui reste une dernière chance : que Marie se soit réfugiée à Chamarande.

Alexis se rend chez la tante Belam avec la voiture de son père. Pendant le trajet, il se souvient de sa conversation avec Louis de Kergorlay quelques mois plus tôt, le jour où ce dernier a compris que le ménage Tocqueville vacillait.

« Et alors ? Tu l'as trompée ou non ?

— Ce n'est pas si simple. Tout n'est pas blanc ou noir... J'aime Marie plus que tout au monde. Je n'aime qu'elle. Depuis Rosalie, je n'ai jamais aimé qu'elle.

— Mais tu l'as trompée ? Toi qui portes aux nues la fidélité ! »

Alexis a baissé la tête, pris au piège de son tempérament ardent. C'est à Marie qu'il aurait souhaité tout dire, il lui en voulait presque de ne pouvoir le faire sans déclencher un drame. Tout dire de sa face sombre, de ses pulsions physiques impérieuses.

« Je ne sais pas me dompter, je peux m'exalter jusqu'à l'aveuglement... C'est une sorte de folie. Cela n'a rien à voir avec l'amour. Je n'y ai d'ailleurs pas cédé souvent, ces derniers temps. Mais je l'ai fait, et cela me déchire.

— Quand elle est allée en Angleterre pour la mort de son père, j'imagine ?

— Oui... et parfois aussi, quand elle était malade.

— Même à Tocqueville ? »

Alexis a pris un air horrifié :

« Non ! Jamais à Tocqueville ! »

Les deux hommes ont partagé un long silence contrit.

« Tu me connais, Louis, il faudrait me transformer de la tête aux pieds pour que je n'éprouve plus cette sorte d'appétence.

— Tu as fait des efforts pourtant, non ?

— Si tu savais combien de fois j'ai résisté ! Combien de fois j'ai été vertueux ! Mais non, tu ne peux pas comprendre, tu n'as pas ces tentations.

— Et qui n'a pas de tentations n'a pas de vertu, c'est cela ?

— Pardon, Louis. Mais il est vrai que celui qui est peu tenté a moins de mérite à être vertueux. Moi, je ne parviens pas à arrêter cette espèce de bouillonnement du sang que l'approche d'une femme me cause encore, comme à quinze ans. Et qui n'a rien à voir avec l'amour !

— Marie devrait savoir que l'homme idéal n'est pas de ce monde. »

Les chevaux attelés à la voiture de son père sont âgés et Alexis met quatre heures, sous les averses, pour parcourir les dix lieues qui le séparent de Chamarande. Des éclairs s'acharnent à broyer la terre, des coups de tonnerre à ébranler les plaines. Il lui semble que ce n'est pas l'orage qui gronde, mais la douleur dans sa poitrine ; que ce n'est pas la pluie qui tombe, mais des pans de sa vie. Il ne veut pas croire que Marie ne l'aime plus, qu'elle puisse l'oublier. Dix ans de grand amour doivent forcément laisser une trace, une mémoire, une empreinte, des regrets.

En descendant de la calèche, Tocqueville est pris d'étourdissement et reste immobile quelques secondes, le temps de se ressaisir. Son estomac le torture. Impossible de s'allonger derrière une porte, sur son manteau, comme il le fait habituellement quand ses crampes le poignardent. Aujourd'hui, il joue son existence à pile ou face.

Il entre sans se faire annoncer, en bousculant la femme de chambre de Mrs. Belam. Il sait où se trouve le salon. Ouvrant la porte, il retient un cri de soulagement : Marie est là, assise sur le canapé, les joues un peu hâlées, si belle malgré son air fatigué. Au moment où il entre, heureux et honteux à la fois, elle étouffe un cri, hésite un quart de seconde et se précipite pour sortir par la porte opposée. Son moment d'embarras laisse à Alexis le temps de courir vers elle. Malgré la présence de sa tante, il se jette à ses pieds :

« Marie, vous n'avez pas le droit de me quitter ! »

Élisabeth Belam suffoque, sans qu'Alexis tienne compte de ses protestations. À genoux, il enfouit son visage dans la robe de sa femme qui essaie de le repousser. Il entoure les jambes de Marie de ses bras, au risque de la déséquilibrer.

Marie a tellement souvent caressé cette soyeuse tignasse d'adolescent qui résiste si bien aux atteintes de l'âge, qu'elle doit se retenir d'y plonger les doigts. Un air égaré flotte sur son visage lisse ; elle fixe l'éraflure du cuir de sa chaussure – il doit la voir aussi – elle ne voit plus que cela, elle voudrait que quelque chose se produise, un orage soudain, des aboiements de chiens, mais rien ne vient couvrir le hurlement muet bloqué dans sa gorge. Elle s'entend dire :

« Relevez-vous, Alexis, c'est inutile. Je ne crois plus en vous. »

Elle a eu tellement de temps pour réfléchir ! Elle sait ce qu'elle veut. Mais il la saoule de paroles, de serments, de promesses, d'amour.

« Marie, vous êtes ma vie. C'est la dernière fois que je vous supplie de me pardonner. Je vous jure sur la tête de mon père...

— Ne faites pas *un* chose pareille !

— Je le fais pour que vous compreniez que cette fois, je ne recommencerai jamais. »

Il semble tellement sincère ! Mais s'il ne peut se passer d'elle, si elle est si importante pour lui, pourquoi n'a-t-il pas fait l'effort de renoncer aux autres ?

« Depuis que je vous ai rencontrée, vous êtes ma vie. Je suis orphelin de vous à chaque fois que nous sommes séparés, fût-ce pour quelques jours. J'ai été faible, je ne le serai plus, et vous m'aiderez parce que vous serez toujours avec moi. »

Marie secoue la tête, puis répond avec fermeté :

« Vous avez promis cent fois, trahi cent fois. Je préfère vivre sans vous que dans *ce* situation humiliante. »

Il préférerait qu'elle crie, qu'elle sanglote, qu'elle se change en furie ; mais ce n'est pas le caractère de Marie, elle est forte et c'est ce qu'il aime en elle. Élisabeth Belam lance d'une voix aiguë :

« Monsieur, je vous demande de partir, maintenant. »

Marie se dégage, et quitte la pièce sans un regard. Une porte se ferme à clé. Alexis n'a pas bougé et Mrs. Belam lui enjoint à nouveau de sortir. Sur le pas de la porte, il murmure : « Pour un geste malheureux, toute votre existence s'effondre et il ne reste qu'un goût de cendres. »

Élisabeth Belam comprend l'attitude de sa nièce, même si elle pense qu'il lui faut prendre en compte le repentir d'Alexis. C'est un fait nouveau, elle a été frappée par sa détresse.

« Ma petite fille, je ne voudrais pas te rappeler des préoccupations plus prosaïques, mais si tu ne retournes pas avec ton mari, de quoi vivras-tu ?

— Je ne peux pas rester ici, je le sais bien.

— Je vis chichement désormais. Je ne peux plus assurer notre subsistance à toutes les deux.

— Je vais retourner à Versailles. Je reprendrai les traductions. »

Élisabeth Belam sait que sa nièce est une femme assez forte pour ne pas être dépendante de l'homme qu'elle aime. Mais son volontarisme confine à l'inconscience.

« Cela ne suffira pas.

— Je me débrouillerai. »

Pendant dix jours, Alexis se rend chaque soir au château de Chamarande. Il s'est installé dans une auberge voisine pour éviter le trajet depuis Paris. Sa détermination impressionne Marie. Il semble si désireux de s'amender qu'elle commence à douter de sa propre volonté. Pour elle aussi, l'amour est une obsession. Elle erre dans l'appartement de sa tante, pâle et indécise, torturant la chair autour de ses ongles. Alexis lui écrit tous les matins et, chaque soir, lui laisse sa nouvelle missive avant de la quitter. Le départ provoque toujours en lui la même fêlure.

Dans ses lettres interminables, Alexis reconnaît enfin ses fautes. *Je t'afflige sans cesse ; je blesse souvent un cœur qui ne vit que pour moi. Quand je songe à cela, Marie, je me prends en horreur. Je sais, mon amie chérie, que je n'ai aucun droit d'affirmer que je ne t'affligerai plus. J'ai commis si souvent dans ma vie cette inexcusable faute, que je n'ai plus d'assurance à donner. Cependant, ou je me connais bien mal ou je sais bien peu démêler ce qu'il y a de profond dans mon âme de ce qu'il s'y trouve de superficiel, ou je puis dire que je ne te causerai plus de chagrin. Tu le verras, Marie. Je ne puis en appeler qu'à l'expérience.*

Ses lettres et son obstination bouleversent la jeune femme. Alexis lui écrit : *L'amour est un sentiment que l'on dit passager mais le nôtre a fait la preuve qu'il était hors d'atteinte du temps. On ne peut ressentir cela deux fois dans une vie.* Un courrier de Kergorlay, plaidant la cause de son cousin, finit par la troubler : *Quels qu'aient pu être ses torts, vous êtes le seul être qui règne sur son âme, et vous y régnez avec une puissance de séduction irrésistible, qui ne se rencontre en quelque sorte jamais.*

Alexis sent, jour après jour, diminuer cette résistance cruelle qu'elle s'impose, et qui la broie de l'intérieur, il en est sûr, comme elle le broie lui-même, comme elle le brise et l'épuise.

« Vous souvenez-vous, lâche-t-il un soir en jetant ses dernières forces dans la bataille, de cette belle phrase de Philon d'Alexandrie que vous aviez notée dans un de vos carnets? "Soyez compatissants, toute personne rencontrée mène un rude combat." »

Il espère éveiller la miséricorde de Marie, son âme mystique et idéaliste, en faisant allusion à ce philosophe qu'elle a étudié avec passion. Elle ne veut pas tomber dans le piège, mais elle sent en elle cette contraction de son cœur que provoque toujours un certain ton dans la voix d'Alexis.

Le neuvième jour, dans le parc, il réussit à lui prendre les mains pour la faire asseoir sur un banc. Sa nervosité, ce refus de le regarder en face, ces paumes froides qu'elle a retirées sont autant d'indices du trouble de Marie, dépossédée de son flegme habituel. Elle sait qu'elle va céder, pourquoi attendre encore? Lui devine déjà qu'il l'a reconquise et le désespoir commence à laisser la place au soulagement. Il a envie de porter un toast à sa folie, son entêtement, à sa victoire. Comme Chateaubriand, son rêve de don Juan, l'amour unique et définitif, va devenir réalité.

Le dixième jour, à peine descendus dans le parc, à l'abri des regards indiscrets, Alexis prend le visage de Marie entre ses mains. Elle capitule. Elle sait, au plus profond d'elle-même, que son mari a raison : ils ont placé l'un et l'autre toutes leurs attentes dans un seul être. Il existe entre leurs âmes un lien invisible et immortel qui, comme il le lui écrit, *fait de toi une partie de moi-même dont je ne puis souffrir un moment l'idée d'être séparé.*

« *You know,* Alexis, j'ai trouvé l'origine de cette image que vous aimez tant, lui dit-elle avec un pâle sourire, tandis qu'ils remontent, dans la tiédeur du soir, les allées de Chamarande. C'est le discours d'Aristophane dans *Le Banquet* de Platon. Chaque être humain n'est que *le* moitié d'un tout, comme *un* orange coupée en deux...

— ... et sa vie durant, il cherche la seconde moitié afin d'être complet et comblé. Moi je vous ai trouvée, Marie, cette nuit de Noël, il y a quinze ans : je serai désormais si exemplaire que ni vous ni les dieux n'auront plus la tentation de nous séparer. »

39

Le héraut de la révolution de 1848

Janvier 1848

« On dit qu'il n'y a point de péril, parce qu'il n'y a pas d'émeute ; on dit que, comme il n'y a pas de désordre matériel à la surface de la société, les révolutions sont loin de nous. Messieurs, permettez-moi de vous dire que vous vous trompez. »

Soudain, les députés cessent de chahuter. Tous écoutent, bouche bée. Alexis de Tocqueville délivre le discours le plus saisissant de sa carrière. En ce 27 janvier 1848, le parlementaire a oublié qu'il craignait les foules : il parle avec ses tripes. Il n'a plus peur des autres ni de lui-même, il ne lit même plus son texte : il harangue un troupeau d'inconscients, il les alerte du danger qui les guette.

« Regardez ce qui se passe au sein de ces classes ouvrières, qui aujourd'hui, je le reconnais, sont tranquilles. Ne voyez-vous pas que leurs passions, de politiques, sont devenues sociales ? N'écoutez-vous pas ce qui se dit tous les jours dans leur sein ? N'entendez-vous pas qu'on y répète sans cesse que tout ce qui se trouve au-dessus d'elles est incapable et indigne de les gouverner ? Que la division des biens faite jusqu'à présent dans le monde est injuste ? Que la propriété repose sur des bases qui ne sont pas des bases équitables ? Et ne croyez-vous pas que, quand de telles opinions prennent racine, elles doivent amener tôt ou tard les révolutions les plus redoutables ? »

Alexis pose ses feuilles de papier et laisse tomber d'une voix grave :

« Telle est, messieurs, ma conviction profonde ; je crois que nous nous endormons, à l'heure qu'il est, sur un volcan. »

Un brouhaha s'élève dans la salle. Francisque de Corcelle, qui a vu que son ami s'échauffait de manière inhabituelle, lui apporte un verre d'eau. Tocqueville le saisit avec reconnaissance et avale une longue gorgée. Puis il lève le bras pour signifier qu'il n'a pas terminé. Miracle, le tapage s'arrête net.

« Lorsque je recherche dans les différentes époques, chez les différents peuples, quelle a été la cause efficace qui a amené la ruine des classes qui gouvernaient, je vois bien tel événement, tel homme, telle cause accidentelle ou superficielle ; mais croyez que la cause réelle qui fait perdre aux hommes le pouvoir, c'est qu'ils sont devenus indignes de le porter. »

Une poignée de députés se lève pour protester. Les autres leur demandent de se rasseoir. Tocqueville poursuit, imperturbable :

« Songez, messieurs, à l'ancienne monarchie ; elle était plus forte que vous, plus forte par son origine ; elle s'appuyait mieux que vous sur d'anciens usages, sur de vieilles mœurs, sur d'antiques croyances ; elle était plus forte que vous, et cependant elle est tombée dans la poussière. Et pourquoi est-elle tombée ? Croyez-vous que ce soit par tel accident particulier ? Pensez-vous que ce soit le fait de tel homme, le serment du Jeu de paume, La Fayette, Mirabeau ? Non, messieurs ; il y a une cause plus profonde et plus vraie, et cette cause, c'est que la classe qui gouvernait alors était devenue, par son indifférence, par son égoïsme, par ses vices, incapable et indigne de gouverner ! »

Tous les députés, sur les bancs de la gauche, se mettent à applaudir bruyamment.

« Très-bien ! Très-bien ! »

Porté par les encouragements et la force de son message, Tocqueville brandit la bannière de l'espérance. Gustave de Beaumont, assis juste en face de la tribune, n'en revient pas de sa nouvelle hardiesse : son ami montre enfin sa force de caractère et son intelligence visionnaire. Que n'en a-t-il fait usage plus tôt ! Il aurait connu un autre destin politique.

Les deux hommes ont été fâchés pendant deux ans. Beaumont qui écrivait dans *Le Siècle*, a mis plusieurs mois à le quitter pour rejoindre *Le Commerce*, au point que Tocqueville s'est senti trahi. De surcroît, ils ont échangé des mots très durs sur la question de l'éducation : Tocqueville, qui s'est toujours prononcé pour la liberté de l'enseignement, a accusé Beaumont de ne pas le défendre lorsqu'il a été attaqué. Beaumont est aussi resté à l'écart lorsque Tocqueville a créé son propre mouvement, la Jeune Gauche, avec son ami Francisque de Corcelle et ses collègues Jules-Armand Dufaure – un libéral de poids, avocat de formation plusieurs fois ministre sous la monarchie de Juillet –, Victor Lanjuinais, autre libéral d'inspiration sociale, le plus honnête homme qui soit en politique, le Breton Adolphe Billault et le Corrézien Jean-Charles Rivet.

« Les partis sont un mal inhérent aux gouvernements libres mais je crains que nous ne devions en passer par là », a-t-il expliqué à Marie le soir où il a décidé de se lancer.

Ce mouvement s'est placé à côté du centre gauche et de la gauche dynastique, avec une seule ambition : sortir le pays de l'immobilisme. Il a enregistré moins de ralliements que ses fondateurs ne l'espéraient, car la plupart des députés intéressés ont fini, au pied du mur, par se rallier à Thiers. Beaumont, lui, a continué de faire route avec un autre opposant, Odilon Barrot.

Les deux hommes se sont finalement réconciliés à l'initiative de Marie, très attachée à Gustave et à Clémentine. Alexis a retrouvé son ami, aussi loyal, aussi sincère, aussi fidèle qu'il y a dix-sept ans, lorsqu'ils parcouraient l'Amérique en char à bancs par moins quinze degrés. Ils sont redevenus presque aussi inséparables que lorsque les journaux les surnommaient « Tocquemont ». Ce soir, à la tribune, Gustave de Beaumont se réjouit sans arrière-pensée de la performance de son ami.

« Est-ce que vous ne ressentez pas que le sol tremble de nouveau en Europe ? Est-ce que vous ne sentez pas... que dirai-je ? Un vent de révolution dans l'air ? Ce vent, on ne sait où il naît, d'où il vient, ni, croyez-le bien, qui il enlève : et c'est dans de pareils temps que vous restez calmes en présence de la dégradation des mœurs publiques, car le mot n'est pas trop fort ? »

Le remue-ménage recommence, à droite cette fois. Mais plus rien n'arrête Tocqueville, qui obtient une nouvelle fois le silence.

« Est-ce que vous savez ce qui peut arriver en France d'ici à un an, à un mois, à un jour peut-être ? Oui, la tempête est à l'horizon, elle marche sur nous... Oui, le danger est grand ! Conjurez-le quand il en est temps encore ; corrigez le mal par des moyens efficaces, non en l'attaquant dans ses symptômes, mais en lui-même. »

Tocqueville vide son verre d'eau d'un trait. Sa voix commence à souffrir de ces vingt minutes d'exhortation. Mais il ira jusqu'au bout. Personne ne le fera taire.

« On a parlé de changements dans la législation. Je crois à l'utilité de la réforme électorale, à l'urgence de la réforme parlementaire ; mais je ne suis pas assez insensé, messieurs, pour ne pas savoir que ce n'est pas le mécanisme des lois qui produit les grands événements de ce monde : ce qui fait les événements, messieurs, c'est l'esprit même du gouvernement. »

Enfin, il en vient à sa conclusion, qu'il assène plus qu'il ne la développe :

« Gardez les lois si vous voulez ; quoique je pense que vous ayez grand tort de le faire, gardez-les ; gardez même les hommes, si cela vous fait plaisir ; mais, pour Dieu, changez l'esprit du gouvernement, car, je vous le répète, cet esprit-là vous conduit à l'abîme. »

L'orateur descend de la tribune sous les applaudissements nourris de la gauche. Il titube, vidé de ses mots et de ses forces. Ses collègues l'entourent, lui tapent dans le dos, lui serrent la main. Gustave lui donne une longue accolade. Tocqueville vient de prononcer le plus grand discours de sa carrière. Pour prédire l'avenir, il faut être plus sensible ou plus désespéré que les autres. Beaumont est pourtant loin d'imaginer que trois semaines plus tard, la révolution éclatera, le trône de Louis-Philippe tombera, et Tocqueville passera pour un prophète.

Cela fait des mois que le mécontentement monte dans le pays. Alexis et Marie s'en inquiètent chaque jour de l'hiver qu'ils passent, comme toujours, au cœur de Paris, dans leur nouveau logement de la rue de la Madeleine. Marie reçoit les confidences des voisins, des boutiquiers, du rémouleur, de ses amies et perçoit, elle aussi, des signaux de plus en plus menaçants : l'exaspération monte, contre un gouvernement corrompu, des conditions de vie de plus en plus difficiles, et des inégalités de plus en plus criantes. Elle raconte tout, le soir, à son mari ; les deux époux sont plus proches que jamais. Tocqueville a tenu sa promesse, il n'a plus trompé sa compagne. Après quelques semaines à se réapprivoiser, le couple a retrouvé la sérénité fusionnelle qui fait l'admiration de leurs amis.

« Vous savez, Marie, Louis-Philippe imagine avoir trouvé avec son gouvernement un système imparable dès lors qu'il ne cherche pas à le changer ; il se croit donc à l'abri de tous les périls !

— *As far as I'm concerned... he's wrong.* Il a tort, c'est sûr. Il oublie la société sur laquelle agit *cette* gouvernement, et qui, elle, change.

— Exactement. Vous savez à qui me fait penser notre roi des Français ? À cet homme qui ne veut pas croire qu'on a mis le feu à sa maison puisqu'il en a la clé dans sa poche. »

Comme les réunions politiques ont été interdites par Louis-Philippe, les réformateurs organisent de grands banquets pour rassembler ceux qui réclament un élargissement du corps électoral, toujours censitaire, et veulent s'opposer à la politique du gouvernement conservateur de Guizot. Des partisans de la république se mêlent alors aux membres de l'opposition « dynastique », ceux qui souhaitent conserver la monarchie tout en la faisant évoluer.

Beaumont fait partie des meneurs de la campagne des banquets, à laquelle Tocqueville a refusé de s'associer. Les députés se sentent en sécurité parce que le régime de Louis-Philippe est le leur, ce sont eux qui l'ont fait roi. Mais le jeu parlementaire leur a fait oublier les réalités du pays.

« Vous ouvrez la boîte de Pandore, avertit Tocqueville. Nous appartenons tous à cette caste politique qui s'est peu souciée du prolétariat pendant dix-huit ans. Nous avons ignoré le peuple, et maintenant, dans vos banquets, vous faites appel à lui ? Quelle inconscience ! »

De nouveaux orateurs de talent se révèlent, comme le journaliste et historien Louis Blanc, qui à Dijon, marque les esprits : « Quand les fruits sont pourris, ils n'attendent que le passage du vent pour se détacher de l'arbre. » De fait, le 22 février, le mouvement a pris tellement d'ampleur que le gouvernement est obligé d'interdire un banquet à Paris. La foule encombre les rues, une foule qui se limite, pour l'heure, aux curieux et aux frondeurs. Mais Tocqueville sait qu'il ne faut pas se fier aux apparences : ce sont toujours les gamins de Paris qui mettent en branle les insurrections.

Le lendemain, l'effervescence s'accroît dans les rues. Des bataillons d'infanterie se massent autour de la Chambre pour protéger les députés. À l'intérieur, les élus sont en ébullition. Lassés de jouer la comédie, ils ont suspendu leurs travaux. Tocqueville n'est pas le seul à s'inquiéter de l'immobilisme de Guizot. Depuis quelques jours, une quarantaine d'élus de la majorité se sont alliés à la nouvelle gauche pour renverser le gouvernement. Tocqueville est chargé de rédiger l'ordre du jour commun qui fera trébucher l'inamovible président du Conseil. Il écrit : *Notre principal devoir sera de travailler à ce que le gouvernement n'ôte pas à la moralité publique et privée l'appui de son exemple.*

À trois heures de l'après-midi, François Guizot apparaît. Il monte à la tribune de son pas le plus ferme, la tête presque renversée en arrière tant il ne veut pas paraître la baisser. Il annonce sa démission : le roi vient d'appeler le comte Molé, un vieil habitué du poste, pour former un nouveau ministère. Il a congédié d'une phrase celui qui se maintenait au pouvoir depuis huit ans. Même si ses amis se congratulent, Tocqueville craint que cela ne suffise pas au peuple de Paris : ce n'est pas Molé qui peut rendre l'espoir. Lorsqu'il rentre chez lui, en proie à des pensées sombres, il propose à Marie d'aller marcher sur les quais de Seine. C'est une fin de soirée bleu et rose comme seul Paris sait en offrir, un festival de lumières douces autour de l'île Saint-Louis et de la passerelle Damiette. Ils marchent longtemps, accrochés l'un à l'autre, longeant le fleuve doré. Alexis s'extasie devant Notre-Dame :

« Que Dieu soit une réalité ou une vue de l'esprit ne change rien au génie des œuvres inspirées par la foi. C'est un miracle ! »

Malgré cet horizon cerné de menaces, ils ne se lassent pas de la beauté de la capitale. Cependant, Marie confirme les pressentiments d'Alexis.

« Élisa de Lamartine est venue me rendre visite, dit-elle. Elle m'a semblé extrêmement anxieuse. Son esprit était si échauffé et ému par des pensées sinistres que je me suis dit qu'il fallait que je vous en parle.

— Vous pensez que cela reflète l'état des réflexions de son mari ? Il m'a paru pourtant normal aujourd'hui... »

Le lendemain, au réveil, Alexis trouve la cuisinière en pleurs. La brave femme hoquète :

« Ah, monsieur, monsieur ! Le gouvernement fait massacrer le pauvre peuple. »

Aussitôt, il embrasse Marie et descend dans la rue. Pour la première fois, il lui semble respirer l'atmosphère des révolutions. Le milieu de la chaussée est vide, les boutiques sont fermées, il n'y a ni voitures ni promeneurs ; pas de cris de marchands ambulants. Devant les portes, les voisins aux mines effarées causent à mi-voix. Tocqueville s'approche d'un garde national qui répète avec une drôle d'intonation dans la voix :

« Le gouvernement fait massacrer le peuple, mais la garde nationale saura bien remettre de l'ordre ! »

Ce ne peut être qu'une rumeur, car le gouvernement de Juillet est corrompu et corrupteur, mais pas sanguinaire. D'où peut-elle venir ? Il se précipite chez Beaumont, qui habite tout près, au 48, rue d'Anjou-Saint-Honoré. Beaumont lui annonce que le roi l'a fait appeler dans la nuit, avec Thiers et Barrot. Molé a en effet refusé de former un gouvernement dans de telles circonstances. Tocqueville le quitte pour aller se concerter avec ses propres amis politiques, Corcelle et Lanjuinais. Ils remontent ensemble la rue Le Peltier.

Le boulevard présente un étrange spectacle. Il est presque désert, et l'on n'y entend aucune voix humaine. Mais toutes les petites guérites qui s'élèvent le long de l'avenue semblent s'agiter, chanceler sur leurs bases, et de temps en temps, il en tombe une avec fracas tandis que les grands arbres des bas-côtés s'abattent sur la chaussée comme d'eux-mêmes. Pas de doute, des hommes sont en train de préparer les matériaux des barricades.

« J'aurais mieux aimé rencontrer une foule en fureur, murmure Tocqueville. Cette fois, ce n'est plus une émeute : c'est une révolution.

— Mais tout semble si calme ! objecte Corcelle.

— C'est vrai, il n'y a pas ce bouillonnement que l'on avait connu en 1830, renchérit Lanjuinais.

— À l'époque, la ville ressemblait à une chaudière en ébullition.

— Aujourd'hui, explique Tocqueville, on ne renverse pas le gouvernement : on le laisse tomber. »

Chez lui, Alexis trouve son frère Édouard et sa belle-sœur Alexandrine, affolés, qui viennent lui demander conseil. Cette nuit, on a tiré des coups de feu autour de leur maison. Alexandrine en perd la tête : elle imagine déjà son mari mort, ses filles violées, et sa panique déteint sur Édouard.

« Je me rends compte à quel point une compagne courageuse est un grand appui en cas de révolution », chuchote Alexis à l'oreille de Marie, qui va chercher un flacon de sels pour sa belle-sœur.

Alexis propose à son frère de les emmener à la gare ; par le train, ils rejoindront vite Versailles. Il est presque obligé de les pousser dehors tant Alexandrine s'agite sans rien décider. Il les laisse à l'embarcadère du Maine et retourne à pied au Palais-Bourbon. Lorsqu'il arrive place de la Concorde – qu'il appelle obstinément place Louis-XV, comme d'autres l'appellent place de la Révolution, bien qu'elle ait changé trois fois de nom depuis les événements – tous les régiments de Paris semblent s'y être rassemblés. Il aperçoit le général Bedeau, et lui fait un signe : il l'a connu en Algérie, où il est retourné récemment, avec Marie (car il a tenu sa promesse : Marie fait désormais partie de tous les voyages). Celui d'Algérie les a convaincus que le général Bugeaud faisait fausse route : il leur a donné trop d'exemples de stupidité et de sauvagerie vis-à-vis des Arabes comme des colons. Tocqueville, depuis, n'a cessé de dénoncer son action, et le général a finalement été rappelé en France. Mais le député de la Manche est convaincu que ses procédés néfastes ont détruit à jamais toute possibilité d'intégration.

« Un jour, dit-il, forcément, il y aura un déchirement, et il sera brutal. »

Bedeau descend de son cheval. Lui aussi semble terrorisé, et Alexis se dit que les gens de guerre sont ceux qui perdent le plus aisément la tête lors des révolutions. Bedeau a reçu l'ordre de ne pas combattre.

« Allez chercher vos amis ! l'enjoint Bedeau. Le devoir de l'opposition est de descendre dans la rue et de faire des discours pour calmer l'émotion populaire ! Sinon, nous ne répondons plus de rien. »

Les gens qui les écoutent se font de plus en plus nombreux autour d'eux et ils vont bientôt être encerclés. Parmi les badauds se sont glissés des émeutiers, et des profondeurs de la foule montent des grondements inquiétants :

« C'est Bugeaud ! C'est Bugeaud ! »

Dans le tumulte, Tocqueville glisse à l'oreille du général :

« Ils vous prennent pour Bugeaud ! Remontez sur votre cheval car si vous restez ici, vous serez pris au piège en moins de cinq minutes. »

Le général obtempère. Bien lui en prend : peu après, les émeutiers massacrent un soldat au bas des Champs-Élysées. Vers midi, ce 24 février, Louis-Philippe abdique, et à quinze heures, la seconde République est proclamée par Alphonse de Lamartine, entouré de Ledru-Rollin et des révolutionnaires parisiens.

40

Un aristocrate élu par le peuple

Mars 1848

« Vous avez été député pendant *un* période calme. Vous n'allez pas abandonner maintenant qu'il y a péril ! »

Marie a presque crié. Elle ne comprend pas les hésitations d'Alexis. Pour elle, il devrait déjà être parti en Normandie à la rencontre des nouveaux électeurs. Trois jours plus tôt, le 5 mars, le gouvernement provisoire, dont Lamartine fait partie, a décrété l'élection d'une Assemblée constituante au scrutin de liste départemental. Cette première élection au suffrage universel masculin aura lieu en avril. Tocqueville, s'il veut continuer de peser sur le destin du pays, doit convaincre des centaines de milliers d'inconnus de l'élire député. Il n'a pas une minute à perdre.

« Vous êtes dans le vrai, Marie. Cependant je ne veux pas solliciter les suffrages... Je voudrais simplement me mettre à la disposition des électeurs.

— *Darling*, il y *a bit of hypocrisy* dans *ce* manière de vouloir être appelé sans se déclarer.

— Que voudriez-vous que je fasse ? se renfrogne Alexis.

— Foncez ! Ce n'est pas un gouvernement qu'il faut défendre aujourd'hui, c'est bien davantage : les lois sur *lequel* reposent les fondements mêmes de *le* société. Vous ne pouvez pas laisser les révolutionnaires s'emparer du pays ! »

Marie a raison. Comme toujours. Il n'en revient pas de sa chance d'avoir épousé une telle femme. Il se couche, rasséréné.

« On dirait que cette révolution vous réjouit, lui dit-elle le lendemain, en le voyant s'éveiller presque joyeux.

— Ne dites pas cela ! Vous savez que je ne l'ai pas voulue.

— Mais elle vous apporte comme *une*... soulagement.

— Peut-être. Je souffrais pour mon pays. Le monde parlementaire s'est effondré, mais il ne méritait pas de survivre. Quant à Louis-Philippe, je ne le regretterai pas : rappelez-vous comment il s'est comporté la dernière fois qu'il m'a reçu, juste avant les événements lorsqu'il m'a donné audience en tant que directeur de l'Académie française.

— Il vous a demandé de lui parler de l'Amérique et ne vous a pas laissé placer *un* parole... Mais même si vous ne le regrettez pas, ne craignez-vous pas ce qui va sortir de *ce* aventure ?

— Il en sortira une société confuse mais où l'habileté sera moins nécessaire que le désintéressement et le courage, où le caractère sera plus important que l'art de parler ou de manipuler les hommes, et surtout où il ne restera plus de place pour l'incertitude de l'esprit.

— *Your damned doubts again,* sourit Marie.

— Oui, ma manie du doute... Mais il y a une chose dont je ne doute pas : on ne peut pas laisser abolir le droit de propriété. Ce serait la fin de notre société. Donc il n'y a plus à se tromper sur le chemin à suivre : ici le salut du pays, là sa perte. L'ordre ou l'anarchie. La lutte entre ceux qui possèdent et ceux qui ne possèdent pas. La grande masse des Français nous soutiendra.

— Je sais que vous craignez moins les périls que les doutes. »

Tocqueville part pour le Cotentin le 13 mars. La Manche doit envoyer quinze députés à l'Assemblée, il pense pouvoir en faire partie.

Les paysans ne regrettent pas Louis-Philippe ; en revanche, ils s'inquiètent du désordre dans la capitale, de l'augmentation des impôts et par-dessus tout de la remise en cause du droit de propriété prôné par les républicains. Dans la presqu'île, tout possesseur d'une simple parcelle se sent solidaire des grands propriétaires terriens.

À Valognes, Tocqueville installe, comme toujours, son quartier général à l'hôtel du Louvre. Il écrit chaque soir à Marie, qui a préféré rester à Paris. Le dimanche suivant, il découvre les joies du suffrage universel : il improvise une allocution publique sous les halles, devant tous les habitants de Valognes. Il apparaît si sincère, si ému, qu'une partie de l'auditoire en a les larmes aux yeux. Puis il se rend à Cherbourg pour un banquet où les candidats officiels – dont il ne fait pas partie – doivent intervenir.

Le gouvernement a en effet envoyé deux commissaires de la République : Leonor-Joseph Havin, que Tocqueville déteste, car ce fougueux anticlérical parisien, manœuvrier, soutient l'évêque lorsqu'il est dans le Cotentin ; et Narcisse Vieillard, ancien député de la Manche lui aussi, que l'on dit ami du fameux Louis-Napoléon Bonaparte, le neveu de Napoléon Ier. Volontairement, Havin et Vieillard n'ont pas invité Tocqueville à s'exprimer au banquet. Alexis se glisse à la table officielle et demande la parole juste après eux, en les prenant par surprise. Miracle, les mots lui viennent spontanément :

« J'ai toujours jugé que les institutions démocratiques et républicaines étaient l'avenir de la France, je l'ai écrit il y a quinze ans dans un livre que chacun peut consulter ; mais, je ne le nie pas, j'espérais que nous pourrions y arriver graduellement, sans secousses, sans crise financière, sans suspension du travail national, en un mot sans révolution... Je n'avais aucune raison d'aimer la dynastie qui vient de tomber. Je ne lui ai jamais rien demandé. Elle ne m'a jamais rien donné. Mais j'avais prêté serment à la charte de 1830, je suis resté jusqu'au bout fidèle à ce serment. »

La sincérité de Tocqueville touche le public.

« Il ne s'agit plus de savoir si nous aurons en France la royauté ou la république, mais il nous reste à apprendre si nous aurons une république agitée ou une république tranquille, une république pacifique ou une république guerroyante, une république libérale ou une république oppressive... »

Les applaudissements fusent de tous bords. Les acclamations sont telles que l'émotion le prend à la gorge.

Autrefois, sa famille marchait à la tête de la noblesse du Cotentin ; désormais, c'est tout le peuple qui se reconnaît en lui, qui salue sa fidélité, son honnêteté intellectuelle, sa grandeur. Il se sent, plus que jamais, un enfant de France, porteur des valeurs que sa lignée lui a enseignées, mais existant, désormais, par lui-même, pour servir son pays et le guider dans la tourmente.

De banquet en harangue sur des estrades en plein vent, de réunion publique en causerie de voisinage, Tocqueville martèle ses convictions et la sincérité de son républicanisme, qu'il avoue « du lendemain ». Devenu un personnage incontournable du département, il se retrouve placé, en fin de campagne, sur les onze listes présentes – celle de l'évêché, celle des ouvriers de l'arsenal, celle des légitimistes... Mais il s'en faut de peu qu'il ne soit absent de la plus importante, celle des commissaires : Havin, en effet, a tout fait pour l'en écarter. Il y figure quand même, en quinzième et dernière position.

Pendant ce temps, des rumeurs inquiétantes proviennent de Paris : la capitale serait sur le point de tomber aux mains des révolutionnaires. Ces derniers seraient prêts à aller contre la volonté des électeurs, et même à faire violence aux élus. Certains d'entre eux feraient jurer aux officiers de la garde nationale de marcher contre l'Assemblée en cas de conflit entre les députés et le peuple. La province s'alarme.

Alexis va passer dans son château les derniers jours qui précèdent le vote. Il en a besoin. Il revient pour la première fois à Tocqueville depuis les journées révolutionnaires, mais même si les derniers événements l'ont fait mûrir, il demeure un écorché vif. Il arrive sans être attendu, et seul son vieux Lubin est là, qui lui fait fête. Les salles vides, les meubles entassés et poussiéreux, les cheminées sans feu, les horloges arrêtées, l'humidité des murs... Il est saisi de sombres pressentiments et submergé par une nostalgie un peu poisseuse. Il se souvient des heures heureuses qu'il a passées ici avec Marie sans en connaître le prix.

Il se rappelle leur premier voyage en Normandie et ces heures de calèche où il avait commencé de l'aimer en découvrant sa finesse, sa culture, et la douceur de ses yeux. Il a vécu tant d'émotions depuis quelques semaines qu'il craque nerveusement. Il erre d'une pièce à l'autre et ne supporte pas ce silence dans sa chambre, cette solitude. Elle lui donne un début de nausée. Il se sent orphelin, abandonné ; il est incapable de trouver le sommeil.

Le lendemain matin, il se lève juste avant le jour et sort marcher. Il inhale à pleins poumons l'air frais, violent, cet air qui ne se respire qu'à la campagne, à l'aube. Puis il rentre écrire à Marie : *Hier soir, quand je me suis retrouvé en face de ce lieu, le seul qui me soit cher en ce monde, je me suis senti un serrement de cœur extraordinaire... et (ce que je n'oserai dire qu'à toi) j'ai pleuré comme un enfant... Dans les temps que nous vivons, les émotions comme celles que je viens d'avoir ne sont pas bonnes. Elles énervent. J'espère y échapper désormais. Car j'ai bien besoin de mes forces. Je suis tout à la fois effrayé et attendri en voyant l'espoir que cette population met en moi. Il semble que je tienne dans mes poches tout leur avenir; et pourtant, qui peut rien aujourd'hui pour l'avenir de personne dans ce grand jeu de hasard que joue la France ?*

Le vote a lieu dans les chefs-lieux de canton, où les citoyens des diverses communes sont admis en salle de vote en groupe, à des heures précises. Les citoyens de Tocqueville votent ainsi à Saint-Pierre-Église, à une grosse lieue de là. Le 24 avril au matin, tous les hommes de plus de vingt ans se regroupent devant l'église de Tocqueville pour partir ensemble. Le ciel est tourmenté, il pleut dru, mais ici, personne ne craint la pluie. C'est lorsqu'elle manque que les fermiers s'inquiètent.

La population a toujours été bienveillante pour Alexis, mais aujourd'hui ses concitoyens sont affectueux : il n'a jamais été entouré d'autant de respect que depuis que l'égalité brutale est affichée sur tous les murs. Tous les hommes se mettent deux par deux en file indienne, par ordre alphabétique. Alexis se place donc à côté d'un autre « T », un certain Tournebœuf. En queue de peloton, viennent les malades et les infirmes dans des charrettes tirées par des chevaux. Seuls les enfants et les femmes restent au village.

En arrivant en haut de la colline qui domine le bourg, la troupe s'arrête pour souffler. Les villageois demandent à Alexis de prendre la parole.

« M'sieur le comte ! Faut nous dire quet'chose.

— Allez-y, m'sieur Alexis ! Faut qu'on vous entende, bon'dlà ! »

Alexis est remué. Il y a trois cents ans, ses aïeux servaient de parrains à beaucoup d'habitants de ce village ; ses compagnons sont leurs descendants. Il grimpe sur le revers d'un fossé. Les villageois font cercle autour de lui sous la pluie battante.

« Je voulais vous rappeler la gravité et l'importance de l'acte que vous vous apprêtez à faire. Le suffrage universel est une belle chose et le vote n'est pas un acte anodin. Ne vous laissez pas accoster ni détourner par les gens qui, à notre arrivée à Saint-Pierre, pourraient chercher à vous tromper; au contraire, marchons sans nous désunir et restons ensemble jusqu'à ce que nous ayons tous voté.

— D'accord ! C'est bon ! » applaudissent les villageois.

Tous les votes sont donnés en même temps et, bien qu'ils soient secrets, chacun sait qu'ils sont presque tous en faveur du châtelain. Tocqueville a hâte de retrouver Marie et repart pour Paris sans attendre les résultats : il n'y a toujours pas de chemin de fer entre Cherbourg et la capitale, mais en voyageant de nuit avec des relais bien coordonnés, il peut relier Tocqueville à Paris en moins de douze heures. Il s'arrête quelques minutes à Valognes pour dire adieu à ses amis. Certains le serrent dans leurs bras comme s'ils le voyaient pour la dernière fois.

« Si on attaque l'Assemblée constituante, assurent-ils, nous viendrons vous défendre. »

L'engagement lui paraît bien candide.

Les résultats tombent. Dans toute la France, les électeurs donnent la victoire aux représentants de l'ancienne opposition dynastique – des notables, des gentilshommes, de grands propriétaires, et même des hommes d'Église – plutôt qu'aux révolutionnaires qui leur ont obtenu le droit de vote.

« C'était prévisible, commente Marie. Contrairement à leurs prédécesseurs de 1789, les révolutionnaires ne pouvaient pas supprimer *le* dîme ou *le* corvée, c'était déjà fait !

— Sans parler des privilèges des aristocrates, ajoute Alexis.

— Ils n'ont pas compris qu'en voulant abolir *cette* droit de propriété, ils ont effrayé tout le monde. Tous les paysans, les commerçants, tous les petits bourgeois ont eu peur.

— Vous avez raison. Les Rouges auraient mieux fait de promettre l'abolition des dettes.

— Ils ne seraient pas en train de se plaindre de *le* ingratitude de la nation !

— Vous savez à qui ils me font penser, Marie ? À l'Arnolphe de Molière, quand il dit à Agnès : "Pourquoi ne m'aimer pas, madame l'impudente ?" »

Tocqueville n'a pas souhaité cette révolution. Il a compris que son sens profond était une insurrection des prolétaires contre le droit de propriété, seule garantie de l'ordre social depuis le commencement du monde. Il ne l'a pas souhaitée, mais puisqu'elle a eu lieu, il fait comme son arrière-grand-père Malesherbes en 1789 : il s'efforce de l'accompagner, pour le bien de la nation. Lorsque les résultats de la Manche lui parviennent, il se découvre élu haut la main. Il a obtenu cent dix mille voix sur cent vingt mille votants. C'est un triomphe.

41

Un dîner avec George Sand

Juin 1848

«Ah, Tocqueville, vous voilà! s'écrie Richard Monckton Milnes. Puis-je vous présenter George Sand, la plus merveilleuse de vos femmes de lettres? Baronne, voici Alexis de Tocqueville... le prophète de la démocratie par temps de révolution.»

Le ton léger qu'adopte son ami anglais étonne un peu Alexis; certes, Monckton Milnes est un original, mais son manque de gravité contraste avec l'ambiance qui règne dans les salons parisiens depuis l'élection de l'Assemblée. La crise économique et sociale ne cesse de s'amplifier, et pour cause : ne sachant pas quelle orientation va prendre la république, les détenteurs de capitaux fuient la France, aggravant ainsi ses problèmes. Les impôts vont tellement s'alourdir que Marie et Alexis craignent de ne plus pouvoir garder le château.

Monckton Milnes, poète quadragénaire, membre du Parlement anglais, adore la France. Il se pose en observateur avisé des événements qui agitent la capitale tout en fraternisant avec les deux camps. Il s'est entiché de George Sand et a organisé en son honneur un dîner littéraire auquel il a convié une vingtaine d'hommes et de femmes de lettres plus ou moins prestigieux.

Tocqueville s'efforce de sourire en se penchant sur la main d'Aurore Dupin, baronne Dudevant, alias George Sand :

«C'est un honneur et un plaisir de vous rencontrer, madame, murmure-t-il.

— Un honneur et un plaisir partagés, monsieur, répond la baronne sur le même ton. Surtout après une telle présentation ! »

Les deux écrivains ne se connaissent que de réputation : ils ne fréquentent pas les mêmes milieux. George Sand affectionne la compagnie des aventuriers littéraires, ses idylles avec Musset, Liszt et quelques autres ont défrayé la chronique. En revanche, elle refuse les invitations de Mme Récamier. Contrairement à son ami Honoré de Balzac, elle ne veut pas « se compromettre dans l'antre de l'absolutisme ».

Alexis subodore qu'elle ne l'aime guère ; à un de ses amis qui lui demandait ce qu'elle pensait de la *Démocratie en Amérique*, elle a répondu sèchement : « Je suis habituée à ne lire que les livres qui me sont offerts par leurs auteurs. »

Il entretient, pour sa part, quelques préjugés à l'égard de George Sand : il se méfie toujours des femmes qui écrivent pour défendre la cause de leur sexe, et cette femme au pseudonyme masculin s'y emploie d'une manière trop systématique pour ne pas être caricaturale. La baronne, en outre, prône la passion et fustige l'institution du mariage. Tocqueville a beau s'être mis au ban de son milieu par son union avec Marie et par ses choix politiques, il ne pousse pas assez loin la révolte au goût de celle qui aime à s'habiller en homme ou à fumer la pipe à eau pour bousculer les conventions sociales.

Aujourd'hui, pourtant, elle ressemble à une vraie femme, avec sa robe foncée et ses cheveux noirs rassemblés en deux bandeaux serrés sur la nuque. Elle n'a qu'un an de plus que lui – quarante-quatre ans –, et elle ressemble toujours un peu à Marie. Mais moins qu'autrefois, lorsqu'il avait vu son portrait chez cet artiste à qui il avait demandé de faire une miniature de sa fiancée, avant de partir en Amérique. Son regard surtout, ressemble à celui de sa bien-aimée, étonnamment profond.

Monckton Milnes indique le plan de table à ses invités, et surveille du coin de l'œil les deux écrivains en train de faire connaissance. Milnes est un homme d'esprit capable de bourdes impardonnables. Il en commet ce soir une que tout le monde a vu venir sans que personne n'ait osé l'en informer. Il a invité à la fois George Sand et Mérimée à son dîner, bien que la rumeur publique prétende qu'ils aient couché ensemble. Tocqueville, qui connaît bien Mérimée, en est même certain. L'auteur de la *Chronique du règne de Charles IX* lui a confié avoir eu avec l'écrivaine, très peu de temps auparavant, des relations aussi tendres qu'éphémères. Alexis s'en est amusé avec Marie, tandis qu'il s'habillait pour le dîner.

« Vous avais-je dit qu'ils avaient conduit leur romance suivant les règles d'Aristote ? »

Sa femme a pouffé de rire.

« *You mean* : ils ont réduit toute l'action à l'unité de jour et dc licu ? »

Marie résiste à l'envie d'ajouter qu'elle en connaît d'autres à qui cette unité de temps et de lieu n'a pas toujours déplu. Mais elle a promis, puisqu'elle a pardonné, de ne plus faire allusion à cette époque.

« Exactement ! Et il se dit que Mme Sand en veut à Mérimée, après avoir triomphé si vite, d'avoir si peu usé de son triomphe...

— Voilà un repas qui promet d'être animé. Je regrette d'avoir ce *bad pharyngitis.* Je vous aurais volontiers accompagné, *for once.* »

Alexis est assis en face d'une jeune Anglaise dont l'allure agréable et modeste le frappe ; mais elle ne semble pas à son aise, coincée entre Mérimée et un écrivain assez obscur et presque obèse. L'auteur de la *Démocratie* a pour voisine de gauche une autre jeune femme, maigre et fade, dont il n'a pas retenu le nom. Qu'importe, il ne s'intéresse qu'à sa voisine de droite. S'il n'a jamais lu ses romans, il a quand même eu un aperçu de certains passages édifiants du tout premier, *Indiana,* car Marie s'est fait prêter quelques ouvrages de George Sand. À sa parution, il avait éclipsé *Notre-Dame de Paris,* de Victor Hugo, ce que sa femme trouvait incompréhensible. Mais peut-être est-elle trop sévère.

Car George Sand paraît d'emblée sympathique à Alexis. Ses traits sont un peu massifs, mais son regard est admirable. Tout son esprit semble s'être retiré dans les yeux, abandonnant le reste du visage à la matière. L'écrivaine est brillante, ses premières réflexions en témoignent. Elle affiche une grande simplicité de manières et de langage, qu'elle mêle peut-être à une affectation de simplicité dans les vêtements. Plus ornée, se dit Alexis, elle paraîtrait encore plus simple.

Pendant une heure, ils évoquent la situation politique. Impossible d'aborder d'autres sujets quand la crise menace. Aurore Dupin interroge Tocqueville sur la commission chargée de concevoir la nouvelle Constitution, et au sein de laquelle il a été élu, avec Dufaure, Barrot et Beaumont. Elle a suivi dans les journaux l'avancée de leurs travaux.

« Un des articles était illustré par un dessin représentant les membres de la commission : on vous y voit assis au premier rang, tandis que Gustave de Beaumont, debout au second rang, se penche pour vous murmurer quelque chose à l'oreille... Les "Tocquemont" sévissent toujours, je vois ! »

Alexis ne répond pas et revient vite à son sujet. L'élaboration de la Constitution est une mission primordiale, qui ne devrait pas être réalisée dans l'urgence : avec ses collègues, dont plusieurs anciens de feu la Jeune Gauche, ils vont rédiger cent quarante articles en un mois. Tocqueville a deux obsessions : l'élection du président de la République par le peuple et l'existence de deux Chambres.

« Et le droit des citoyens au travail, à l'instruction et à l'assistance ? demande George Sand.

— Je ne peux pas défendre le droit au travail, répond Tocqueville avec sa franchise habituelle. Il conduit à la socialisation de la société. Or le socialisme, c'est le culte des jouissances matérielles, l'abolition de la propriété privée, la suppression de la liberté individuelle. C'est aux antipodes des idées de 1789 ! La révolution en cours doit être à la fois démocratique et chrétienne, en organisant socialement la charité.

— C'est une démocratie à l'américaine, une démocratie de petits propriétaires que vous nous proposez...

— Et pourquoi pas une démocratie à l'américaine, si cela assure le progrès social ? Il faut l'encadrer d'institutions libres et modérées, qui seules assureront la stabilité politique. C'est ainsi que nous échapperons aux risques de nouvelles révolutions. »

Tocqueville ne précise pas à sa voisine que dans son « Manifeste pour la Jeune Gauche », influencé par l'horreur de la condition ouvrière découverte autrefois à Manchester, il a largement décrit la politique qu'il envisage pour aider les plus pauvres : les exempter de l'impôt, rendre ce dernier très progressif, taxer moins les produits de première nécessité, créer des institutions pour assister les plus démunis... Il sait que tout ce qu'il a proposé n'ira jamais assez loin pour George Sand et qu'il est plus intéressant, avec elle, de ferrailler sur les idées.

«Je ne vous comprends pas, Tocqueville. Vous défendez toujours l'égalité. Mais le socialisme, justement, c'est l'égalité des conditions...

— La démocratie et le socialisme ont en commun, c'est vrai, ce principe d'égalité. Mais la démocratie veut l'égalité dans la liberté, et le socialisme dans la servitude.»

Leur discussion est si animée que les autres convives se taisent pour les écouter. Cependant, ils reviennent vite à la préoccupation du jour : l'ambiance insurrectionnelle qui règne dans Paris.

Depuis quelques semaines, des milliers d'ouvriers se réunissent dans les rues et sur les places où ils refont le monde, cultivant des idées socialistes et parfois bonapartistes. La plupart viennent des Ateliers nationaux, créés par le gouvernement provisoire après les journées insurrectionnelles de février pour donner aux désœuvrés un petit revenu en échange d'un travail. Leur nombre n'a cessé d'augmenter : ils seraient cent quinze mille désormais.

L'Assemblée a été prise d'assaut le 15 mai par les plus révolutionnaires d'entre eux : ils voulaient lancer un mouvement populaire en faveur de la Pologne. Le tumulte était tel qu'ils n'ont pas pu contraindre les députés à voter leur motion, mais les élus de la nation ont senti le vent du boulet. Lors de la grande fête du 21 mai au Champ-de-Mars, lorsque les députés se sont rendus ensemble, à pied, du Palais-Bourbon à l'École militaire, ils étaient tous armés de peur d'une attaque : pistolet pour les uns (Tocqueville en avait deux, un dans chaque poche), canne épée pour les autres, et même, pour certains, une boule de plomb cousue dans une lanière de cuir pour servir de massue. Les Parisiens s'attendent à la guerre civile.

Mme Sand est une sorte d'homme politique et sa vision des choses frappe vivement Tocqueville. L'écrivaine possède, comme Marie, une vraie capacité d'analyse, mais elle fréquente d'autres milieux et notamment les adversaires d'Alexis, aux idées plus avancées, voire révolutionnaires. C'est la première fois qu'il se trouve en rapport direct avec une personne qui peut lui décrypter les intentions du camp adverse.

«Je suis heureux de parler avec vous, lui dit-il. Car les partis ne se connaissent jamais les uns les autres. Ils s'approchent, se pressent, se saisissent, ils ne se voient point...

— Je ne suis pas sûre que ce dont je dois vous alerter vous fasse extrêmement plaisir ! »

George Sand lui peint alors, avec force détails, l'état d'esprit des ouvriers de Paris, leur organisation, leur nombre, leurs armes, leurs raisonnements, leur détermination.

« Le tableau me semble un peu chargé, tempère Alexis.

— Détrompez-vous. La population finira par triompher. »

Et d'ajouter d'un air sombre, témoignant d'une pitié un peu solennelle pour les futurs vaincus :

« Tentez d'obtenir de vos amis, monsieur, de ne point pousser le peuple dans la rue en l'inquiétant ou en l'irritant. De même que je voudrais pouvoir inspirer aux miens la patience ; car si le combat s'engage, croyez que vous y périrez tous. »

Sa voix un peu grave laisse en suspens la fin de la phrase, et il reste dans l'air le silence tendu, fragile, d'une dernière note de symphonie.

Pourtant le message est passé et Alexis ne va plus penser qu'à cette grande insurrection à laquelle Paris n'échappera pas. Il arpente désormais la capitale avec inquiétude. Le printemps s'achève, et il lui semble déjà entendre rouler les tambours.

Le soulèvement attendu finit par se produire. Le 20 juin, la commission exécutive qui a remplacé le gouvernement provisoire dissout les Ateliers nationaux pour faire des économies sur le budget de l'État, et aussi dans l'espoir d'étouffer l'agitation ouvrière. Les plus jeunes travailleurs doivent s'enrôler dans l'armée, les autres rentrer chez eux en province ou partir en Sologne creuser le canal de la Sauldre. La mesure provoque des émeutes : plus de vingt mille ouvriers refusent de partir et descendent dans les rues. Certains défilent en chantant : « Nous l'aurons la république démocratique et sociale, nous l'aurons Poléon », faisant allusion à Louis-Napoléon Bonaparte. Le 23, en se rendant avec Corcelle du

Palais-Bourbon à l'Hôtel de Ville, Tocqueville découvre que le peuple élève des barricades.

« Vous avez vu ? Ces ouvriers travaillent avec l'habileté des meilleurs ingénieurs. Ils dépavent à bon escient, en prenant juste le nombre de pierres carrées nécessaires pour bâtir un mur épais et très solide. On dirait qu'ils ont des années d'entraînement.

— Tout est prévu, ils laissent même une petite ouverture le long des maisons pour circuler... »

Soudain, rue des Jeûneurs, les deux hommes tombent sur un garde national, très pâle, couvert de sang et de fragments de cervelle. La bataille a bien commencé. Le soldat leur raconte que son bataillon a essuyé un feu meurtrier à la porte Saint-Denis. Un de ses camarades a péri à côté de lui.

Tocqueville retourne à l'Assemblée, pour découvrir que de grosses colonnes d'infanterie suivies de canons sont en train de se mettre en place. Lamoricière est à leur tête, à cheval et en grand uniforme, son éternel cigare à la bouche.

« Que faites-vous donc ? demande Alexis. On s'est déjà battu à la porte Saint-Denis, et les environs de l'Hôtel de Ville se couvrent de barricades.

— Patience, nous y allons. Croyez-vous que nous soyons assez sots pour éparpiller nos soldats un jour comme celui-ci dans les petites rues des faubourgs ?

— Qu'allez-vous faire alors ?

— Nous laissons les insurgés se concentrer dans les quartiers que nous ne pouvons leur disputer et nous irons ensuite les y détruire en force. Ils ne nous échapperont pas cette fois. »

Comme Tocqueville rentre à l'Assemblée, un gros orage éclate. Il se dit que ce mauvais temps va les tirer d'affaire, que le peuple de Paris a besoin de soleil pour se battre et qu'il craint plus la pluie que la mitraille. Mais les nouvelles qu'il entend dans l'hémicycle sont inquiétantes. Lamartine a été reçu à coups de fusil devant les barricades qu'il a approchées. Les députés Bixio et Dornès sont morts en allant haranguer les insurgés. D'autres ont été blessés. Plusieurs officiers ont été tués au combat. Un des députés présents, Victor Considérant, membre de la commission de rédaction de la Constitution comme Tocqueville, propose de faire des concessions aux ouvriers, ce que ses collègues refusent dans un bel ensemble.

À minuit, l'homme qui concentre tous les pouvoirs militaires, le général Eugène Cavaignac, un ancien officier d'Afrique, vient annoncer que les insurgés sont repoussés aux barrières et qu'on espère être enfin maître de la ville. Dans Paris endormi, les rues sont désertes. Cette nuit sereine est de bon augure : l'ordre va sûrement triompher. Les députés, épuisés, vont se coucher en se donnant rendez-vous le lendemain matin à huit heures. Ils sont à mille lieues d'imaginer que l'affrontement ne fait que commencer.

42

Sur les barricades

Juin 1848

Lorsque Alexis se réveille, le soleil est déjà haut sur l'horizon : c'est la Saint-Jean, le jour le plus long de l'année. Un bruit sourd fait trembler les vitres. Marie est assise sur le bord du lit, elle regarde avec attendrissement son mari sortir de sa léthargie. Alexis dormait une main sur sa poitrine, le poing serré, et elle aurait donné cher pour savoir de quoi il se protégeait dans ses rêves.

« Que se passe-t-il ? » demande-t-il, avec l'air penaud de celui qui a dormi comme une masse aux côtés d'un insomniaque.

Marie se penche sur lui pour l'embrasser.

« C'est le canon, voilà près d'une heure que je l'entends, répond-elle doucement. Je n'ai pas cru devoir vous réveiller car vous allez sans doute avoir bien besoin de vos forces aujourd'hui. »

Chère Marie ! Alexis l'entoure de ses bras et dépose un baiser dans ses cheveux. Le jour de la grande bataille est venu, et elle conserve son calme olympien. Sa femme aura bientôt cinquante ans, la sérénité la rend belle. Elle a perdu les kilos dont elle se plaignait lors de leur dernier séjour à Tocqueville, lorsqu'elle abusait du poisson à la crème et des pommes de terre au beurre. Le temps a été indulgent avec elle, ses épaules rondes et musclées résistent bien à l'âge, et son humeur est redevenue paisible depuis qu'il a renoncé à ses frasques. Chaque matin, elle se lève la première, vive et décidée, même quand elle souffre de ses rhumatismes articulaires. Elle a gardé intacte sa faculté d'émerveillement et sa capacité de révolte.

« Pourquoi personne ne peut-il faire entendre raison aux ouvriers ? demande-t-elle. Ils n'auront pas raison contre la France entière...

— Il n'y a pas de négociation possible avec eux. Ils ne veulent pas changer de gouvernement, mais de société ! Ils considèrent que ce que possèdent les riches leur a été volé. Et que la république les a trahis.

— N'y a-t-il pas un chef, quelqu'un avec qui vous puissiez discuter ?

— Justement non : aucun homme important ne s'est mis à la tête du mouvement pour l'incarner. Même les Montagnards de l'Assemblée n'osent pas se prononcer en sa faveur.

— Ceux qui auraient pu être *the leaders*, Barbès, Raspail, Blanqui, se sont fait prendre comme des idiots le 15 mai...

— Ce sont des fous, m'a dit Trélat, le médecin de la Salpêtrière. Ils entendront tonner le canon à travers les murs du donjon de Vincennes. Et nous, Marie, nous n'avons pas d'autre alternative que de vaincre cette insurrection ou de périr. »

Il s'habille en hâte et sort dans la rue. Le grand jour est bien arrivé. Les gardes nationaux quittent leurs demeures en armes. À côté des vingt-cinq mille militaires, ils sont dix-sept mille – bourgeois, boutiquiers... – à s'être enrôlés dans la garde nationale. Quinze mille gardes mobiles, recrutés parmi les Parisiens les plus pauvres, se battent à leurs côtés.

« Vous semblez avoir de l'énergie à revendre ! lance Tocqueville à un garde national qui passe à côté de lui.

— C'est vrai, j'ai hâte de combattre ! répond l'homme en levant sa baïonnette.

— Le bruit du canon fait sortir les braves de chez eux et retient les autres au logis ! » renchérit un de ses collègues.

Le député se rend d'abord au petit séminaire, rue Notre-Dame-des-Champs pour récupérer ses deux neveux, les fils d'Édouard, dont les parents ont quitté Paris. Il les emmène avec lui à l'Assemblée. En chemin, il croise des ouvriers en blouse grise, qui ne se battent pas encore mais écoutent avec joie le bruit du canon se rapprocher : l'insurrection gagne du terrain. Les insurgés combattent sans cri de guerre, sans chefs et sans drapeaux, et pourtant avec un ensemble et une forme d'expérience militaire qui étonne les vieux officiers.

À l'Assemblée, Adolphe Thiers demande à quelques collègues, dont Tocqueville, de le suivre dans un cabinet particulier. Là, il leur explique que les insurgés peuvent prendre l'Assemblée dans une heure :

« Dès lors, nous serons tous massacrés individuellement.

— Que peut-on faire alors ?

— Il faudrait rappeler les troupes autour de l'Assemblée, faire évacuer les députés et transporter le siège de la République vers un lieu plus sûr. À Versailles, par exemple. »

Ses collègues s'y opposent, Tocqueville en tête :

« La fuite serait prématurée ! » répète-t-il, écœuré par les manigances de Thiers et son manque de courage.

Tocqueville envoie ses neveux porter à Marie un mot lui enjoignant de partir à Saint-Germain-en-Laye par le chemin de fer avec eux, car le péril croît d'heure en heure. Puis il rentre dans l'Assemblée pour discuter d'un décret destiné à mettre Paris en état de siège et ôter ses pouvoirs à la commission exécutive, ce gouvernement provisoire constitué d'Arago, Lamartine, Garnier-Pagès, Ledru-Rollin et Saint-Georges. Le décret le remplace par une dictature militaire provisoire exercée par le général Cavaignac. Un peu plus tôt, un autre décret a été voté pour permettre aux familles des gardes nationaux qui succomberont dans la lutte de recevoir une pension du Trésor, et à leurs enfants d'être adoptés par la République.

Il faut transmettre ces décisions aux gardes nationaux afin de leur redonner confiance, car on les dit découragés. Quatre députés seront désignés pour accomplir cette mission périlleuse : aller haranguer les soldats sur les champs de bataille. Les noms sont mis au vote.

Tocqueville a toujours eu, parmi ses collègues, la réputation d'être courageux, physiquement et moralement. On lui reconnaît de l'élégance, de l'énergie, et une constance naturelle : il ne plie pas, il reste droit. Il est pourtant surpris et même ému d'être nommé le premier. On lui adjoint Cromenin, Crémieux et Goudchaux. Les quatre hommes se ceignent de leur écharpe tricolore et partent, sans attendre leur escorte, vers l'intérieur de Paris, par la rive droite de la Seine. Les gardes nationaux qu'ils croisent sur leur passage ôtent leurs chapeaux en criant « Vive l'Assemblée nationale ! » Ils suivent la rue Saint-Honoré jusqu'au Palais-Royal, où ils rencontrent les premiers gros bataillons de gardes.

L'escorte les rejoint pour les accompagner jusqu'à la grande barricade de la rue Rambuteau. Ils traversent des dizaines de petites rues ensanglantées où l'on se bat encore. C'est une guerre d'embuscades dont le théâtre n'est pas fixe, et où l'on peut se faire fusiller par un tireur embusqué dans une lucarne au moment où l'on s'y attend le moins. Pendant trois heures, Tocqueville et Crémieux – le meilleur orateur des quatre – délivrent une trentaine de discours, tandis que leurs deux compagnons n'ouvrent pas la bouche, terrorisés par le sifflement des balles.

« Vous avez vu ? remarque Crémieux après les premières harangues. Quand on leur dit que Paris est en état de siège, ils sont contents, mais quand on ajoute que la commission exécutive est renversée, ils poussent des cris de joie !

— Jamais peuple ne fut si aise d'être débarrassé de sa liberté et de son gouvernement à la fois, renchérit Tocqueville. Voilà où la popularité de Lamartine a abouti en moins de deux mois.

— Ce qui m'a frappé, moi, c'est que nous sommes venus pour les encourager, et que ce sont plutôt eux qui nous encouragent !

— Oui, ils nous demandent de tenir bon à l'Assemblée, convaincus de leur côté qu'ils tiendront bon sur les barricades et que nous viendrons ainsi à bout de l'émeute. »

Par les portes que les insurgés ne contrôlent pas, des milliers d'hommes arrivent de toute la France. La province contre Paris, les terriens contre les prolétaires... Grâce au chemin de fer, ils viennent de quarante lieues à la ronde, bien que le combat n'ait commencé que la veille au soir. Tocqueville calcule que ceux qui arriveront du centre de la France seront là le lendemain, et que les Normands et les Bretons les rejoindront le surlendemain.

« Ces gens appartiennent indistinctement à toutes les classes de la société, observe Tocqueville. Paysans, bourgeois, grands propriétaires... Il y a des nobles aussi.

— L'insurrection elle-même est un spectacle inédit, opine Crémieux.

— Je ne vois pas comment nous pourrions ne pas en triompher. Les insurgés ne reçoivent pas de troupes fraîches, et nous, nous avons toute la France pour réserve. Mais, Dieu, que le peuple de Paris se bat avec cœur ! »

Sur la place de la Concorde, au milieu des habitants armés de son quartier, Tocqueville aperçoit son parent, Le Peletier d'Aunay, qui fut vice-président de la Chambre des députés pendant les derniers jours de la monarchie. Il ne porte ni uniforme ni mousquet, juste une petite épée de cérémonie à poignée d'argent suspendue à la ceinture. Alexis est ému en voyant cet homme respectable, à cheveux blancs, ainsi accoutré.

« Voulez-vous venir dîner aujourd'hui chez moi ? propose Alexis.

— Voyons ! Que diraient les braves gens qui m'accompagnent et qui savent que j'ai bien plus à perdre qu'eux au triomphe de l'insurrection, s'ils me voyaient les laisser ainsi pour aller prendre mes aises ? »

Tocqueville comprend qu'il ne doit pas insister.

« Non, poursuit Le Peletier, je partagerai leur repas et je coucherai dans leur bivouac. La seule chose que je vous demanderai, si possible, c'est de presser un peu l'envoi du pain qu'on nous a promis, car nous sommes sans nourriture depuis ce matin. »

Le soir, en rentrant chez lui, Alexis prend des notes. Un jour, il écrira ses souvenirs, et ces journées de 1848, pendant lesquelles il est allé de barricade en barricade pour galvaniser les gardes nationaux, feront forcément partie de ses grandes heures – ou de ses heures les plus sombres. Il se rend compte qu'à quarante-quatre ans, bien qu'il soit né bien après la Révolution, il a déjà vécu sous sept régimes différents : l'Empire, la restauration de Louis XVIII, les Cent-Jours de Napoléon, la seconde Restauration avec le même Louis XVIII, le règne de Charles X, la monarchie de Juillet après les Trois Glorieuses puis cette seconde révolution avec ses soubresauts et son cortège de douleur. Il ne doute pas que cette fois, la révolte sera matée, et que la république reprendra son cours, mais pour combien de temps ?

Au matin du deuxième jour, il est réveillé en sursaut par le bruit de la porte d'entrée. La veille, avant de partir pour Saint-Germain, Marie lui a fait porter un message le prévenant que leur portier voulait l'assassiner. Il aurait raconté ses intentions à plusieurs personnes, après avoir bu dans des cafés du voisinage.

Tocqueville se lève, récupère sous son oreiller un des deux pistolets qu'il a chargés la veille et se glisse derrière la porte. Une voix s'élève :

« Vous êtes rentré, monsieur ? »

Ce n'est qu'Eugène, son domestique, qu'il a muni à sa demande d'un uniforme de garde national et d'un bon fusil, et qui vient voir si monsieur a besoin de ses services.

« Eh bien Eugène, comment vont les affaires ?

— Très bien, monsieur, parfaitement bien !

— Comment, très bien ? J'entends encore le bruit du canon ce matin !

— C'est vrai qu'on se bat toujours, mais tout le monde assure que ça finira très bien. »

Tout en parlant, le grand gaillard ôte son uniforme. Il nettoie les bottes et brosse les habits de Tocqueville. Puis il enfile à nouveau son costume de garde :

« Si monsieur n'a plus besoin de moi, je m'en vais retourner à la bataille. »

Tocqueville se demande combien de temps Eugène pourra exercer ce double métier, sans dormir et en mangeant à peine. Il voudrait avoir le temps d'écrire à Marie pour lui dire combien la figure paisible de son domestique le rassure, au milieu de ces journées de sauvagerie et de haine.

Avant de rejoindre l'Assemblée, Alexis se rend sur les lieux où se déroule le combat, afin de comprendre pourquoi il dure encore. Il parcourt les grands boulevards sans trouver de traces de la bataille mais, à partir de la porte Saint-Denis, elles abondent. On marche au milieu des débris laissés par les insurgés dans leur retraite : des fenêtres brisées, des portes enfoncées, des maisons criblées de balles ou abîmées par les boulets, des arbres abattus, des pavés amoncelés, et derrière, de la paille mêlée de sang et de boue.

Il arrive au Château d'eau, où sont massés plusieurs corps de troupes derrière un gros canon. En arrière de la fontaine,

Lamoricière, planté sur un grand cheval, donne des ordres malgré le sifflement des balles autour de lui. Il crie d'une voix enrouée, s'agite avec énergie mais sans perdre son sang-froid. Soudain, son cheval s'affaisse, touché mortellement par un coup de fusil. C'est le quatrième cheval tué sous lui depuis l'avant-veille. Lamoricière saute à terre et prolonge, à pied, sa harangue furibonde.

Brusquement, tout à côté, au coin de la rue Samson, des insurgés venus par l'arrière, à travers les courettes, apparaissent au sommet d'un immeuble et se mettent à tirer sur la troupe. Les détonations se répercutent sur les murs des maisons opposées avec un grand fracas, faisant croire à une autre attaque de ce côté-là. Aussitôt, une effroyable confusion s'ensuit : artillerie, cavalerie, infanterie s'entremêlent, les soldats tirent dans tous les sens et reculent dans le tumulte. Le mouvement de retraite de la cavalerie est si violent et désordonné que Tocqueville est renversé à l'entrée de la rue du Faubourg-du-Temple et jeté contre le mur d'une maison ; son chapeau est arraché et il manque d'être écrasé. Il se relève et ôte la poussière de sa redingote en méditant sur la mort accidentelle, si peu héroïque, qu'il a failli connaître.

Lamoricière court vers ses soldats et les arrête de la voix et des mains : il saisit les fautifs par le col et les ramène. Il les force à passer au petit pas sous le feu de la rue du Faubourg-du-Temple pour enlever la maison d'où la fusillade est partie. La mission est accomplie en quelques minutes.

Encore sous le choc, Alexis retourne à l'Assemblée en pensant qu'il n'y a rien de plus bête qu'un homme qui se fait casser la tête à la guerre par curiosité. Pendant son trajet, il est arrêté et obligé de montrer sa médaille. Plus de dix fois, il est mis en joue par ces factionnaires novices, des campagnards venus de toute la France et qui parlent toutes sortes de patois.

Les volontaires de la Manche arrivent le lundi 27 juin. La dernière barricade, celle qui bloquait l'entrée du faubourg Saint-Antoine, est tombée la veille. Les Manchois ont parcouru près de cent lieues à travers des régions pas encore desservies par le chemin de fer. Tocqueville, ému aux larmes, reconnaît parmi eux des propriétaires, des avocats, des médecins, des cultivateurs, dont beaucoup sont ses amis ou ses voisins. Ils ont tenu leur promesse.

Une semaine plus tard, alors que Paris se remet lentement du fracas sanglant de ces journées mémorables, Tocqueville se rend chez Chateaubriand, le cœur serré. Son parent, à qui le reliaient tant de souvenirs d'enfance et de rivalités tacites que le temps avait fini par apaiser, vient de mourir. Juliette Récamier, en pleurs, lui décrit les derniers moments du grand homme.

Quatre mois plus tôt, lors des journées de février, en entendant la rumeur du fond de son lit, l'Enchanteur avait voulu savoir ce qui se passait. On lui avait répondu que la monarchie de Louis-Philippe venait d'être renversée. Il avait lâché : « C'est bien fait ! » avant de se rendormir.

À la veille de sa mort, il a entendu le canon, et, de nouveau, a demandé quel était ce bruit. On lui a dit que l'on se battait dans Paris, que c'était le bruit des bouches à feu. Il a fait de vains efforts pour se lever en vociférant : « Je veux y aller ! » Puis il s'est tu pour toujours.

Alexis n'ose pas demander si le mourant a prié Dieu. Cela ne fait aucun doute. Il lui revient ce mot d'un ami écrivain à son propos : « Il croit croire. » Encore un point qui les séparait : Alexis, lui, croit ne pas croire. Mais au fond, ils avaient les mêmes origines, la même formation à trente-cinq ans de distance, ils ont bu le même lait historique et idéologique et ils étaient proches, à leur manière. Tocqueville incarne simplement la génération d'après. La société, entre-temps, a changé, et il a compris les choses différemment. Là où Chateaubriand avait les yeux fixés sur une page qui se fermait, Tocqueville en a ouvert une nouvelle.

Alexis n'aura plus besoin de chercher, même involontairement, à se mesurer à lui. Son oncle est mort, et il incarne désormais à ses yeux bien plus qu'un grand écrivain ou un grand politique : l'homme qui avait le mieux conservé l'esprit des anciennes races. Sa mort marque la fin d'un monde. Mais c'est à lui de construire le suivant.

43

Un ministre et un ministère éphémères

Mars 1849

Tocqueville traverse la cour de l'Élysée en remontant le col de sa redingote. Il fait froid, bien que le printemps commence dans quelques jours, et il se remet à peine d'une mauvaise grippe bronchitique qui l'a immobilisé en janvier et en février. Marie voit dans ces affections répétitives une conséquence directe de cette congestion pulmonaire qui a failli le laisser pour mort dans une forêt d'Amérique, deux décennies plus tôt.

C'est la première fois qu'il se rend dans le petit palais que Louis-Napoléon Bonaparte a choisi comme résidence après son élection triomphale du 10 décembre. Sans doute le nouveau président ne s'imaginait-il pas au Palais-Royal ni aux Tuileries ; il s'est donc souvenu opportunément de cet hôtel particulier de la rue du Faubourg-Saint-Honoré, cadeau de Louis XV à Mme de Pompadour, auquel son oncle Napoléon s'était attaché ; l'Empereur était retourné y habiter lors des Cent-Jours.

Le député de la Manche est étonné de l'invitation à dîner du nouvel homme fort de l'État. Louis-Napoléon Bonaparte n'ignore pas que Tocqueville ne l'aime guère et qu'il a soutenu son principal challenger, le général Cavaignac. Alexis se méfie d'un homme qui a tenté par deux fois de réaliser un coup d'État, en 1836 et en 1840, mais que les Français semblent apprécier sans le connaître, sur son seul nom. Lors des législatives de juin 1848, le « neveu » a été élu dans quatre départements différents, avec des scores presque aussi spectaculaires que celui de Tocqueville dans la Manche. Ensuite, lors de la présidentielle de décembre, il a récolté 75 % des suffrages, contre 20 % à Cavaignac et 0,3 % à Lamartine ! Il a bénéficié, à droite, du soutien du parti de l'Ordre – un regroupement hétéroclite de personnalités conservatrices ou partisanes d'une république à l'américaine, par opposition aux révolutionnaires – et à gauche, des voix des ouvriers et des paysans en raison de ses discours socialisants.

Tout en montant les marches du palais, Tocqueville se demande pourquoi le nouveau président, qu'il ne tient pas en haute estime, est si prévenant à son égard. Alexis a soutenu Cavaignac tout en sachant qu'il ne gagnerait pas : le général incarnait la République dans un pays qui n'est déjà plus républicain. L'attitude des députés à l'égard de Louis-Napoléon – ce désaccord systématique avec tout ce qu'il propose – lui paraît cependant en contradiction avec les souhaits du pays. Les Français sont las de ces parlementaires phraseurs qui ont laissé quatre mille citoyens et mille six cents soldats de la garde nationale se massacrer, lors des journées de juin.

Tocqueville est avant tout démocrate. Pour lui, il est donc vital d'organiser de nouvelles élections législatives, même si elles doivent donner la majorité aux partisans du nouveau président. Il devine déjà cet incroyable paradoxe : lui et ses amis vont devoir soutenir une république qu'ils n'ont pas souhaitée et dont ils vont être pourtant les derniers défenseurs !

Les huissiers de l'Élysée conduisent Tocqueville dans un des salons de réception du rez-de-chaussée. Le prince-président s'y trouve déjà, avec une dizaine de convives : il décrit les innombrables travaux qu'il envisage dans le palais. Il accueille Tocqueville avec chaleur et le place à sa droite à table. Leur conversation dure tout le temps du repas et pourtant, quand il sort de l'Élysée, Alexis se rend compte qu'il est incapable de brosser le portrait intellectuel de ce personnage très déroutant.

« Il est plus discret que je ne croyais, sans doute à cause de son éducation à l'étranger et de ses années de prison, explique-t-il à Marie. Je l'imaginais honnête et médiocre, mais je n'en suis plus aussi sûr.

— Je suis convaincue que lui, en revanche, a pu juger de vos qualités... et *that he will pick you up*... il viendra vous chercher pour le prochain gouvernement !

— Encore faudrait-il que je sois réélu dans la Manche. »

Marie reconnaît bien là les paradoxes de son mari, qui oscille souvent entre déclarations bravaches et peur perpétuelle de ne pas être à la hauteur. Étrangement, son pessimisme est une de ses forces, car il l'oblige à toujours faire plus qu'il ne faudrait pour atteindre ses objectifs.

« Il n'y a aucun doute là-dessus, *darling*. L'année dernière, pour la Constituante, vous avez été élu pour vous-même, et non pour un parti.

— En tout cas, je n'ai pas envie de faire campagne. Ni de me mettre sous une bannière.

— Peu importe, vous figurerez d'office sur toutes les listes, comme *le* dernière fois.

— J'imagine d'ici les règlements de compte auxquels nous allons assister. Nous allons tomber dans les guerres de pot de chambre.

— Restez au-dessus *du* mêlée ! Si nous partions quelques semaines en Allemagne comme vous en rêvez depuis si longtemps ?

— C'est vrai que vous m'avez forcé à apprendre l'allemand en prévision de ce voyage ! Je ne sais même pas si c'était nécessaire car vous-même le parlez très bien ! Vous avez raison, partons en Allemagne : je pourrai enfin me reposer un peu. »

Mais c'est un repos à la manière tocquevillienne qu'il envisage : il se voit bien réitérer ses exploits de jeunesse en allant étudier la situation révolutionnaire de l'Allemagne. Ce pays est en train de devenir une force importante en Europe, et il jouera, il en est sûr, un grand rôle dans la vie du continent au cours des prochaines décennies. Il obtient des lettres d'introduction pour rencontrer les conservateurs aussi bien que les libéraux. Beaumont, qui a été nommé ambassadeur de France à Londres quelques mois plus tôt, lui ouvre aussi des portes.

Les Tocqueville voyagent en Allemagne depuis une dizaine de jours – le pays est plongé dans une atmosphère de quasi-guerre civile – lorsque leur parviennent les résultats des élections législatives de mai en France. Il y a beaucoup moins de suffrages exprimés que lors de la Constituante, mais Tocqueville remporte une seconde victoire personnelle dans la Manche.

Le parti de l'Ordre est majoritaire à l'Assemblée, mais plus de cent cinquante Montagnards, les « Rouges », l'aile gauche des républicains, y entrent également. Alexis et Marie décident de rentrer en France. Mais à Bonn, Marie tombe malade : une crise de foie liée au voyage.

« Il faut que tu me quittes. Ne t'inquiète pas pour moi. Je te rejoindrai dans quelques jours.

— Je déteste l'idée de t'abandonner ici, autant que celle de rentrer seul... »

Tocqueville arrive à Paris en pleine crise politique. Louis-Napoléon s'est mis en quête d'un nouveau président du Conseil, car Odilon Barrot a démissionné, estimant qu'à une Assemblée plus conservatrice, il fallait un gouvernement plus conservateur. Thiers et Molé, surnommés les « Burgraves » – du nom d'une pièce de Victor Hugo qui vient de faire un fiasco –, refusent de prendre le poste, mais ils entendent contrôler, malgré tout, les agissements du nouveau gouvernement grâce à leur majorité à l'Assemblée. « La folie des hommes intelligents est une chose merveilleuse », écrit Tocqueville à Marie. Il est élu vice-président de l'Assemblée.

Finalement, par manque de choix, le prince-président reconduit Odilon Barrot chef du gouvernement. Cette fois, Barrot invite Tocqueville à en faire partie. Ce cabinet sera donc libéral, c'est-à-dire républicain, et mènera une politique conservatrice, sous la surveillance étroite de l'Assemblée où les partisans des « Burgraves » dominent ! Autant dire qu'il est condamné d'avance. Tocqueville se voit offrir le portefeuille des Affaires étrangères, alors qu'il espérait celui de l'Éducation.

Tocqueville est nommé le 2 juin 1849 et s'installe dans l'hôtel particulier du ministère des Affaires étrangères, boulevard des Capucines. Le nouveau palais des Affaires étrangères, au 37, quai d'Orsay, n'est pas terminé : Guizot en a posé la première pierre en 1845, mais la révolution a retardé l'achèvement des travaux. On dit qu'il ne sera habitable que dans trois ou quatre ans ; Tocqueville sait que son gouvernement ne tiendra pas jusque-là. Il le regrette, car le lieu promet d'être prestigieux : des architectes et des décorateurs de renom ont été mis à contribution pour en faire un lieu d'exception, digne de recevoir les plus grands ministres et les chefs d'État du monde entier.

Marie supervise le déménagement, mais n'emporte aucun de leurs meubles, bibelots et tableaux préférés. À leur ami Nassau Senior, l'économiste anglais, qui vient leur rendre visite, elle précise qu'ils ne sont dans cet hôtel que des « oiseaux de passage ».

Tocqueville a choisi pour chef de cabinet un journaliste de trente-quatre ans, le comte Arthur de Gobineau, dont il a pu tester le talent à deux reprises, à l'Académie des sciences morales et politiques, où Gobineau l'a aidé à faire le bilan des progrès moraux réalisés en France depuis 1789, puis au journal *Le Commerce*. Le journaliste, que Tocqueville sort d'une mauvaise passe financière, le sert avec dévouement, travaillant jusqu'à vingt heures par jour.

Même si ce n'est pas le poste qu'il aurait préféré, le nouveau ministre est parfaitement qualifié pour la tâche qui l'attend. Il a beaucoup voyagé, il connaît la plupart des dirigeants des grands pays européens. L'année précédente, il a même été désigné comme médiateur français dans le conflit qui oppose le royaume de Sardaigne à l'empire d'Autriche. Il est apprécié de tous ses collègues de l'Assemblée, même ceux qui le trouvaient hautain ou distant à cause de sa myopie. S'il passe pour un marginal, il en recueille aussi les fruits : son honnêteté et sa neutralité le font souvent désigner pour s'occuper des grands rapports parlementaires. Il affiche pour la France de vraies ambitions.

Dès les premiers jours, il facilite les relations entre les différents ministres, ou entre ses collègues et le président du Conseil, car le gouvernement a beau être restreint, il est hautement inflammable. Il connaît bien les députés, travaille en bonne entente avec eux et impressionne les ministres étrangers et les diplomates qu'il rencontre. Mais il ne croit toujours pas à la pérennité de son ministère.

44

Le portrait de Chassériau

Septembre 1849

Le ministre Tocqueville s'efforce d'entretenir de bonnes relations avec Louis-Napoléon Bonaparte. Pourtant, il est toujours convaincu que le principal danger pour la république, c'est le président lui-même. La Constitution l'autorise à un mandat de quatre ans, non renouvelable immédiatement, dont il est peu probable qu'il se contente. Tocqueville se demande comment conjurer cette menace.

« Plus je pratique cet homme, Marie, plus je constate qu'il est très supérieur à ce que sa vie antérieure et ses folles entreprises ont pu faire penser de lui.

— Cela va décevoir ses adversaires !

— Cela déçoit surtout ses amis, Thiers, Molé et les autres. Si l'on peut donner le nom d'amis à des gens qui l'ont parrainé à cause de sa médiocrité présumée !

— Parfois, il me semble que vous vous prenez d'affection pour lui.

— Je n'irai pas jusque-là ! Mais en privé, il a des qualités attachantes : son humeur est facile, son caractère humain. Je crois qu'il a l'âme douce et assez tendre. Il peut éprouver de la sympathie et même de la reconnaissance.

— Est-il modeste ?

— Étonnamment, si l'on considère l'orgueil immense que lui donne son origine. Sa conversation est assez stérile et il est totalement dépourvu d'éloquence. Je crois qu'il préfère écrire. D'ailleurs, il a un certain amour-propre d'auteur.

— Ne croyez-vous pas qu'il dissimule sa véritable nature ?

— Sa dissimulation est profonde comme celle d'un homme qui a passé sa vie dans les complots ! Il faut voir l'immobilité de ses traits et l'insignifiance de son regard : ses yeux sont ternes et opaques, vous savez, comme ces verres épais qui éclairent les chambres des vaisseaux et laissent passer la lumière, mais à travers lesquels on ne voit rien...

— L'autre jour, vous disiez à Louis de Kergorlay qu'il avait une graine de folie.

— C'est vrai, il met généralement une idée bizarre, un peu folle, au milieu de quelques idées justes. Mais si vous saviez comme il gaspille son énergie dans des jouissances vulgaires !

— Vous savez bien que c'est sa folie plus que sa sagesse qui a fait son succès !

— Vous avez raison : s'il avait été un homme sage, moins convaincu de la force de son étoile – pis : s'il avait été un homme de génie –, il ne serait jamais devenu président de la République.

— Pourtant il vous écoute, *doesn't he* ?

— Les paroles qu'on lui adresse sont comme des pierres que l'on jette dans un puits : on en entend le bruit mais on ne sait ce qu'elles deviennent ! Cela dit, je suis convaincu qu'il est possible de le faire changer d'avis, voire de l'empêcher de perpétrer certains actes irrémédiables. À condition d'être plus fins tacticiens que nous ne le sommes aujourd'hui. »

D'autres ministres blessent le président en lui montrant qu'ils tiennent son opinion pour quantité négligeable. Tocqueville est plus habile : il vient régulièrement lui exposer les affaires de l'Europe. Lorsqu'ils ne sont pas d'accord, Alexis lui fait part des raisons de ses décisions jusqu'à le convaincre et, parfois, sur des détails mineurs, cède à ses caprices pour lui montrer qu'il prend son avis en compte. Une sympathie naît peu à peu entre les deux hommes, teintée de méfiance de la part de Tocqueville, plus vive de la part du président qui a jugé comme il devait cet aristocrate original qui a fait de la liberté et de l'égalité démocratiques les piliers de sa philosophie. Il le voit comme une sorte de génie anxieux, profondément honnête, un peu isolé de ses contemporains, attentif à son image de probité mais moins intéressé par sa propre carrière que par le souci de servir son pays.

« Ce qui est certain Marie, c'est qu'il sera impossible d'écarter Louis-Napoléon de la vie publique lorsqu'il aura terminé son mandat. Il n'a pas le droit d'en solliciter un second, alors qu'il serait sans aucun doute élu. Il sera donc tenté par le coup d'État.

— Il y a sûrement *un* autre solution... Dans les institutions d'un pays, les princes servent souvent d'outils, *don't they* ? Pourquoi ne pas lui créer un grand poste décoratif ?

— Son indolence s'en contenterait, sans doute. Malheureusement, il faudrait d'abord en convaincre des centaines de députés. »

Tocqueville doit aussi composer avec Adolphe Thiers. Son collègue Rémusat, qui le fréquente depuis vingt-cinq ans, lui a donné un bon conseil : « Thiers a bien plus de vanité que d'ambition ; il tient aux égards plus encore qu'à l'obéissance, et aux apparences du pouvoir plus qu'au pouvoir même. Consultez-le beaucoup et faites ensuite comme il vous plaira. » Dans les principaux dossiers qu'il a à traiter, Tocqueville fait exactement le contraire de ce que veut Thiers, mais il va le voir pour lui demander son avis, avec une telle déférence qu'ils restent bons amis en façade.

Tocqueville a parfois des intuitions de grand politique. Il en fait la démonstration dans l'affaire des révolutionnaires réfugiés en Suisse. Les autorités allemandes, italiennes et françaises ont pourchassé des bandes rebelles qui sont allées se réfugier autour de Genève et de Berne. Dix ou douze mille activistes sont ainsi prêts à troubler l'ordre des États voisins ; la Prusse, l'Autriche ou la Russie se plaignent. Personne n'arrive à faire entendre raison aux Suisses pour qu'ils expulsent les fauteurs de trouble. Même les menaces de la France sont sans effet. Un soir, Tocqueville a une idée dont il fait part à Marie :

« Je pourrais convaincre les gouvernements étrangers de n'accorder pendant quelque temps aucune amnistie à ceux de leurs sujets qui se sont réfugiés en Suisse, et de leur refuser même la permission de revenir.

— La France fera de même ?

— Bien sûr. Nous fermerons aussi les frontières à ceux qui voudraient simplement traverser la France pour se rendre ailleurs. La Suisse restera encombrée de ses aventuriers, qu'elle devra héberger, nourrir et même payer pour éviter le désordre.

— Je comprends ! Cela éclairera vite les Suisses sur les inconvénients du droit d'asile ! »

Après quelques semaines, les Suisses cèdent effectivement : alors que la perspective d'avoir toute l'Europe contre eux ne les effrayait pas, ils finissent par expulser les révolutionnaires pour s'éviter de la gêne et des dépenses !

Tocqueville possède un tempérament d'homme d'État. En quelques mois, bien qu'il soit critiqué pour ce qu'il n'a pas fait, il intervient dans plusieurs affaires qui, toutes, auraient pu engager la France dans la guerre. Il est ferme et prend ses responsabilités.

Pourtant, il est souvent repris par ses doutes. Il déteste toujours la politique des petits arrangements. Dès la mi-septembre, Barrot, en situation difficile, songe à céder sa place à Adolphe Thiers, qui refuse. Un journal satirique publie un dessin où l'on voit Thiers médire de Tocqueville : il laisse entendre que « Toc-Toc se retire des affaires pour se consacrer exclusivement à l'éducation de ses lévriers ». Ce dessin peine Alexis.

« Ils ont raison, Marie, je suis fatigué. Je plie sous le faix.

— Vous travaillez trop ! *Come on*, dites-moi ce qui vous chagrine.

— C'est une misère de diriger les Affaires étrangères d'un peuple qui a le souvenir d'une force immense mais ne dispose plus que d'une puissance limitée. Jamais je n'ai autant ressenti la fragilité des royaumes terrestres. Il vaudrait mieux que j'aille planter mes choux. »

La réaction de Marie ne se fait pas attendre :

« Nous partons à Tocqueville *just now* si vous pensez vraiment ces histoires de choux et de royaumes terrestres ! *But you don't, do you ?* Nous rentrerons bien assez tôt en Normandie. En attendant, la France a besoin de vous ! »

Le 31 octobre, Louis-Napoléon Bonaparte décide de se séparer de ses ministres en s'affranchissant de la tutelle de l'Assemblée nationale. Il annonce son changement de chef de gouvernement au Palais-Bourbon sur un ton déjà très impérial. Après les ministres, place aux complices.

Le prince-président envoie à Tocqueville une lettre personnelle pour tenter de se faire pardonner ce limogeage collectif qui est aussi un premier coup de force inconstitutionnel, fomenté avec Thiers et Molé. « Vous êtes l'un de ceux avec lesquels mes sentiments sympathisaient le plus », avoue-t-il. Il lui demande d'être son intermédiaire auprès de ses anciens collègues : il n'avait pas l'intention de froisser des hommes « qu'il aimait et qu'il estimait ». Curieusement, l'Assemblée, qui n'avait pas beaucoup soutenu le cabinet Barrot, le regrette aussi et déplore le remplacement d'hommes dotés d'une forte personnalité par d'obscurs fonctionnaires aux ordres.

« À l'Assemblée, tout le monde conspire contre tout le monde, ou presque, confie Alexis à son ami Nassau Senior. Légitimistes, orléanistes, bonapartistes, tous sont furieux les uns contre les autres, et tous sont déterminés à renverser la république. »

Il oublie plus vite que Marie ne le craignait ses déconvenues de ministre éphémère. En cinq mois, il ne pouvait de toute façon pas faire grand-chose, sinon régler des crises déjà mal engagées à son arrivée. Sa seule vraie réussite est d'avoir maintenu la paix en Italie, alors qu'une république romaine s'était instaurée dans les anciens États pontificaux ; le ministre français a permis de trouver une issue à la crise grâce à un jeu à trois avec le Vatican et l'Autriche. Le 25 septembre, le *Times*, qui n'est pourtant jamais tendre avec les Français, affirme que la guerre n'a été évitée que grâce à Tocqueville et au prince Felix von Schwarzenberg, le chancelier autrichien.

Si Alexis n'a pas de regrets, il a de plus en plus de craintes pour l'avenir de la république.

« Le corbeau cherche de plus en plus à imiter l'aigle !

— Vous croyez qu'un coup d'État se prépare ? Le prince Napoléon n'est qu'à la moitié de *sa* mandat.

— Certes, mais c'est ce vers quoi nous nous dirigeons à grands pas, même si personne ne semble en avoir conscience.

— Oubliez ce Bonaparte. *Now that you've spare time*, vous allez pouvoir poser enfin pour Théodore.

— Vous avez raison, cela me changera des caricatures ! »

Théodore Chassériau, disciple d'Ingres et de Delacroix, s'est rendu célèbre pour avoir réalisé les fresques du palais d'Orsay. Le jeune peintre a obtenu cette commande en partie grâce à Tocqueville qui a aussi facilité ses voyages en Algérie. Il en a rapporté des tableaux que Marie et lui ont jugés extraordinaires, comme ses scènes de vie de femmes à Alger ou ses combats de cavaliers arabes dans le désert.

Le peintre exige d'Alexis trois séances de pose d'une heure chacune. Maintenant qu'il a quitté ses fonctions, l'ancien ministre s'exécute volontiers. L'idée d'être figé pour la postérité ne lui déplaît pas et les séances sont l'occasion de longues discussions avec Théodore Chassériau et son frère Frédéric.

La semaine du nouvel an, quand le portrait est terminé, Marie vient le contempler dans l'atelier de Théodore, au bord de la Seine. Le tableau, trônant sur le grand chevalet est une pure merveille. Il allie la pureté classique des lignes à la manière d'Ingres à l'ambiance romantique que l'on trouve chez Delacroix : le peintre qui d'ordinaire préfère représenter les êtres en mouvement, a réalisé, avec ce portrait posé, une de ses plus belles œuvres.

« *Oh Alexis, this painting is wonderful!*

— Ce portrait est très réussi, confirme pensivement le modèle, gêné de se voir grandeur nature, comme dans un miroir.

— Théodore, vous avez vraiment du talent! Vous avez tiré le meilleur de votre modèle. »

C'est un instantané d'Alexis, à quarante-quatre ans, modeste et pourtant sûr de lui, un homme un peu mélancolique qui rêve encore à l'avenir alors qu'il tutoie les sommets. L'écrivain, un peu pâle, se tient très droit, le poignet appuyé sur le dossier d'une chaise. Son visage tourné vers la lumière est entouré d'un dégradé de verts : la porte vert-gris, la chaise vert d'eau, jusqu'à sa redingote qui donne le sentiment d'être vert très foncé. Ses cheveux longs et noirs, épais et ondulés, sont séparés par une raie bien marquée; il porte des favoris discrets et ses lèvres fines semblent rehaussées de rouge. Ses yeux sombres et vifs, surmontés de sourcils bien dessinés, encadrent un nez aquilin. Il a de longues mains, aux ongles soignés. Alexis de Tocqueville, dans la force de l'âge, garde l'allure d'un adolescent mince et énergique. Son air inquiet et profond à la fois, romantique sans rien devoir à la mode, tranche avec les portraits de ses contemporains, qui exsudent la réussite matérielle et l'autosatisfaction.

Les premiers mois de 1840 sont rudes : l'hiver est âpre, le vent souffle souvent, glacial, les arbres se nimbent d'une lumière de neige. Alexis ne s'est pas encore attelé à un nouveau projet, malgré son éternel besoin de perspectives. Il a repris sans amertume sa place sur les bancs de l'Assemblée. Marie, fatiguée après ces mois de mondanités et de réceptions où elle s'est parfaitement acquittée de ses obligations de femme de ministre, tombe malade.

Le soir du 5 mars, alors qu'elle est un peu rétablie et s'est levée pour lire au salon, Alexis rentre plus tôt que d'habitude. Il est plié en deux par la toux, et tient à la main un mouchoir blanc couvert de taches écarlates.

« Marie ! Envoyez chercher Andral, vite ! Je crache le sang. »

45

Le retour à l'écriture

Mars 1850

Marie apporte un verre d'eau à Alexis, allongé sur son lit. Son visage est livide, de peur plus que de douleur. Elle installe un deuxième oreiller sous sa nuque, et s'assoit à son côté. Elle plonge la main dans ses cheveux et lui masse la tête pour l'apaiser. Mais son geste ne semble pas avoir l'effet habituel. Il garde les yeux grands ouverts. Elle s'efforce de sourire. Avec Alexis, l'inquiétude peut être contagieuse.

« Ne vous inquiétez pas, *darling,* ce n'est pas grave. Cracher du sang, ce n'est pas la fin du monde.

— Vous avez envoyé chercher le docteur ?

— Oui, la bonne est partie le quérir, ne vous inquiétez pas. Andral sera là dans une heure, *no more.* »

Gabriel Andral est l'un des médecins les plus réputés de Paris. La plupart des hommes politiques parisiens se font soigner par lui.

« Vous avez trop tiré sur la corde, annonce le praticien après avoir examiné la gorge du malade et ausculté ses poumons. Vous avez une âme énergique dans un corps délabré. Il faut vous reposer.

— Mais je...

— Vous devez cesser toute activité politique pendant six mois.

— C'est impossible, docteur. »

Plutôt mourir que d'être un homme réduit à sa biologie, une âme alerte dans un corps qui l'humilie. Plutôt la mort qu'un semblant d'existence.

« Pour commencer, vous devez aussi arrêter de parler. Je vous interdis les longues conversations. Ainsi, bien sûr, que tout discours à la tribune. Votre gorge est trop mal en point.

— Mes poumons sont-ils atteints ? interroge Tocqueville à voix basse.

— Difficile à dire. Je reviendrai demain avec deux collègues, un diagnostic collectif est préférable dans votre cas. Quoi qu'il en soit, vous allez devoir vous ménager pendant six mois au moins. »

Le diagnostic n'est pas plus précis après la visite des deux spécialistes. Pourtant, la semaine suivante, une rumeur se répand dans Paris : Alexis de Tocqueville est perdu. La nouvelle arrive aux oreilles de Marie ; Andral, qui fréquente les députés, n'a pas dû respecter le secret professionnel. Elle n'en dit rien à son époux ; inutile d'aggraver la situation. D'autant qu'Alexis a renoué avec ses angoisses métaphysiques. Au fond, il lui manque un projet. Pour qu'il croie en l'avenir, il lui faut une perspective, une mission à mener à bien. Heureusement, après trois semaines, les médecins semblent rassurés. Alexis a fait l'effort de ne pas parler.

Effort qui ne dure pas. Nassau Senior arrive bientôt à Paris et, à chacune de ses visites, les deux hommes tiennent des conversations animées. Marie, qui d'ordinaire se joint à eux, tente d'écourter leurs échanges.

« Alexis ne sait pas se discipliner, finit-elle par expliquer en aparté à son compatriote. C'est à vous d'être raisonnable pour lui, Nassau.

— Mais comment pourrais-je venir voir Alexis sans discuter avec lui ? Mes visites lui feraient plus de mal encore.

— Alors je ne vois qu'une solution, à défaut de lui mettre un bâillon : raccourcissez vos visites... et venez plus souvent ! »

Le larynx abîmé de l'ancien ministre lui occasionne un autre désagrément : il ne peut plus lire à haute voix. C'est pourtant l'un des grands plaisirs du couple ; Alexis et Marie passent souvent leurs soirées à lire ou relire des pièces de théâtre, des essais, des livres de voyage. Désormais, Marie doit faire la lecture seule.

En mai, Tocqueville se rétablit, le beau temps revient et la bonne humeur avec lui. Les deux époux partent pour le château. La Normandie et ses habitants les enchantent. Ils jubilent en retrouvant leurs chiens, leurs poules, et leurs arbres fruitiers. Étourdie, ce jour-là, par l'enthousiasme de son compagnon, Marie note dans son petit carnet brun : *Mon mari est un pessimiste qui vit de* grands *bouffées d'espoir.*

Après avoir laissé mûrir l'idée pendant trois mois, Alexis a décidé de s'atteler à une nouvelle tâche : la rédaction de ses Mémoires. Sur la première page il a écrit : *Souvenirs pour moi seul.* Il veut raconter la révolution de 1848, ses prémices et ses conséquences. Il n'a jamais tenu de journal : il ne croit pas que l'on puisse se « révéler à soi-même », il n'aime pas s'exposer, et l'idée que des étrangers se délectent un jour de ses pensées intimes le hérisse. Pourtant, il y a bien des choses dont il voudrait témoigner.

Ces Mémoires ne sont pas destinés à être publiés de son vivant, car il y fait preuve de trop de franchise : ses portraits sont brossés sans concession, et beaucoup de gens en souffriraient, y compris dans son entourage. Mais il en tire une satisfaction amusée. Pour qu'il soit sincère – il ne sait écrire qu'à cette condition – il faut que ce travail demeure secret car, comme il dit « il n'est de sincérité que posthume ». À l'exception de Marie, personne ne doit savoir.

Le seul ami à qui il aimerait montrer ses écrits, Jean-Jacques Ampère, ne peut malheureusement pas le rejoindre en Normandie. Le professeur de littérature au collège de France ne se remet pas de la mort de Mme Récamier qui n'a survécu que quelques mois à son grand homme. Le couple reçoit beaucoup d'autres visites : Hervé de Tocqueville avec Mme Guermarquer, Édouard, Alexandrine et leurs enfants, Nassau Senior et son épouse, et Jean-Charles Rivet, qui a participé à l'aventure de la Jeune Gauche et vient en Normandie pour la première fois. À aucun, pas même à son père, Alexis ne parle de son travail en cours.

Depuis l'écriture de la *Démocratie*, il a évolué : ses jugements n'ont rien perdu de leur acuité, mais son style est devenu plus concis et plus efficace. Marie le compare à celui de Pascal ou de Molière, et parfois aux *Mémoires d'outre-tombe*, dont il a si souvent entendu l'auteur lire des passages chez Mme Récamier. Tocqueville semble trouver une certaine félicité à écrire l'histoire de son temps.

« Cela vous rend heureux, n'est-ce pas ? lui demande souvent Marie, qui voudrait le voir un peu plus épicurien.

— La recherche du bonheur parfait est aussi vaine que celle de la vérité absolue, Marie !

— Mais vous dites toujours que le mécontentement de vous-même vous empêche d'être heureux : en *cette* moment, vous êtes content de vous, *ain't you* ?

— Mon âme est toujours inquiète et insatiable ; peut-on écrire des livres loin de tout désir d'éternité ? Cependant c'est vrai, quelque chose me rassure et me satisfait : je n'ai pas renoncé aux idéaux de mes vingt ans. Je n'ai pas de patrie et pas de cause, sauf celle de la liberté et de la dignité humaine. De cela, je suis sûr. »

En août, convaincu que sa convalescence n'a que trop duré, il décide de se rendre aux sessions du conseil général de la Manche, dont il a été élu président en son absence, à sa grande fierté. Son passage au ministère lui a valu de devenir l'homme le plus important du département, mais il continue de suivre personnellement les dossiers qui lui tiennent à cœur : la réalisation de la ligne de chemin de fer Paris-Cherbourg, pour laquelle il a rédigé quatre rapports depuis son arrivée au conseil général, ou celui des enfants trouvés, dont il a été le rapporteur quatre années de suite. Est-ce en souvenir de Louise Meyer et de Marguerite ? Il ne sait plus rien de sa fille, mais il y pense parfois. Il se dit qu'il est peut-être grand-père et qu'il ne connaîtra jamais ses petits-enfants.

Contrairement à ce qu'il croyait, il n'est pas guéri. Ses activités l'obligent à parler fort et fréquemment. Il se remet à tousser. Il doit de surcroît revenir dans le Cotentin pour prononcer un discours, à l'occasion de la venue de Louis-Napoléon à Cherbourg. Le président de la République veut rallier les foules et parcourt la France en se faisant acclamer. Une parade navale est organisée en son honneur dans le port de Cherbourg.

Tocqueville en profite pour rappeler au président l'importance du chemin de fer. Désormais il s'agit du dernier tronçon, Caen-Cherbourg, qui n'a pas encore obtenu de financement privé, faute d'investisseurs, cette partie de la ligne n'étant pas immédiatement rentable. La Haute-Normandie bénéficie souvent des largesses de l'État, mais la Basse-Normandie et surtout le Cotentin ne sont jamais prioritaires. Le train pourrait pourtant désenclaver une région qui ne vit que de son agriculture. En outre, lui démontre Tocqueville, il constitue une priorité stratégique : en cas de conflit avec l'Angleterre, le port en eau profonde de Cherbourg jouerait un rôle crucial; il faut donc pouvoir y acheminer rapidement des troupes.

À la fin du discours, le prince-président vient lui parler en particulier. Il salue aimablement Marie, et Tocqueville constate une nouvelle fois que Louis-Bonaparte l'apprécie lui-même à titre personnel. Au moins que cette sympathie lui soit utile pour défendre son territoire. Il parvient à le convaincre, mais rentre à Tocqueville exsangue. À nouveau, il est obligé de s'aliter.

« Marie, je me sens encore plus mal que lorsque nous sommes arrivés en Normandie.

— Et moi j'ai gardé le lit six jours sur sept pendant votre absence... Maintenant que vous êtes revenu, je vais pouvoir m'occuper un peu de vous !

— Les pluies diluviennes et ce vent violent qui n'arrête pas de souffler mettent nos nerfs à bout. Si nous partions six mois en Italie ?

— Quelle bonne idée ! Puisque nos soucis financiers sont derrière nous...

— Je profiterai du passage à Paris pour aller demander à Barrot et Beaumont de me raconter leur vision du 24 février 1848, sans leur dire dans quel but.

— Et ils feront semblant de vous croire ! »

Alexis espérait se rendre à Palerme, au pays de ces rois normands originaires du Cotentin, mais le couple demeure finalement à Naples, effrayé à l'idée de la traversée par gros temps. Marie n'est pas au meilleur de sa forme, Alexis se souvient des péripéties de son premier voyage en Sicile, en 1827. Dans la tempête, il avait cru la mort proche et s'était juré de rompre avec Rosalie s'il en réchappait. Quelle aurait été sa vie sans cette tempête ?

Ils louent une belle villa à l'entrée de Sorrente. Du toit-terrasse immense, ils jouissent d'une vue panoramique sur la baie de Naples, le Vésuve et les vallons couverts d'orangers d'où émergent dômes, clochers, et maisons blanches.

Alexis retrouve son énergie. Pendant cet hiver doux, il multiplie les longues randonnées dans la montagne et rapporte de ces courses des bouquets de violettes pour sa femme qui, le plus souvent, reste lire sur la terrasse, trop faible pour l'accompagner. Dès le printemps, il se baigne tous les jours. Jean-Jacques Ampère et la famille Senior les rejoignent. Ils admirent la presqu'île d'Amalfi et les temples de Paestum. Pour la seconde fois de sa vie, Alexis visite les ruines de Pompéi et grimpe au sommet du Vésuve, alors que tous ses amis renoncent à mi-pente, à l'exception de Minnie Senior, la fille de Nassau. Marie les a accompagnés, juchée sur un âne, jusqu'au pied du volcan. Son mari fait preuve d'une telle vitalité qu'elle est rassurée : ses poumons ne peuvent être atteints.

Chaque matin, Alexis continue la rédaction de ses *Souvenirs.* Un après-midi où il relit à Ampère et à Marie les lignes du jour, sa femme s'étonne :

« Que venez-vous de dire à l'instant ?

— Le proverbe ?

— Oui.

— Comme le dit un vieux proverbe normand : "Bon Dieu ! Préserve-moi de mes amis, je me garderai moi-même de mes adversaires."

— *Darling*, ce proverbe m'est familier. Vous êtes sûr que c'est un proverbe normand ? Il me semble que Voltaire a dit : "Mon Dieu, gardez-moi de mes amis. Quant à mes ennemis je m'en charge." C'est bien *le* même chose, non ?

— C'est la même chose, mais ce n'est pas de Voltaire, objecte Ampère. On lui attribue cette pensée à tort. Je crois que c'est Antigone II, roi de Macédoine, qui l'a dit le premier, d'une manière moins concise, mais il a été repris par Jean Le Bon à la bataille de Poitiers et... »

Au lieu d'applaudir la culture de ses compagnons, Tocqueville se vexe :

« Puisque vous n'êtes pas d'accord tous les deux, je garde ma version normande. C'est elle qui figurera dans mes *Souvenirs* ! »

Au dîner, Marie et Jean-Jacques en rient encore sous cape.

Au fond, les *Souvenirs* ne lui suffisent pas. S'il doit laisser une trace dans l'Histoire, ce sera davantage pour ce qu'il a écrit que pour ce qu'il a fait. Il doit s'atteler à une grande œuvre. Il est mieux armé pour le faire aujourd'hui qu'il ne l'était à l'époque de l'Amérique. Quel sujet mérite qu'il se donne corps et âme, avant que la vieillesse ne le prenne ? Il n'hésite pas longtemps : la Révolution française et ses racines. Thiers n'a écrit qu'une histoire événementielle qu'il a parée de fausses couleurs. Il est temps qu'un historien objectif – ou à la subjectivité désintéressée – rétablisse la vérité. Tocqueville est le mieux placé pour le faire, lui qui est obsédé, depuis l'adolescence, par le passage de l'aristocratie à la démocratie.

Mais le moment n'est pas encore venu. Il lui reste une mission politique à accomplir. À quarante-cinq ans, il sait que sa carrière politique touche à son terme. Même s'il est guéri, sa gorge l'empêchera désormais de jouer un grand rôle public. De plus, il s'est juré qu'il se retirerait de la vie politique si un coup d'État survenait, car il en ferait un échec personnel : il a participé à la rédaction de la Constitution, et ce serait la preuve qu'il n'a pas réussi à doter la France d'institutions solides.

Gustave de Beaumont lui a envoyé chaque semaine en Italie de longues lettres pour l'informer de l'évolution de la situation. Soudain, il lui semble que le temps presse, que le coup d'État est imminent. En France, le long feuilleton approche de son dénouement et il doit tenter d'agir sur le cours des choses. Compte tenu de ses relations avec Louis-Napoléon et avec les députés, il est le seul qui ait une chance de réussir. Pendant qu'il était en Italie, Louis-Napoléon s'est inquiété à plusieurs reprises de sa santé auprès de Beaumont. Il a même envisagé de confier à Barrot la formation d'un nouveau gouvernement et de donner à nouveau les Affaires étrangères à Tocqueville. Ce dernier n'aurait pas accepté : la vie de ministre et l'écriture d'un livre majeur sur la Révolution sont inconciliables.

« Marie, il faut que nous retournions à Paris.

— Quand cela, *darling* ?

— Vite. Maintenant. »

46

Empêcher le coup d'État

Avril 1851

Louis-Napoléon est plus puissant que jamais. Lors de son élection en 1848, le prince avait rassemblé cinq millions et demi de voix, contre moins de deux millions pour tous ses concurrents réunis. Deux ans après, s'il pouvait se représenter, l'hôte de l'Élysée en réunirait davantage.

Dans la Manche, où les Tocqueville vont d'abord se reposer en rentrant d'Italie, Alexis constate que la population soutient le président. La France est prospère, le prince Louis n'a pas fait d'erreurs, il incarne une stabilité qui a fait défaut au pays depuis le début du siècle. Pourquoi renvoyer un homme à qui tout réussit ? L'interdit constitutionnel d'un deuxième mandat à la suite du premier paraît ridicule et presque antidémocratique. Deux élections, la présidentielle et les législatives, doivent avoir lieu en mai 1852, dans un an. Et si elles ramenaient l'anarchie ? Et si les Rouges, profitant de la vacance du pouvoir, fomentaient une nouvelle insurrection ? Il faut rendre la réélection du prince-président constitutionnellement possible.

Le 15 mai, le prince Louis l'invite à l'Élysée pour lui demander son avis sur la situation politique en général et la sienne en particulier. Tocqueville y a longuement réfléchi et lui expose les trois solutions qui lui permettraient de se maintenir à la tête du pays. D'abord, le coup d'État, dont il s'efforce de lui démontrer l'échec probable et l'effet désastreux pour son image ; ensuite, la réélection illégale par le suffrage universel, qui constitue aussi un coup de force ; enfin, la réélection légale grâce à une modification de la Constitution.

« Cette dernière solution est la seule, je vous le dis avec franchise, que je puisse soutenir, explique Tocqueville au président. Elle ne présente qu'un inconvénient, mais il est de taille : elle doit être votée par le Parlement avec une majorité des trois quarts des députés, comme pour toute révision de la Constitution.

— Et vous imaginez que cela soit possible ? répond Louis-Napoléon avec une curiosité sincère dans la voix.

— Ce n'est pas gagné d'avance, mais il faut le tenter. Je suis convaincu que vous préférez de beaucoup cette solution... »

Ils pensent tous les deux la même chose : si cette solution s'avère impossible, le neveu de Napoléon Ier recourra sans scrupules à la force.

« Et vous accepteriez d'être le rapporteur de ce projet ? demande encore l'hôte de l'Élysée.

— Certainement, monsieur le président. »

La première étape est franchie. Tocqueville soumet dès le lendemain à ses collègues le projet de création d'une commission pour examiner les diverses propositions de révision de la Constitution. Il en est naturellement nommé rapporteur.

Le 8 juillet, il expose le rapport de la commission devant l'Assemblée. Il a toujours un peu le trac avant de monter à la tribune. Mais surtout, il craint pour sa gorge : il sollicite de ses collègues la permission de ne lire que la première des deux sections de son rapport, la plus longue.

« Il n'y a pas si longtemps, commence-t-il en regardant l'Assemblée à travers son lorgnon, j'ai été sérieusement malade, et je crains que la lecture de l'ensemble ne soit aujourd'hui au-dessus de mes capacités. »

Tous les députés y consentent en applaudissant l'orateur. Tocqueville force toujours le respect de ses confrères. Beaumont lui adresse un petit signe, auquel Alexis répond par un sourire.

« Vous n'êtes ni des rhétoriciens ni des enfants, commence-t-il. Vous êtes des hommes d'État. Vous ne vous satisferez donc pas de mots. Aussi vais-je mettre entre vos mains des questions constitutionnelles profondes, presque philosophiques... »

Et il expose les détails du projet de révision. Un peu plus tard, Lamartine, qui n'est plus que député du Loiret, lui succède à la tribune.

« M. de Tocqueville nous paraît avoir mérité cette approbation presque unanime. Le commencement et la fin de son travail surtout sont dignes de son nom et de sa difficile situation. Mais nous n'aimons pas autant le milieu. »

Un brouhaha s'élève dans la salle. La voix de Lamartine porte. Il demeure un orateur hors pair, et, lui aussi, un homme politique respecté de ses semblables. S'il n'a obtenu que 0,26 % des suffrages à la présidentielle de 1848, il le doit moins à son absence de qualités qu'à la notoriété du patronyme de son opposant.

« Mais nous supposons, reprend Lamartine après avoir ramené le silence, que c'est le tort de la commission, non le tort du rapporteur. Nous regrettons que, dans les raisons alléguées en faveur de la révision, on ait fait valoir en première ligne le danger d'une réélection inconstitutionnelle, qui mettrait le pied d'un homme sur le cou d'une nation constituée. Une réélection inconstitutionnelle serait un attentat pour celui qui la provoquerait ou qui l'accepterait. »

À dessein, Lamartine laisse ses derniers mots flotter quelques secondes dans l'hémicycle. Puis il assène :

« On ne prévoit pas un crime quand on parle d'un honnête homme. On n'a pas peur d'un crime quand on parle au nom d'une grande nation. »

Tocqueville sait qu'il a perdu. Que la France a perdu. Lamartine ne veut pas comprendre que la Constitution ne correspond plus à la volonté des Français, et que la vraie démocratie consiste à respecter les aspirations populaires. En soulignant le fait que l'on va faciliter la réélection d'un « criminel en puissance », il va rallier à lui les derniers inconscients. Tocqueville rentre chez lui désabusé.

« Je suis un homme seul, Marie.

— *Nonsense !* Ils vous soutiennent presque tous ! »

Le 21 juillet, le vote lui donne une large majorité, 446 voix sur 724, mais il en fallait les trois quarts, soit 543, pour que la

Constitution soit révisée. Il s'en est fallu de 97 voix. Thiers et sa faction orléaniste ont voté contre. Comme l'écrit ironiquement Karl Marx, qui, de Londres, suit de très près la situation française : « La majorité du Parlement s'est prononcée contre la Constitution, mais la Constitution elle-même s'est prononcée en faveur de la minorité. »

Pendant l'été, Tocqueville va présider le conseil général, à Saint-Lô. Alexis retrouve son frère Hippolyte, élu membre du conseil sous la bannière des républicains de gauche, pour le canton de Beaumont-Hague. Ils prennent ensemble un logement à Saint-Lô.

Alexis écrit chaque jour à Marie. Depuis quatre ans, ils n'ont jamais été séparés pendant plus de trois jours. *J'ai pris une si constante habitude de vivre avec toi que c'est une sorte de malaise perpétuel que de ne plus te voir ou de penser que je ne te verrai pas avant la fin du jour. C'est une sorte de gêne pour l'esprit et le cœur, comme serait au corps un manque d'air.*

Certes, Hippolyte est à ses côtés, mais sa présence l'agace un peu : il juge sévèrement cet aîné hâbleur, ingérable, aux réactions primaires. En novembre 1843, Alexis s'était mis en fureur contre ce frère qui se réclamait de lui, qui racontait partout que leurs différences politiques étaient minimes, et qui demandait des faveurs en son nom. L'aîné des Tocqueville donne une image grotesque et archaïque de l'aristocratie, l'incarnation d'une France dépassée. Marie, plus indulgente, a trouvé un joli mot pour décrire son beau-frère :

« C'est un homme sans gravité. »

Pendant les semaines normandes, Alexis s'ennuie ferme avec cet homme « si plat, si bon », tout prêt à se soumettre à l'autorité en place, quelle qu'elle soit. Hippolyte est sa mauvaise conscience.

Dans les campagnes, où le benjamin continue de faire de longues tournées pour rester en contact avec ses électeurs, il constate une « ardeur d'opinion napoléonienne » inquiétante : la bourgeoisie est toute prête à « sauter par-dessus la Constitution » pour garder Louis-Napoléon.

Quand il va passer quelques jours dans son château, où Hippolyte le dépose avec sa voiture, il dort dans le lit de sa femme et lui écrit des lettres interminables, dans l'espoir d'en recevoir à son tour. *Tes lettres sont mon seul réconfort ici. Les avis qu'elles contiennent, les sentiments qu'elles expriment me sont d'un extrême secours; car je ne connais personne d'une plus grande intelligence que toi et ton affection est la seule chose au monde à laquelle je crois absolument. La seule chose, entends-tu bien. Aussi je me permets quelquefois de sourire quand tu parles de ta crainte de perdre mon affection. Tu l'as à la vie et à la mort. Les femmes qui ont su prendre dans l'estime, dans l'affection, dans la vie tout entière de leur mari, la place que tu t'es acquise, celles-là n'ont pas à regretter de n'avoir pas d'enfant, car elles tiennent à elles seules lieu de tout.*

Dès que la session est terminée, début septembre, Tocqueville se remet à l'écriture et pendant près de deux mois, travaille d'arrache-pied pour terminer ses *Souvenirs* qui sont, dès l'origine, limités dans le temps : il ne traite que de la révolution de 1848 et de son ministère. Mais impossible de passer à *L'Ancien Régime et la Révolution* tant que cet ouvrage n'est pas terminé. La session parlementaire commence le 4 novembre et le couple prend ses quartiers d'hiver à Paris, dans un appartement loué à l'entrée de la rue de Castellane – sa dixième adresse différente en région parisienne. Louis-Napoléon Bonaparte vient ouvrir la session de la manière la plus sinistre qui soit : il forme de sombres pronostics politiques et économiques pour l'année suivante, et propose de rediscuter de la fameuse loi qui lui interdit de se représenter. L'Assemblée rejette cette idée, à la majorité, dans un mouvement d'orgueil suicidaire. Cette fois, les dés sont jetés.

47

Dans les geôles de Louis-Napoléon

Novembre 1851

Les jours s'écoulent et la rumeur de préparation d'un coup d'État enflent. Un matin de novembre, Tocqueville se réveille en sursaut. Marie à son côté, est réveillée elle aussi.

« Tu as rêvé, *darling*?

— Ce n'est pas un rêve... c'est un pressentiment.

— *Tell me, please.*

— Je crois que le coup d'État aura lieu le 2 décembre.

— Pourquoi ?

— Parce que c'est le jour anniversaire du sacre de Napoléon Ier et de la victoire d'Austerlitz ! L'un a eu lieu en 1804, l'autre en 1805...

— *You'd be right.* Ce serait *un* date idéale pour un homme aussi fier de ses origines.

— Nous ne pouvons plus rien faire pour empêcher le destin de s'accomplir. Si tu savais comme je hais cette impuissance, Marie ! »

À l'Assemblée, les discussions de routine se poursuivent, et la plupart des députés veulent croire que rien n'aura lieu avant la nouvelle année. Le 1er décembre, les parlementaires débattent de la ligne de chemin de fer entre Lyon et Avignon. Soudainement, dans la nuit du 1er au 2 décembre, Bonaparte déclenche son opération Rubicon, et le franchit sur l'heure : il édicte au matin six décrets proclamant, entre autres, la dissolution de l'Assemblée nationale, le rétablissement du suffrage universel masculin (auquel des restrictions avaient été apportées par une loi de 1850), la préparation d'une nouvelle Constitution et la convocation du peuple à de nouvelles élections.

Soixante mille hommes et une centaine de pièces d'artillerie sont disposés aux points stratégiques de Paris, des Champs-Élysées aux Tuileries. La garde nationale a été neutralisée. Les cafés sont fermés, les imprimeries bloquées, et seuls les journaux favorables à Louis-Napoléon sont autorisés à paraître. Soixante-dix-huit ministres, journalistes, chefs de l'opposition, républicains ou monarchistes – y compris Cavaignac, Lamoricière et même Thiers – sont sortis de leur lit et arrêtés. À six heures et demie du matin, le comte de Morny, demi-frère de Louis-Napoléon, est nommé ministre de l'Intérieur.

Tocqueville a peu dormi cette nuit-là. Il a de la fièvre. À l'aube, en dépit de son état, il se traîne jusqu'à l'Assemblée, où il retrouve quelques dizaines de collègues qui, comme lui, veulent s'élever contre le coup d'État. L'armée les chasse de l'enceinte *manu militari*. En fin de matinée, ils sont deux cent vingt députés devant le Palais-Bourbon, essentiellement des membres du parti de l'Ordre et des orléanistes ; ils vont trouver refuge dans la mairie du Xe arrondissement, à l'angle de la rue du Cherche-Midi.

« Mes amis ! s'égosille Tocqueville, dont les propos sont relayés par Charles de Rémusat et Gustave de Beaumont. Nous pouvons nous appuyer sur l'article 68 de la Constitution ! Il stipule que toute mesure par laquelle le président dissout l'Assemblée nationale est un crime de haute trahison. Par ce seul fait, le président est déchu de ses fonctions ; les citoyens sont tenus de lui refuser obéissance ; le pouvoir exécutif passe alors de plein droit à l'Assemblée nationale. Ne perdons pas une minute : votons ! »

Les députés votent à l'unanimité la déchéance et la mise en accusation de Louis-Napoléon Bonaparte pour forfaiture. Pendant ce temps, la troupe a encerclé la mairie. Les députés jettent des copies du décret par les fenêtres. Pierre-Antoine Berryer, un leader légitimiste corpulent, harangue la foule du balcon, acclamé par les Parisiens qui le confondent avec Ledru-Rollin.

Avant que les députés aient pu appeler le peuple à se mobiliser, les militaires entrent dans la mairie avec deux commissaires de police. Ils sont chargés de dissoudre ce nœud de résistance et de disperser les députés. Mais les élus refusent de quitter les lieux. Tocqueville, d'une pâleur livide, est pris d'une quinte de toux, mais tente de ne pas se faire remarquer. Il n'a rien mangé depuis la veille et des vertiges l'obligent à s'appuyer sur le mur. Un soldat qui l'a reconnu lui donne un morceau de pain. Adossé dans l'encoignure d'une fenêtre, Alexis partage son quignon avec son collègue Chambolle, un orléaniste dont le journal, *L'Ordre*, vient d'être fermé.

Les deux cent vingt députés se montrent si solidaires et si peu disposés à se disperser que les soldats sont contraints de les arrêter en employant la force. Ils reçoivent l'ordre de les transférer à la caserne d'Orsay. Sous la menace des baïonnettes, les élus sont emmenés, en troupeau, deux par deux, à travers les rues de la capitale. Le spectacle de ces députés en chapeau haut-de-forme, ceints de leurs écharpes tricolores, traînés à pied dans la boue de Paris comme une bande de malfaiteurs, suscite l'émotion de la foule. Dans le cortège figurent des hommes illustres : anciens ministres, anciens ambassadeurs, généraux, amiraux, grands orateurs, grands écrivains. Des Parisiens se mettent à marcher à leur côté. Les plus courageux crient : « Vive l'Assemblée nationale ! »

C'est un chemin de croix. Tocqueville, qui a toujours de la fièvre, est transi et surtout humilié, tandis qu'il remonte avec ses collègues les rues étroites du quartier Saint-Germain, la rue de Grenelle et la rue du Bac, jusqu'aux baraquements du quai d'Orsay. Son cœur s'agite dans sa poitrine, comme s'il réprimait des sanglots. Il passe non loin de son ancienne mansarde, cette pièce où il travaillait à l'ouvrage qui devait le faire sortir de l'obscurité. Pourquoi avoir parcouru tout ce chemin pour finir prisonnier d'un autocrate ?

Les soldats annoncent que les députés resteront emprisonnés dans la caserne jusqu'à nouvel ordre. Alexis jette son manteau par terre dans l'embrasure d'une fenêtre, et s'y couche après avoir écrit un mot qu'il ne réussit pas à faire envoyer à Marie : *Je vais bien, je suis à la caserne au bord de l'eau en face des*

Tuileries. Si tu pouvais faire parvenir jusqu'à moi Eugène avec un peu de nourriture et un manteau, tu me ferais bien plaisir.

Il tente en vain de dormir. Quand il était aux Affaires étrangères, il se disait souvent : « Je m'endors ministre, et si je me réveillais demain en prison ? » Eh bien, la chose est arrivée. Le tragique côtoie l'absurde. L'élite de la France, tous ces hommes brillants ou célèbres, entassés sur des paillasses, passent la nuit à rivaliser d'anecdotes et de bons mots. Vincent de Kerdrel, un élu légitimiste de Bretagne, déclenche un fou rire général en lançant, faussement solennel, après avoir embrassé du regard ses compagnons sur leurs matelas de fortune : « Voilà donc où en est réduit ce fameux parti de l'Ordre ! »

Le lendemain, Tocqueville refuse le bon de sortie individuel à son nom signé par le préfet de police. Chassériau, le frère de l'artiste, est intervenu en sa faveur, mais Tocqueville refuse de bénéficier de ce passe-droit : même malade, il ne se désolidarisera pas de ses collègues. Il réussit à faire passer un mot à Marie : *Un monsieur que je ne connais pas a la complaisance de te porter cette lettre. Je vais bien. Je n'ai rien à craindre. Je t'ai écrit deux fois pour te prier de tâcher de faire parvenir Eugène jusqu'à moi afin de m'apporter mon caban et mes caoutchoucs. En s'adressant aux officiers et en disant que je suis malade, on le laissera passer. Je t'embrasse du fond de mon cœur comme tu peux croire.*

Dans la journée, tous ont été transférés dans de vraies prisons, en voiture cellulaire. Tocqueville est maintenant détenu à Vincennes, Beaumont au Mont-Valérien, d'autres à Mazas. Le même soir, son valet de chambre, Eugène, réussit enfin à lui apporter un manteau.

Le 4 décembre, après deux jours de détention, les députés se voient signifier leur élargissement. Ils doivent rentrer à Paris par leurs propres moyens. Tocqueville trouve une voiture qu'il partage avec quelques collègues. Pendant le trajet, il ne décolère pas. Il observe les rues de Paris d'un œil maussade. Marie le retrouve mal en point, affaibli et d'une humeur de dogue. Le surlendemain, son confrère Vieillard, député de la Manche et ami de Louis-Napoléon, vient le voir pour s'excuser au nom du président de son arrestation. Mais Alexis ne le laisse pas entrer dans l'appartement.

Il a appris que Morny, ministre de l'Intérieur, avait qualifié le coup d'État « d'opération de police un peu rude ». La résistance menée à Paris par les députés montagnards et républicains, dont Victor Hugo, ou les membres du parti de l'Ordre non ralliés, comme Lacordaire, a été écrasée par l'armée en quelques jours. On ne déplorerait que quelques centaines de victimes, mais la ville est terrifiée. En province, la résistance a été présentée comme une jacquerie par la propagande bonapartiste. Vingt-sept mille personnes auraient été arrêtées et inculpées. La fermeté de la répression crédibilise rétrospectivement le mythe selon lequel les Rouges préparaient une guerre sociale contre les possédants. Les petits et les grands propriétaires se rallient d'autant plus facilement au régime qu'ils avaient souscrit au coup d'État avant même qu'il fût perpétré.

Tocqueville sait, pour sa part, qu'il ne pardonnera jamais à Louis-Napoléon. Il confie à sa vieille amie anglaise Mrs. Grote, qui part pour Londres, un long récit sur le coup d'État afin qu'il soit publié dans le *Times,* mais, par prudence, il ne le signe pas de son nom.

« Le président avait commencé à comploter dès le jour de son élection, le 10 décembre 1848, confie-t-il à Nassau Senior. Nous n'y pouvions rien. »

Quelques jours plus tard, il dîne avec Beaumont. Les deux hommes partagent les mêmes désillusions, et le même sentiment de vacuité. Ni l'un ni l'autre ne prêteront serment à ce Bonaparte qui n'en est même pas un.

« Comme en 1830, je me sens un exilé de l'intérieur, dit-il à son ami.

— Je suis aussi déçu que vous. Moi aussi, j'ai décidé de rester à l'écart de cette mascarade.

— Je ne regrette pas mon mandat de député. Mais après la session de mars et le vote des derniers aménagements de la ligne Paris-Cherbourg, je vais démissionner de la présidence du conseil général de la Manche, et cela me peine... C'était un travail agréable et, en toute immodestie, mes concitoyens semblaient enfin convaincus que mon principal but n'était pas de servir mes propres intérêts mais de maintenir la tranquillité et la prospérité dans le pays. »

Alexis insiste :

« Comprenez-moi, Gustave, je suis au conseil depuis près de dix ans, j'en assume la présidence depuis trois ans ; je n'ai jamais fait campagne, donc je pense que je ne dois ce poste qu'à la confiance que j'ai pu inspirer. Cela correspond à ma vision de la démocratie.

— Vous avez raison. À l'échelle régionale, la vertu est reconnue et les combats sont utiles. La politique des arrangements et des compromissions, avec M. Thiers comme *deus ex machina*, n'était pas la démocratie. »

Marie ne croit qu'à moitié à ce renoncement définitif. Son mari, comme elle dit, est « une aiguille aimantée oscillant sans cesse avant de se fixer ». Va-t-il se fixer, cette fois ? Et s'il se fixe, ne risque-t-il pas de rouiller ?

« Ne t'inquiète pas pour moi, Marie. Je savais déjà que je quitterais la politique lorsque nous sommes rentrés de Sorrente. Mais je me devais de faire cette dernière tentative désespérée. Je n'ai rien pu empêcher. Maintenant, crois-moi, ces petits jeux ne m'intéressent plus. »

Ce n'est pas par lâcheté qu'il jette l'éponge, Marie le sait : c'est par épuisement.

« Que veux-tu faire alors ? Écrire – *for good, for once* ? Pour de bon, cette fois ?

— Rentrons à la maison. Je veux retrouver mon allée de chênes. Désormais, je consacrerai mon existence à écrire, recevoir nos amis et voyager avec toi. Seul l'homme détaché du monde connaît le goût de la liberté. »

48

L'exilé de l'intérieur

Juillet 1852

« M. Vieillard demande à voir monsieur », annonce la femme de chambre, essoufflée d'être montée à l'étage.

C'est un bel après-midi de juillet, un peu lourd. L'orage éclatera sûrement dans la soirée. Marie est en train de faire les comptes de la semaine devant sa coiffeuse, dans sa chambre du premier étage, tandis qu'Alexis travaille dans son bureau à la rédaction de *L'Ancien Régime et la Révolution.* Marie a répertorié dans son carnet les dépenses de l'année précédente ; elle examine chaque poste pour trouver de nouvelles sources d'économie : cocher : 600 francs ; Auguste, Madeleine, Eugène, le gardien et les trois petites mains : 2280 ; nourriture : 7200 ; chevaux : 1250 ; *washing* : 500 ; *coats* : 480 ; *wine* : 1000 ; garde-robe d'Alexis : 1500 ; garde-robe de Marie : 2000 ; dons à l'Église et aux habitants : 800 ; divers : 1200 ; jour de l'an : 200... soit 19400 francs. Toutes ces dépenses paraissent incompressibles. À moins que, sur ses toilettes à elle ? Oui, en faisant durer encore un peu ses robes de journée, qu'elle devait changer à la rentrée, elle doit pouvoir économiser 200 francs.

« Merci, Madeleine. Je vais aller moi-même prévenir mon mari », répond Marie en posant sa plume.

Elle monte rejoindre Alexis dans la tour. La visite, dont elle devine déjà le motif, ne va pas enchanter son mari.

« Non, je ne veux pas le voir ! s'écrie aussitôt Alexis. Et j'avais bien dit que je voulais travailler jusqu'à cinq heures aujourd'hui.

— Il est probablement venu de loin. Vous ne pouvez pas le recevoir comme la dernière fois, à Paris, sur le pas de la porte ! »

Tocqueville soupire. Il déteste être interrompu dans ses travaux, surtout par des fâcheux. Il descend à contrecœur retrouver Narcisse Vieillard, que la femme de chambre a installé dans le grand salon afin qu'il profite de la fraîcheur des murs épais.

« Restez avec nous, Marie, je vous en prie », insiste Alexis.

Après les politesses d'usage, Vieillard leur annonce qu'il est en mission pour le prince-président. Une nouvelle fois, il veut proposer à Alexis un poste de ministre. Louis-Bonaparte envisage même de le dispenser de serment, bien que Persigny, le ministre de l'Intérieur, y rechigne. Alexis empêche le messager de développer son argumentaire :

« Arrêtez-là, mon cher Narcisse, sinon je serai obligé de vous raccompagner. »

Au fond, il est flatté que l'homme fort du pays ait besoin de lui et qu'il ait conservé son estime alors qu'il s'est opposé à lui. Mais il feint la colère et assure qu'il ne changera pas d'avis.

« Je ne servirai jamais un État autoritaire, répète-t-il en forçant sa voix. J'ai vécu et même participé au demi-siècle le plus agité de l'histoire de France ; je ne veux pas en voir davantage. »

Il ne peut pas dire à Vieillard ce qu'il répète souvent à Marie : qu'il est déçu que la France ait accepté si facilement son maître. Que le ralliement des « honnêtes gens » le trouble.

« Les Français veulent l'égalité, soupire-t-il parfois, et quand ils ne la trouvent pas dans la liberté, ils la souhaitent dans l'esclavage ! »

Quant au ralliement des hommes politiques, il le dégoûte. À l'enterrement d'un de ses amis où il a croisé bon nombre d'officiels, il a rétorqué à sa femme qui notait son manque d'amabilité envers ses anciens collègues :

« Vous n'avez pas compris, Marie ? Je prends un malin plaisir à montrer mon derrière à plusieurs anciens amis qui me présentent leur visage. »

Il va obliger Vieillard à parler littérature pendant une heure.

Sans les indemnités de député et de président du conseil général, Alexis et Marie n'ont plus les moyens de vivre à Paris.

Ils passent donc à Tocqueville le plus clair de leur temps. Cependant, ils se méfient de l'humidité du Cotentin en hiver, et ont décidé que chaque année, à la mauvaise saison, ils voyageraient, visiteraient leurs amis ou iraient habiter une région moins pluvieuse. L'essentiel est qu'Alexis puisse écrire au calme. Car s'il a renoncé au combat politique, il n'a pas renoncé, bien au contraire, à imposer ses idées et sa vision du monde.

L'année suivante, peu de temps après l'« avènement » de Napoléon III, Beaumont leur déniche une petite propriété meublée, Les Trésorières, à Saint-Cyr-les-Tours, non loin de chez lui. Tocqueville travaille sur les archives de l'ancienne intendance de Tours afin de comprendre, « sur le terrain », les rapports de force économiques et les mutations sociales qui ont eu lieu au cours des décennies précédant la Révolution : les minutes des procès, les arbitrages des différends entre seigneurs et paysans, les circulaires, les décrets, les remembrements, les changements au cadastre... Il épluche tout. Comme lorsqu'il enquêtait sur l'Amérique, il ne se contente pas d'aligner les faits : il va chercher les causes profondes. Car les causes de la révolution de 1789 sont économiques avant d'être politiques.

Il a trouvé un appui précieux en la personne de l'intendant, Charles de Grandmaison, un érudit qui l'aide de son mieux en préparant les recherches et les dossiers thématiques. Grandmaison est fier d'accueillir un chercheur aussi prestigieux, qui chaque jour parcourt deux lieues à pied pour venir travailler avec lui, son grand portefeuille noir sous le bras. Ils sont convaincus l'un et l'autre qu'un livre dont la vocation est d'expliquer le passage de l'Ancien Régime à la Révolution doit s'appuyer sur du concret. Le pire ennemi de l'histoire est l'idéologie, surtout quand elle est marquée d'anachronisme.

Alexis s'interrompt dans la progression de ses recherches à la suite d'un événement qui le contrarie suffisamment pour le couper totalement dans son élan. Son père, venu passer quelques semaines avec son fils et sa bru, leur apporte les deux volumes dédicacés du dernier livre d'Arthur Gobineau, *Essai sur l'inégalité des races humaines.* La thèse de son ancien chef de cabinet est extrêmement pernicieuse. Gobineau veut démontrer que la race blanche domine les autres en matière d'intelligence, de beauté, de force et de sagesse. Si la civilisation et l'humanité se meurent, c'est à cause de la mixité, parce que les Blancs se sont mélangés aux autres races. Alexis et Marie sont épouvantés.

« C'est un maquignon, pas un homme d'État, lâche Tocqueville un soir où le livre lui tombe des mains.

— Mais surtout, il n'y a pas un mot de vrai ! s'offusque Marie.

— Je vais lui écrire pour exprimer tout mon dégoût. Ces doctrines inégalitaires vont exactement à l'inverse de mes convictions. Elles sont fatalistes et conduisent à l'abolition de la liberté humaine. Quel retard il nous fait prendre ! »

Tocqueville, qui lit les livres du biologiste Pierre Flourens, le suppléant de Cuvier au collège de France, a fait siennes depuis longtemps les valeurs du christianisme originel reprises par les philosophes des Lumières : il n'existe qu'une seule espèce humaine et une seule humanité. Il écrit à Gobineau pour se moquer de lui : *Je suis sûr que Jules César, s'il avait eu le temps, aurait volontiers fait un livre pour prouver que les sauvages qu'il avait rencontrés dans l'île de la Grande-Bretagne n'étaient point de la même race que les Romains et que tandis que ceux-ci étaient destinés par nature à dominer le monde, les autres l'étaient à végéter dans un coin.*

« Dites-lui, insiste Marie, que ses idées *malsains* ne peuvent que mener à *le* suffisance, *le* violence, et même *le* tyrannie ! »

L'épisode a réveillé les idées noires d'Alexis. Arrivé mal en point à Saint-Cyr-les-Tours, en proie à une bronchite un peu plus longue à guérir que les autres, il lui semble que la nuit tombe sur son âme. Même s'il est moins excessif qu'autrefois, il a l'impression de perdre pied dans un gouffre sombre, une caverne lugubre.

Il rédige son testament, au grand désespoir de Marie. Dans l'exposé de ses dernières volontés, il témoigne d'une confiance aveugle dans les compétences de sa femme : il lui laisse tous ses papiers, le soin de les trier, voire de publier ce qu'elle jugerait publiable, en coupant tout ce qu'elle veut. Il est plus précis pour les *Souvenirs* : il souhaite que l'on supprime ce qui concerne les personnages encore vivants qui pourraient en souffrir.

Il désire être enterré dans le cimetière de la paroisse de Tocqueville, dans un caveau modeste. Il n'imitera pas Chateaubriand, qui a choisi, au large de Saint-Malo, l'îlot du Grand-Bé, en référence au géant endormi qui veille sur un trésor. Tocqueville veut une tombe toute simple, dans son village. Pour lui, l'écrivain qui a réussi est celui dont la vie s'efface derrière l'œuvre.

Il ajoute : *Je prie ma chère et bien-aimée Marie de faire des dispositions testamentaires pour être déposée à côté de moi. Elle est la seule femme que j'aie réellement et profondément aimée. Je lui ai dû tout le bonheur véritable que j'aie goûté dans ce monde.*

« Marie, voulez-vous que je vous lise mon testament ?

— *My God !* Surtout pas !

— Je ne vous le lis pas, mais je veux que vous sachiez que c'est vous qui déciderez de ce qu'il faut faire de ma correspondance.

— Je commencerai par détruire mes propres lettres.

— Ne faites pas cela ! Les miennes suffiront peut-être à faire comprendre mon amour pour vous, mais pas à faire comprendre ce que vous êtes, vous. Or je ne veux pas que la postérité soit injuste à votre égard.

— *Darling*, peu m'importe ce que vos belles-sœurs diront de moi : c'est votre postérité qui compte, pas *le mien.* »

Alexis insiste, par souci de fidélité autant que par honnêteté intellectuelle : il sait ce qu'il doit à Marie, il sait ce que son œuvre lui doit, et il sait aussi qu'une fois que Marie et lui auront disparu, ses frères et ses belles-sœurs s'allieront pour la dénigrer et faire disparaître le souvenir de sa place et de son rôle auprès de son époux. Mais il devine qu'il n'aura pas gain de cause.

L'intermède d'amertume ne dure pas. Napoléon III fait de nouvelles avances à son ancien ministre, qui les décline une fois encore. Un matin de printemps, en rentrant d'une de leurs longues marches dans la campagne, Alexis lance :

« Au fond, rien ne m'a dégoûté de la vie, ni la peine de vivre ni la douleur ni la destruction de certains idéaux. Je n'ai jamais été tenté par le suicide, même si je ne crois pas que ce soit un péché mortel. Je voudrais retourner en Allemagne comprendre pourquoi la révolution n'a pas éclaté là-bas.

Ce qui me permettra, par comparaison de mieux sasir le processus qui a eu lieu en France.

— Quelle bonne idée ! »

Marie écrit aussitôt à Louis : *On dit que les jeunes s'inventent un avenir et les vieux un passé, mais c'est peut-être le contraire,* who knows ?

Alexis a retrouvé son envie d'apprendre : il se met à l'allemand pour préparer le périple. Puis ils s'installent à Bonn pour quelques semaines afin d'étudier les archives locales. Ils ont loué un petit appartement en étage : la fenêtre s'ouvre sur un champ de toits gris striés de gouttières, un univers de cheminées et de tuiles luisantes qui enchante Marie.

Le séjour outre-Rhin se termine à Wildbad par une cure thermale qui leur profite à tous deux. Lorsqu'ils rentrent, *L'Ancien Régime et la Révolution* est terminé, et Alexis s'empresse de l'apporter à son nouvel éditeur, Michel-Lévy.

Une mauvaise nouvelle les attend à Paris : le comte Hervé, âgé de quatre-vingt-quatre ans, est à l'article de la mort. Le 9 juin 1856, il s'éteint paisiblement, entouré de sa famille, une semaine avant la parution du livre de son fils.

La disparition du comte affecte durement Alexis. Il lui faut plusieurs mois pour faire son deuil : son père, qui avait toujours été un homme très bon, était devenu encore plus bienveillant en avançant en âge.

« Vous savez ce que m'a dit son confesseur, Marie ? confie Alexis le lendemain de l'inhumation. Que si notre père venait chercher près de lui des consolations, il trouvait quant à lui en mon père un sujet continuel d'édification ! Je crois que sa vie et sa mort sont pour moi la plus grande preuve de l'excellence de la religion.

— Vous remplissent-elles du désir de croire ?

— Hélas ! Personne n'est maître de le faire, si Dieu ne s'en mêle.

— Vous retrouverez un jour la foi, j'en suis convaincue. »

Même le domaine de Tocqueville, auquel il est si attaché, perd pour un temps beaucoup de charme à ses yeux.

« C'est vrai que votre père avait grandi ici...

— Je crois plutôt que c'est à travers nous-mêmes que nous voyons toute chose, et quand nous sommes en proie à une grande tristesse, la nature entière s'assombrit. »

L'héritage d'Hervé de Tocqueville va pourtant changer leur train de vie, d'autant qu'il coïncide avec le paiement de confortables droits d'auteur pour *L'Ancien Régime,* un franc par volume. La vie du couple devient beaucoup plus facile.

« Vous savez, tempère Marie, cela ne change pas grand-chose : nous avons toujours eu, *you and I, le grand* chance de ne désirer que ce nous pouvions posséder ! Si vous saviez comme je préférerais que le comte Hervé soit encore parmi nous... »

La mort de l'ancien pair de France est l'occasion d'un resserrement des liens entre les trois frères, du moins en apparence. Car Alexis ne supporte jamais longtemps le « couple Édouard » et quatre jours chez Hippolyte, à Nacqueville, démontrent que Marie et Émilie ne peuvent s'entendre. Les regards sont une langue, ils ne savent pas taire le vide du cœur, quand il sonne creux. Juste avant l'été, Alexis et sa femme retrouvent avec soulagement leur château, avec l'intention de rester désormais pour de bon dans leur seul vrai *home.* À Tocqueville, ils ont tout loisir de penser à eux-mêmes. Il y a des prairies où s'allonger, des fleurs que le jardinier apporte par brassées, et cette odeur de foin coupé qui rend mélancolique quand approche la fin de l'été.

Un fantôme du passé surgit peu après leur arrivée. Rosalie Malye a entendu parler de Tocqueville avec la publication de *L'Ancien Régime;* elle lui envoie un appel au secours. L'amour d'adolescence d'Alexis, devenue mère de quatre enfants et plusieurs fois grand-mère, connaît des problèmes financiers. Elle sollicite un prêt, au nom de leur amitié d'autrefois. Marie est occupée avec la cuisinière lorsque Alexis ouvre le courrier, et il hésite à lui en parler : pourquoi faire naître une jalousie qui n'a plus de raison d'être ? Il glisse la lettre dans sa poche et sort. Il va marcher dans la campagne. Il fuit à grandes enjambées, vers la mer.

Rosalie ! Son écriture n'a pas changé. Il se rappelle la douceur de sa peau, ses cheveux, sa voix. La mémoire leur donne une teinte diaphane. Il aimerait revoir celle qui, autrefois, l'a sauvé de lui-même. Non qu'il la regrette : Marie est la femme de sa vie. Rosalie aurait pu l'être elle aussi, mais le destin en a décidé autrement. Après leur rupture, l'idée de ne plus l'embrasser l'a fait souffrir pendant des mois. Pourquoi une cicatrice si bien refermée réveille-t-elle autant d'échos ?

Il a envie d'aider Rosalie, mais comment ? Marie tient les comptes du ménage, et il ne peut soustraire d'un coup, sans éveiller son attention, la somme dont Rosalie a besoin de toute urgence. Soudain, une idée s'impose : Louis de Kergorlay dispose sûrement de cette somme, il pourrait l'avancer. Alexis le rembourserait peu à peu, en y consacrant une partie de ses droits d'auteur. Il pourrait faire à son cousin une reconnaissance de dette sur trois ans.

Puisqu'il a prévu d'aller le lendemain, 28 août, à Valognes pour acheter un sac d'engrais chimique destiné à ses expérimentations agricoles, il écrira et postera de là-bas sa lettre à Louis. Kergorlay sait mieux que personne que ses relations avec Rosalie se sont interrompues il y a trente ans et qu'il n'est pas question qu'elles reprennent, mais qu'il lui reste une dette d'honneur à son égard. Louis comprendra. Louis comprend toujours. Même si Alexis reproche à son cousin, enfin marié, d'être sorti du champ intellectuel et de n'être plus que le mari de sa femme.

Le lendemain matin, tôt, il demande au cocher d'atteler la voiture. À Valognes, rue des Religieuses, il lui ordonne de l'attendre une heure : il va saluer ses amis de l'hôtel du Louvre, les gens qui l'ont aidé dans ses campagnes électorales. Il a toujours plaisir à les voir, et il écrira la lettre chez eux.

Au moment où il descend de voiture, Alexis heurte un dandy à gros favoris qui sort de l'hôtel. Cheveux mi-longs, regard fiévreux, carrure de lutteur, l'homme le domine d'une bonne tête. Les deux aristocrates soulèvent ensemble leur chapeau et se saluent d'un « Monsieur » contraint. Tocqueville a vite reconnu cette allure et cette voix tragique. Avant de rentrer au Louvre, il regarde le personnage s'éloigner à grands pas : toujours aussi cavalier, Jules Barbey ! Ou plutôt Barbey d'Aurevilly, puisqu'il se vante désormais de sa particule. Alexis n'aime pas cet écrivain extravagant, de trois ans son cadet, qui commence à jouir d'une petite notoriété. Ils sont désormais, l'un et l'autre, les deux personnalités du Cotentin, chacun dans son camp.

Barbey a baigné, dès l'enfance, dans un milieu catholique, monarchiste, et contre-révolutionnaire. Contrairement à

Tocqueville, il en est resté là, lui dont la noblesse date de moins d'un siècle : il ne considère pas que ces idées incarnent un passé révolu. Il ne cache pas son dédain pour les valeurs de la bourgeoisie et méprise la démocratie. Il travaille pour un journal bonapartiste.

Alexis de Tocqueville voit dans ce personnage dérangeant son double en négatif. Barbey, l'ultracatholique affiché, mène une vie désordonnée, multiplie les aventures, abuse de l'alcool et se drogue au laudanum. Alexis n'a pas lu ses livres – *Une vieille maîtresse*, *L'Ensorcelée*, des titres évocateurs –, mais Marie s'y est risquée et n'a pas goûté leur amoralité. Elle ne comprend pas que Barbey trouve le bonheur dans le crime et mette le diable au service de Dieu.

Tocqueville se doute bien que le dandy, dénué de vraie pensée politique, ne l'estime pas davantage. Mais qu'importe si ce romancier controversé le considère comme un penseur maladif, « trop bien élevé » et « très surestimé », comme on le lui a rapporté ! Ils ont si peu d'occasions de se croiser. Barbey d'Aurevilly, cette force de la nature, a beau décrire avec talent les ruelles du Versailles normand dans ses romans, il ne vient pas souvent à Valognes ni même à Saint-Sauveur chez ses parents : la vie parisienne et ses excès l'attirent davantage que le bocage. Oui, ils sont bien le contraire l'un de l'autre. Mais entre les deux enfants du pays, qui l'emportera au jeu de la postérité ?

49
Un triomphe chez Sa Majesté

Juin 1857

Karl Marx, la tête entre les mains, se concentre sur l'article qu'il est en train de lire. La lumière du jour qui pénètre à flots par l'immense dôme de verre, de fonte et de béton, éclaire sa table couverte de publications. La toute nouvelle salle de lecture du British Museum, inspirée par le toit du Panthéon de Rome, est un chef-d'œuvre de technicité. La salle circulaire a ouvert pour les chercheurs il y a un mois, le 17 mai 1857, et le journaliste-écrivain en est déjà un habitué. Travailler le distrait de son chagrin inconsolable, la disparition de son fils Edgar. Pour tromper sa peine, le révolutionnaire redouble d'activité, il multiplie les articles polémiques dans les journaux, il les collectionne pour préparer sa grande œuvre : *Le Capital*.

Marx lève la tête. À quelques mètres, il aperçoit un homme au regard vif et mobile, jeune et vieux à la fois; un homme frêle et pâle qui se faufile dans l'espace laissé entre les tables, accompagné d'un bibliothécaire.

« Pouvez-vous parler plus lentement, monsieur, je vous en prie, demande le visiteur avec un sourire furtif, mon anglais est rouillé; bien que ma femme soit anglaise, elle est devenue si française que nous ne pratiquons plus votre langue.

— Je vous disais, monsieur, que la bibliothèque spéciale qui se rapporte à la Révolution n'est pas cataloguée...

— Et qu'y a-t-il exactement dans ce fonds?

— Oh, plus de douze mille documents écrits en France, sur et durant cette époque. C'est la plus grande collection qui existe sur ce sujet, je crois.

— Et vous dites qu'elle n'est pas indexée ?

— Du moins pas de la manière qui vous permettrait de trouver rapidement ce que vous cherchez. Son étendue même constitue un handicap.

— Que me conseillez-vous alors ?

— Jetez un coup d'œil... et vous irez ensuite au State Paper Office. Ce sont les archives politiques du pays, avec toutes les pièces diplomatiques. Normalement, ils ne communiquent rien de postérieur à 1789. Mais je sais que Lord Clarendon fera une exception pour vous ! »

Cette fois, Marx a reconnu le Français. Il l'a cité dans un de ses livres, *Le 18 Brumaire de Louis Napoléon*, pour son fameux rapport qui, s'il avait fédéré les trois quarts des députés de l'Assemblée, aurait évité le coup d'État du 2 Décembre. Le révolutionnaire n'a jamais rencontré l'auteur de la *Démocratie*, mais il est célèbre : il a souvent vu dans des journaux français des dessins qui le représentaient. Il est si facile à caricaturer, avec sa masse de cheveux bouclés tombant dans son cou, à peine grisonnants sur les tempes, son monocle, et cet air un peu suranné d'aristocrate qui ne connaît de l'existence que les douceurs. Karl Marx ne le tient pas en haute estime, car même s'ils ont fait la même analyse du coup d'État de Louis-Napoléon soutenu par la paysannerie et des événements de 1848, leurs conclusions sont totalement dissemblables : pour Tocqueville, les gardes nationaux ont été en 1848 des légalistes, en se mettant du côté des possédants ; pour Marx, ils ont été des traîtres.

Marx connaît également le tableau que Tocqueville a peint, avant Engels – l'ami de Marx –, de la condition de la classe ouvrière en Angleterre dans ses deux mémoires sur le paupérisme, en 1835 et en 1837. Il a parlé du prolétariat, des maîtres et des esclaves, il a dénoncé l'utilisation d'une main-d'œuvre de femmes et d'enfants, il a montré que la montée du capitalisme industriel pouvait donner naissance à une nouvelle aristocratie. Cependant, pour Marx, il n'a pas imaginé les bons remèdes en prônant l'épargne ouvrière, les colonies agricoles, et un système économique qui allie libéralisme et intervention de l'État. Si Tocqueville s'est trompé de conclusions, à ses yeux, c'est parce qu'il n'a jamais souffert de la pauvreté, il n'a jamais eu à se battre pour gagner sa vie. L'Allemand serre les poings en pensant à son fils de huit ans, décédé deux ans plus tôt. Il a perdu deux autres enfants en bas âge, mais le petit Edgar, lui, est mort de faim.

Marx ne peut pas admirer l'auteur de la *Démocratie*, il existe entre eux un lourd passif : la lutte des classes. Pourtant, ils partagent une même vision de l'avenir, à défaut de rêver du même monde. Marx a lu les écrits de Tocqueville, et cette prophétie qui date de cinq ans déjà, affirmant que le régime de Napoléon III ne serait qu'une pause dans le processus inéluctable qui conduit la France et l'Europe vers la démocratie : *L'ère révolutionnaire n'est close ni ici ni ailleurs et ceci n'est encore qu'un incident du grand drame qui n'est pas près de finir.*

Tocqueville n'a pas remarqué le quadragénaire à la barbe épaisse, noire de jais, aux cheveux grisonnants encadrant un front immense barré de deux épais sourcils, ce personnage pauvrement vêtu qui semble absorbé dans son travail. Il a déjà entendu le nom de Karl Marx, il s'intéresse au mouvement révolutionnaire allemand, il aurait pu le croiser vingt fois, à Paris ou en Allemagne, mais celui que ses amis appellent « le Maure », et qui aime se comparer à Othello, n'a pas encore un visage assez célèbre pour que Tocqueville identifie sa figure bistre. L'aurait-il reconnu qu'il se serait éloigné en réprimant un frisson.

Marx devine pourquoi Tocqueville se trouve au cœur du grand musée londonien, en ce début d'été. Son livre paru il y a un an exactement, *L'Ancien Régime et la Révolution*, a été traduit en anglais et il connaît, à Londres comme à Paris, un grand succès dans le monde intellectuel et politique. L'auteur y révèle que la Révolution n'a pas été un phénomène fortuit et y explique pourquoi cette remise en cause de l'ordre social a eu lieu, paradoxalement, dans le pays d'Europe le plus avancé politiquement : c'est parce que l'égalisation commençait à voir le jour que la rivalité entre les bourgeois et les nobles est devenue insupportable. La cour était coupée des réalités du pays, et les aristocrates n'ont pas su aller au contact des bourgeois en feignant de les considérer comme des égaux. Cette bourgeoisie s'est enrichie et éclairée à côté d'eux, sans eux et contre eux : ne voulant pas en faire leur associée, ils en ont fait leur ennemie. La misère paysanne, les famines ponctuelles ou le sentiment antireligieux n'ont été, contrairement à ce que dit la *doxa*, que des déclencheurs apparents : c'est la prospérité du pays qui a provoqué la Révolution, par les inégalités qu'elle a engendrées.

Tocqueville annonce, dans son dernier chapitre, un second tome, son analyse de la société française s'arrêtant en 1789 dans le premier : *De la Révolution à l'Empire.* Marx devine donc sur quoi travaille maintenant le penseur français : comment le despotisme peut-il naître quasi naturellement de la démocratie ? Pourquoi, à un instant précis de l'Histoire, les révolutionnaires choisissent-ils de se donner un maître, un despote capable de faire revenir l'ordre ? Le British Museum possède un fonds très important sur la France des années révolutionnaires : des correspondances, des archives diplomatiques, des brochures et des études. Mais ces documents amassés sont un maquis inextricable pour qui ne les a pas déjà inventoriés. Tocqueville devra y passer des heures et ne recueillera que de la poussière. Il faudrait six mois pour s'y orienter. Marx esquisse un sourire et se replonge dans sa lecture.

À l'exception des après-midi passés en pure perte au British Museum, la visite de Tocqueville en Angleterre est un rêve éveillé. Sa « seconde patrie » l'accueille en héros. Rien à voir avec sa première visite, un quart de siècle plus tôt, lorsqu'il n'avait encore rien écrit. Il est *accablé d'invitations et de compliments, au point d'en être aussi confus que content*, comme il l'écrit à Marie et à Beaumont. Le monde politique lui fait fête, l'aristocratie le reconnaît pour l'un des siens. Il refuse tous les soupers pour protéger son estomac – y compris chez Lord Palmerston, Premier Ministre en titre –, mais il accepte les dîners. Il y retrouve un jour son ami Mérimée, désormais sénateur d'Empire, mais que la maîtresse de maison place à sa gauche afin de laisser à Tocqueville, « l'esprit libre », la place d'honneur à sa droite.

Un soir où il a refusé de dîner chez Lord Granville mais promis de passer dans la soirée, il est assailli, à son arrivée, par plusieurs ministres et grandes dames du Royaume qui lui avouent que *L'Ancien Régime et la Révolution* a constitué l'unique sujet de conversation lors de leur repas.

« Vous avez trouvé l'esprit de la Révolution comme Montesquieu celui des lois, dit un des convives. Vous avez écrit le livre du siècle ! »

Le Français est heureux de constater que ce public choisi ne s'intéresse pas seulement à la Bourse et au luxe, mais qu'il se passionne pour ce qu'il baptise déjà « l'effet Tocqueville » : les différences de richesse ou de statut sont d'autant plus difficiles à accepter qu'elles sont plus faibles. Le serf du Moyen Âge n'aurait pas imaginé être jaloux de son seigneur, mais les droits féodaux sont intolérables pour les paysans libres du XVIIIe siècle.

« Plus les inégalités diminuent, plus elles sont insupportables, car le désir d'égalité est insatiable : il y a du génie dans votre réflexion ! l'assure un homme dont il n'a pas saisi le nom mais qu'on lui a présenté comme un ancien chancelier de l'Échiquier.

— J'espère que vous avez tort, lance un petit homme aux cheveux coiffés en arrière qui, jusqu'alors, était resté silencieux. Sinon, au siècle prochain ou au suivant, le monde sera si obsédé par l'égalitarisme que toute supériorité passera pour une injure. »

Le prince Albert, époux de la reine Victoria, lui fait dire qu'il aimerait le voir, en précisant qu'il n'y a personne au monde qu'il désire autant rencontrer. Mais Tocqueville ayant prévu le lendemain de dîner chez le duc de Nemours, le prince consent à attendre le surlendemain, un dimanche, pour l'accueillir à Buckingham Palace.

Je fus donc si bien entouré, caressé, loué, que je ne savais trop où me fourrer, écrit le soir même Alexis à Marie. Il est de toutes les fêtes, et Nassau Senior, qu'il voit presque tous les jours, le surnomme « le lion de la saison ». Tous sont convaincus que le second Empire n'aura qu'un temps et que Tocqueville est bien plus qu'un aimable aristocrate : c'est à leurs yeux un ancien député et ministre qui retrouvera bientôt les allées du pouvoir. Mais Tocqueville ne le perçoit pas ainsi : il est heureux d'avoir inventé sa vie, bâti sa propre *legenda* – en latin,

« ce qui doit être lu ». Ce ne sont pas ses actes mais ses écrits qui marqueront la mémoire des hommes. Derrière ses analyses sur la démocratie ou la Révolution, se cachent ses passions et ses révoltes, son angoisse existentielle et son mal d'écriture, ses désirs profonds et son désenchantement.

À la fin de son séjour, le premier lord de l'Amirauté, Charles Wood, qui a appris que le Français habitait sur la pointe du Cotentin, met à sa disposition un petit bateau à vapeur afin de le ramener de Portsmouth à Cherbourg. Sur le steamer, en approchant des côtes le 21 juillet, le temps est si clair qu'Alexis aperçoit distinctement la colline de Tocqueville.

« Si vous aviez vu la tête des marins sur le port quand nous avons accosté ! explique-t-il à Marie qu'il retrouve, quelques jours plus tard, à Chamarande. Ils s'attendaient à voir descendre un "prince du bateau à vapeur" et ce n'était que votre serviteur...

— Je constate quoi qu'il en soit que vous avez été heureux de votre entracte en Angleterre ! »

Sa femme sait qu'il a travaillé sur ce livre pour échapper aux douleurs de l'âme : l'écriture lui permet de masquer ses failles, de combler ses manques, de se réconcilier avec lui-même et avec les autres : elle est son salut.

Alexis a renoué, à vingt ans d'intervalle, avec les joies de la *Démocratie*. Il a oublié pour un temps son amertume face à l'acceptation résignée des Français, soumis au joug de Napoléon III.

« J'ai retrouvé en Angleterre le goût de la liberté que la France a perdu ! Je crois que je me sens mieux avec vos compatriotes qu'avec ces valets que sont devenus les miens. »

Alexis ajoute comme un enfant qui se dénoncerait lui-même :

« Et puis c'est vrai, j'apprécie fort la compagnie de votre aristocratie... »

Marie n'en prend pas ombrage, elle connaît les contradictions de son mari, lequel, d'ailleurs, se rattrape aussitôt :

« ... mais je suis choqué aussi. Il existe une sorte de franc-maçonnerie des classes aristocratiques dans toute l'Europe. Elles se comprennent à demi-mot. Je me suis amusé à discuter avec quelques grandes dames anglaises qui me traitent comme l'un des leurs, et j'ai été surpris de retrouver en elles les mêmes vanités, les mêmes préjugés que ceux qui ont perdu l'aristocratie française.

— Que voulez-vous dire ?

— Par exemple, j'étais invité à dîner avec insistance par la duchesse d'Argyll ; je devais me rendre chez elle avec Nassau. Quand j'ai été obligé d'annuler, elle a dit à Senior qu'elle ne voulait pas le voir seul ! Cela m'a rappelé la femme de notre sous-préfet pestant contre l'obligation de recevoir Mme de Varennes. Le même esprit d'exclusion, la même idiotie naturelle. Pourquoi reçoivent-ils de manière si aimable des gens qu'ils considèrent comme des êtres inférieurs ?

— Par politesse...

— Non, parce qu'ils ont peur. Ils vivent dans un pays où ils doivent compter avec tout le monde, et surtout avec ceux qui écrivent, qui parlent, qui agissent. C'est pourquoi il est plus nécessaire que jamais de crier : "Vive la liberté !" »

Marie s'amuse de l'exaltation de son mari.

« Ne vous moquez pas, Marie ! C'est ce cri qui stimule les grands esprits et oblige les petits à reconnaître leur faiblesse !

— Pourtant j'étais convaincue, *and you too*, que la noblesse anglaise, à la différence de la française, avait su se reformer.

— Oui, elle au moins, elle a su faire semblant. J'ai vu se dessiner, en Angleterre, cette transition du féodalisme au capitalisme. »

Alexis esquisse un sourire furtif.

« Ce que je ne comprends toujours pas, Marie, c'est l'absence de grands philosophes dans votre pays, alors que les Français ou les Allemands en ont à revendre...

— Nous sommes trop pragmatiques, *all but dreamers* ! Tout sauf des rêveurs ! La philosophie n'a pas été inventée par les Grecs pour le plaisir de raisonner la tête entre les mains, mais pour répondre à l'angoisse des hommes, et nous ne sommes pas angoissés ! À propos, comment avez-vous trouvé ma mère ? »

Le Français a enfin rencontré Mary Martin Mottley, à Dulwich, dans la banlieue de Londres, où elle vit désormais avec ses filles cadettes et son fils Joseph. Elle s'est inquiétée de la santé de sa fille mais, plus encore, de son gendre, preuve que Marie a dû lui raconter ses soucis. Alexis a dîné deux fois avec Joseph, capitaine de frégate dans la Royal Navy, et il a profité de sa rencontre avec sir Charles Wood, le premier lord de l'Amirauté, pour plaider en sa faveur.

« Eh bien, figurez-vous qu'en passant à Tocqueville, j'ai trouvé une lettre de votre frère m'annonçant qu'il venait d'être promu au grade de capitaine de vaisseau ! L'amiral a dû diligenter une enquête, et en quinze jours, c'était fait.

— Vous voyez bien que l'Ancien Régime n'a toujours pas dit son dernier mot. »

Alexis embrasse sa femme au coin des lèvres. Comment font les autres, ceux qui ont des épouses insipides ? Il aimerait offrir à Marie tout ce dont elle rêve, effacer tous ses maux – elle souffre souvent de terribles rhumatismes articulaires – et la voir sourire à chaque instant comme elle le fait en ce moment. S'ils ont vieilli sans perdre leur grâce, tous deux sont désormais de santé fragile. Ils veillent l'un sur l'autre en multipliant les petites attentions.

« Et vous, Marie, attendez-vous à une surprise quand vous rentrerez à Tocqueville...

— Qu'avez-vous acheté ? Les fameux *english pigs* dont vous m'aviez parlé, ces gros cochons que vous voulez croiser avec les nôtres pour améliorer *le* race ?

— Oui, mais pas seulement.

— *What else ?*

— Devinez...

— Impossible. Vous êtes si extravagant parfois, *darling* !

— Je vous ai acheté un phaéton.

— *My god ! A phaeton !* Mais c'est *un* folie, Alexis, ces petites voitures valent une fortune !

— Je l'ai eu à très bon prix, rassurez-vous, auprès d'un fabricant de Croydon. C'est Joe qui va nous le faire acheminer par la Royal Navy. Marie, nous ne sommes plus pauvres, il faudra vous y habituer ! »

50

Les rochers de Fermanville

Juin 1858

« Non, ce n'est pas vrai !

— *What's happening, darling ?* »

Marie descend le grand escalier aussi vite qu'elle le peut. Dans l'entrée, Alexis est adossé contre le mur, les yeux fermés, son mouchoir taché sur la bouche. Elle retient un cri.

En cette veille du solstice d'été, Alexis crache à nouveau du sang. Cela n'était plus arrivé depuis huit ans, depuis cette funeste journée de mars 1850, qui avait marqué le début d'une année douloureuse. Cette fois, son mari a dû prendre froid à la ferme. Il n'y a pas eu le moindre signe avant-coureur. Aussitôt, elle envoie le cocher chercher leur médecin de famille à Saint-Pierre-Église, le docteur Collin. Le praticien se veut rassurant : encore une bronchite. Les jours suivants lui donnent raison : l'incident n'a pas de suite, sinon une perte de voix temporaire.

« Vous ne croyez pas qu'il vaudrait mieux que j'aille voir le docteur Andral, tout de même ? demande Tocqueville à sa femme, deux semaines plus tard.

— À Paris ? Mais...

— Pas maintenant, bien sûr. Mais si j'y vais la semaine prochaine, je pourrai faire l'aller-retour dans la journée ! Vous savez bien que la ligne de chemin de fer Cherbourg-Paris sera mise en service après-demain, le 14 juillet !

— Si Andral peut vous rassurer, c'est une bonne idée. Mais au fait, je croyais que l'empereur venait justement inaugurer le *railway* en août ?

— En réalité, la ligne fonctionnera avant d'avoir été baptisée. J'ai très envie de l'essayer. J'ai tellement bataillé pour elle ! »

Napoléon III va venir passer cinq jours dans le Nord-Cotentin, du 4 au 8 août 1858, pour inaugurer le nouveau tronçon de voie ferrée Cherbourg-Caen, mais aussi pour le lancement du vaisseau *Ville de Nantes* et la mise en eau du troisième bassin du port militaire de Cherbourg. La reine Victoria assistera aux festivités à ses côtés, ainsi que l'impératrice Eugénie. Une immense parade navale sera organisée ; les souverains passeront en revue la flotte française et visiteront un escadron britannique. Six cents vaisseaux anglais et français sont attendus pour l'occasion.

Tocqueville a été convié par Napoléon III, qui aimerait toujours le voir revenir aux affaires, mais il a décliné l'invitation.

« Je ne veux assister à aucune manifestation officielle. Dites-leur que je suis fatigué ; l'empereur sait bien que les discussions un peu vives et les atmosphères un peu chaudes me cassent la voix. D'ailleurs, il a déjà un Tocqueville pour l'acclamer : ce pauvre Hippolyte est plus souple et plus obséquieux que jamais. Moi, il le sait, j'ai fait le choix de me retirer du monde.

— Je comprends que vous ne vouliez pas y aller, mais ne prenez pas *le* maladie pour prétexte : vous vous êtes encore inquiété pour rien. À chaque fois que vous crachez du sang, vous vous croyez à l'article *du* mort ! »

Marie a du mérite à plaisanter. Le médecin n'a pas voulu alerter Alexis, mais avec elle, il s'est montré plus direct :

« Votre mari a une âme de trente ans dans un corps de quatre-vingt-dix. »

Elle guette la réaction d'Alexis. Elle espère l'avoir déridé en lui rappelant ses peurs anciennes ; mais il fronce les sourcils.

« Vous savez bien que ce n'est pas une question de forme physique.

— Nous ferons ce que vous voulez, *darling*. Vous ne voulez même pas aller au bal ? plaisante-t-elle encore.

— Surtout pas au bal.

— Votre frère Hippolyte et votre belle-sœur y seront, vous le savez...

— Je leur en veux déjà de cette trahison.

— Dans leur esprit, ce n'est pas *un* trahison.

— Mon frère possède un cœur d'or mais une tête de linotte. Quant à Émilie, c'est pire. Toute leur vie, ils n'ont cessé de se compromettre par goût des honneurs. Imaginez qu'Hippolyte a été légitimiste contre la monarchie de Juillet, républicain de gauche en 48, et qu'il soutient maintenant le second Empire ! Comment peut-on être aussi infidèle à soi-même ? Je m'en irrite, mais j'ai tort. Mon frère est un pauvre caractère mais il est bon...

— Vous n'irez même pas assister à la parade navale, *darling*?

— Je n'ai pas dit cela. Il n'est pas nécessaire de coller aux basques de l'empereur pour admirer le ballet des navires. Nous le verrons bien mieux de Tourlaville.

— Ou de Fermanville ? De l'autre côté de la baie, au cap Lévi, le panorama sera superbe. Et c'est plus près...

— Très bonne idée, Marie. Ce sera encore plus spectaculaire vu de l'est. Nous ferons un pique-nique sous les murs du fort. Les Beaumont seront arrivés, les Rivet aussi, nous passerons ensemble un bon moment. »

Depuis deux ans, les visiteurs défilent au château. Tous s'étonnent de trouver « l'exilé volontaire » heureux et détendu, loin de la sphère politique. Tocqueville a perdu de l'argent dans les chemins de fer américains, mais il applaudit ceux qui réussissent dans les affaires : Dufaure est devenu un grand avocat, Rivet a investi dans les chemins de fer français. Alexis montre aussi davantage d'indulgence pour les ralliés du régime. Il s'attaque au deuxième volume de *L'Ancien Régime et la Révolution* sans impatience : le premier l'a réconcilié avec lui-même. Écrire n'est plus pour lui un tremplin pour la politique. Désormais, il occupe toute sa place dans le monde littéraire, alors que ses idéaux ont été en partie détruits. Il ne saurait dire s'il est devenu plus sage ou simplement plus vieux.

Alexis et Marie ont invité tous leurs amis à passer quinze jours chez eux pour l'été – seuls les Kergorlay n'ont pas pu venir. Louis n'a pas envoyé trois lettres depuis leur petit arrangement destiné à aider Rosalie. Il lui a écrit que grâce à l'argent qu'il lui avait versé de sa part, tous les problèmes financiers des Bégin avaient été résolus, et qu'elle remerciait chaleureusement son bienfaiteur. Alexis a envié Louis d'avoir pu parler longuement avec son ancienne amoureuse. Son cousin prétend que Rosalie est une quinquagénaire épanouie, entourée de beaux petits-enfants, et qu'elle demeure une grande lectrice. Ils ont parlé de *L'Ancien Régime*, qu'elle a trouvé encore meilleur que la *Démocratie*. Elle a demandé qu'Alexis lui envoie un exemplaire dédicacé. Il s'est exécuté, en se contentant, à regret, d'un « Cordial hommage » sur la première page.

Le temps beau et chaud permet aux invités du château d'enchaîner promenades et bains de mer. Ils disposent comme ils l'entendent de leur emploi du temps, ou presque :

« Votre seule obligation, répète Alexis, c'est d'être présents au déjeuner, au dîner et pendant la soirée. Si vous voulez aller à la plage, la voiture vous y emmène en un quart d'heure. Là-bas, il y a une petite boîte pour se déshabiller et se rhabiller. »

Le domaine de Tocqueville est désormais confortable. Marie a réussi à mettre un peu de chaleur, de lumière et de vie dans ce grand château aux pièces immenses. Elle a fait installer de larges fenêtres dans le salon, planter des haies et des arbres, et combler des fossés ; une serre a été construite et un système de clôture empêche le bétail d'envahir la cour. Une allée couverte permet à Ampère de fumer ses cigares à pied sec, à l'abri des averses. Car Jean-Jacques Ampère, « vacant » depuis la mort de Juliette Récamier, effectue de longs séjours dans le Cotentin. Il est l'hôte préféré du couple : érudit et modeste, il apprécie la bonne chère et surtout, fait d'interminables parties de billard avec Marie. Une des tours du château, où il loge habituellement, a été rebaptisée « la tour d'Ampère ». Malheureusement, cette année-là, il a repoussé son arrivée à l'automne.

« Je crois qu'il parle de report pour ne pas trop nous décevoir, Marie. À la fin, il ne viendra pas.

— Je le crains aussi. Mme Guillemin nous l'a confisqué. Et comme elle est partie habiter l'Italie pour *son* santé...

— Que voulez-vous, à cinquante-six ans, notre bon Jean-Jacques a gardé son cœur de vingt ans, quand il ne vivait que pour Mme Récamier, qui en avait déjà quarante.

— Je crois qu'il a besoin de *ce* sorte de domesticité sentimentale, l'excuse gentiment Marie.

— Dommage que vous n'ayez pas voulu l'enchaîner, vous : nous l'aurions encore au château. »

C'est un jeu entre eux : Alexis taquine Marie sur ses relations avec Ampère. L'historien a toujours apprécié la compagnie de l'Anglaise, même à l'époque où il était l'amoureux transi de la belle des belles. Marie n'a pas son pareil pour dénuder les âmes.

« Peut-être que si je n'avais pas vécu avec vous, Alexis, j'aurais essayé de le retenir, mais...

— Il fallait me le dire, si vous vouliez que je m'en aille !

— Oh, vous êtes jaloux, *darling*!

— Mais non : vous n'auriez pas su torturer Ampère comme le faisait la belle Juliette.

— *True!* Je n'ai jamais compris cette femme. Elle était vertueuse pourtant.

— Si c'est être vertueuse que de persuader une douzaine d'hommes que vous voudriez accorder à chacun vos faveurs mais qu'il survient toujours un événement qui vous en empêche... En transformant ses adorateurs en chevaliers servants, elle a su, au fond, contrôler son image mieux que bien des rois ou des politiques.

— Vous-même, Alexis, n'avez-vous jamais fait partie du troupeau? Je me souviens d'*un* époque où vous alliez souvent chez elle. Vous pouvez l'avouer maintenant, il y a prescription !

— Il était trop tard quand je l'ai rencontrée, Marie, elle avait le double de mon âge ! »

Par chance, le 6 août est une journée magnifique. Alexis se réveille plein d'entrain, convaincu que son crachement de sang de juin n'a été qu'une fausse alerte. Ses amis, à leur arrivée, l'ont félicité pour sa mine ; seul Gustave est au courant de sa rechute, qu'il attribue aux conséquences de la grippe de l'hiver même si, comme Marie, il en voit la source originelle dans leur fameux périple américain.

À dix heures du matin, toute la maisonnée est prête. La voiture et le phaéton sont attelés. Marie et Alexis s'installent dans le second et laissent la première, plus spacieuse et plus confortable, à leurs amis. Le trajet n'est pas long : trois lieues vers l'ouest, en longeant la côte. Au petit trot, ils y parviennent en une heure.

La parade commence à peine lorsqu'ils atteignent Le Perrey, le dernier hameau de Fermanville avant la mer. Des coups de canon résonnent dans la grande rade de Cherbourg, que les rochers du cap Lévi ferment à l'est. À vol d'oiseau, Fermanville n'est qu'à deux lieues du bassin militaire cher à Napoléon Ier. Les chevaux stoppent à l'entrée du petit port Lévi.

« Quel gâchis ! se désole Alexis en descendant du phaéton. Ils laissent s'ensabler un site utilisé depuis des temps immémoriaux. Savez-vous que les Romains en faisaient un lieu de transit pour l'Angleterre ? Et au XIIe siècle, Marie, votre roi Henri II Plantagenêt a accosté ici avec ses chevaliers avant de partir en Terre sainte... À l'époque de sa splendeur, disait mon père, le port Lévi recevait des bâtiments de plus de cent tonneaux !

— La jetée et le quai sont pourtant bien abîmés, remarque Jean-Charles Rivet.

— Les tempêtes sont rudes sur la presqu'île, les vents peuvent souffler à deux cents à l'heure, et rien ne leur résiste en cas de grande marée. Mais l'empereur a promis que le port serait restauré bientôt, il faut le croire !

— Il veut aussi faire bâtir un sémaphore », complète Marie.

Elle ajoute, en constatant que Clémentine de Beaumont semble s'ennuyer :

« Si nous remontions en voiture ? Nous ne sommes pas tout à fait arrivés. »

Alexis montre du doigt l'extrémité du cap Lévi :

« Nous allons nous installer là-bas, à la pointe, juste devant le fort que Napoléon – le vrai Napoléon, pas sa copie – a fait bâtir et qui, lui, tient bon ! »

Les chevaux s'engagent dans le chemin de terre qui longe la mer. Un long mur d'enceinte interrompt soudain le défilement du paysage, et le fort napoléonien surgit.

« Voilà l'entrée principale ! Laissons les voitures ici. Nous ferons le tour à pied et nous nous installerons de l'autre côté, au bord de la falaise...

— Ce n'est pas dangereux au moins ? demande Clémentine.

— Rassurez-vous, ce n'est pas vraiment à pic, plutôt une côte rocheuse un peu surélevée.

— C'est un phare que l'on voit, là-bas, à droite, à la pointe du cap ? demande Gustave.

— Oui, un phare tout neuf ! répond Alexis avec vivacité. Je ne l'avais d'ailleurs jamais vu achevé.

— Il était en construction *le* dernière fois que nous sommes venus, *darling*.

— Les courants sont très puissants, il fallait guider les navires qui vont vers Cherbourg.

— Alexis, marchez moins vite ! déplore Clémentine, déjà fatiguée par le grand air. Nous n'arrivons pas à vous suivre. »

Les trois couples étalent sur l'herbe les toiles, les couvertures, puis déposent les paniers du pique-nique sur un drap blanc. À gauche, vers le port, une étendue d'herbes folles noyées de coquelicots. À leurs pieds, les rochers, et la mer à perte de vue ; la vision panoramique sur la baie de Cherbourg est extraordinaire. Alexis, en verve, explique que pour Napoléon, le rôle du fort Lévi n'était pas d'empêcher un débarquement ennemi mais de protéger le cabotage près des côtes et de mettre les bateaux à l'abri sous le feu de ses deux grosses pièces d'artillerie. Gustave et Marie n'osent pas lui dire de ménager sa voix.

Devant eux, la parade navale a commencé. Tout en grignotant du poulet, des œufs durs, des framboises et en buvant du cidre bouché, les couples suivent distraitement les mouvements des bateaux. Alexis ne parle plus. De temps en temps, il ajuste son monocle et observe les manœuvres. Ses amis abordent les sujets d'actualité : les apparitions de la Vierge à une petite fille de Lourdes, la Grande Puanteur de Londres, les révoltes en Inde, qui empêchent Marie de dormir.

« Au fait Alexis, lance Gustave, vous souvenez-vous de Sam Houston, que nous avions rencontré sur ce bateau qui transportait des Indiens ?

— Bien sûr ! C'était l'ancien gouverneur du Tennessee. Peu de temps après notre passage, il est devenu président de la république du Texas.

— Et vous avez suivi alors ? Comme le Texas fait maintenant partie des États-Unis, il va être élu l'an prochain gouverneur du Texas !

— Oui, un Américain aura donc été le gouverneur de deux États différents…

— Et à plus de trente ans d'intervalle !

— Je le trouvais vulgaire, mais il a du mérite, car dans les démocraties, chaque génération est un peuple nouveau. »

Beaumont médite quelques instants sur la dernière réflexion d'Alexis.

« Tous les hommes que nous avions repérés il y a trois décennies – je devrais dire : que *vous* aviez repérés, Alexis, car vous avez toujours été plus fort que moi à ce jeu-là – sont devenus de grands hommes.

— Du moins ceux qui ne l'étaient pas déjà ! Nous avons eu de la chance. Mais nous ne nous sommes pas trompés : les États-Unis deviennent chaque jour un peu plus puissants. Ils dépasseront bientôt la France, et même l'Angleterre.

— Il faudra alors bâtir les États-Unis d'Europe !

— Vous avez raison, mais ce sera difficile… Montesquieu vous dirait que l'Europe est une nation composée de nations, et non une nation composée de provinces. »

Clémentine de Beaumont tire sur la manche de son mari pour qu'il change de sujet. Mais Beaumont n'en tient pas compte :

« Avez-vous vu que le président Buchanan a décidé d'étendre l'esclavage aux nouveaux États de l'Union ?

— Oui, j'ai écrit à Sedgwick à ce sujet il y a quelques mois. Je crois que c'est un des plus grands crimes que l'on puisse commettre contre le genre humain. Un vrai crime contre l'humanité.

— Voilà une expression qui fera école… »

Tocqueville sent qu'il va tousser. Une ombre furtive glisse sur son visage. Il se lève pour couper court à la discussion.

Sa gorge est irritée, il a trop parlé ces derniers jours. Il s'éloigne du petit groupe et longe la mer vers le phare. Une légère brume de chaleur monte sur l'horizon.

Marie a vu son mari prendre son mouchoir et le porter à ses lèvres au moment où il s'éclipsait ; elle le suit en silence, le rattrape sur le chemin des douaniers, prend son bras. Devinant ses pensées, elle lui met la main sur la bouche pour l'empêcher de parler. Elle ne veut pas l'entendre dire qu'il vit son dernier été en Normandie.

Il s'arrête et se tourne vers elle ; elle sent battre sur sa tempe la veine bleue qu'il a remarquée un jour, qui lui descend maintenant jusqu'au cerne de l'œil. Elle voudrait calmer son cœur mais il ne lui obéit pas.

Les deux amants oublient leur âge, leur position ostensible à la proue du cap, leurs amis inquiets, de l'autre côté du fort, et s'étreignent longuement, dans le vacarme de la mer qui, sous leurs pieds, martèle sans répit la barrière de rochers.

« Tout ira bien puisque vous serez là, n'est-ce pas, Marie ? »

Addendum

Alexis de Tocqueville s'est éteint le 16 avril 1859 à Cannes, où les médecins lui avaient conseillé de passer l'hiver pour soigner ses bronchites à répétition (en réalité, des infections respiratoires liées à une tuberculose pulmonaire). Marie, mais aussi Gustave de Beaumont, Louis de Kergorlay, Hippolyte, Édouard et son fils Hubert étaient à ses côtés au cours des derniers jours. Ampère et Corcelle sont arrivés trop tard.

Sa femme a quitté le château pour aller habiter l'hôtel Poërier de Portbail, à Valognes, avant de rejoindre son époux dans le cimetière de Tocqueville en décembre 1864. Alexis l'avait souhaité dans son testament : *Rien ne m'est plus doux que l'idée que la mort nous sépare aussi peu que possible et que nous reposerons ensemble dans les lieux que nous avons tant de fois parcourus et où nous avons passé les jours les plus heureux de notre vie.* Elle a détruit toutes les lettres qu'elle avait envoyées à Alexis. Ce qui explique sans doute que la postérité ait longtemps été injuste à son égard : les premiers biographes de Tocqueville, influencés par sa famille, ont sous-estimé son rôle dans la vie et l'œuvre d'Alexis et ont brossé d'elle un portrait peu flatteur.

L'actuel propriétaire du château, l'avocat Jean-Guillaume de Tocqueville, dont le grand-père était l'arrière-petit neveu d'Alexis, entretient la propriété dans le souvenir de son illustre parent. Et il s'amuse à imaginer qu'une arrière-petite-cousine lorraine, descendante de Louise Meyer, viendra peut-être le visiter un jour.

Remerciements

Ma profonde gratitude va en premier lieu à Jean-Louis Benoît, philosophe, professeur agrégé, docteur ès lettres et spécialiste mondial d'Alexis de Tocqueville, qui a relu mon manuscrit et m'a fait part de toutes les remarques et corrections permettant d'être aussi fidèle que possible à la vérité historique. Lorsque j'ai dû « combler des blancs », les hypothèses que j'ai choisies étaient les plus probables, celles que formule Jean-Louis Benoît. Ce dernier a publié de nombreux ouvrages qui font référence, et notamment la meilleure biographie sur le sujet : Tocqueville, un destin paradoxal *(Perrin, 2013); mais aussi les très utiles* Textes économiques de Tocqueville *(avec Éric Keslassy, Pocket, 2005),* Tocqueville moraliste *(Honoré Champion, 2004) ou* Comprendre Tocqueville *(Armand Colin/Cursus, 2004). Jean-Louis Benoît a également édité un volume des* Œuvres complètes (Correspondance familiale, *tome XIV, Gallimard, 1998), et il a été le coorganisateur des deux colloques internationaux sur Tocqueville,* Tocqueville entre l'Europe et les États-Unis *à l'occasion du bicentenaire en 2005, et* L'actualité de Tocqueville *en 1990.*

Je voudrais également témoigner ma reconnaissance à Jean-Guillaume et Stéphanie de Tocqueville, qui m'ont accueillie au château avec une extrême gentillesse et m'ont ouvert le « sanctuaire », le bureau d'Alexis : ils m'ont permis de m'installer à sa table de travail pour y écrire le chapitre 31, et d'y faire quelques images, pour la première fois. Le comte et la comtesse s'efforcent de garder vivant l'héritage de leur illustre aïeul (l'arrière-grand-père de Jean-Guillaume était le petit-neveu d'Alexis) grâce à plusieurs initiatives : la fondation Tocqueville, de l'Institut de France, dont Jean-Guillaume est fonda-

teur et administrateur, a pour objet de promouvoir la société civile et la citoyenneté ; le prix Alexis de Tocqueville, dont Stéphanie est présidente, permet à un jury international de récompenser tous les deux ans un écrivain ou un sociologue s'inscrivant dans sa tradition intellectuelle ; enfin, ils font vivre la propriété en louant la tour sud du château aux chercheurs et aux amoureux de Tocqueville, français ou étrangers, qui souhaitent s'imprégner de l'ambiance dans laquelle il a vécu.

J'ai également pu visiter les lieux où Mary Mottley a vécu après la mort d'Alexis, et la chambre jaune où elle s'est éteinte, grâce à Stéphane Henri de Tourville, actuel propriétaire de l'hôtel du Poërier de Portbail, à Valognes.

Je voudrais remercier entre tous Vincent Desportes, pour ses réflexions pertinentes, souvent stratégiques, qui ont constamment enrichi ce livre, ainsi que pour la patience – et la passion – dont il a fait preuve en m'écoutant lire à haute voix les cinquante chapitres de ce roman.

Je remercie avec tendresse mon fils Pierre-Alexandre Péraldi, à qui ce livre est dédié, pour son soutien indéfectible pendant ces deux années de travail, et mes parents, Michel et Nadette Kerdellant, chez qui je me suis régulièrement réfugiée pour écrire. Ils habitent au cœur de Valognes, la patrie de Tocqueville, où je suis née et où j'ai grandi.

Un grand merci à Sophie Kerdellant, présidente engagée de l'association « Le Monde de Loris », à Edward Coop et Daniel Temam, mes trois lecteurs-cobayes, qui ont essuyé les plâtres, mais dont les remarques avisées (et courageuses parfois !) m'ont permis de rendre, je l'espère, ce roman plus agréable à lire. Merci aussi à Manuel de Bonneval, qui a alimenté ma réflexion par les livres qu'il m'a offerts et grâce aux discussions que nous avons eues à ce sujet.

Je voudrais enfin exprimer ma reconnaissance à Claire Le Ho-Devianne, mon éditrice chez Robert Laffont, pour la confiance qu'elle m'a accordée d'emblée, qui m'a permis de mener à bien ce projet, et pour toute la valeur ajoutée qu'elle y a apporté.

Il me faut enfin mentionner ici les autres ouvrages qui m'ont fourni des informations sur la vie de mon héros : Tocqueville, A Life de Hugh Brogan (Yale University Press), Tocqueville and Beaumont in America de George W. Pierson (Johns Hopkins University). J'ai également consulté les biographies d'Alexandre Jardin Tocqueville (Pluriel) ; de Xavier de La Fournière Tocqueville, un monarchiste indépendant *(Perrin); de Lucien Jaume* Tocqueville, *(Fayard)*; *d'Antoine Rédier,* Comme disait M. de Tocqueville *(Perrin); de Charlotte Manzini* Qui êtes-vous, M. de Tocqueville *(Archives départementales de la Manche). J'ai aussi lu avec intérêt le livre de Raymond Boudon,* Tocqueville aujourd'hui *(Odile Jacob). Enfin, grâce à Sheila Lesueur, Américaine originaire de Jersey, qui a enquêté, en Angleterre, sur les origines de Mary Mottley et créé un blog à sa mémoire (« A remembrance »), j'ai pu glaner des renseignements essentiels sur l'épouse d'Alexis, si injustement malmenée par la postérité.*

TABLE

Avertissement 9

PREMIÈRE PARTIE
Une jeunesse exaltée

1. Le duel 13
2. Père à seize ans 24
3. Le mariage impossible 38
4. Un serment italien 50
5. Les cours de Guizot 62
6. Une idylle en Normandie 77
7. Une passion anglaise 91
8. La chute d'un roi 100
9. Kairos 111

DEUXIÈME PARTIE
L'aventure américaine

10. La traversée 119
11. Le choc du Nouveau Monde 131
12. Les héros de New York 141
13. Des vacances à Sing Sing 151
14. Un monde d'hommes libres 159
15. Les secrets de la réussite américaine 167
16. Les amants du lac Oneida 176
17. À la poursuite des Peaux-Rouges 183
18. Les Indiens normands 197
19. Québec : la France sans la Révolution 209

20. Le traumatisme de l'esclavage 220
21. Naufrage sur le Mississippi 231
22. Entre la vie et la mort 236
23. L'exode des Indiens 247
24. Consécration à la Maison Blanche 259

TROISIÈME PARTIE
La gloire

25. L'unique plaidoirie de Tocqueville 271
26. La misère ouvrière 280
27. Écrire la *Démocratie* 285
28. Mme Récamier 293
29. Déchirement 301
30. Le choix de Marie 309
31. Un châtelain de gauche 320
32. Première victoire politique 329
33. Député de Valognes 336
34. La crise de la maturité 345
35. La colonisation 351
36. Les joies de l'Académie française 359
37. Les infidélités d'Alexis 364

QUATRIÈME PARTIE
L'accomplissement

38. Le siège de Chamarande 373
39. Le héraut de la révolution de 1848 382
40. Un aristocrate élu par le peuple 391
41. Un dîner avec George Sand 398
42. Sur les barricades 406
43. Un ministre et un ministère éphémères 414
44. Le portrait de Chassériau 419
45. Le retour à l'écriture 426
46. Empêcher le coup d'État 433
47. Dans les geôles de Louis-Napoléon 438
48. L'exilé de l'intérieur 444
49. Un triomphe chez Sa Majesté 453
50. Les rochers de Fermanville 461

Addendum 471
Remerciements 473

Cet ouvrage a été imprimé
en janvier 2015 par

CPI
FIRMIN-DIDOT

27650 Mesnil-sur-l'Estrée
N° d'édition : 54245/02
N° d'impression : 125417
Dépôt légal : février 2015

Imprimé en France

La photocomposition de cet ouvrage
a été réalisée par
GRAPHIC HAINAUT
59410 Anzin